新世纪高职高专

酒店管理专业系列规划教材

新世纪

酒店管理概论

JIUDIAN GUANLI GAILUN

新世纪高职高专教材编审委员会 组编

邓俊枫 编著

大连理工大学出版社

图书在版编目(CIP)数据

酒店管理概论 / 邓俊枫编著. — 大连 : 大连理工大学出版社，2018.8(2024.8 重印)
新世纪高职高专酒店管理专业系列规划教材
ISBN 978-7-5685-1643-3

Ⅰ. ①酒… Ⅱ. ①邓… Ⅲ. ①饭店－商业企业管理－高等职业教育－教材 Ⅳ. ①F719.2

中国版本图书馆 CIP 数据核字(2018)第 165111 号

大连理工大学出版社出版

地址:大连市软件园路 80 号 邮政编码:116023
发行:0411-84708842 邮购:0411-84708943 传真:0411-84701466
E-mail:dutp@dutp.cn URL:http://dutp.dlut.edu.cn

大连联鑫印刷物资有限公司印刷 大连理工大学出版社发行

幅面尺寸:185mm×260mm 印张:18.5 字数:427 千字
2018 年 8 月第 1 版 2024 年 8 月第 3 次印刷

责任编辑:欧阳碧蕾 责任校对:刘俊如
封面设计:张 莹

ISBN 978-7-5685-1643-3 定 价:45.00 元

本书如有印装质量问题，请与我社发行部联系更换。

序

酒店管理概论是大专院校旅游管理和酒店管理专业的一门专业核心课程和必修课程，亦是一门专业性、知识性、实践性较强的课程。世界旅游组织（UNWTO）预测，到2020年，中国将成为世界第一大旅游业国家，从世界旅游大国发展成世界旅游强国，这也给中国的酒店业带来了巨大的发展机遇。国际酒店业和中国酒店业迅猛发展，酒店管理人才和服务人才的需求越来越大，对酒店管理人才培养教育的要求也越来越高。为了适应酒店业迅速发展的形势，为了满足酒店人才培养的发展需要，邓俊枫教授从酒店业的国际化视角出发，在广泛参考国内外有关资料的基础上，根据酒店业的实践和在酒店业多年工作的经验，编写了本教材。

与其他同类教材相比，本教材具有以下特点：

1. 前沿性。本教材参阅了大量国内外较新的文献资料，包括瑞士洛桑酒店管理学院教材、美国康奈尔大学和夏威夷大学酒店管理教材，国际酒店集团前沿的经营思想、管理理念、服务文化和实战案例等，力求反映国际酒店业经营管理的新理念、新思想和新方法，以及酒店业发展的新趋势。

2. 务实性。本教材理论联系实际，注重结合酒店管理的现状，运用通俗易懂的理论和方法，指导酒店管理的实践。

3. 实操性。本教材每章开头都根据内容设置了"学习目标"；在每章中间设置了"知识拓展"；在每章后面设计了"案例分析""复习思考题""实训项目"，以增强学生的实际操作能力、分析问题和解决问题的能力，力图拓宽和加深学生对专业知识的学习与思考。

4. 系统性。本教材既有酒店管理基本理论，又有酒店管理的实务操作。酒店管理理论方面涵盖了计划、组织、决策和控制的四大职能；酒店的实务操作涵盖了前厅、客房、餐饮、服务质量、市场营销、人力资源、酒店开发和筹备管理等内容。

5. 简明性。本教材深入浅出，通俗易懂，具有直接简明的特色，既突出了重要的知识点，方便教学，又可帮助学生掌握要点，拓宽思路。

邓俊枫教授编著的这本《酒店管理概论》，既可以作为旅游管理专业和酒店管理专业的专业教材，也可以作为旅游行业和酒店行业的培训教材，还可以作为有志于酒店管理人士的自学教材。

华中科技大学教授、博士生导师

李光玉

2018 年 8 月

所有意见和建议请发往：dutpgz@163.com

欢迎访问教材服务平台：http://sve.dutpbook.com

联系电话：0411-84707492　84706104

目 录

第一章

酒店概述

学习目标

1. 了解国内外酒店业发展历史；
2. 掌握酒店的概念和特点；
3. 了解酒店的类型；
4. 掌握酒店的等级划分。

第一节　国外酒店业发展历史

酒店(Hotel)一词来源于法语,原指招待贵宾的乡间别墅,后来,西方的酒店业沿用了这一名词,泛指所有的商业性的住宿设施。酒店在中国港澳地区及东南亚地区被称为“酒店”或“宾馆”;在中国北方被称为“饭店”;在中国南方及沿海地区被称为“酒店”或“宾馆”;在中国台湾省被称为“饭店”“饭馆”等,名目繁多,不一而足。为了方便起见,本书将几种名称统一称为“酒店”,因为它们属于同一个概念。

酒店业是随着旅行和旅游的发展而不断演进的。从酒店的产生与发展看,国外酒店业大体经历了客栈时期、大酒店时期、商业酒店时期、现代新型酒店时期等四个阶段。

一、客栈时期(11 世纪到 18 世纪)

客栈,英国称为“Inn”,美国称为“Tavern”,一般是指位于乡间或路边的、主要供过往客人寄宿的小客店,是现代旅游酒店产生的雏形。在西方,客栈时期一般指 11～18 世纪这一漫长的历史时期,其中以 15～18 世纪较为盛行,并以英国和法国的客栈最为发达。古代东方也有客栈,不管是在古埃及、古巴比伦,还是古代中国,都有不同类型的客栈。

早期的客栈,从设施上看,规模小,设备简陋;从服务上看,仅仅提供食、住,并且价格低廉;从经营上看,一般都是单家独户经营,也没有专门的管理和服务人员。15 世纪以后,随着商业和贸易活动的兴旺和发展,人们对客栈的需求增加,对客栈的服务要求也有所提高,于是客栈的规模开始扩大,客栈的环境也有很大改善,并且开始雇用专门的管理和服务人员,成为现代酒店的雏形。

在中世纪的欧洲,旅行出外的人尚不多,人们大多住在相互隔离的社区里。旅行者在途中只好露宿于田野,或在贵族的城堡里过夜。由于城镇与村庄之间距离甚远,其中还有森林或田野相隔,盗匪便在途中拦路打劫,旅行者们都成群结队地外出,到了晚间,便去客栈投宿。客栈不仅成为他们食宿之处,也是他们躲避盗匪之所。在公路上,每隔 10 英里或 15 英里便有一家客栈。客栈的客房比较拥挤,一间房摆有数张床,有时客人得两个人合睡一张床,有时则睡于铺在地板上的凉席上。尊贵的客人,则可以住人少的客房。

早期英国的客栈,大约于 11 世纪在伦敦出现,然后向乡间发展,进而发展到全欧洲。这些客栈的老板,有相当长的一段时间都安于现状,直到美国开拓新大陆,在各大港口兴建酒店后,才引起他们更新的愿望。1425 年兴建的天鹅旅馆和黑天鹅旅馆便是英国古老的旅馆。现在约有 200 家英国早期的旅馆还在营业中,距今已有 400 年的历史了。这些古老的旅馆,尚能营业到现在,当然经过改建、重建或易名。

在 15 世纪的英国,酒店业逐渐壮大。英国客栈的店名多取自一个强盛的家族,而该家庭正是客栈所有土地的主人。有些客栈拥有 20 间或 30 间客房。当时比较有名的乔治客栈有一个酒窖、一个食品室、一个厨房,还有供店主及管马人用的房间。

二、大酒店时期(18 世纪末到 19 世纪末)

18 世纪末到 19 世纪末，是旅游酒店产生和形成时期，也是从旅行客栈过渡到旅游酒店的重要时期，通常称这一时期为大酒店(Grand Hotel)时期。18 世纪后半期，随着产业革命的到来，使西欧、北美等一些国家相继进入工业化发展时期，并形成了大众化的消费社会。于是，为了适应工业化发展和经济贸易发展的需要，酒店业发展从客栈时期过渡到了大酒店时期。

最早促进旅行客栈向旅游酒店发展的是英国。从 1750 年开始，英国产业革命促进了商业贸易的迅速发展，为了适应大量商务旅行活动的需要，英国率先在伦敦修建现代意义上的旅游酒店，同时对旅行客栈进行大规模的改善。

18 世纪末，美国酒店业迅速崛起。1794 年，在纽约建成的第一座旅游酒店——都市酒店在纽约正式开业，拥有 73 间客房，很快便成为纽约的社交中心。随后，波士顿、费城、巴尔的摩等城市也纷纷建造和开办了类似的大酒店。1829 年，在波士顿落成的特来蒙酒店被称为世界上第一座现代化酒店，奠定了美国现代化酒店发展的基础，为整个新兴的酒店行业确立了明确的标准，并推动了美国乃至欧洲旅游酒店业的蓬勃发展。

特来蒙酒店首次创建了大堂，客人不用再跑去酒吧登记了；酒店重视私人空间，将客房分为单人房和双人房，每个房间都配有钥匙，房间内放有一个大杯子、一壶水和免费香皂。酒店设有行李服务，并提供法国式的餐饮。酒店的员工都经过了精心挑选和培训，均受过服务至上的教育，但美中不足的是酒店没有自来水、暖气和单人浴室。酒店的照明是用汽油灯，共有 170 间客房和一个 200 餐位的餐厅。

自特来蒙酒店开业后，更先进的酒店相继出现。1834 年，阿斯特酒店在纽约建成，共有 309 个房间，客房有用黑桃木制的家具，地上铺有地毯，是第一家“宫殿型”酒店；1848 年，新英格兰酒店在波士顿开业，设有酒店专用的保管箱，替客人保管贵重物品；1875 年，宫殿酒店在旧金山落成，共有 800 个客房，耗资 5000 万美元，被称为当时“世界最大的酒店”，后于 1906 年因地震起火烧毁。

1887 年，佛罗里达的旁斯德伦酒店被称为最豪华的酒店；1888 年，加利福尼亚有了第一家豪华的度假酒店——德科罗拉多酒店；1908 年，巴英罗酒店在纽约开张，该酒店增加了不少设施，如防火通道、标准的门锁、全身镜、单人浴室、冰水、免费报纸和文具纸张。300 个客房全部设有浴室，并以“有浴室的客房，房租只有一元半”作为营业标准，薄利多销，适宜普通客人的开支，满足了他们的要求，即获成功，闻名遐迩，由此它成为美国现代酒店的楷模。

总的来说，美国的酒店特点是设施豪华，规模庞大；欧洲酒店的特点是规模较小，风光宜人，小巧玲珑，服务亲切。比如巴黎的里兹酒店，是典型的欧洲风格，共有 150 间客房，于 1898 年 3 月落成，至今尚在营业，经久不衰，是世界十大著名酒店之一。

到 19 世纪末，欧洲各国相继建成了一些知名的旅游酒店，如凯撒大酒店、法兰克福大酒店、巴黎大酒店、伦敦萨伏依酒店等。这些酒店都设置了单独的私人房间，配备了各种娱乐厅、餐厅、阅览室，附设了带游廊的花园、喷泉等，从而吸引了许多王室、贵族、官宦、巨富和社会名流前往住宿和娱乐。这一时期酒店经营的代表人物是瑞士人凯撒·里兹

(Cesar Ritz,1850—1918年),作为豪华酒店的杰出经营者,他和他建造、经营的酒店成为最豪华、最时髦的代名词,Ritz一词也由此而来。

在这一时期,管理工作已经从接待工作中分离开来,形成专门的职能,随着酒店规模的扩大,企业内部分工更加明确,出现了专门的管理机构,组成了酒店经理、服务长、厨师长和其他管理人员的分工合作,促进了酒店管理工作的发展,提高了酒店服务工作的效率。

里兹首先提出了以客人为导向的营销观点,积极推行满足客人需求,提供优质服务的经营理念。豪华酒店的接待对象,大多是身份尊贵的王公贵族、高官富贾,他们出手大方,重视奢华享受。因此,豪华酒店的管理十分重视服务质量,餐具、茶具、服务方式和吃饭的样式十分考究,对员工的服务技巧、走路的姿势、说话的语言等要求也十分严格。这种注重礼仪、讲究服务质量的经营作风,后来发展成为"宾客至上,服务第一"的经营思想。

这一时期旅游酒店的发展,主要具有以下几方面的特点:一是为适应产业革命带来的经济发展的需要,在欧美国家迅速建设和发展起一批有一定规模的旅游酒店,标志着现代旅游酒店的产生和形成;二是各种旅游酒店的设计和建造,已经具有现代旅游酒店的雏形;三是对服务人员进行专门的培训和指导,以提供礼貌、周到的服务。

三、商业酒店时期(20世纪初到20世纪40年代末)

商业酒店时期,是旅游酒店业发展的重要阶段,不仅从各方面奠定了现代酒店业的基础,而且促使旅游酒店业迅速发展成为一个重要行业。20世纪初,被誉为"现代旅游酒店之父"的美国酒店业主埃尔斯沃思·弥尔顿·斯塔特勒(Ellsworth. M. Statler,1863—1928年),根据自己多年从事旅游酒店业的经验和对旅游市场需求的了解,设计和建造了为一般公众所能承受价格之内的商业性旅游酒店。1908年,斯塔特勒在美国布法罗建造了"一个带浴室的房间只需要一美元半"的斯塔特勒酒店,标志着旅游酒店业进入商业酒店时期。

同里兹的酒店经营不同,斯塔特勒把"提供普通民众能付得起费用的世界第一流的服务"作为经营目标。在管理中采用泰勒科学的管理思想和方法,以便在低价格的情况下,仍然能够取得利润。斯塔特勒提出的"宾客永远是对的"这句至理名言,至今仍为各国酒店从业人员所推崇。

第一次世界大战的爆发,使酒店业的发展速度减慢。战争结束之后,酒店业又开始兴旺。1912年,纽约建成麦阿乎酒店,25层高,共有1700个客房;1919年,纽约的彭瑟瓦那酒店耗资1.2亿美元,拥有2200个客房;1928年,史蒂文斯酒店在芝加哥建成,耗资28亿美元,雇用员工有2200人之多,共有3000个客房,至今仍是世界上最大的酒店之一;1963年,纽约希尔顿酒店落成,46层高,共有2131个客房,店内共有12部高速电梯,还有4部扶梯,每小时可运载5000人次。

第二次世界大战中,成千上万的人流离失所,士兵们开赴前线,平民们奔走打工,妻子们随着从军的丈夫行动,商人们出外推销生意,贵族们逃离家园,富人们携款避祸……这些人出外都需要酒店住宿,因而促进了酒店业的发展,使得酒店开房率剧增,达到95%的开房率,有的酒店开房率则达100%。

商业性旅游酒店的服务对象主要是商务旅游者，因而其设施与服务一改追求豪华与奢侈的做法，讲究舒适、方便、清洁、安全和适用，并考虑宾客的需求和承受能力，收费合理。酒店管理以追求利润为主要目的，经济活动以市场为中心，客房分等定价，比如标准客房、豪华客房、行政套房、总统套房等。餐饮和综合服务设施根据不同的情况制定价格，逐步形成目标市场，有针对性地提供优质服务。

这一时期商务酒店的发展，具有以下几个突出的特点：一是确定了旅游酒店为公众和商务旅游者服务的基调；二是促进了旅游酒店服务和管理的标准化和规范化；三是逐步实现了旅游酒店的现代化经营和管理；四是出现了专门培养旅游酒店经营管理人才的学校（院）。商业酒店时期，已经摆脱了传统的经验管理，进入科学管理阶段。酒店采用先进的企业管理理论，指导日常的业务经营活动，改进了服务质量，提高了管理水平，增加了经营收入，促进了酒店业迅速发展。

四、现代酒店时期（20 世纪 50 年代以后）

第二次世界大战结束以后，世界经济逐步复苏并走向繁荣，汽车工业、航空运输业的发展及人们收入水平的提高，使旅游活动日趋频繁，原来以接待商务旅游者为主要经营方向的商业酒店已不能满足各种层次的旅游者需求。世界各地相继兴建起具有浴室、地毯、空调等设施设备的现代新型酒店，其服务向多样化、综合化发展。20 世纪 50 年代以来，旅游酒店的发展主要经历了两个不同的发展时期：

（一）20 世纪 50～60 年代，汽车酒店迅速发展时期

1925 年，一个名叫阿瑟·海涅曼的美国人在加利福尼亚的圣路易斯·奥比斯波地区，开设了一家名叫“迈尔斯顿”的汽车酒店，这是世界上最早的汽车酒店。战后，汽车酒店有了快速发展。1952 年，假日酒店创始人威尔逊建造了第一家名为假日酒店（Holiday Inn）的汽车酒店。与之前的汽车酒店相比，它扩大了规模，房间十分宽敞，并设有餐厅和其他设施，实施规范的服务和管理标准，从而为自驾车旅游的家庭提供了方便。同时，连锁汽车酒店也相应产生和发展，并推动了现代旅游酒店的连锁化发展。尤其是一批著名的酒店业主受斯塔特勒的启发，相继在 20 世纪 50～60 年代创立了一批世界有名的旅游酒店连锁集团，如希尔顿（Hilton）、假日（Holiday Inn）、喜来登（Sheraton）、凯悦（Hyatt）、万豪（Mariott）、雅高（Accor）等酒店集团。

知识拓展：汽车酒店的发展

（二）20 世纪 70 年代后，旅游酒店多元化发展时期

20 世纪 70 年代以来，随着世界旅游业的迅速发展和旅游市场的不断扩大，人们对庞大的旅游市场进行了系统研究和细分，建造了满足不同旅游需求的各种类型的旅游酒店。一是为了适应各种商务活动、会议和展销会的发展，出现了许多功能齐全、装修豪华的现代商务酒店；二是为了适应战后人们对休闲度假的旅游需求和生活质量提高对环境的要求，兴建了大量豪华舒适、功能齐全、设施配套的旅游度假酒店；三是为了满足团体旅游迅速发展的需要，新建了许多新型的观光旅游酒店；四是随着散客旅游者的大量产生，各种为满足旅游者任意租用的公寓酒店也迅速发展。

这一时期旅游酒店的发展主要具有以下几方面的特点:旅游酒店规模扩大,集团化管理占有日益重要的地位;旅游酒店服务的多样性和综合性,促进了各种类型旅游酒店的产生,并提供特殊的服务;市场需求的多样化,引起酒店设施设备的不断更新,科学管理知识在酒店中得到广泛应用;酒店业与相关行业加强了合作,关系日益密切。

不同阶段世界酒店业的发展特点比较见表 1-1。

表 1-1　　不同阶段世界酒店业的发展特点比较

发展阶段	市场对象	主要特点
客栈时期	传教士、信徒、外交官、信使、商人	设备简陋,仅提供基本食宿;服务项目少,质量差;声誉差;房价低;不安全
大酒店时期	贵族度假者、上层阶级、公务旅行者	规模大;设施豪华;服务正规,有一定接待仪式,一定规格的礼貌礼节;价格昂贵
商业酒店时期	商务旅行者	设施方便、舒适、清洁、安全;服务健全但较简单;经营方向开始以顾客为中心;讲究效率,价格合理
现代酒店时期	大众旅游市场	规模扩大,酒店集团的市场份额不断增加;类型多样化,开发了各种类型的住宿设施;服务综合性,酒店提供住宿、餐饮、旅游、通信、商务、康乐、购物等服务

第二节　中国酒店业发展历史

通观中国酒店业的产生与发展,它一般分为古代、近代和现代三个历史时期。

一、中国古代酒店业

中国酒店的起源很早,它以前叫旅馆、客店、客栈等。酒店业是一种非常古老的行业,远在 3000 多年前的殷代就出现了。当时官办的“驿传”,就是专供传递公文和来往官员居住的旅馆。到了周代,为了便于 71 个诸侯国向王室纳贡和朝见,在交通要道处,修筑了供客人投宿的“客舍”。

秦始皇统一六国,建立秦朝后,四处出巡,所到之处,都建有行宫,这是古时候比较高级的客店。随着商业繁荣,西汉首都长安城内修建了 140 多所“群郡”。西汉中期,对外贸易日益发达,长安城内建造成“蛮夷邸”,专供外国使者和商人住宿。可以说,这是我国早期的酒店。南北朝时就出现一种新兴的旅馆,名曰“邸店”,它是供客商食宿、存货和交易的场所。

唐、宋、元、明、清时期,旅馆业得到较大的发展。唐朝国力强盛之时,曾与外国不断来往,进行文化交流和通商,促进了旅馆业的繁荣,沿途建立了许多旅馆和“驿站”,主要是接待过往的骑马客人。

宋朝出现名称众多的“四方馆”“都亭驿”“同文馆”“大同馆”“来宾馆”“朝天馆”“都亭西驿”等旅馆,并出现专为客商存货的“塌房”,即货栈。

明朝在北京设置“四夷馆”，招待各兄弟民族和外来使者，并允许在馆内进行贸易活动；在上海县城内也曾设有“客栈”。清代，有专门接待蒙古贸易商队的“骆驼店”“货栈”，北京还出现“鸡毛小店”，即这种小店的幌子上常挂根鸡毛。

二、中国近代酒店业

（一）西式酒店

1840年第一次鸦片战争后，西方列强纷纷入侵中国，划分势力范围并设立租界，随即在租界内兴建了许多西式酒店。至1939年，在北京、上海、广州等23个城市，有外资建造并经营管理的西式酒店近80家，比如瑞士人经营的北京六国饭店、德国人经营的北京宝珠饭店和济南斯坦饭店、法国人经营的天津泰来饭店和裕中饭店，以及昆明商务饭店、英国人经营的广州维多利亚酒店、葡萄牙人经营的长沙饭店，还有北京饭店、天津的利顺德大饭店、上海的理查德饭店和广州的万国酒店等。

1927年以后，在北京、上海、西安、青岛等大城市和风景区，兴建了一批专门接待中外旅游者的高级招待所，提供食宿和各种服务，还有配套的设施，如浴室、理发室、游艺室等。在一些沿海口岸城市，如上海、天津、广州也都相继建起了一批高层的现代化旅游酒店。

这些酒店与中国传统的旅店相比，规模宏大，设备豪华，设施完善，建筑结构、装饰等具有典型的欧洲风格，设有客房、餐厅、酒吧、舞厅、球房、理发室、会客室、小卖部、电梯等服务项目；客房内有电灯、电话、暖气，卫生间有冷热水等。其主要任务是接待来华外国人等同时也成为当时达官贵人等上层人士频繁光顾的场所。西式酒店的管理人员都来自西方的发达国家，受过酒店管理的专业教育。

西式酒店的客房分等经营，按质论价，是客房出租的一大特色。西式酒店的餐饮是西餐，有法国菜、德国菜、俄国菜、英美菜等。酒店的餐厅除了向本店客人提供饮食外，还对外供应各种西餐，承办西式宴席。西式酒店的服务讲究文明礼貌，按照规范化和标准化的程序接待客人。

（二）中西式酒店

西式酒店的涌现，刺激了中国的民族资本涉足酒店业。1900年后，各地纷纷兴建起包容中西风格的新式酒店，如北京的西山饭店、状元府饭店、长安春饭店、天津的国民饭店、惠中饭店、世界大楼、上海的百乐门饭店、国际饭店、东方饭店、大上海饭店、大江南饭店、南京饭店、扬子饭店、静安宾馆和锦江宾馆、广州的爱群大厦等等。

这类酒店在20世纪30年代发展至鼎盛时期，与中国传统的旅店相比，无论在建筑、设施设备、规模等方面，还是服务项目、经营方式、管理水平等方面都有了明显的进步与发展。中西式酒店在建筑风格、设施设备、经营模式和服务方式上都引进了西式酒店的特点，改变中国传统的庭院式或园林式建筑风格，修建楼房式的建筑。

酒店客房分为标准间、豪华间、套间。卫生间、电灯、电话、餐厅、舞厅等设施设备均已具备。酒店餐饮有中餐和西餐，为客人提供多种选择。这类酒店的经营者和股东，大多是银行、铁路、旅馆等企业的联营者。中西式酒店把国外酒店业先进的管理理论、经营思想和服务意识与中国酒店业的实践相结合，改变了中国酒店业落后的面貌，促进了中国酒店业的发展。

（三）客栈旅店

在西式酒店和中西式酒店发展的同时，中国民间的客栈旅店也进一步发展壮大。特别是近代交通工具的改善和发展，为中国民间传统的客栈旅店的发展提供了新的机遇。与以往的客栈旅店相比，规模有所扩大，设施和装潢明显改善，服务项目增多。可以说，客栈旅店是中国近代酒店业的重要组成部分。

三、中国现代酒店业

（一）招待所阶段

中华人民共和国成立初期，为了接待国际友人、苏联和其他一些东欧国家的援华专家及各国华侨、港澳同胞，中国各地分别兴建了一批设施设备条件相对较好的高级招待所。这些招待所以完成外事或政治接待任务为主，不讲究经济效益，实行传统的行政方法管理。到了20世纪50年代和60年代，中国各省市都建有比较高级的招待所，比如南京的丁山宾馆、双门楼宾馆，武汉的洪山宾馆、东湖宾馆（东湖高级招待所），杭州的西湖宾馆、西子宾馆，长沙的湖南宾馆，广州的东方宾馆、广州宾馆，等等。

（二）旅游涉外酒店阶段

1978年以后，随着对外开放政策的实行，中国国际旅游业得到了迅猛的发展。为了适应这种形势，原先的高级招待所在稍作整修后即承担繁重的涉外接待任务，从而成为第一批以接待境外宾客为主，区别于国内一般酒店的现代化涉外酒店。截至20世纪70年代末，中国各大城市共有酒店203家，客房31 788间，床位76 192张，可接待外国游客的床位44 241张。从1978年开始，中国执行对外开放的政策，有力地促进了旅游事业的发展，大量外国游客涌进中国，酒店供不应求的问题日益严重，引起国家和有关部门的注意。有关部门立刻采取了有效的措施，中央和地方主动将一批接待国宾或国家领导人的宾馆和高级招待所改为接待外宾，比如北京的钓鱼台国宾馆、上海的西郊宾馆、杭州的西湖宾馆、广州的南湖宾馆，等等。与此同时，许多老宾馆进行了整顿装修，引进成套进口的客房设备、电脑设备、厨房和餐厅设备等。有的宾馆进行了扩建，在旧楼的基础上增加了新楼，如北京的北京饭店新楼和广州的东方宾馆新楼等。

（三）引进外资及外方管理阶段

20世纪80年代初期，中国的酒店业为求进一步发展，开始考虑引进外资。广州东方宾馆率先引进外资进行改造与扩建并获得成功，大大推动了中国酒店业的发展。至此，中国现代酒店业已初具规模。中外合资的酒店和外商投资的酒店在中国各大城市蓬勃兴起，一批设备一流、操作现代化、管理先进的酒店出现在中国大地上，将中国的酒店业推向一个新的阶段，证明中国的酒店同样具有自立于世界大酒店之林的能力。

北京的长城饭店、香山饭店、建国饭店、丽都饭店，南京的金陵饭店，广州的花园酒店、中国大酒店、白天鹅宾馆都是在此期间建立的。另外，还有北京的国际饭店、上海的静安希尔顿宾馆和金郁金香宾馆，西安的华山宾馆等。可喜的是，广州的白天鹅宾馆于

1985年被接纳为世界一流酒店组织的成员，跃进了世界先进酒店的行业。截至1989年，中国共有酒店1496家，客房20多万间。国外将中国这段时间的酒店发展史称为“中国酒店业的繁荣时期”。

与此同时，中国酒店业开始学习先进的管理经验，其中较为典型的是长城喜来登饭店和建国饭店积极学习香港半岛集团的管理，特别是建国饭店的经营管理取得了极大的成功。因此，1984年，国家旅游局在全国选择50家酒店推广建国饭店经验，1985年又在全国102家酒店推广建国饭店的管理经验。

（四）星级酒店阶段

酒店星级标准的制定和实施是中国酒店业发展史上的重要里程碑。1987年，中国的酒店业经过多年的持续发展，酒店数量已达到1823家，共拥有客房18.5万间。1987年，国家旅游局聘请世界旅游组织的专家实地考察，全面、系统地调查研究了中国酒店行业的实际情况，根据中国国情，结合国际经验，制定了中国酒店的星级标准，并于1988年正式开始宣传、贯彻和推行。星级制度的实施，使中国的酒店业逐渐与国际接轨，走上了健康发展的道路。

从宏观上来说，中国现代酒店业的发展分为四个时期：

1. 起步发展时期（1979—1989年）

这一时期中国酒店建设开始起步，数量增长迅速，初具规模。旅游住房短缺的状况得到缓解，部分城市由于客源增长的滞后，开始出现供大于求的局面。十年间酒店数增加了1638家，年均增加速度为28.1%；房间数增加了25万间，年均增长31.7%；平均客房出租率呈下降趋势。

2. 稳步发展时期（1990—1994年）

经过20世纪80年代的起步发展，中国酒店业开始进入稳步发展时期。与前一阶段不同的是，除了酒店数和客房数增长幅度减缓外，随着旅游客源大幅度回升和各酒店经营服务水平的调整和提高，酒店效益也有了较大增长。

这一时期，酒店数增加了1008座，年均增长速度为10.8%，房间数增加了11.25万间，年均增长8.4%；平均客房出租率呈上升趋势。营业收入大幅度增加。其他效益指标均在这一时期得到大幅度提高。

3. 快速发展时期（1995—2000年）

经过前期的数量和效益的稳步增长，中国酒店业又开始新一轮的快速发展，全国普遍出现结构性的供大于求的局面。这一时期，酒店数增加了6761家，年均增长速度为23%，房间数增加了46.21万间，年均增长14.3%；平均客房出租率开始下降，1998年降到51.67%的最低点。但各效益指标基本保持稳定。

4. 持续发展时期（2001年至今）

在酒店数和房间数的供给有了较大的增长的情况下，效益指标还能保持基本稳定，这说明中国酒店业已开始走向成熟。中国酒店业经过30多年的发展，已经形成了一定的产业规模，逐步向专业化、集团化、国际化的方向迈进。截至2016年年底，中国星级酒店统计管理系统中共有12213家星级酒店，其中包括五星级809家，四星级2367家，三星级4937家，二星级1972家，一星级72家。

第三节 酒店的概念及特点

一、酒店的概念

（一）酒店是一座设备完善的建筑，为大众所周知，并经政府核准

酒店是一座建筑，但也可以是多座建筑。不过，酒店的建筑与其他建筑不同，酒店有客房、餐厅、酒吧，以及健身房、歌舞厅、球场、游泳池等。其他建筑如办公楼、住宅楼等大多数是没有这些设施或设备的。这就是酒店建筑与其他建筑的不同之处。酒店建筑强调的是设备完善、配套项目齐全，能满足客人的需求。一般的建筑，不具有知名度，许多人不知道，更不用说进到某个建筑物中去了。酒店是有知名度的，有明显的标志，有不同凡响的外观建筑设计，有店名店徽，有各种广告宣传，大家都知道并熟悉酒店的设备和服务，随时会进入酒店消费。此外，酒店的开业必须要有政府许可，要有完备的经营许可手续，如工商局批准的营业执照，消防局批准的消防检验合格或许可，旅游局、公安局等政府部门批准的营业许可等。有了这些执照和许可，酒店才算合法经营，才能受到法律的保护。

（二）酒店必须为客人提供住宿和餐饮

这是酒店营业的必备项目之一。酒店是客人的“家外之家”，酒店有义务为客人提供住宿和餐饮。酒店以住宿为主，欧美国家的某些酒店，可能没有餐厅，但一定要有客房，如果酒店没有客房就不叫酒店了。欧美国家的酒店普遍以客房为主，餐厅比重不大，有的小型店或公路酒店没有餐厅，只在酒店大堂或前台设有小型咖啡厅，提供咖啡饮料、面包等比较简单的早餐食品。而西方的大型酒店、东南亚地区的酒店及中国的酒店，都有完善的餐饮设备，而且非常豪华。特别是中国酒店的餐饮设施比重较大，有的与客房设施相等，有的甚至超过客房设施，中餐厅、西餐厅、扒房、酒吧、咖啡厅等一应俱全。中国的酒店大多是在 20 世纪 80 年代和 90 年代兴建的，硬件设备比较好，但在酒店设施上倾向于大而全，有较完备的餐饮设施，在配套设施方面有一定的优势。但它也留下以后经营的隐患，即酒店餐饮的经营困难，亏损状况严重，易影响酒店的经济效益，也影响酒店的投资回报，这是中国酒店业当前所面临的难题之一。

（三）酒店要为客人提供娱乐的设备

西方国家酒店的娱乐设施不多，有的甚至没有，只有规模较大或档次较高的酒店才有健全的娱乐设施。亚太地区的酒店、中国的酒店娱乐设施的配备比较齐全，中国广东省东莞市的一些酒店的娱乐收入几乎占酒店营业收入的一半。国外酒店的娱乐项目较多的是酒吧或酒廊里唱歌和弹奏乐器的人，成龙配套的歌舞厅倒不多见。随着音响技术和数码技术的发展以及卡拉 OK 的流行，娱乐设施更加普及，娱乐器材更加先进，娱乐项目更加多样化。但有些酒店自己并不经营娱乐项目，而是通过场地出租的方式，由承租方经营，这也是可行的，其结果都一样，能为客人提供娱乐设备，达到配套服务的目的。

（四）酒店要提供住宿、餐饮、娱乐上的优良服务

酒店是服务行业，理所当然地要做好服务，有了完善的住宿、餐饮、娱乐方面的设施，

只是具备了一定的硬件条件，没有良好的服务同样是达不到效果的。试想，一家设备齐全、装修华丽的酒店，其服务却是一团糟，客人会来消费吗？所以，除了完善的设施，一定还要有优良的服务。当客人入住酒店时，前台员工笑脸相迎、彬彬有礼；楼层员工认真接待，做好房间的清洁卫生；餐厅员工服务周到，给客人送上可口的饭菜，使客人领略到一种优良的服务，度过一段愉快的时光，留下一个美好的回忆。

与有形设备相比，服务是无形的。服务是看不见，但却是感受得到的。好的感受即是好的服务。无形服务包括服务程序与服务人员素质两大方面，是服务效率与服务效果的结合。服务程序的实际作用是提高服务效率，它以整个服务流程为核心，以组织机构作保证，以达到快速对客服务的目的。服务人员的素质决定了无形服务的质量，服务人员素质好，服务质量亦好，反之亦然。服务人员的素质靠培养、靠训练，还要靠员工自己的努力学习与提高。

（五）酒店是盈利的，要求获取合理的利润

酒店要有完善的设施设备，要有良好的服务质量，要让客人感到满意。但酒店不是慈善机构，经营酒店的目的是要盈利。如果酒店不能盈利，就失去了经营的意义。但是，酒店盈利要合理，不能暴利，不能抬价，要以正当的经营手法获得合理的利润。其实，酒店是一种长线投资，利润率并不高，目前中国的酒店业，已经是处在一个微利时期。其原因比较复杂，归纳起来有几种：一是某些地区酒店供过于求，存在“吃不饱”的现象，难以达到理想的营业额；二是市场竞争日趋激烈，削价竞争更降低了酒店的利润率；三是酒店的结构不合理，如高档酒店偏多，中低档或经济型酒店供不应求。然而，不管是大利还是小利，酒店是要盈利的。

二、酒店的定义

（一）国外对酒店的定义

《大不列颠百科全书》对酒店的解释为：酒店是在商业性的基础上向公众提供住宿，也提供膳食的建筑物。

《美利坚百科全书》对酒店的解释为：酒店是设备好的公共住宿设施，并提供膳食、酒类、饮料及其他人们所需要的服务。

《韦伯斯特美国英语新世界辞典》对酒店的解释为：酒店是提供住宿，提供膳食与某些其他服务的设施，以接待外出旅游者。

《新哥伦比亚百科全书》对酒店的解释为：酒店是既向公众提供膳食，又提供住宿的设施。

《牛津插图英语辞典》对酒店的解释为：酒店是提供住宿、膳食等而收取费用的住所。

（二）国内对酒店的定义

国内学者对酒店的定义表述也不尽一致，主要有以下几种说法：

酒店是提供有形的包含餐饮、客房、各项设施与无形的服务，给离家食宿者消费而获取利润的经济单位。

酒店是以大厦或其他建设物为凭借，通过出售客房、饮食等产品和综合服务项目，使旅行者的旅居成为可能的一种投宿设施和综合性经济组织。

现代酒店是由客房、餐厅等组成，能满足客人吃、住、行、游、购、娱等多种需求的综合性服务设施。

综上所述，本书认为：酒店是向公众提供住宿，饮食及其他服务的商业性经济组织。

三、酒店的特点

酒店是一种特殊的行业，它所出售的产品是时间、空间和服务，其特点如下：

（一）生产受限制，定时、定量

酒店的生产是以客人的需求为导向的，客人的需求量大，生产量亦大；反之，客人需求量小，生产量亦小。酒店的产品有很强的时间性，比如餐厅的食品，如果过了时间，不能销售出去，大部分都会坏掉，受到时间的制约。而且，厨房食品生产还要定时，过早了菜会凉，太晚了客人等不及。酒店产品的销售量也会受到限制，客人预订房间的数量，一般是按人数和需求来订，不可能超出此数而让房间空置；客人的餐饮消费也有定量，太多了吃不完、喝不完会造成浪费。

（二）不能储存，不能搬运，随时光而消失

酒店的客房、餐厅的食品、员工的服务，都是不能储存的，也不能搬运到其他地方去。如果今天有 20 间客房没有卖出去，在营业上造成的损失，就永远也补不回来了。即使明天你再卖更多的房间，再卖更高的价格，那只是明天的收入，不是今天的收入，今天的损失是无可挽回了，今天那 20 间客房的价值也随时光而消失了。

（三）不能选择价格，亦不能保持一定的价格

酒店产品的价格是由市场来决定的，市场的需求直接影响了产品的价格，需求有波动，价格也会有波动。不同的目标市场，有不同的价格，客人需求的价格弹性也不一样。需求价格弹性大的市场，其客人对价格的敏感程度也强。客人对产品越偏爱，产品价格也越高。例如“广交会”期间，广州地区酒店的房价全部上涨，而且上涨的幅度很大。“广交会”结束后，房价立刻回落。美国拉斯维加斯的酒店在节假日期间或大型会展期间，房价普遍升高，而且市区房间紧张，迟了还订不到房。酒店不能决定价格，也不能选择价格，只能依据市场的具体情况制定价格。此外，酒店也保持不了一定的价格，外部环境一旦变化，市场发生波动，价格就会受到影响。

（四）生产成本不受优待（如水、电、税收等）

酒店的生产成本较高，如水费、电费、各种税费等。酒店的成本控制中，水电费用占很大比重。酒店是要 24 小时营运的，酒店的水电是 24 小时保障供应的，仅酒店中央空调的用电量就很大了。还有煤气、油，设施设备如电梯、空调系统的维修保养费用等。酒店的营业税收也是成本的一部分，酒店业的营业税高于某些行业。还有房产税、财务险、养老险等，都是要按规定交纳的。酒店的这些费用，在收费标准上高于某些行业，不受优待。

（五）产品要符合客人的需求，客人重视实质的服务与感受

酒店的产品仍是以客人的需求为导向的。产品的设计和组合都应该考虑客人的需求。随着高尔夫球的流行，有的酒店建高尔夫练习场，有的自建高尔夫球场，也有的酒店与高尔夫球场合作，推广酒店和高尔夫球场套票，将酒店与高尔夫球形成组合产品，投放市场，满足客人的需要。酒店的产品实质上是服务，服务的好坏决定酒店产品的质量。客人入住酒店后，享受到优质的服务，留下了美好的印象。

（六）产品销售成绩好坏，人为因素很大，促销成本也大

影响产品销售成绩好坏的因素，第一是酒店的营销人员，如果他们选准了目标市场，采用了适当的销售方法，是可以获得好的业绩的；第二是客人，他们是否喜好某一类酒店产品，他们的消费心态、文化背景、支付能力等，都会影响到酒店产品的销售成绩。酒店产品投放市场，要做宣传广告，仅广告费就是一笔不菲的开支。此外，还要投入人力、物力去拓展市场，联络客人，参加展销会，拜访旅行社、公司、企业、团体等单位，这些都会增加酒店的促销成本。

第四节　酒店的类型和等级

一. 酒店的类型

（一）根据不同的地点、设备、经营方式分类

1. 商务酒店

商务酒店的地点一般位于城市中心区或商业区，接待的对象一般是商务旅行者和公务旅游者，消费水平比较高，对酒店的设施设备和服务要求也比较高。因此，商务酒店除了讲求外观豪华大方外，对内部的设施也要求堂皇舒适。为了满足客人的需要，必须要有完整的通信系统，如总机服务、电传、电脑等；客房、餐厅、公共场所、会议室要有音响设备装置；全馆要有空调设备；酒店要有宽敞的大厅、走廊、洗手间等公共场所；餐厅要有宴会厅、小餐厅、音乐厅或夜总会；会议室有各种类型，并配备全套会议设备；酒店要有训练有素、服务周到的员工，以及懂专业的各级管理人员。

由于商务酒店建在市内，地产和房产造价昂贵，酒店设备优良，管理完善，因此投资额也比其他类型的酒店高。

2. 度假酒店

度假酒店一般建在交通方便的风景名胜区，为度假的游客提供服务。度假饭店的内部设施，比商务酒店标准略低，但必须提供游客度假游玩的基本设施，如标准的游泳池、游乐园、运动场、滑雪场、良好的沙滩、夜总会等。

度假酒店的地点至关重要，应尽量建在海边、海岛、湖边、温泉、山区、森林或热带地区，自然环境优美，气候舒适宜人，便于各种户外娱乐活动。尽管度假酒店的市场目标一直是度假游客，但也开始接待各种会议及会议团体，以便在酒店业的竞争中求得生存并盈利。有些大的度假酒店配备了适宜各种会议的成套设施，将会议与度假融为一体，相辅相成。

度假酒店受季节的影响较大，营业方式亦有不同，如房租便分为旺季房租和淡季房租。这是因为度假分季节性，客源充足时是夏季，房租可以上涨；到了冬季，客源减少，房租随之下跌，以期吸引游客。这样，有利于调整酒店的收支平衡。

3. 汽车酒店

汽车酒店亦称为公路酒店。此类酒店在美国最多，自20世纪20年代开始发展。这是由于近代公路网的形成，汽车的广泛应用，交通畅通所产生的一种新型酒店。汽车酒店无疑是建在公路边，为驾车外出的游客提供食宿及各种服务。汽车酒店在20世纪50年代后期有了较大的发展，在60年代继续发展，在70年代便达到了顶峰，现在开始走下坡路，主要原因是公路建设减少，能源产生危机。

近年来，汽车酒店逐渐向市区转移，使得它与商业酒店难以分辨。不过，汽车酒店提供免费或低价的停车场，这是商业酒店难以做到的。汽车酒店的设计着眼于空间的利用，重点放在客房设施，房内有电视，另有餐厅和游泳池。

4. 机场酒店

近代航空事业的高速发展，促进了旅游业的发展，飞机在旅游业中占有重要的位置。航空公司以自己的优势介入旅游业，在各大国际机场附近建立了许多酒店，接待来往的乘客，有的航空公司还将酒店建到市内以及游览区内。比如，美国和日本的航空公司就在各大城市建成酒店系统，将交通与旅游统一起来。机场酒店与商业酒店基本一样，但侧重于接待搭乘飞机的乘客或旅行团。

5. 公寓酒店

公寓酒店为一般的长期客人所设，多为单元或套间，附有厨房，配有厨具和餐具，类似于公寓。客人除了住宿的基本要求之外，不太重视设施与服务。公寓酒店的单元或套房既可以出租，也可以出售，客人付租金也可以，全部购买也可以，比较灵活。

6. 会议酒店

会议酒店是用于接待各种会议的客人，为各种会议而服务的。会议酒店的客房一般为250～2000间，并有较大的公共场所及其设施。从20世纪60年代中期开始，会议酒店受到重视，并有了较快的发展。但是，近年来，商业酒店和度假酒店打入了会议酒店的市场，也开始接待会议客人，使得两者之间的概念难以分辨。

早期的会议酒店规模很小，有的只有若干个客房和一个会议室。到了20世纪70年代，会议酒店有了较大幅度的进步。会议酒店的每层楼都具有良好的隔音性能，房间与房间之间有活动墙壁，便于各种会议或团体活动，可大可小；也有多功能会议室，适应各种类型的会议。设计灵活，最有效地利用其设施是会议酒店的优点之一。会议酒店的特点是客房多，公共区域大，停车场多，会议室多，会议设施齐全，如投影仪、录放音像设备、扩音设备、现场音响设备、视听设备以及同声传译设备等一应俱全。

（二）根据酒店的规模大小分类

1. 小型酒店

小型酒店一般拥有100～300个房间，提供一般性的服务。如客房、餐厅、小酒吧和简单的康乐设施。小型酒店一般价格都比较低廉，适于中下层游客居住。

2. 中型酒店

中型酒店一般拥有300～500个客房。这是一般旅游者理想的休息娱乐场所。价格比较合理，服务项目较齐全，设施也比较现代化。中型酒店也就是人们经常提到的中档水

平饭店，提供舒适、方便的客房、餐厅、酒吧、康乐中心、健身房、公共服务部。一般旅游者喜欢这类店，所以也称旅游酒店。中型酒店经营、管理比较容易，经济效益比较可观。

3. 大型酒店

大型酒店一般拥有500～1000个或1000个以上客房。酒店设施和服务项目十分齐全。设施有常年室内温度适中的中央空调系统、健身设施、康乐设施、室内外游泳池、网球场、歌舞厅、音乐酒吧、闭路电视、电脑设施、"付费点播"电视服务系统、音响系统、直拨电话、各种大小规格的会议厅、谈判室、快速分隔装置，为客人提供所需的会议厅、宴会厅等。

服务项目一般包括计算机预订系统、前台电脑服务系统、各类餐厅、地方风味餐厅、送餐服务、室内酒吧、公共服务部，提供电脑、传真、信件、兑换外币等各种公共服务中心，另外客房的等级比较齐全，有豪华的总统套间，有舒适的套间、双人间和标准间等，也提供商社、公司办公室和一般的公寓。客房内陈设高雅、舒适、方便。总之，大型酒店为客人提供豪华的住宿环境。

大型酒店的其他设施也都比较豪华，服务项目也比较齐全，现代豪华的设施，先进的各种室内装饰，包括安全、稳健的世界一流电梯、旋转餐厅、桑拿浴、康乐设施等，均是现代较先进的项目。所以，大型酒店一般都被称为豪华酒店。

（三）根据酒店计价方式分类

1. 欧式计价酒店：收费以客房租金计价，不包括餐饮费用。世界各地绝大多数酒店均属此类。

2. 欧陆式计价酒店：计房租时包欧陆式早餐即咖啡、面包和果汁。

3. 美式计价酒店：计房租时包早、中、晚三餐费用在内。

4. 修正美式计价酒店：计房租时包早、午餐或午、晚餐费用在内。

5. 百慕大计价酒店：计房租时包美式早餐。

二、酒店的等级

全世界的酒店为数众多，为了让游客了解酒店的情况，作为选择住宿的参考，世界各国的政府或酒店业的团体机构，根据各个酒店的设施，订出各种不同的等级。分级制度在欧美较为普通，尤以美国、法国、意大利、瑞士等国为甚。一般分级以星[★]表示。

（一）美国酒店的等级制度

1. 美孚旅行指南体系

美孚旅行指南体系是由美孚石油公司采取的酒店星级评定制度。在北美，由美孚石油公司制作的《美孚旅行指南》，每年有150万的使用者。《美孚旅行指南》从1958年开始出版，今天它已经包括美国和加拿大的7个地区4000个城市22000个网点的22000家酒店、汽车酒店、客栈、小旅馆、度假地和餐馆的介绍。

在世界上使用的大约100种酒店等级体系中，美孚旅行指南体系被认为是最重要的。每年都有约17000家住宿设施被审查，有14000家左右得以被列入出版物。在这些酒店中，60%～70%的酒店为一星级、二星级；30%的酒店为三星级；只有不到5%的酒店有幸地被评为四星级和五星级。由于酒店每年评估，因此，评定的等级也不是终生有效的。几乎每年都有10%的酒店从名录册上被淘汰,由新店取而代之,以此保证指南的代表性。

此制度使用的符号为一颗星至五颗星,按照标准划分为以下内容:

★:一星级酒店必须整洁、舒适,不必豪华。然而,对它们提供项目有最低要求的服务。这些酒店可能不提供24小时的前台、电话或客房服务,也未必有餐厅。如果该酒店的房价低于同地区的平均水平,那么在酒店星级标志旁打上√,以显示该酒店物有所值。

★★:二星级酒店稍好于一星级酒店,包括更好的家具,较大的客房、餐厅,每个客房内的一台电视机、直拨电话,客房服务及娱乐设施,如游泳池等。二星级酒店不必豪华,但必须清洁舒适。

★★★:三星级酒店提供一星、二星级酒店所有的服务,并在这些服务的基础上突出一项或多项内容。

★★★★:四星级酒店的客房要大;家具高档;服务人员受过良好的培训,他们彬彬有礼、热情有加,为宾客提供所需的一切服务,极少有宾客投诉。四星级酒店的住宿,应该给客人留下一次难忘的经历。

★★★★★:五星级酒店在美国通常被认为是全美最佳酒店之一。酒店内设有豪华餐厅,每天两次标准化的客房服务。大堂应舒适、宜人,并且富有美感。外部环境优美、整洁。五星级酒店的一个显著特点是:酒店的员工要让客人每时每刻都感到自己是最重要的人物。

2. 美国汽车协会(AAA)体系

美国汽车协会成立于20世纪初,主要是为了促进美国的公路建设,保护驾驶员的安全,让驾驶员获得更多的权利。美国汽车协会有一套评估体系,对酒店进行等级评定,采用钻石等级,从一颗钻石到五颗钻石,相当于从一星到五星。每年,美国汽车协会检查的酒店有32500多家,2500家酒店有幸被收录进《美孚旅行指南》和《AAA旅行手册》中。

(二)欧洲酒店的等级制度

欧洲是旅游业非常发达的地区,欧洲的酒店业发展历史悠久,长期处于国际酒店业的前列。欧洲酒店等级制度已经普及,特别是法国、意大利和瑞士等国家。然而欧洲酒店等级划分制度的规范标准远不及美国。由于欧洲国家众多,每个国家都有自己的一套评定标准。欧洲的酒店70%以上为独立经营,很难做到标准统一。有些国家采用官方评级制度,比如匈牙利、比利时、英国、法国、希腊、意大利、荷兰、西班牙和瑞士等,等级评定时强调硬件水平,比较轻视服务。一些高税率国家的酒店管理者甚至刻意调低酒店级别,以便少缴税款。一些国家如瑞典、德国和丹麦坚持用房价表示酒店等级,他们认为房价可以反映酒店的服务水平,市场价格本身就是最有效的等级标准。目前在欧洲,最有影响力的酒店等级评定,体系主要有法国米其林红色指南体系和英国汽车协会体系。

1. 米其林红色指南体系

米其林红色指南体系是由法国民间团体自行制定和执行的酒店等级体系。该体系是由法国米其林集团于1900年在其创始人安德里·米其林的倡导下出版的《米其林红色指南》(简称《指南》)开始的。起初这只是一本简易方便的旅行手册,为驾车者提供一些实用资讯,如关于车辆保养的建议、行车路线推荐、汽车修理行的地址以及酒店、餐馆的地址等。后来《指南》开始每年为法国和欧洲的酒店和餐馆评定等级,并因此而著名。

根据《指南》,酒店被划分为5个等级,从高到低依次为:豪华级、最高舒适级、非常舒适级、舒适级、比较舒适级,5个等级并通过房屋图形标志表现出来,最高级别酒店授予五个图标。在《指南》上,等级的变化意味着酒店经济效益的增减,甚至可能会导致某家酒店的成功或失败。

2. 英国汽车协会体系

英国汽车协会(AA)从1908年起,采用标准体系,为英国和欧洲的酒店划分等级,被广泛认为是国家体系,该体系针对协会会员,使用星号符号代表酒店星级,采用一星到五星制。

3. 字母等级体系

将酒店的等级用英文字母表示,一般分为A,B,C,D,E五个级别,其中A为高级,E为最低级。还有的国家用A1,A,B,C,D来表示酒店的等级。采用字母等级体系评定酒店级别的国家很多,比如希腊、奥地利、爱尔兰等。

4. 数字等级体系

将酒店的等级用阿拉伯数字表示,数字越大,表示酒店的档次越低,一般分为1、2、3、4、5五个级别。另外也有国家采用豪华、1、2、3、4五个级别,比如意大利和阿尔及利亚。

(三)中国酒店的等级制度

随着中国酒店业的发展,为了与国际酒店业标准接轨,1988年9月,中国原国家旅游局正式颁布了酒店星级标准,在全国推行酒店星级评定制度,酒店分为一星、二星、三星、四星、五星五个等级,星级越多,档次级别越高。

2013年,根据中国酒店业发展的形势和需求,为了进一步规范酒店等级评定,促进中国酒店业更加健康发展,国家旅游局修订了原有的星级评定标准,将酒店星级评定标准更名为“旅游饭店星级的划分与评定”(GB/T14308—2003),并增加了白金五星级,白金五星的酒店缀有五颗星的标牌使用白金色。

案例分析

泰国曼谷东方酒店

曼谷东方酒店是举世公认的世界最佳酒店,曾连续10年被纽约《机构投资者》杂志评为“世界最佳酒店”“最佳商务酒店”“最佳个人旅馆”等。

一位朋友因公务经常到泰国出差,并到东方酒店入住。第一次入住时,良好的酒店环境和服务就给他留下了深刻的印象,当他第二次入住时,几个细节更使他对酒店的好感迅速升级。

那天早上,在他走出房门准备去餐厅的时候,楼层服务生恭敬地问道:“张先生是要用早餐吗?”张先生很奇怪,反问:“你怎么知道我姓张?”服务生说:“我们酒店规定,晚上要背熟所有客人的姓名。”这令张先生大吃一惊,因为他频繁往返于世界各地,入住过无数高级酒店,但这种情况还是第一次碰到。

张先生高兴地乘电梯下到餐厅所在的楼层,刚刚走出电梯门,餐厅的服务生就说:“张先生,里面请”,张先生更加疑惑,因为服务生并没有看到他的房卡,就问:“你知道我姓张?”服务生答:“上面的电话刚刚下来,说您已经下楼了。”如此高的效率让张先生再次大吃一惊。

张先生刚走进餐厅，服务小姐微笑着问："张先生还要老位子吗？"张先生的惊讶再次升级，心想："尽管我不是第一次在这里吃饭，但最近的一次也有一年多了，难道这里的服务小姐记忆力那么好？"看到张先生惊讶的目光，服务小姐主动解释说："我刚刚查过电脑记录，您在去年的6月8日在靠近第二个窗口的位子上用过早餐"，张先生听后兴奋地说："老位子！老位子！"小姐接着问："老菜单？一个三明治，一杯咖啡，一个鸡蛋？"现在张先生已经不再惊讶了，"老菜单，就要老菜单！"张先生已经兴奋到了极点。

上餐时餐厅赠送了张先生一碟小菜，由于这种小菜张先生是第一次看到，就问："这是什么？"服务生后退两步说："这是我们的特色小菜"，服务生为什么要先后退两步呢，他是怕自己说话使口水不小心落在客人的食品上，这种细致的服务不要说在一般的酒店，就是美国最好的酒店里张先生都没有见过。这一次早餐给张先生留下了终生难忘的印象。

后来，由于业务调整的原因，张先生有三年的时间没有再到泰国去，在张先生生日的时候突然收到了一封东方酒店发来的生日贺卡，里面还附了一封短信，内容是：亲爱的张先生，您已经有三年没有来过我们这里了，我们全体人员都非常想念您，希望能再次见到您。今天是您的生日，祝您生日愉快。张先生当时激动得热泪盈眶，发誓如果再去泰国，一定要住在东方酒店，而且要说服所有的朋友也像他一样选择。张先生看了一下信封，上面贴着一枚六元的邮票。六块钱就这样买到了一颗心，这就是客户关系管理的魔力。

·讨论题·

曼谷东方酒店成功的秘诀是什么？

复习思考题

1. 简要阐述国外酒店的发展历史。
2. 现代酒店时期的酒店有何特点？
3. 酒店的定义是什么？
4. 酒店的特点是什么？
5. 如何根据酒店规模的大小分类？
6. 评定酒店等级，最常用的是哪一种酒店评级制度？

实训项目

实训内容：考察当地的一家酒店，分析酒店的类型和等级。

实训目的：使学生熟悉酒店的类型和等级。

实训要求：

1. 将学生分成若干小组，每组5～10人。
2. 各组调查酒店的类型和等级。
3. 各组整理汇总调查结果，并汇报调查结果。
4. 教师根据各组汇报调查结果的情况，进行点评。

第二章 酒店前厅管理

学习目标

1. 了解前厅部的地位和作用；
2. 了解前厅部的工作任务；
3. 熟悉前厅部的组织结构及职责；
4. 熟悉前厅部对客服务的流程；
5. 掌握前厅部的预订业务管理工作；
6. 掌握前厅部的接待业务管理工作；
7. 掌握前厅部的信息管理工作。

第一节 酒店前厅管理概述

一、前厅部的地位和作用

酒店前厅部(Front Office,简称 FO),又称为前台部,或称为总服务台、总台等,通常设在酒店的大堂。前厅部是酒店销售产品与服务、组织接待工作、开展调度业务以及为宾客提供一系列前厅服务的综合性服务机构。前厅部接触面广、政策性强、业务复杂,在酒店中具有举足轻重的地位。

(一)前厅部是酒店的门面

前厅部处于酒店接待工作的最前列,是酒店最先迎接宾客和最后送别宾客的地方,前厅服务是使宾客对酒店产生第一印象和留下最后印象的重要环节。宾客总是带着第一印象来评价酒店的服务质量,而最后印象则在宾客的脑海里停留时间最长,留下的记忆最为深刻。毋庸置疑,前厅部是赢得宾客好感的重要阵地。

作为酒店的门面,前厅部的环境气氛、服务质量水平在宾客心目中代表着酒店的总体水平及形象,这不仅包括大堂的建筑设计装饰、陈设布置,也包括前厅部员工的精神面貌、仪容仪表、服务态度、服务技巧、服务效率及组织纪律等。

(二)前厅部是酒店的销售窗口

前厅部是酒店的销售窗口,负责酒店产品的出售,管理控制着酒店收入的焦点与核心。首先,前厅通过预订、接待入店宾客,销售客房及其他酒店产品与服务,达到销售的目的;其次,前厅的问讯处、大堂服务处通过回答宾客的问讯,介绍酒店的设施和提供优良的服务,达到扩大销售、促进宾客消费的效果;再次,前厅部通过和宾客的直接或间接的接触,与酒店服务的主体——社会,建立起广泛的联系,从而了解到许多客源信息,为酒店制定销售政策和酒店其他部门的销售提供重要的依据和条件。

(三)前厅部是酒店业务活动的中心

1. 前厅部是酒店的神经中枢

前厅部是为了有效地开展预订服务,组织客源,做好接待工作,必须和旅行社、各种国际商业机构、外交机构如大使馆和领事馆、国内客户单位、机场、车站、码头及旅游景点等单位保持联系,也必须同旅游团领队、陪同等建立联系。同时,还必须联络与协调酒店的其他部门,共同对宾客服务。所以,前厅部犹如酒店的神经中枢,对外起着“联络官”的作用,对内则发挥着业务调度的职能,在很大程度上控制与协调整个酒店的经营活动。

2. 前厅部是酒店的信息集散中心

酒店绝大多数的业务信息都来自前厅部,例如市场信息、营业情况、客户档案等。前厅部是酒店的信息集散中心,它所收集、加工和传递的信息是酒店管理者进行科学决策的依据。酒店管理工作的质量和效率,很大程度上取决于传递信息的数量、有效性、及时性和精确性。

3. 前厅部工作贯穿宾客周期的全过程

前厅部在宾客周期整个过程中扮演着重要的角色。前厅部工作始于宾客最初与酒店接触，贯穿于宾客抵达酒店及其整个逗留期直至宾客结账离店以及其后的处理工作。这是酒店其他任何部门都不可替代的。

（四）前厅部是建立良好宾客关系的重要环节

前厅部处于酒店与宾客的中介桥梁位置上，也是与宾客接触最多的部门，所以前厅部是酒店建立良好宾客关系的重要环节。根据希尔顿酒店手册，在与宾客的关系中，每一位员工都是“希尔顿”，在宾客面前都是希尔顿大使，要与宾客建立良好的关系。酒店服务质量从宾客角度来分析，“宾客满意程度”是重要的评价指标，而建立良好的宾客关系正是提高宾客满意程度的重要因素。

二、前厅业务管理的特点

（一）业务范围广，工作协作性强

前厅业务主要是组织客源、销售客房和提供各种接待服务，提供从预订、接待、分房、问讯、邮电通信、收款结账等业务服务，业务涉及范围十分广泛。而且前厅的各个业务部门又是互相联系的，工作环环紧扣，共同为客人提供服务，工作的协作性很强。这就要通过明确制定各部门的业务工作程序，使前厅连接成一个整体，来提高工作效率和服务质量，满足客人需求。

（二）前厅业务专业技术性强，服务质量影响大，人员素质要求高

前厅是酒店的门面，直接影响酒店的声誉和形象。前厅的管理和服务水平在很大程度上决定客人对酒店的第一印象和离店时的感受。而且，前厅各项业务的性质和管理方法各不相同，但都需要员工有专业知识，专业技术性较强。因此，前厅对人员素质要求较高。酒店必须选择形象好、外语和服务水平高的人员，并不断对他们加强培训；严格管理制度，才能适应前厅管理要求，提供优质服务。

（三）信息变化快，工作效率要求高

前厅部是酒店其他部门获得信息的重要来源，信息工作是做好经营管理和提高服务质量的重要环节。前台每天都需要处理大量的信息，如预订信息、客账信息、客户档案、客户投诉等，这些信息具有变化快、处理速度快等特点，其他部门则依靠前台提供的信息来安排工作。因此，要求前台的工作效率要高，要及时收集信息、处理信息及反馈信息。

三、前厅部的工作任务

前厅部的主要工作任务，可以归纳为以下七个方面：

（一）销售客房

前厅部负责受理宾客预订，向宾客推销客房，并为宾客办理入住手续。前厅部销售客房数量的多少和达成价格的高低，不仅影响酒店的客房收入，而且影响酒店餐饮、娱乐、商场等部门的收入。

（二）控制客房状况

前厅部在任何时候都应正确地显示客房状况，准确、有效的房态控制有利于提高客房的利用率及对客房服务的质量。

（三）提供各项前厅服务

前厅部还能提供各项前厅服务，例如在机场、车站接送宾客；提供行李服务；应接服务；问讯服务；邮件服务；各项委托和代办服务等。

（四）协调对客服务

前厅部要向有关部门传达各项业务指令，协调各部门解决执行指令过程中遇到的问题，联络各部门为宾客提供优质服务。

（五）信息收集、处理与传递

前厅是酒店的窗口，也是酒店的信息中心。信息不仅包括外部市场信息（如国内外经济信息、客源市场信息等），也包括内部管理信息（如开房率、营业收入、预订情况、宾客信息等）。前厅部不仅要收集信息，还要负责对信息的加工整理及传递工作。

（六）负责客账管理

前厅部负责客账管理工作，记录与监督宾客与酒店间的财务关系，以保证酒店及时准确地获得营业收入。前厅部的客账管理包括客账建立、客账累计、客账审核及客账结算等内容。

（七）建立客史档案

客史档案中记录了酒店所需要的有关宾客的主要资料，可供酒店分析客源市场状况、宾客消费项目及支付能力情况，是酒店研究宾客消费心理、提高酒店的销售能力、提供针对性服务的主要依据。

知识拓展

客房状态分类

1. 住客房（Occupied）。住店客人正在使用的房间。

2. 空房（Vacant）。已完成卫生清扫工作，可随时出租的房间。

3. 走客房（Check Out）。客人已结账离店，待清扫或正在清扫的房间。

4. 待修房（Out of Order）。因房间设施设备故障，待修或正在修理而不能出租的房间。

5. 保留房（Blocked Room）。为接待会议、团队或重点客人而提前预留的房间。

6. 外宿房（Slept Out）。客人在外留宿未归，前台接待做记录并通知大堂副理和客房部，由大堂副理双锁客人房间，客人返回时，大堂副理为客人开启房门。

7. 携带少量行李住客房（Occupied with Light Luggage）。只携带少量行李的客人居住的房间。为了防止客人跑单逃账等意外情况，客房部应将此情况通知前台。

8. 请勿打扰房（DND）。客房门口“请勿打扰”灯亮，或门把手上挂有“请勿打扰”牌，员工不能进房间提供服务。超过酒店规定时间，则由前台或客房部打电话与客人联系，以防发生意外事件。

9. 双锁房(Double Locked)。客人从房内双锁客房，服务员使用普通钥匙无法打开门，对这种客人要加强观察和定时检查。另外，酒店发现客人外宿未归或客房内有特殊情况时也会采取双锁客房的措施。

四、前厅部的组织结构及职责

前厅部的组织结构如图 2-1 所示，各机构的职责如下：

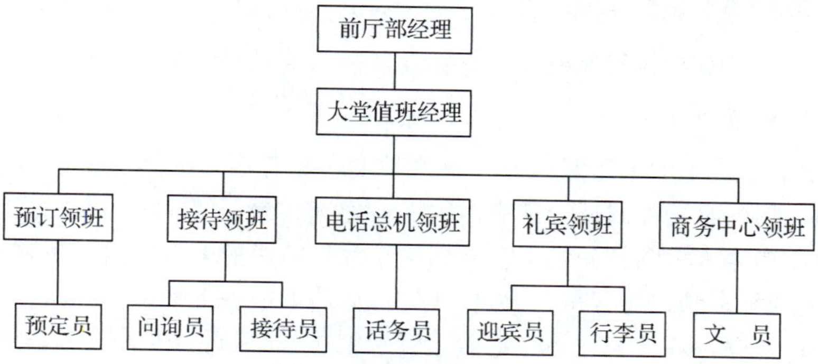

图 2-1　前厅部的组织结构

(一)大堂副理(Assistant Manager)

大堂副理代表酒店处理日常发生的事件，协调酒店各部门的工作。他是酒店与客人之间亲密联系的纽带，帮助客人排忧解难，并监督问题的处理。

(二)客房预订处(Room Reservation)

接受客房预订，办理预订手续，制定预订报表，对预订计划进行安排，按要求定期预报客源情况和保管预订资料。

(三)接待处(Reception/Check-in)

办理等级入住手续，分配房间；对内联络，协调对客关系，正确显示客房状态，掌握并控制客房状态，掌握并控制客房出租状况；制作客房营业日报表；保管有关情报资料。

(四)问讯处(Information)

回答宾客有关酒店各种服务、设施及酒店所在城市交通、游览、购物等方面的咨询。代办客人委托事宜，收发保管客房钥匙，处理客人信函、电报和安排会客等。

(五)礼宾服务(Bell Service/Concierge)

礼宾服务又叫礼宾处或行李处。负责迎送宾客，代客卸送行李，陪送宾客进房，介绍客房设备及酒店服务项目，为离店宾客搬送行李，提供行李托运服务；代客联系出租车辆；机场、车站的迎送工作及其他委托代办事宜。

(六)电话总机(Operator)

转接电话，叫醒服务，回答电话问讯，接受电话留言，通知紧急和意外事情，播放背景音乐等。协调酒店各部门的工作。它是酒店与客人之间密切联系的纽带。

(七)商务中心(Business Center)

为客人提供通信、打字、复印等秘书性质的服务。

(八)前厅收银处(Cashier)

负责酒店宾客在店的一切消费的收款业务;货币兑换;同酒店内各营业部门的收款联系,催缴,核实账单;夜间审核全酒店营业收益情况,制作全店当天营业日报表;为离店宾客办理结账;负责应收款项的转账等。

五、前厅部对客服务的流程

按照客人入住顺序,将对客服务的全过程划分为六个互相关联的流程。

(一)区分客源种类

酒店前厅部第一段的工作是区分客源的种类。预订客房的客人提前将住宿的要求、所需的服务项目、付款的方式通知酒店。酒店会把客人预订的要求记录下来,在一般情况下,应该有时间向客人发预订确认书。酒店给予预订客房的客人的回复是在客人抵达前,事先按照客人的要求预留好客房,并做好各种抵店前的准备工作。

未经预订、直接抵店的客人不会给酒店带来上述便利,酒店也无法做好抵店前的准备工作,只能根据营业情况,留出客房接待部分客人。

(二)排房、定房价

完成必要的入住登记后,接待员便可在拥有完整的登记材料的基础上,着手排房、定房价的工作。对于订房客人,接待员只需确认一下客人的预订内容有无变化。如客人对房间的要求没有改变,接待员便可将房间的钥匙交给客人。对于抵店后对客房的要求与原先的预订内容有变化的订房客人,或未经预订、直接抵店的客人,接待员在排房、定房价时,应进一步了解客人对房间类型、位置、价格、居住的要求,然后才能根据酒店当时的实际情况进行排房、定房价工作。安排好了客房,确定了房价,发放了钥匙,客人在店居住阶段便正式开始。与此同时,客人的账户就建立起来了。

(三)制作客人账单

在办理完入住手续后,接待员就要根据登记表、预订资料的内容制作客人账单。账单制作完成,交前厅收银员。酒店各营业点会把客人的消费情况记载在收款凭证上。收银员把各营业点送来的经客人签字确认的收款凭证的内容累计在客人的账单上。住店客人的账单及收款凭证放置在按房间号码次序排列的账单架中。在使用电脑的酒店中,所有客人的账目都储存在电脑中,打印出来。有些酒店在客人预订客房时就建立起账户,这样做是为了在客人抵店前便将订金记入账单。

(四)办理离店手续

住店结束,客人需要办理离店手续。这个阶段的工作包括收银员核实账单及结束客账、客人交还客房钥匙、接待员改变客房状况。

(五)整理客房、结账

办理完离店手续后,下一步的工作是结清客户账和通知客房部整理客房。客人离店后，前台应立即通知客房部住店客人已离店。客房部有责任在客房清扫检查完毕后，将客房已处于待售状态的消息通知前台。

（六）建立客史档案

对客服务流程最后一个阶段的工作是建立客史档案。未使用电脑的酒店一般都把登记卡的最后一联作为客史档案收集起来。使用电脑的酒店只要把所需的客人资料输入电脑即可。

第二节　前厅预订业务管理

客房预订（Reservation）是酒店前厅服务和管理的中心环节。开展客房预订服务，既能适应现代国际旅游业发展的客观需要，提高酒店的市场竞争力，又是提高酒店服务质量、拓宽客源市场的重要手段。客房预订服务，一方面能够保证宾客在旅游活动中对酒店服务设施的需求，提高宾客对住宿的安全感；另一方面又有利于旅游酒店保持稳定的客源，便于对酒店的接待等各种能力、物力和财力进行有计划的配置和安排，提高酒店的经营管理水平。

因此，客房预订业务管理就是要对客房预订服务进行科学的决策、计划、组织和控制，从而提高客房预订的效率和水平。具体讲，客房预订业务管理包括客房预订渠道、方式和种类、客房预订的程序等。

一、什么是客房预订

（一）客房预订的定义

客人或代理机构为住店客人在抵店前与酒店客房预订部门所达成的订约称之为预订，即客房预订。

（二）客房预订的目的

1. 尽量满足预订客人的订房要求

客人往往通过电话、传真、书信、微信和网络等方式与酒店联系，预约客房，在得到酒店确认后，酒店与客人之间便确立了一种具有法律效力的合同关系。酒店有义务以预先确定的价格为客人提供他所希望的而且已经得到酒店确认的客房。

2. 保证酒店达到最理想的客房出租率

客房出租率是实际出租的客房数与酒店可供租用的房间数之百分比。客房出租率表明酒店客房的利用状况，是反映酒店经营管理水平和经济效益的一个重要指标。酒店前厅部必须与销售部门密切配合，根据酒店可供租用的房间数量合理控制客房近期、中期及远期预订的数量及其比例，使酒店客房达到最佳出租率，避免超额预订或者缺额预订现象过多的出现，从而使酒店利润达到最大化。

（三）客房预订的作用

1. 对于客人来说，通过预订可以保证客人的住房需要，特别是在客房供不应求的旅游旺季，预订具有更为重要的意义。

2. 对于酒店来说，便于提前做好各种接待准备工作，比如人员安排、设施设备更新改造、低值易耗品的供应、酒店食品和原料的采购等。

3. 预订也是销售酒店客房的好机会，不仅仅是要求预订员被动接受预订，而且预订员要在做好预订工作的同时，继续推广酒店的客房和产品，扩大市场的拓展面，提高客人的回头率，增加酒店的营业收入。

（四）客房预订的意义

1. 酒店开展预订业务，预订员对酒店的客房房价、餐饮等各项服务项目和服务设施的介绍，拓宽了对客户服务的渠道和范围。

2. 开展预订业务，是酒店一项有力的促销手段，酒店因此能够更加广泛地、直接地接触客人，了解客人需求，吸引客源，使酒店客房达到理想的出租率。

3. 开展预订业务，有助于酒店更好地预测未来客源，以便及时调整销售策略，在激烈的竞争中立于不败之地。

4. 开展预订业务，可以使酒店提前做好各项接待准备工作，可以在人力、物资、资金等方面进行有效的计划安排，从而有利于提高酒店的管理水平和服务质量。

二、客房预订的渠道

（一）客房预订的直接渠道

客房预订的直接渠道是指客人和客户不经过任何中间环节，直接向酒店订房。直接渠道的订房大致有下列几类：

1. 客人本人或委托他人或委托接待单位直接向酒店预订客房；
2. 旅游团体或会议的组织者直接向酒店预订所需的客房；
3. 旅游中间商，如旅游批发商，作为酒店的直接客户批量向酒店预订房间；
4. 客人通过电话、传真、邮件、微信等直接向酒店预订客房。

（二）客房预订的间接渠道

酒店利用中间商与客源市场的联系及其影响力，利用其专业特长、经营规模等方面的优势，通过间接销售渠道，将酒店的产品和服务更广泛、更顺畅、更快速地销售给客人。间接渠道的订房大致有下列几类：

1. 通过旅行社订房；
2. 通过航空公司及其他交通运输公司订房；
3. 通过专门的酒店订房网络；
4. 通过会议及展览组织机构订房；
5. 通过携程、去哪儿网等 OTA 订房网络。

三、客房预订的方式

客房预订的方式很多，概括起来主要有电话预订、面谈预订、信函预订、电讯预订、微信预订、网络预订和电脑终端预订等。面谈预订，是由宾客或其委托人与酒店客房预订员面对面洽谈订房事宜，这种方式有利于酒店了解宾客的需求，从而更好地为宾客提供各种服务。电话预订，是客人通过电话，向酒店预订客房，这是用得最多最广泛的一种方式。信函预订，是由宾客或其委托人通过信函向酒店预订部订房，通过信函，客人可以提出对预订客房的详细要求，酒店则根据信函进行安排。电讯预订，是指宾客或其委托人通过电报、电话、传真等进行客房预订，这种方式迅速、简便，也便于酒店预订员检查、核对。电脑终端预订，是通过使用与酒店预订系统联网的电脑终端进行客房预订，电脑终端预订、微信预订和网络预订，既是现代化的客房预订手段，也是广泛争取客源的重要方式，是酒店客房预订发展的方向。

对上述客房预订方式，无论宾客选用哪种，酒店客房预订部门都应接受并很好地处理。同时根据预订情况，将客房预订分为确认类预订、保证类预订和等待类预订，并按照不同预订的特点和要求，给予相应的客房保证和安排，从而提高酒店客房预订的效率和信誉。

(一)电话预订

电话订房是一种较为普遍的方式，它的特点是速度快、方便，便于客人与酒店之间的沟通，使客人能够根据酒店客房的实际出售情况，直接调整其预订要求，订到满意的客房，但由于受话语音不易保存、电话的清晰度不够以及受话人的听力水平等因素的影响，电话订房容易出错，因此，预订员必须将客人的预订要求认真记录下来，并在记录完毕之后，向对方复述一遍，得到客人的确认后，才能存档。

知识拓展：电话订房时的注意事项

在接受电话预订时，要求预订员必须熟悉当天、本周、本月、本季可提供出租客房的情况。如因某种原因，不能立即答复客人，则请客人留下电话号码或其他联系方式，待查清客房情况后，再通知客人是否可以接受预订。

(二)面谈预订

面谈预订是客户亲自到酒店与订房员面对面地洽谈订房事宜。这种订房方式能使订房员有机会详尽地了解客人的需求，并当面解答客人提出的问题，有利于推销酒店产品。

知识拓展：面谈订房时的注意事项

(三)信函预订

信函预订是宾客或其委托人在离预期抵店日期尚有较多时间的情况下采取的一种古老而正式的预订方式。此方式较正规，如同一份合约，对宾客和酒店起到一定的约束作用。信函预订多为旅行社所采用。订房单一式两份，一份留酒店存查，另一份注明是接受订房或候补后经主管签字，盖上酒店订房组印章，寄回旅行社。

知识拓展：信函订房时的注意事项

(四)传真订房

传真订房是采用一种现代通信技术来预订客房，曾经得到广泛使用。其特点是操作方便、传递迅速、即发即收。内容详尽，并可传递发送者的真迹，如签名、印鉴等，还可传递图表。还可以将客人的预定资料原封不动地保存下来。传真已成为联系订房常用的通信手段。

知识拓展：互联网订房的方式

（五）互联网预订

通过互联网进行预订是目前国际上最先进的订房方式。随着计算机的推广使用，越来越多的散客开始采用这种方便、快捷的方式进行预订。

四、客房预订程序

客房预订的目的是满足宾客对住宿的要求，并提高酒店的客房出租率，因而客房预订业务既是酒店经营业务中一项重要工作，又是一项技术性很强的服务，如果组织管理得不好，就会影响整个酒店的形象和信誉。为了搞好客房顶订管理，保证预订工作的正常运转，必须建立良好、规范的工作程序，并严格按照工序进行服务和管理。客房预订的工作程序主要包括以下 5 个方面：

（一）提出预订要求

即宾客或其委托人以电话、面谈、信函、电讯和电脑终端等方式向酒店提出订房要求，酒店预订员把宾客的预订要求填进统一规格的预订单，并将宾客的个人情况及要求记录清楚。

（二）接受预订

当酒店预订员接到预订申请后，应按照宾客的预订要求，查阅酒店的预订资料，结合酒店的接待能力，如有空房，要立即填写预订单，及时办好有关手续，并以相应方式答复订约者；若酒店无法满足，则应实事求是地说明情况，婉转谢绝，或推荐客人去其他酒店预订。

（三）确认预订

当酒店接受宾客的预订后，为了使宾客放心，应对所预订的客房进行确认。预订的确认是向宾客发出预订确认书，并由客房预订主管签名，贵宾或重要团队，则由前厅部经理或酒店总经理签名。

确认预订的方式通常有两种，即口头确认（包括电话确认）和书面确认。如果条件许可，酒店应该采用书面确认的方式，向宾客发出预订确认书。

（四）预订储存

预订确认书发出的同时，要对预订的资料进行记录储存，并汇总到预订总表，确保预订宾客没有任何一个被疏漏或发生差错。预订储存的方法可按时间顺序记录，也可按宾客姓氏字母顺序记录。

（五）预订控制

预订储存后，要定时进行检查，及时掌握客房预订的准确性及变化情况。对宾客要求变更或取消的，要及时填写变更或预订取消单，并进行相应的调整。对宾客没有变动的，要做好宾客抵店前的各种准备工作，做好有关接待的服务准备工作。

（六）婉拒预订

如果酒店的客房爆满，无法接受客人的预订，就要对预订进行婉拒。但在婉拒预订时不能因为客人预订被拒就立即终止服务，应该主动向客人提供可选择的建议或者方案，比如，建议客人更改房间类型，重新选择来店日期或者变更客房预订类型等。此外，还可征得客人的同意，将客人的姓名、电话号码等登记在候补客人名单上，一旦有了空房，立即通知客人。

通常来说，用建议代替拒绝是非常有效的，它不但可以促进酒店客房的销售，而且还可以在顾客心目中树立酒店良好的形象。具体来说，这些被婉拒的客人就是酒店潜在的市场，利用适当的拒绝方式，可以增强客人对酒店的好感，从而赢得竞争优势。

（七）核对预订

为了提高预订的准确性，保证酒店客房的出租率，特别是在旅游旺季，要提前做好接待准备工作，在客人抵店之前，前厅预订员要通过电话、微信、邮件等方式与客人进行核对。

（八）取消预订

由于种种原因，客人可能会取消订房。前厅预订员接到客人取消订房的通知时，不要表露出不愉快的情绪，或者是不耐烦的样子，要细心倾听客人的电话或诉求，理解客人的意思，尊重客人，并且让客人明白，酒店随时欢迎他下次光临。

为了防止因客人临时取消预订，使酒店造成经济损失，或使酒店服务工作陷入被动，酒店可以根据实际情况，比如在旺季的时候，要求客人预先支付一定数量的定金，以保证酒店利益。尤其是对于团队客人，可以预收相当于一天的房费的定金，并在客人抵达前一个月通知对方付款，收款后将有关资料送交前台收银处，待客人结账的时候扣除。这样做的目的是防止在旺季时，团队突然取消预订给酒店带来损失。

（九）变更预订

变更预订是指客人在抵达之前临时改变预定的日期、人数、时间、要求、期限等。在接到客人要求改变预订的申请后，预订员首先要查看电脑或有关预订记录，检查酒店房间的状况能否满足客人的变更需求。如果能够满足，则予以确认；公司填写《预订更改表》，修改有关预订的记录，并将变更的信息传达给其他的相关部门。如果不能满足客人的变更需求，只要求预订员把酒店空房类型或是有空房的日期告知客人，与客人协商，共同解决问题。

（十）抵店准备

客人抵达酒店前的准备工作，可以分为以下三个步骤：

第一步：提前一周或数周，把酒店主要客情，如重点客人、大型团队、会议接待、客满等信息通知各部门，具体的方法，可以分发各类预报表，比如《十天客情预测表》《重要客人呈报表》《重要客人接待规格呈报表》等，也可以召开由部门经理主持的协调会。

第二步：客人抵达前夕，把酒店主要客情及具体的接待安排，以书面形式通知各相关部门，做好接待的准备工作。酒店常用的表格有《次日抵店宾客一览表》《鲜花水果篮通知单》《特殊要求通知单》等。

第三步：可能抵达的当天，前厅接待员应根据客人预订的具体要求提前排房，并将有关接待细节（变更或补充）通知相关部门，共同完成客人抵店前的各项准备工作。

五、客房预订的种类

客房预订工作是一项技术性较强、服务技巧较高的经营管理工作，因而必须掌握科学的预订方法。通常客房预订的种类有临时性预订、确认性预订和保证性预订三种。

（一）临时性预订

临时性预订是指客人在即将抵达酒店前很短的时间内或在到达的当天联系订房。在这种情况下，酒店一般没有足够的时间（或没有必要）给客人寄去预订确认函，同时也无法要求客人预付订金，所以只能口头确认。

根据国际惯例，此类预订的客人，如果不能够确定到达的时间，酒店会为其保留房间至抵店日的当天下午六时为止。这个时限被称为"取消订房时限"或者称为"截房时间"。如果预订客人到了这个规定的时间仍未抵店，也未事先与酒店联系，该预订即被自动取消，酒店可将为其保留的客房变成可供出租的客房。当天的临时性订房通常由前台接待处受理，这是因为接待处比其他部门更了解酒店客房的实际出租情况。

（二）确认性预订

所谓确认性预订，是指酒店答应为订房的客人保留客房至事先声明的规定时间，但如果到了规定的时间客人仍未抵店，又无任何声明，在用房紧张的时期，酒店可将客房出租给未经预订、直接抵店的客人。

确认性预订的方式有两种：一种是口头确认；另一种是书面确认。书面确认与口头确认相比，有以下三个方面的优点：

(1)书面确认能使客人了解并证实其订房要求是否已被酒店接受。

(2)确认书除了复述客人的订房要求外，还写明了房价、保留客房的时间以及预付订金方式等事项。所以说，确认书实际上是以书面的形式在酒店与客人之间达成的协议，它可以约束双方的行为。

(3)通过办理订房手续，酒店已了解了客人的个人情况，如姓名、地址等，经过书面确认，客人的个人情况得到了证实。所以，持有预订确认书的客人比未经预订、直接抵店的客人在信用上更为可靠。大多数酒店都给这类客人享受较高的信用限额及一次性结账服务。

（三）保证性预订

保证性预订分为以下三种类型。

1. 预付款担保

即客人通过交纳预付款而获得酒店的订房保证。假如客人预订住房时间在一天以上，并且预付了一天以上的房租，但届时未取消预订又不来入住。那么，酒店只应收取一天的房租，把余款退还给客人，同时取消后几天的订房。

2. 信用卡担保

客人可用信用卡做担保预订酒店客房。这样如果客人届时既未取消预订，也不来登记入住，酒店就可以通过发卡公司收取客人的房租，以弥补酒店的损失。

3. 合同担保

这种方法不如预付款和信用卡那样被广泛使用，但也不失为一种行之有效的订房担保方式。它是酒店与经常使用酒店设施的商业公司签订合同，当公司的客户要求住宿时，公司就与酒店联系，由酒店为其安排客房，即使客人未入住，公司也保证支付房租。同时，酒店有义务为该公司将房间保留一个晚上。

对于保证性预订，酒店无论如何要确保只要客人一到就能为其提供房间或代其找到

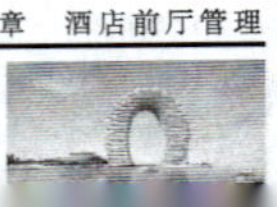

条件相仿的房间。否则,酒店要赔付客人第一夜的房费以及其他附加费用,如出租车费、电话费等。

六、超额预订

(一)超额预订的含义

超额预订是指酒店在订房已满的情况下,再适当增加订房数量,以弥补因为少数客人不到,临时取消或者提前离店而出现的客房闲置现象。增加预订房间数量,使所接受的客房预订数超过其客房接待能力,其目的是充分利用酒店客房资源,提高开房率,最大限度提高酒店效益。

由于种种原因,客人可能会临时取消预订,或预订了不来,或提前离店,或临时改变预订要求等。事实表明,即使酒店的订房率达到100%,也会有上述的情况发生;根据经验,酒店的订房中有5%是客人没有到达,另有10%是取消订房的,可能造成酒店出现空房,从而迫使酒店进行超额预订,以减少经济损失,这是酒店业采取的一个普遍方式。

超额预订作为酒店保证客房出租率的一种手段,从实际情况看是可行的,也是可以理解的。因为酒店超额预订通常出现在酒店的住房旺季,此时是一家酒店盈利的最好时机,订房工作管理得好坏便直接影响到全年的利润。但酒店经营的原则又是一切以客人的满意为出发点,在这样的原则下,如何既保证预订客人的住房权利,又使酒店的利益最大化便成为预订管理中的一个重大而难以解决的问题,也是住客高峰期间前厅管理人员最为头疼的一个问题。正因为如此,有人认为超额预订的管理是预订管理水平的最高体现。因此,超额预订管理要解决这样两个问题:一是如何确定超订数量;二是一旦超额预订过度怎样补救。

超额预订应该有个"度"的限制,以免出现因"过度超额"而不能使客人入住,或"超额不足"而使部分客房闲置。通常,酒店接受超额预订的比例应控制在10%~20%。具体而言,各酒店应根据自己的实际情况,合理掌握超额预订的"度"。一般来说,以团队为主要客源的酒店,超额预订的"度"应该小些,而以散客为主要客源的酒店应该大些。

(二)超额预订过度的补救措施

如果因超额预订过度而不能使客人入住,必然会引起客人的不满,这无疑将会给酒店带来很大麻烦。所以,酒店必须积极采取补救措施,妥善安排好客人住宿,以消除客人的不满,挽回不良影响。按照国际惯例,酒店采取以下补救措施:

1.与本地区酒店同行加强协作,建立业务联系。一旦超额预订过度而出现超员,可安排客人到有业务协作关系的同档次、同类型酒店暂住。

2.客人到店时,由主管人员诚恳地向其解释原因并赔礼道歉,如需要还应由总经理亲自出面致歉。

3.派车免费将客人送到联系好的酒店暂住一夜,如房价超过本店,其差额部分由本酒店支付。

4.免费提供一到两次长途电话,以便客人将住宿地址临时变更的情况通知家属和有关方面。

5.将客人的姓名及有关情况记录在问询卡条上，以便向客人提供邮件及查询服务。

6.对属于连住又愿意回本店的客人，应留下其大件行李，次日排房时，优先考虑此类客人的用房安排。次日一早将客人接回，大堂副理在大厅迎候并致歉，陪同办理入住手续。

7.客人在店期间享受贵宾待遇。

此外，客房预订工作是一项十分细致的工作，因而必须加强对预订信息的整理、分类和传递，提高预订的管理水平和效率，切实地为宾客提供高质量的预订服务。

知识拓展

等候名单的处理

1.将等候人的电话号码和姓名输入要求日期的等候名单。

2.在允许的时间内，酒店能够确认或者没有空房可以提供。

3.如果有房可以提供，立即同打电话的人联系，并通知他酒店现在可以确定他的预订。如果在允许的时间内，仍然没有空房，就与等候的客人联系，说明无法满足客人的需求，并向客人表示歉意。

4.当有空房能够满足等候客人的需求时，要按照预定的顺序，第一个到来者，第一个被确认；在等候名单上的常客和合同客人，是酒店的贵宾，要给予优先考虑。

5.要在等候名单上注明已经采取的行动和详细的资料。

6.如果失去了客人，就要记录在计算机系统中。

第三节　前厅接待业务管理

酒店前厅接待(Reception)业务管理，是前厅管理的主要内容之一。因为宾客只有进入酒店，并得到接待和各种服务，安排好住宿客房后，酒店的客房销售工作才算基本完成。因此，做好酒店前厅的接待和服务管理，是提高前厅管理水平和效率的关键。

一、前厅接待管理

酒店前厅接待是联结客房预订和客房部的桥梁，也是前厅服务与管理的中枢。前厅接待的主要业务范围是：接待住店宾客，办理有关入住手续，分配宾客房间；编制营业报表和次日退房宾客名单，延住宾客名单；核对客房出租情况及空房动态；积极促进酒店客房产品的销售。由于酒店前厅是实现酒店客房产品销售的关键环节，因而必须加强对前厅接待的科学管理。

(一)明确前厅接待的岗位职责

前厅接待一般设主管、领班和接待员等工作岗位。为了保证做好接待工作，必须明确指定各岗位的岗位责任制，并严格要求员工按标准程序操作，提供优质服务。

(二)协调好前厅接待各班次工作

酒店服务工作一般是日夜不停的连续过程，因而前厅接待工作必须 24 小时连续服务，这就需实行三班轮换制。由于早、中、晚班工作的重点不一样，因而必须很好地衔接好三班的轮换，协调好各班次的工作。

(三)做好客房销售准备工作

前厅接待处要根据酒店所确定的功能，配备好相应的设施和设备。同时，每天和每个班次都要及时核对客房状况，分析和整理每天接待的各种资料，掌握当天各班可供出租房间的种类和数量，保证客房销售工作有条不紊、高效率地进行。

(四)按接待程序做好接待工作

要区别散客和团队宾客，分别按照不同的接待程序做好接待管理工作。

二、前厅接待程序

(一)接待准备

在帮助客人办理入住登记手续或分配客房之前，接待员必须要掌握接待工作所需要的信息，这些信息主要包括以下几个方面：

1. 房态报告

在客人到店前，接待员必须获得较为具体的房态报告，并根据此报告排房，以免给客人造成不便。

2. 预抵店客人名单

预抵店客人名单为接待员提供即将到店客人的一些基本信息，如客人姓名、客房需求、房租、离店日期、特殊要求等。

在核对房态报告和预抵店客人名单时，作为接待处的管理人员，应该清楚以下两件事情，并采取相应的措施：一是酒店是否有足够的房间去接待预抵店客人；二是酒店还剩余多少可供出租的房间去接待无订房而直接抵店的散客。

3. 宾客历史档案

宾客历史档案简称客史档案。通过计算机系统，接待员可以很容易地查到客人在酒店的消费记录，只要客人曾经在该酒店住宿过，根据宾客的历史档案情况，即可采取适当措施，确保客人住得开心。

4. 有特殊要求的预抵店客人名单

有些客人在订房时，可能会额外地提出服务要求，接待员必须事先通知有关部门做好准备工作，恭候客人的到来。例如，预抵店客人要求为婴儿配备婴儿床，接待员(主管)则应为客人预先安排房间，然后让客房部准备婴儿床并将其放到指定的房间；同时客房部还应适当地为客人准备一些婴儿用品，如爽身粉等。这一切工作都必须在客人抵店前做好。

5. 预抵店重要客人名单

酒店必须对重要的人给予足够的重视，重要客人一般分为如下几种：

(1)贵宾(VIP)。贵宾是指非常重要的客人，比如社会知名人士、政府高级官员、新闻界人士、专家学者、富豪老板、公司高管或对酒店生意有影响的人物等。

(2)公司客户。这里主要是指大公司、大企业的高级行政人员、旅行社和旅游公司职员、新闻媒体工作者等。

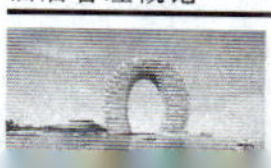

(3)需要特别关照的客人。这里主要是指长住客,以及需要特别照顾的老、弱、病、残等客人。

6. 黑名单

黑名单,即不受酒店欢迎的人员名单,主要包括以下几个方面:公安部门的通缉犯;财务部门通报的逃账客人;信用卡黑名单,酒店和酒店行业通报的不受欢迎的名单等。

7. 其他准备工作

在客人到店前,接待员除应获得以上信息资料外,还要做好以下几方面的工作:准备好入住登记所需的表格、用具,准备好门匙,查看客人是否有提前到达的邮件等。

(二)办理入住登记手续的相关要求

入住登记是前厅部对客服务全过程中的一个关键阶段,其工作效果将直接影响到前厅功能的发挥。同时,办理入住登记手续也是宾客与酒店建立正式的合法关系的一个重要环节。

1. 办理入住登记手续的目的

(1)遵守国家法律中有关入住管理的规定。

(2)获得客人的个人资料。

(3)满足客人对客房和房价的要求。

(4)推销酒店服务设施,方便客人选择。

(5)为客人入住后的各种表格及文件的形成提供可靠的依据。

2. 办理入住登记需要的表格

(1)住宿登记表。在我国,住宿登记表大体分三种:国内旅客住宿登记表、境外旅客临时住宿登记表、团体人员住宿登记表。

(2)房卡。房卡又称欢迎卡,接待员在给客人办理入住登记手续时,会给客人填写封面印有"欢迎光临"字样的房卡。房卡的内容主要包括酒店运行与管理所需登记的项目、住客须知及酒店服务项目、设施的介绍。

(三)入住登记的程序

1. 识别客人有无预订

客人来到接待处时,接待员应面带微笑,主动迎上前去,询问客人有无订房。若有订房,应问清客人是用谁的名字订的房,然后根据姓名找出客人的订房资料,确认订房内容,特别是房间类型与住宿天数。如客人没有订房,则应先查看房态表,看是否有可供出租的客房。若能提供客房,则向客人介绍房间情况,为客人选房。如没有空房,则应婉言谢绝客人,并耐心为客人介绍邻近的酒店。

2. 客人填写入住登记表

由于有不同的登记表格,接待员应先问清客人证件的名称,然后协助客人填写登记表:为加快入住登记速度,有的酒店实行预先登记,退房日期先空出,待客人抵店,如果没有异议,让客人签上退房日期和姓名即可。客人入住都必须登记,团体客人可一团一表,散客则一人一表。

3. 验证身份证件

(1)国内旅客持用证件：中华人民共和国居民身份证、身份证回执、临时身份证、中国护照、军官证、警官证、士兵证、文职干部证、一次性住宿有效凭证等。

(2)境外旅客持用证件：港澳同胞回乡证、中华人民共和国旅行证、中国台湾居民来往大陆通行证、中华人民共和国入出境通行证、境外护照等。

4. 安排房间、确定房价

接待员应根据客人的住宿要求，着手排房、定价。通常客房分配应讲究一定的顺序以及排房艺术。

5. 确定付款方式

确定付款方式的目的，从酒店角度来看，可避免利益损害，防止个别住客逃账(走单)；从客人角度来看，可享受住宿期消费一次性结账服务和退房结账的高效率服务。客人常采用的付款方式有：现金、信用卡、支票及旅行支票等。

对于一些熟客、常客、公司客户等，酒店为了表示友好和信任，通常会给予他们免交押金的方便。免交押金的名单一般由酒店的营业部门或财务部门印发，订房部员工在订房单的备注内容中注明，接待处则灵活处理。

6. 完成入住登记手续

排房、定价、确定付款方式后，接待员应请客人在准备好的房卡上签名，即可将客房钥匙交给客人。有些酒店还会向客人提供用餐券、免费饮料券、各种促销宣传品等，并询问客人喜欢阅读的报纸，以便随时提供。同时，酒店为客人事先保存的邮件、留言单等也应在此时交给客人，并提醒客人将贵重物品寄存在酒店免费提供的保管箱内。

7. 制作相关表格资料

入住登记程序最后阶段的工作，是建立相关表格资料，其做法如下：

(1)使用打时机，在入住登记表的一端打上客人入住的具体时间。

(2)将客人入住信息输入计算机内，并将与结账相关事项的详细内容输入计算机客账单内。

(3)标注《预期到店一览表》中相关信息，表示客人已经入住。

需要注意的是：酒店不同、客人类别不同，以上入住登记步骤的次序亦可能有异。例如，有订房的贵宾就必须事先排房，而且还常常请贵宾先进客房，然后在客房内办理入住登记手续。

(四)入住登记中的注意事项

1. 换房

调换房间一般来说有两种可能：一种是客人主动提出，另一种是酒店的要求。客人可能因客房所处位置、价格、大小、类型、噪声、舒适程度以及所处楼层、朝向、人数变化、客房设施设备出现故障等原因而要求换房；酒店方面可能因为客房的维修保养，客人离店日期延后，为团队会议宾客集中排房等原因而向客人提出换房的要求。换房往往会给客人或酒店带来麻烦，在做出这一决定之前，一定要慎重考虑。一旦决定了换房，在搬运客人私人物品时，最好有两个人在场。

2. 离店日期变更

客人在住店期间，因为某些原因，要求提前离店或推迟离店。如果客人提前离店，要通知预订处，修改预订记录，前台要把信息尽快通知客房部，让客房部打扫和整理房间。如果客人推迟离店，先要与预订处联系，看看能否满足客人推迟离店的要求。如果可以满足，接待员应开出《推迟离店通知单》，通知客房部和结账处。如果酒店用房紧张，无法满足客人推迟离店要求，要主动耐心地向客人解释，并想办法帮助客人联系到其他的酒店，以取得客人的谅解。如果客人不愿意离开，接待员要通知预订部，帮助客人另外寻找房间。如果实在找不到房间，只好把即将来店的临时预订客人联系到其他酒店。

处理此类问题的原则是：宁可让即将到店的客人住到其他酒店，也不能赶走已经住店的客人。从管理的角度来说，在旅游旺季，或是酒店住房紧张的时期，前厅部要采取相应的措施，尽早发现客人推迟离店的信息，以争取主动。在酒店开房高峰期间，前厅接待员要提前一天与计划离店的客人沟通，确认客人离店的具体日期和时间，尽早获取所需信息，便于采取有效的补救措施。

知识拓展

延迟退房(LATE CHECK OUT)

延迟退房是指超过中午 12:00 退房，下午 6:00 前的延迟退房应缴纳半天的房租，超过下午 6:00 应缴一天房租。有些酒店为了促销，或是为了礼遇某些贵宾，或是为了给会员优惠，会免费延迟退房至下午 2:00，甚至到下午 4:00。假如酒店的住房不紧张，这种做法是可以考虑的。

3. 客人不愿翔实登记

有部分客人为减少麻烦，出于保密或为了显示自己特殊身份和地位等目的，住店时不愿登记或登记时有些项目不愿填写。此时，接待员可按照以下方法妥善处理。

(1)耐心向客人解释填写住宿登记表的必要性。

(2)若客人出于怕麻烦或填写有困难，则可代其填写，只要求客人签名确认即可。

(3)若客人出于某种顾虑，担心住店期间被打扰，则可以告诉客人，酒店的计算机电话系统有“请勿打扰”功能，并通知有关接待人员，保证客人不被打扰。

(4)若客人为了显示其身份地位，酒店也应努力改进服务，满足客人需求。比如，充分利用已建立起的客史档案系统，提前为客人填妥登记表中有关内容，进行预先登记，在客人抵店时，只需签名即可入住；对于常客、商务客人和 VIP 客人，可先请客人在大堂里休息，并为其送上一杯茶(或咖啡)，然后前去为客人办理登记手续，甚至可让其在客房内办理手续，以显示对客人的重视和体贴。

4. 客人抵店入住时，发现房间已被占用

这一现象称为“重房”，是前厅部工作的重大失误。此时，应立即向客人道歉，承认属于工作的疏忽。同时，安置客人到大堂、咖啡厅或就近的空房入座，并为客人送上一杯茶或咖啡，以减缓其烦躁的情绪，并尽快重新安排客房。等房间安排好后，应由接待员或行李员亲自带客人进房，并采取相应的补救措施。事后，应寻找发生问题的根源，立即采取措施，进行整改。如果是房间状态显示系统出错，则应与客房部联系，共同采取措施加以纠正。

5. 押金数额不足

由于酒店客源的复杂性，客人付款方式的多样性，酒店坏账、漏账、逃账的情况难以避免，客人在办理入住登记手续时，如果表示用现金支付费用时，酒店为了维护自身的利益，通常要求客人预付一定数量的押金，结账时多退少补。但是对于首次住店的客人、无行李的客人、无客史档案的客人及以往信用不良的客人，押金的数额要依据客人的住宿天数而定，至少是要预收客人住宿期间的房租，再加上一定数量的押金。

一些酒店为方便客人使用房间内的长途电话、饮用房内小酒吧的酒水等，常会要求客人多交一天的房租当作押金，当然也是作为客人免费使用房间设备、设施的押金，如果客人损坏客房的物品必须要照价赔偿。有的时候客人的钱只够付房租，不够支付额外的费用。在这种情况下，接待员要请示上级做出处理。如果让客人入住，签发的房卡只能是钥匙卡，不能够签单消费，客人在店内的消费必须要自付；还要通知总机关闭房间的电话，通知客房楼层服务员收吧或锁上小酒吧。后两项工作一定要在客人进房前做好，不能够让客人撞见，以免客人感到尴尬或者反感。客人入住后，客房部的楼层服务员对该房间要多加留意。

6. 加床

客人加床大致分两种情况：一种是客人在办理登记手续时要求加床，另一种是客人在住宿期间要求加床。

酒店要按规定为加床客人办理入住登记手续，并为其签发房卡，房卡中的房租为加床费。

加床费转至住客付款账单上。如客人在住宿期间要求加床，睡加床的客人在办理入住登记手续时，入住登记表需由支付房费的客人签名确认，接待处将加床信息以《加床通知单》的形式通知相关部门。

7. 客人离店时，带走客房内物品

有些客人或是为了留作纪念，或是贪小便宜，常会随身带走浴巾、茶杯、电视机遥控器、书籍等客房用品。此时，接待员应巧妙地请客人提供线索帮助查找：“房间里的××东西不见了，麻烦您在房间找一找，是否忘记放在什么地方了，或是收拾行李太匆忙夹在里面了。”为客人解决问题留出余地，给客人“面子”。若客人仍不承认，则应耐心解释：“这些物品是非纪念品，如果您实在喜欢，可帮您在客房部联系购买。”切忌草率要求客人打开箱子检查，以免使客人感到尴尬，或伤了客人的自尊心。千万不可与客人斗“气”争“理”，只有保全客人的“面子”，问题才容易解决。

三、前厅服务管理

酒店前厅除了客房预订和接待服务外，还有大量的常规服务工作，如迎送宾客服务、行李服务、问讯服务、电讯服务、邮件服务、接受宾客投诉服务等。这些服务工作是构成酒店客房产品必不可少的内容，因而这些服务的质量和水平也直接关系到整个酒店的服务质量和信誉。为此，必须加强对前厅服务的管理。

(一)问讯服务

前厅部的问讯处是为了满足住店宾客和来访宾客寻求酒店日常服务需要而设,其主要职责有:回答宾客有关酒店各部门服务的一切问题和酒店外的交通、旅游、购物、娱乐、社团活动等内容的询问;代客对外联络(主要指机场、车站、码头、游览点等代办服务事项);代客保管钥匙和贵重物品;处理宾客信函、留言、电传、电报、传真、电子邮件等。

(二)查询服务

1. 查询服务要求

(1)资料准备要齐全。

(2)回答查询要迅速。

(3)答复要耐心准确。

(4)为住客和酒店商业机密保密。

2. 住客查询

住客经常会向前厅问讯处、总机或楼层服务员询问有关酒店的情况。酒店员工应将客人每次询问都看作是一次产品推销,是增加酒店收入的机会。每位员工均应详细介绍酒店的情况,而不能将其视为一种麻烦。有时客人也会问及酒店当地的一些情况,酒店员工也应详细解答。

3. 查询住客情况

问讯处经常会收到打听住客情况的问讯,如客人是否在酒店入住、入住的房号、客人是否在房间、是否有合住及合住客人的姓名、住客外出前是否给访客留言等。问讯员应根据具体情况区别对待。

(1)客人是否入住本店。客人是否入住本店,问讯员应如实回答(住客要求保密的除外)。可通过查阅计算机及接待处转来的入住单,确定客人是否已入住;查阅预抵客人名单,核实该客人是否即将到店;查阅当天已结账的客人名单,核实该客人是否已退房离店;查阅今后的客房订单,了解该客人今后是否会入住。如客人尚未抵店,则以"该客人暂未入住本店"答复访客;如查明客人已退房,则向对方说明情况。已退房的客人,除有特殊交代者外,一般不应将其去向及地址告诉其他人。

(2)客人入住的房号。为住客的人身财产及安全着想,问讯员不可随便将住客的房号告诉其他人,如要告诉,则应取得住客的许可或住客通过电话与访客预约。

(3)客人是否在房间。问讯员先确认被查询的客人是否为住客,如系住客则应核对房号,然后打电话给住客,如住客在房内,则应问清访客的姓名,征求住客意见,将电话转进客房;如客人已外出,则要征询访客意见,是否需要留言。如住客不在房内,问讯员可通过电话或广播代为寻找,并让客人在大堂等候。

(4)住客是否有留言给访客。有些住客在外出时,可能会给访客留言或授权。授权单是住客外出时允许特定访客进入其房间的证明书。问讯员应先核查证件,待确认访客身份后,再按规定程序办理。

(5)打听房间的住客情况。问讯员要为住客保密,不可将住客姓名及其单位名称告诉对方,除非是酒店内部员工由于工作需要的咨询。

(6)电话查询住客情况应注意的问题:

第一,问清客人的姓名,如果是中文姓名查询,应对容易混淆的字,用组词来分辨确认;如果是英文姓名查询,则应该确认客人姓与名的区分,以及容易读错的字母,还要特别留意港澳地区客人以及华侨、外籍华人中既有英文名,又有汉语拼音和中文姓氏的情况。

第二,如果查到了客人的房号,并且客人在房间,要先了解访客的姓名,然后征求住客的意见,看其是否愿意接听电话。如果同意,则将电话转接到其房间;如果不同意,则告诉对方,住客暂不在房间。

第三,如果查到了客人的房号,但房间内无人接听电话,可建议对方稍候再打电话来,或建议其电话留言,切忌将住客房号告诉对方。

第四,如查询团体客人情况,要问清团号、国籍、入住日期,从何处来到何处去,其他做法与散客一致。

4. 查询酒店其他情况

问讯员应主动介绍酒店的设备及服务项目情况,树立全员营销观念,积极、热情地为客人解答问题、提供帮助。

5. 住客要求保密的处理

有些客人在住店时,由于某种原因会提出对其房号进行保密的要求。无论接待员还是问讯员,接受此要求都应按下列要求去做。

(1)此项要求由问讯处归口处理。如果是接待员接到客人的保密要求,也应交问讯处处理。

(2)问清客人要求保密的程度。

(3)在值班本上做好记录,记下客人姓名、房号及保密程度和时限。

(4)通知总机做好该客人的保密工作。

(5)如有人来访,要求见保密的客人,或来电查询该客人时,问讯员及总机均应以该客人没有入住或暂时没有入住为由予以拒绝。

(6)如客人要求更改保密程度或取消保密时,应即刻通知总机,并做好记录。

(三)留言服务

前厅问讯处受理的留言有两类:访客留言和住客留言。

1. 访客留言

访客留言是指来访宾客对住店客人的留言。问讯员在接受该留言时,应请访客填写一式三联的《访客留言单》,将被访者客房的留言灯打开,将填写好的访客留言单第一联放入钥匙邮件架内,第二联送电话总机,第三联交行李员送往客房。为此,客人可通过多种途径获知访客留言的内容。

当了解到客人已得到留言内容后,话务员或问讯员应及时关闭留言灯。晚班问讯员应检查钥匙邮件架,如发现孔内仍有留言单,则应立即检查该房间的留言灯是否已经关闭,如留言灯已关闭,则可将该架内的留言单作废;如留言灯仍未关闭,则应通过电话与客人联系,将访客留言内容通知客人。如客人不在酒店,则应继续开启留言灯,保留留言单,等候客人返回。

需要注意的是,留言具有一定的时效性,为确保留言单传递速度,有些酒店规定问讯员要每隔一小时就通过电话通知客人,这样做的目的是让客人回到酒店一小时之内,可以得知留言的内容,以确保万无一失。此外,为了对客人负责,如果不能确认客人是否住在本酒店或已经结账离店,则问讯员不能接受对该客人的留言(除非客人事先有委托)。

2. 住客留言

住客留言是住店客人给来访宾客的留言。客人离开客房或酒店时,希望给来访者留言。问讯员应请客人填写《住客留言单》,一式两联,问讯处与电话总机各保存一联。若客人来访,问讯员或话务员可将留言内容转告来访者。由于住客留言单已注明了留言内容的有效时间,若错过了有效时间,仍未接到留言者新的通知,可将留言单作废。此外,为了确保留言内容的准确性,尤其在受理电话留言时,应注意掌握留言要点,做好记录,并向对方复述一遍,以得到对方确认。

(四)邮件的处理

前厅问讯处所提供的邮件服务包括两类:一类是分拣和派送收进的邮包;另一类是代售邮票及为住客寄发邮件。按照传统的做法,由于问讯处负责分发、保管所有的客房钥匙,所以分拣的邮件、信函可直接转交给宾客,以提高此项服务的效率。在收进的邮件中,由于收件人不同,问讯员应首先对其进行分类,将客人的邮件、信函留下,其余均派行李员发送给收件人或另作处理。在处理客人邮件信函时,问讯员必须耐心、认真,服务程序如下:

1. 在收进的客人邮件、信函上打上时间,并按其性质分成普通类、挂号类和手送类。挂号类必须在专用的登记表上登记,如使用《住客邮件电报传真递送登记表》,内容包括日期、时间、房号、姓名、邮件种类、号码、收件人签名、收件时间、经办人等。

2. 按邮件、信函上收件人姓名,在问讯架或计算机中查找其房号,然后将核实的房号注明在邮件或信函正面,并在前厅钥匙格内留下《留言单》,同处理上述留言一样,根据客房钥匙有无来决定是否需打开客房留言信号灯。

3. 客人得到信息后前来取件,问讯员应请其在相应的登记表中签字。同时,问讯员也要在表上签名。

4. 待客人取走邮件或信函后,问讯员应立即撤掉原先放入钥匙格内的"留言单",以免混淆,影响对客服务质量。

5. 若在住客中找不到收件人,问讯员须查阅当日抵店宾客名单和未来几天的预订单或预订记录,查看客人是否即将抵店。如果是,则在该邮件、信函正面注明客人抵店日期,然后将其妥善存放在专用的信箱内,待客人入住时转交客人。

6. 若仍查找不到收件人,问讯员应核对《离店宾客名单》和《邮件转寄单》,如果确认客人已离店,则应按照客史档案卡上的资料信息或转寄要求将邮件、信函转发给客人。

7. 若查找不到收件人,问讯员应将邮件按收件人姓名字母顺序排列存放在信箱内。此后两个星期内,每天每班指定一名问讯员在当日住客名单及预订抵店宾客名单内继续查找,一直至找到为止。若两周内仍查找不到,则将该邮件、信函退邮局处理。

8. 对于挂号类、快递类的邮件,问讯员应尽快转交客人。按上面的程序仔细查找收件人,若找不到收件人,不宜将邮件在酒店保存过久,可考虑在四五天后退回原发出单位。

9. 对于错投类邮件、信函，问讯员应在邮件上贴好退批条，说明原因，集中由邮递员取走。若属挂号或快递类错投，应尽量在接收时确认该邮件收件人不是本店住客而拒收。

若当时不能做出决定，则应向邮递员声明暂时代收，并请其在投递记录栏内注明，然后按上述规定程序处理。

10. 对于“死信”的处理，问讯员应退回邮局处理或按规定由相关人员用碎纸机销毁，任何人不得私拆“死信”。

11. 对于手送类邮件的处理，问讯员应首先在专门的登记本上做记录，内容包括递信人姓名、地址、送来何物及收件人房号、姓名等，并在客人来取时请其签字。问讯员原则上不应转交贵重的物品或者现金，此类物品最好由递送者本人亲自转交当事人。

（五）礼宾服务

前厅部礼宾服务处又称大厅服务处，其主要职责为：机场车站等店外迎送；开关车门店门，向抵达宾客表示欢迎，致以问候；协助管理和指挥门厅入口处的车辆停靠，确保畅通和安全；代客装卸行李；提供行李寄存服务；转递宾客的信件、电报、传真及邮件等；传递有关部门的通知单；雨伞的寄存与出租；公共部位找人；代客联系车辆，送别宾客；负责宾客其他委托待办事项。礼宾部的“金钥匙”服务，满足宾客的各项需求。

知识拓展

金钥匙

“金钥匙”译自 Concierge，“金钥匙”的全称是国际金钥匙组织（英文简称为 UICO）。

国际金钥匙组织起源于法国巴黎，自 1929 年至今，是全球性的网络化、个性化、专业化、国际化的品牌服务组织。它是由一批优秀的、具有“金钥匙”特色服务的酒店组成的，是世界上第一家以服务品牌为纽带的酒店联盟。

“追求极致，满意加惊喜”是“金钥匙”的服务理念与特色。它自 1995 年被正式引入中国以来，在中国已发展并覆盖到 190 个城市，1200 多家高星级酒店和高档物业，2000 多名金钥匙会员，金钥匙服务已被中国原国家旅游局列入国家星级酒店标准。

“金钥匙”能接纳宾客提出的只要是符合道德的、合法的、人所能及的每一个要求，它们的服务运转是全方位的、超常规的，并且以满腔热情和实际行动令客人的每一个需求得到满足。

“金钥匙”热心于处理各种分内工作：邮寄和传达信息、推介服务设施和预订、计划旅游和策划会议、客人私人购物和专业信息交流。他们更充当了社会最重要的顾问角色，掌握各种商务信息并提供给客人。他（她）是您的朋友、秘书或是知己。

在中国的酒店里，可以看到这样一群年轻人：他们身着考究的深色西装或燕尾服，衣服上别着一对交叉的“金钥匙”标记，彬彬有礼，笑容满面为地客人提供委托代办服务，帮助客人解决各种需要和难题。他们就是中国的“金钥匙”。

“金钥匙”的标志是两把金光闪闪的交叉金钥匙，一把用于开启企业综合服务的大门；另一把用于开启城市综合服务的大门。“金钥匙”是酒店内外综合服务的总代理，是个性化、极致化服务的代表。“金钥匙是大酒店的小管家，小酒店的大管家，物业服务的贴心管家”。

1. 迎接服务

（1）迎送宾客。迎宾员是代表酒店在大门口迎送宾客的专门人员，是酒店的“门面”，也是酒店形象的具体体现。因此，迎宾员必须穿着整洁、仪表大方、精神饱满。宾客抵达时，迎宾员应主动相迎，拉开车门，热情招呼宾客，表示欢迎来客；协助宾客下车及卸下行李，提醒宾客清点行李，并招呼前厅行李员，将宾客引领入店。宾客离店时，迎宾员应帮助召唤宾客用车，协助行李员将宾客的行李装上车，并请宾客核对行李后再上车，向宾客致意送别，并表示欢迎宾客再次光临。对重要宾客及常客的迎送工作，迎宾员应根据有关通知书做好各项准备，讲究服务规格。

（2）指挥门前交通，确保回车道畅通。迎宾员应正确指挥酒店门前交通，引导和疏散车辆，保证大门前的交通畅通。

（3）维持酒店外围秩序，确保安全迎宾员还负责维持酒店大门区域的秩序，谢绝可疑人员或衣冠不整者进入酒店大门，确保酒店安全。

（4）回答宾客问讯，在宾客向迎宾员提出问讯时，迎宾员应热情应对，给予正确解答。

2. 行李服务

酒店的行李服务大致可分为行李搬运与行李寄存和提取两部分内容。

（1）行李搬运服务。行李员应认真阅读与分析由预订处和接待处送来的抵离店宾客名单，掌握每日进出店的客流量，以便安排好人力。

①散客行李搬运服务。宾客进店时，行李员应向宾客致意，表示欢迎，主动上前提携行李。在宾客办理登记手续时，行李员应站立于宾客身后帮助看管行李。在宾客办妥入住手续后，将宾客引领进入房间，同时将宾客行李送到。行李员回到行李处时，应填写工作日记，写明服务时间、宾客姓名、房间号码、行李件数并签名。

接到离店宾客要求时，行李员应在指定时间前往提供服务。与宾客共同清点行李件数，记录并请宾客核实。装车后，告别宾客并迅速离开客房。当确认宾客已办妥离店结账手续后，将宾客行李装上车，并提醒宾客核对。

②团队行李搬运服务。在接到团队接待通知后，应进一步确认团队宾客各项信息，做好接待准备。团队行李抵达时，应做好行李件数的核对及签收工作。行李员将每件行李系上行李标签，根据分房表在行李上签上房号，按楼层装运到行李推车上，尽快送到客房，并做好记录。

在团队离店前，行李处应确认该团队宾客的房号、取运行李的时间，并做好分工。收集行李时，必须以团队为单位，避免出错。行李员在收集行李时，必须查看行李标签，验证团队名称和宾客姓名，核实行李件数，按房号填写在记录表上。待行李集中后，应汇总行李记录表，进行核对及计算总数，并请装运行李的驾驶员或押运员复核签字。

（2）行李寄存和提取服务。行李处还为宾客提供行李的寄存提取服务，应严格按照接收、领取寄存行李的制度与手续进行，避免出现差错。

（六）总机服务

酒店电话服务的承担者为前厅部的总机房，其主要职责为：

1. 转接电话

负责转接酒店内、市内及国内、国际长途电话。

2. 电话问讯及留言服务

接线员应随时回答宾客的问讯，例如查找宾客、会议、查询电话号码等方面的问讯，并提供留言服务。

3. 叫醒服务

叫醒服务是巧妙地利用电话为宾客服务的项目，一般有人工叫醒与自动叫醒两种方法。在宾客提出要求时，接线员应做好详细记录，便于夜班人员按时叫醒服务。

4. DND 服务

当住店宾客希望不被干扰，要求总机不要把外来电话转入客房时，接线员应仔细询问宾客要求免干扰的时间及范围，并根据宾客的要求，认真实施。

（七）商务中心服务

商务中心为商务宾客提供各类商务所需的服务，如提供复印、打字、传真、长途电话以及电脑上网等商务服务；提供翻译（多种语言）、听写/会议记录、抄写及文件核对、代办邮件、会议室出租、文件整理及装订等服务；提供秘书、托运、信差、商业信息查询及安排会晤等服务。

（八）宾客投诉处理

投诉是指宾客对酒店工作感到不满而提出意见。前厅部在宾客心目中是“酒店的代表”，所以前厅部往往是受理宾客投诉的所在。宾客投诉有益于改进酒店的服务工作。对于宾客的投诉应积极对待，妥善处理，而不是害怕与逃避。

1. 预防为主

酒店在实际工作中一定要尽量减少宾客的投诉，对宾客的投诉应以预防为主。

（1）加强与宾客的沟通。增强员工与宾客的沟通意识，提高员工与宾客的沟通技巧。并且通过表单与工作程序的约束建立完善的制度，多渠道多方位地加强与宾客的沟通。通过与宾客的及时沟通，可以最大限度地及时掌握宾客的满意程度，缩小宾客投诉态势的发展，并且增强改进工作的主动性。

（2）注重服务质量的控制。建立科学完善的质量管理体系，加强日常工作的质量控制力度。重视员工的思想素质教育、业务及技能的培训，增强工作责任心，提高工作效率及服务质量。

（3）加强设施设备的管理与维护。据统计，在宾客投诉中有关设施设备的运行和维护方面的问题占据较大比重。所以，酒店应建立完善的设施设备管理体制，制定有关设施设备的管理、维修保养等方面的具体工作制度及工作计划。

（4）建立客史档案及投诉档案，并定期由专人整理，及时进行信息整理、反馈及做好总结、反思工作，防止此类投诉再次发生。

2. 处理投诉的原则

（1）充分理解宾客。处理投诉时应设身处地，站在宾客立场，充分理解宾客的心情及宾客要求，积极为宾客排忧解难，而不应推卸责任或者转移目标。

（2）充分维护酒店形象。处理投诉既要真诚地为宾客解决问题，保护宾客的利益，同时也要注意充分维护酒店形象及酒店的正当利益。

(3)快速处理。对于宾客投诉应尽快处理,以免由于时间的耽搁引起宾客更大的不满。

3. 处理投诉的程序

处理投诉的程序因投诉类型的不同而有所不同。

(1)理智型投诉。对于理智型宾客的投诉,处理程序为:

①认真聆听并记录,表示同情及理解。

②听取宾客建议,采取行动,解决问题。

③落实、监督、检查处理情况并将相关信息通知宾客。

④总结,并将投诉详细情况记录存档。

(2)冲动型投诉。有些宾客在提出投诉时,情绪激动,投诉地点往往在公共场合。若处理不当,会扩大酒店的不利影响,所以投诉处理应注意:

①隔离处理。当情绪激动的宾客提出投诉时,应首先将宾客请至专门的会客室,而不能在大庭广众下处理,以免陷入被动境地。

②尽量安抚宾客情绪。在宾客未恢复理智前,尽量安抚宾客,平息宾客情绪是首要的。可以通过给宾客递毛巾、递饮料等方式来进行。

③沿用理智型投诉处理程序。当宾客的情绪稍为缓和后,沿用理智型投诉处理程序进行处理。

四、前厅客账管理

酒店客账管理是前厅管理中一项非常重要的管理内容。其管理得好坏,直接关系到酒店的经营效益、经营服务水平和经营管理效率。一般来说,酒店前厅客账管理的内容主要有:建立住客账户并负责入账,办理宾客结账手续,清点上交现金,编制会计报表等。由于酒店前厅客账管理可以及时反映酒店经营状况,因而必须加强对酒店前厅的客账管理。

(一)做好住店宾客的客账记录

当宾客住进酒店以后,必须为宾客建立账户,并记录宾客在酒店内的各种消费支出。由于客账记录是一项经常性的业务工作,为了防止工作中的疏漏,必须建立比较完备的制度,在酒店财务部的指导下进行。同时,在客账记录中还应做到账户清楚、转账迅速、记账准确,防止漏账、错账,切实提高客账记录的水平。

(二)认真进行宾客的离店结账

酒店为了方便宾客,提高工作效率,对宾客在酒店的全部消费支出,均采取宾客离店时一次结清。宾客结账时,可用现金支付,可用信用卡支付,也可使用企事业单位之间的转账单支付在酒店发生的全部费用。为了切实保证转账准确、快速,当宾客离店结账时要迅速通知酒店各部及时归并宾客的消费资料,并进行仔细核对检查,既要对宾客负责,保证宾客结账的准确性,提高酒店的信誉,又要对酒店负责,维护酒店的经济效益不受影响。

(三)及时进行现金结算和营业报表的编制

及时进行现金结算是酒店财务管理制度的规定。通常,每班交接时都必须进行现金结算,清点上交现金,夜班工作人员除了承担和完成其他业务外,必须做好全天经营收入的汇总、审核工作，并登记到相应的账册中。然后在此基础上，编制经营日报表，以全面反映酒店当天的经营收益情况，并报送酒店总经理和财务部及相关部门，作为掌握和调控酒店经营管理的重要依据。

第四节　前厅信息业务管理

一、前厅信息业务管理的内容

（一）市场信息

前厅业务接触面广，要随时收集客源市场信息。如客源的构成以及变化动向、同行业酒店的经营状况、国家宏观管理政策等。

（二）酒店内部信息

主要是指前厅部的内部管理资料和报表，如预订表、房况表、客房统计报告等十多种报表等。

（三）客户档案

即建立酒店常客和重要客人的有关资料档案。

二、前厅信息业务管理的要求

（一）加强信息收集和整理加工与归档储存工作管理

首先，要明确前厅信息收集的内容和任务，提高对信息重要性的认识，积极主动地去收集信息；其次，要认真填写报表并对各种信息及时加以整理加工，分析变化原因和规律；最后根据信息的重要性程度分别归档保存。

（二）及时准确地传递信息，为酒店经营管理提供依据

前厅信息收集整理的目的就是通过使用，发挥其作用。因此，信息的传递要按照及时、准确、适用、经济合理的原则，解决好传递渠道和传递时间问题。根据各部门的信息需要，及时提供准确、实用和足够的信息，起到沟通各部门联系和为各营业点经营管理提供依据，以及控制企业运营、实现企业经营目标的作用。

三、前厅客情预测传递

为做好接待服务工作，前厅部预订处应在客人抵店前，将有关预订信息和指令以客情预测表的形式传送至酒店各相关部门，以便提前做好充分的准备。

（一）近期预测

近期预测一般是指半个月或一个月以上的预测。一般指统计预订客人数量、每天所需房间、VIP 客人或团队会议内容，并传递给有关部门，以便各部门管理人员据此做好近期计划和设备物资准备。

(二)一周预测

前厅部预订处应提前一周将未来每天的客人人数、住房类型、团队会议、VIP 客人的信息统计出来,编制《一周客情预测表》(表 2-1),分别送给酒店总经理、客房部、餐饮部、财务部、工程部等部门,以便相关部门做好接待准备。必要的时候,建议总经理或副总经理主持召开协调会,酒店的相关部门负责人参加,做好重要接待的准备工作。

表 2-1　　一周客情预测表

项目	特级套房		甲级住房			标准客房			用餐			备注
预测数 / 时间	团体客人	重要客人	团体	散客	重要客人	团体	散客	重要客人	早晨	午餐宴会	晚餐	
一												
二												
三												
四												
五												
六												
七												
合计人数												
合计人数												

预测预订房数:　　　　预测房租收入:
制表人:

年　月　日

(三)次日抵店客人预测

在客人抵店前夕,将具体的接待要求(包括客人姓名、用房类型、优惠条件、接待规格等)提前通知相关部门。

在客人抵店当天,前厅接待员应将有关变更或补充的接待细节通知相关部门,以做好接待服务。

四、前厅文档管理

文件档案管理是前厅部信息管理工作的重要组成部分,可以使前厅管理工作按轻重缓急,有条不紊地进行。因此,前厅部要建立健全文件档案管理制度。

(一)文档管理的原则

1. 专人负责

可以由前厅部经理亲自进行文档管理,也可以由责任心强、工作细心而且有一定经验的前厅部文员负责。

2. 有章可循

前厅部经理应明确规定文档管理的制度,主要包括以下内容:

(1)确定哪些文件、表格必须存档。

(2)存放的排列顺序方法:按字母顺序还是按日期顺序排列。

(3)存放的具体时间。

(4)销毁时的批准程序及方法。

(二)文档管理的步骤

1. 文档分类

按照文档的特性,首先将其分成下列三类。

(1)待处理类。此类是指尚未处理、正等待处理的文件和表格。例如,已填写完的客房预订单、需答复的文件、待签字的传真以及等候名单等。

(2)临时类。此类是指短期内需要经过处理,然后再经过整理、归类的文件和表格。例如,客人的预订资料、报价信函、已入住的客人登记表等。

(3)永久存放类。此类是指需要长期保存、供查阅用的文件和表格。例如,客史档案、已抵店入住的客人预订资料,婉拒预订的致歉信、各类合同的副本以及使用过的各种表格等。

2. 文档存放

针对不同类型的文档,应存放在不同的地方,以方便使用。

(1)待处理类应按轻重缓急将文件表格分成急办和日常事务两类分别置于文件架中。

(2)临时类首先应分门别类地整理好,然后存放在档案柜的专用抽屉内。

(3)永久存放类既可以存放在贴有标签的活页夹内,又可以存放在专用的柜子内,也可以打包,在包外标明名称后,存放于专门的房间里。针对重要资料,应存放在特别安全的地方,以防止出现意外,进而造成损失。

3. 制作索引

将要归类存放的文档整理好,由专人在文档的右上角注明索引字码,以方便查找。此外,还应建立一个文档索引本,里面应标明文档的类型、内容、存放地点、起止日期以及销毁时间等。

五、建立客史档案

客史档案是指酒店对于在店消费的客人的自然情况、消费行为、信用状况以及特殊要求所做的历史记录。它是酒店用以促进销售的一项重要工具,也是酒店改善经营管理和提高对客服务质量的必要措施。完整的客史档案不仅有利于酒店前厅开展个性化的服务,提高客人满意度,而且对做好客源市场的调查,增强酒店的竞争力,扩大客源市场都具有重要意义。

案例分析

预订处理的得与失

小张是上海国际大酒店的前厅接待员。去年国庆节期间,上海几乎所有酒店客房都已爆满,而且房价飙升。10 月 1 日 11:30 左右,小张在繁忙的工作中接到一位李先生预订客房的电话。李先生是该酒店某协议公司的老总,也是酒店的常客,所以小张格外小心。当时刚好还剩下一间标准间,小张就把它留给了李先生,并与他约好抵店时间是当晚 23:00。但一直等到 23:40,李先生还未抵店。在这半个多小时里,有许多电话或客人亲自到酒店来问是否还有客房，小张都一一婉言谢绝了。之后小张心想：也许李先生不会来了，因为经常有客人订了房间后不来住，如果再不卖掉，24:00以后就很难卖出去了。为了酒店的利益，不能白白空一间房，到23:45，小张将这最后一间标准间卖给了一位正急需客房的熟客。24:00左右李先生出现在前台，并说因车子抛锚、手机无电，故未事先来电说明。一听说房间已卖掉，他顿时恼羞成怒，立即要求酒店赔偿损失，并声称将取消与酒店的协议。

·讨论题·

1. 从本次预订事件的处理来看，你认为作为前厅预订员应该具备怎样的素质？
2. 如果你是大堂经理的话，会怎样处理这件事？

复习思考题

1. 简述饭店前厅业务管理的特点和工作任务。
2. 简述饭店前厅对客服务流程。
3. 前厅部如何处理顾客投诉？
4. 客房预订的主要渠道有哪些？
5. 客房预订的类型有哪几种？
6. 什么是保证类预订？其担保形式有哪些？
7. 什么是超额预订？做好超额预订的关键在哪里？
8. 办理入住登记手续时应注意哪些事项？
9. 前厅客情预测主要有几种？
10. 建立客史档案的意义有哪些？

实训项目

实训项目一：了解酒店前厅组织机构

实训目的：通过对星级酒店前厅的实地考察，深入了解酒店前厅组织机构，初步了解前厅预订、前厅接待、前厅信息管理等对客服务的工作。

实训内容：参观星级酒店，实地了解星级酒店前厅组织机构设置。

实训流程：组织学生参观当地一家星级酒店，了解前厅部基本组织结构和各岗位工作职责，熟悉前厅部岗位从业要求。

实训考核：以小组讨论形式，请同学们讨论前厅组织机构、各岗位工作职责及从业要求。

实训项目二：前厅对客服务

实训目的：通过模拟酒店前厅预订处、接待处、问讯处、礼宾部、电话总机、收银处、大堂副理等具体工作，掌握前厅对客服务的工作。

实训内容：模拟酒店前厅预订、接待、信息管理等对客服务工作。

实训流程：学生分组模拟前厅预订，接待、信息管理等具体工作。

实训考核：根据学生分组模拟情况，由教师对学生进行点评。

第三章

酒店客房管理

学习目标

1. 了解酒店客房管理的意义；
2. 了解酒店客房产品的特点；
3. 了解客房管理的主要任务；
4. 了解客房对客服务的模式；
5. 掌握客房接待服务的特点和要求；
6. 掌握客房对客服务的管理方法；
7. 掌握客房服务的卫生工作管理；
8. 掌握客房原始记录的主要内容；
9. 熟悉现代酒店客房的发展趋势。

第一节 酒店客房管理概述

客房部(Housekeeping Department,简称 HSKP)又称房务部或管家部,是酒店接待客人住宿的主要部门,是酒店的基本设施和主体部分,是酒店营业收入的主要来源之一,是酒店经营活动的重要部门,向客人提供酒店的客房产品和各项客房服务项目,其经营管理得好坏直接关系到整个酒店的声誉和经济效益。

一、客房部的地位和作用

(一)客房是酒店经济收入的主要来源

通常酒店的经济收入来源于三个方面:一是客房收入,二是餐饮收入,三是综合服务设施收入。一般来讲,客房收入是酒店总收入的50%~60%,甚至更高;在一些规模较小、功能较少的酒店,客房收入是酒店总收入的70%以上。在酒店的经营部门中,客房部的盈利率最高,是酒店经营利润的主要来源。相对于餐饮、商品等其他经营部门来说,客房部经营成本较低,经营利润较高。此外,客房的出租,可以带动餐饮、娱乐、水疗、桑拿和洗衣等营业部门的经营效益,增加酒店总体的营业收入。

(二)客房服务质量是酒店服务质量的重要标志

酒店是客人在外居留住宿的场所,是客人的“家外之家”。客房部的工作就是围绕如何管好这个“家”而开展的。客房是客人在酒店中逗留时间最长的地方,客人对客房更有“家”的感觉。因此,客房是否干净整洁、装饰布置是否美观宜人、设备与物品是否齐全、服务人员的服务态度是否热情周到、服务项目是否周全丰富等,对客人有着直接的影响,是客人衡量“价”与“值”是否相符的主要依据。客房服务质量的好坏,客人感受最敏锐,印象最深刻,因而是酒店服务质量和酒店声誉的重要标志。

(三)客房管理直接影响酒店的运营

客房部负责整个酒店环境、设施的维护及保养;为酒店全体员工保管、修补、发放制服,为餐饮部、客房部和其他营业部门提供各种布草等,为酒店其他各部门的正常运营提供良好的环境和物质条件。此外,在酒店建筑总面积和占有的固定资产中,客房部均占有绝大多数,达到70%~80%;酒店经营活动所必需的各种物资设备,以及物料用品大部分都在客房。因此做好客房管理,在充分利用客房的人力和物力资源,提高服务质量,满足客人需要,增加经济收入,树立良好声誉等方面都具有重大意义。

(四)客房部是实施绿色酒店的重要部门

客房产品的生产成本在酒店的生产总成本中,占有比较大的比重,特别是水、电的消耗、低值易耗品、各类物料用品等日常量消费很大。客房部必须要树立可持续发展的思想,加强环境保护意识,推行绿色酒店的观念,提倡绿色消费,保护地球资源,降低生产运营成本,尽量减少水、电、低值易耗品和各类物料用品的消耗,从而提高酒店的经营效益。

二、客房产品的特点

正确认识客房产品的特点，对加强客房管理，有着重要意义。客房产品是以出租客房和提供服务获得经济收入的特殊产品，其特点主要表现在以下四个方面：

（一）所有权的相对稳定性

客房产品作为一种特殊商品，与普通商品是有区别的。普通商品随着商品交换的实现，所有权即发生转让，商品完成自己的历史使命，退出流通领域，所有权同时也转让了。客房商品却不同，它并不出卖所有权，客人买到的是某一时间、某一阶段的住宿权利。所以恩格斯在《论住宅问题》一书中指出："出卖商品就是所有者交出商品的使用价值而取得它的交换价值。各种商品的使用价值互相差异的地方，就在于消费它们所需要的时间的不同，一个大面包一天就吃完了，一条裤子一年就穿破了，一间房屋比方说要一百年才住得坏。因此对消耗期限很长的商品，就有可能把使用价值零售出卖，每次有一定的期限，即将使用价值出租。"客房产品的使用价值就是为客人提供住宿环境，满足其物质享受和精神享受的需要，房租则是酒店根据租赁合同的规定交出客房产品的使用价值收回的交换价值。

正是由于客房产品所有权是相对稳定的，价值补偿必须通过一个延续的交换过程。在一个较长时期中，通过分散零星出租来补偿其已经消耗的价值，而每一次交换只能获得价值补偿的一部分。同时，客人在购买客房产品时，只能在限定的时间内进行消费，重复消费是不可能的。要重复消费，必须重新购买。

（二）生存因素、享受因素和发展因素的共存性

酒店客房产品是一种高级消费品，同时具有生存因素、享受因素和发展因素三种功能。旅行者到异国他乡进行游览参观，客房是旅行者外出期间的栖身之地，这是生存的起码条件。旅行者外出旅游，是为了寻求物质上、精神上的享受，这就要求酒店客房设备舒适完善、清洁整齐，客房服务热情周到，因而客房又是一种享受因素。客人在客房工作、学习，进行交往活动，这又是发展因素必不可少的条件。但是，必须指出，酒店客房的享受因素和发展因素大于生存因素，这是客房产品的特殊性所在。

（三）生产服务过程和消费过程的同一性

所谓生产服务过程，是指客房从业人员利用客房各种物资设备为客人提供服务的劳动过程。而所谓消费过程是指客人的投宿过程，它和生产服务过程在时间上和空间上都是同一的。所以，美国酒店管理先驱斯塔特勒说：酒店所卖的东西只有一个，那就是服务。

（四）不能有库存，具有时效性

一件衣服，一个花瓶，如果今天卖不出去，放上几十天甚至几个月，价值一般不会改变。但客房产品却不同，规定的时间卖不出去，当天的效用就自然失去了。等到第二天再卖出去，前一天的价值就永远也收不回来。同时，客房产品的季节性波动又很大，旺季出租率高，也更具有紧迫的时间观念。

三、客房管理的主要任务

客房部是酒店经营的一个主要部门，客房管理的任务就是组织客房产品的生产，为客

人提供整洁、舒适、安全的住宿环境，做好客房的接待工作，提供热情周到的服务，管理客房信息资料，控制客房物料消耗，协调与其他部门的关系，确保对客服务的需要。

（一）提供整洁、舒适、安全的客房商品

客房产品是酒店出售的最重要的商品，是客人在酒店停留时间最长的场所。客房装修要高雅大方，布置要美观实用，设施设备要配套齐全，服务项目要细致周到，日用物品要方便齐全，客房要安全舒适、整洁卫生。客房产品只有满足了客人的需求，保障客人的安全，才能得到客人的认可和喜欢，对客人产生吸引力，提高客人对产品的忠诚度。

（二）提供清洁优雅的环境

客房管理首先要做好客房的清洁卫生，保持客房的舒适美观，严格遵守操作程序和服务标准，为客人提供优质的客房产品。其次，客房管理还要负责酒店公共区域的清洁卫生及园材绿化布置等工作。客人对酒店的第一印象往往是在酒店公共区域看到的和感受到的，公共区域的整洁美观和服务工作尤为重要。酒店的良好氛围和住宿环境都要靠客房部全体员工通过努力工作来创建和维护。

（三）提供热情细致的服务

对客服务是客房管理的一项重要工作，包括常规化服务和个性化服务两个方面。常规化服务有迎送客人服务、客房清洁服务、开门服务、托婴服务、访客服务、擦鞋服务、洗衣服务、开夜床服务、租借物品服务、房间送餐服务等；个性化服务是有针对性地提供让顾客满意的服务，根据不同的时间、不同的场合、不同的顾客，提供恰到好处的服务。比如，客人刚进酒店不熟悉，东张西望，员工要主动上前询问客人，是否需要帮助；客人带孩子用餐，要主动提供宝宝椅、儿童餐具玩具；客人接电话需记录号码，主动递上纸笔或示意客人协助记录；客人进店无人引领，主动上前提供引领服务；下雨了客人出入酒店，主动为其打伞；发现客人左手用筷子，主动帮客人将餐具移到左侧；如知道客人过生日，可送客人果盘、生日蛋糕或生日卡片等。酒店客史档案的建立和使用、顾客信息的快速反馈、创建优质的内部服务链、关注客人的生活习惯都是我们为客人提供个性化服务的有利依据。客史档案让我们熟知客人的喜好，提前为客人准备好客人所需求的服务，为客人创造惊喜，提供超出意料的服务。

（四）提供洁净、美观的棉织品

客房部一般下设洗衣房和布草房，负责酒店的布草用品（包含客房的棉织品、餐饮部的棉织品、酒店所有的窗帘、沙发套等布件）、员工制服及住店客人客衣的洗涤熨烫工作，为酒店全面对客服务提供保障。

（五）降低客房费用，确保客房正常运转

客房中所用的物品繁多，需求量大。能否合理开支物资用品的费用，对客房部和酒店经济效益有直接影响。客房部要根据客房档次来满足顾客的需求，提供美观适用的客房用品。同时，必须控制物品消耗量，减少浪费，加强设施设备的维护与保养，延长其寿命，确保客房的正常运转。

（六）协调与其他部门之间的关系，确保对客服务需要

客房部所负责的区域宽广，任务繁重，这就使得客房部与其他部门的交流沟通变得尤

为重要。客房部要处理好与前厅部的关系、与餐饮部的关系、与财务部的关系、与采购部的关系、与市场营销部的关系、与保安部的关系、与工程部的关系、与人力资源部的关系等。只有建立良好的沟通渠道，及时沟通，及时协调合作，对客服务工作才能平衡有序地完成。

（七）配合前台客房销售，提高客房利用率

客房作为一种特殊商品，其价值是通过出租来实现的，其收入直接取决于每天的出租率。因此，客房部必须确定科学的客房清扫程序，加速客房的周转。同时客房部还要配合前台做好客房状况控制，及时提供准确的房态信息，以利前台销售客房，提高客房出租率，避免产生客房价值不必要的损失。

四、客房管理的组织机构

客房部组织机构的设置要科学，岗位职责的制定要合理，客房人员的配置要完善，这样才能强化客房管理的效率，提高客房经营的效益。客房部的组织管理，就是要建立一个统一指挥、分工明确、层次清晰、结构精简、沟通顺畅、行动高效的有机体系。

根据上述分析，小型酒店的客房组织形式一般可以用机构设置图来表示（图 3-1），大中型酒店客房组织结构在规模和机构设置上会有所不同（图 3-2）。

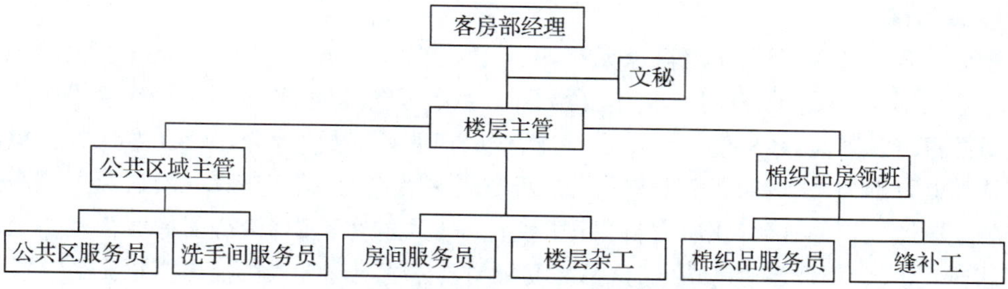

图 3-1 小型酒店客房部组织机构图

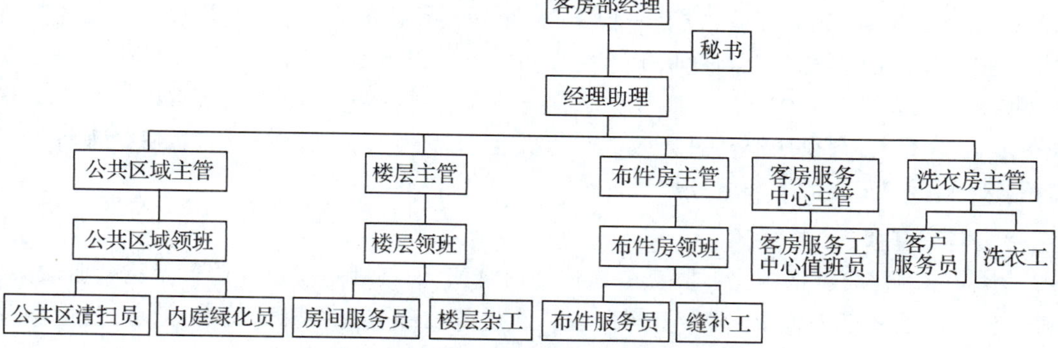

图 3-2 大中型酒店客房部组织机构图

上述客房管理机构图是就酒店一般情况来讲的，由于它受整个酒店管理体制的制约，以及其他相关因素的影响，各酒店可根据具体情况灵活掌握，但管理范围大同小异。

知识拓展

管家服务的由来

管家出现在中世纪的欧洲，最初出现在法国王室，后来流传至英国王室，专为白金汉宫的英王室服务，故称“白金管家”。到后来，具有世袭爵位的贵族和有爵位的名门也被允许雇用管家。管家服务在英国得到了极大的发展。

成为一名管家，要具有极高的综合素质，需要有丰富的生活经验和专业素养，如熟知各种礼仪、佳肴名菜及名酒鉴赏、雪茄的收藏与修剪、奢侈品的鉴赏、高档衣物的保养、家私养护等诸多方面的知识，甚至要上知天文下知地理，这样才能为高档次的客人服务。现在在世界范围内推广的主要是英式管家，最权威的培训机构是国际管家学院，总部设在荷兰皇室的行宫。

第二节　客房对客服务管理

一、客房对客服务的特点和要求

（一）客房对客服务的特点

1. 接触面广

酒店的客人来源广泛，上至国家元首，下至普通旅客，远至五洲四海，近至国内本地。他们身份地位不同，兴趣爱好不同，文化教养不同，生活习惯不同，旅游活动的短暂性带来客源的流动性很强。因此，客房部每天车水马龙，送旧迎新，接触面十分广泛。客人外出旅游的目的是千差万别的，住宿期间需要提供的服务也是多方面的，这就带来了日常接待服务工作管理的复杂性。例如，接待政府官员、重要客人和普通游客不同，接待团体客人和零散客人不同，接待商人和一般旅游者不同，这都需要根据具体情况和客人的需求变化灵活掌握。

2. 随机性强

客房管理的范围从卧室、卫生间、会客室、书房的各种日常服务及设备物资消耗到委托代办、擦皮鞋、洗送客衣等，没有一项不是琐碎的、具体的事情，而且常常有很大的随机性。除客房卫生管理的工作时间、工作内容和服务方法基本上相同以外，其他服务都是随机性的，客人在什么时候、什么地点、什么情况下需要哪种服务，事先无法掌握。从客房管理的角度来看，必须设法调动服务人员的积极性、主动性和责任感，否则，客房管理将处于混乱状态，影响工作效率和服务质量。

3. 配合度高

客房出租需要各部门、各环节、各岗位的紧密配合，特别是需要和前台保持紧密联系，确保客房出租的准确性，以减少客房闲置。客房部内部，包括楼面、洗衣房、客房、库房等各部门协调一致，保持信息畅通，才能提供高质量、高效率的服务。

（二）客房对客服务的基本要求

1. 热情礼貌，提供最佳服务

客人住店期间，不仅要求得到良好的物质享受，而且要求得到热情周到的服务，得到愉快的精神享受。因此,能否热情礼貌、提供最佳服务,直接反映客房产品的价值,直接关系到酒店的声誉和客房经营管理的成败。酒店是涉外性很强的服务行业,必须坚持对消费者负责、为消费者服务的原则。在接待客人过程中,一定要做到处处为客人着想,尽量满足客人要求,坚持礼貌待人、文明服务。

2. 做好清洁卫生,保证客人安全

清洁卫生是客房接待服务的基本要求,是保证服务质量的重要条件。客人对客房卫生要求较高,接待客人过程中必须坚持严格按照卫生操作规程,每天打扫好房间,特别要注意卫生间的打扫,保持客房卫生质量。保证客人安全是接待客人过程中必须十分重视的另一项基本任务。因此,必须全面加强管理,注意事故苗头,保证客人人身、行李及整个酒店的安全。

3. 刺激需求,引导客人消费

客房产品的需求量,一般是与旅游业发展水平相关的。客房经营管理得好,服务质量高,就能刺激顾客需要,引导消费。接待客人过程中必须经常研究客人类型,分析客人心理,认真开展迎合服务,不断增设服务项目,凡是酒店所有的服务项目,如商品部、健身房、娱乐设施、各种餐厅、饮料等,都要根据具体情况,经常向客人主动介绍,不断适应客人需求的变化,刺激需要,引导消费,增加客房及综合服务项目销售量。

二、客房对客服务的管理方法

组织和领导是客房对客服务工作管理的关键环节,它包括两个方面:一是做好客房对客服务过程中的信息传递和合理安排接待程序;二是加强服务过程的管理工作,保证接待工作正常运转。

(一)信息传递和接待程序安排

1. 信息传递

酒店客房产品具有时效性,价值补偿时机容易丧失,接待服务过程中必须做好信息传递,及时掌握客人进出,才能提高客房出租率。客房接待服务过程中的信息传递分为四个阶段:

第一阶段:客房部提前一天接到前台明日抵达预测后,立即和离店客人预测进行比较分析,保证在客人离店后,立即打扫好房间,并及时通知前台。

第二阶段:客人进店当天,分析前台送来的接待报告和客房出租实际状况,计算出当日还有多少间闲置客房,并请前台接待处对客房出租状况控制核查,以便当天将闲置客房出租。

第三阶段:客人进店当天,做好明日离店客人预测。此项工作每天进行,并和进店客人预测比较,掌握明日可能有多少间闲置客房,通知前台接待处,以便将这些客房出售给没有订房的零散客人或非预期抵达的客人。

第四阶段:每天客人退房离店,注意掌握时间差,并迅速打扫好房间和通知接待处。若在预订时间离店,也要迅速通知接待处,以便记入客房出租状况控制盘,保证客房周转灵活。这些工作穿插进行,周而复始,关键在于准确性和时间性。这是客房接待服务工作管理中十分重要的环节。

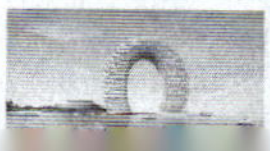

2. 接待程序安排

在掌握信息的基础上，为了保证客房产品周转和做好接待服务工作管理，必须要合理安排接待程序，主要需抓住以下四个环节：

(1)客人到店前的准备。提前一周，分析前台预订处送来的每周预测表，根据预测结果做好物质准备、人员调配和技术安排准备工作。提前一天，分析预订处送来的明日客人抵达预测表，看上述接待任务是否有变化，并和接待处联系，安排客人往房。如住店客人尚未离店，房间号码要以次日离店客人的房间为依据，不能有任何差错。待客人离店后，根据新的任务组织客房服务员清理和布置房间。然后全面检查客房或会议室，包括物资设备、客房布置、清洁卫生、安全状况等，看是否符合要求，发现问题及时补救，保证客人进店前一小时完成任务。

(2)客人到店时的迎接。重要客人到店，一般由酒店总经理或客房部经理陪送进入房间。服务员准备好汗巾、茶水送入客房，对客人表示欢迎，并做自我介绍。一般客人到店，由前台行李员陪送客人进房，介绍设备和服务项目。团体客人到店，客房服务员协助行李员分送行李，并准备小毛巾、茶水等送入客房。

(3)客人住店后的日常服务。客人住店后的日常服务内容很多，包括端茶送水、打扫房间、整理床铺、安全检查、委托服务等。并且每天还要做好离店客人预测送交前台接待处，以便保证准确分房。

(4)客人离店前的结束工作。根据接待报告核实离店人数、房号，制作离店客人预测表，将离店日期、航班航次等通知前台。检查代办事项、各种账单、客房酒水，并询问客人出行前还需办理的事情，并将账单及时送到财务处，做好离店前一切准备。客人离店后，服务员迅速仔细检查房间，发现遗留物品，及时追送，来不及的，交前厅遗留物品保管室。并立即打扫客人走后的房间，撤换一切床上用品，并将打扫情况报告前台接待处。至此，接待客人的主要程序才算完成，开始新的循环。

(二)加强接待服务过程的管理工作

加强接待服务过程的管理工作，客房部经理、管理人员和服务员要抓好以下三个环节：

1. 工作安排

工作安排是做好客房接待服务工作管理的基础，它可以提高管理工作效率和服务质量，充分发挥设备用品的作用，减少损失浪费，降低成本开支，做到人尽其才，物尽其用，同时保持内外协调一致。工作安排要解决三个方面的问题：

一是做什么和为什么。根据每天接待报告和订房预测，管理人员就要研究需要多少设备物资，配备多少人员，客房如何布置，质量标准是什么，应该怎样安排，研讨节省人力、物力和保证服务质量的方法等，最后做出决定。

二是何时做和何地做。上述安排要考虑到接待服务时间即客人的住店时间和劳动力的安排是否会影响到下一批客人的接待任务，是否会影响工作效率，是否能保持楼层分配均衡。就是说，工作安排要考虑到时间和空间位置的变化。

三是何人做和怎样做。管理人员要了解服务人员的工作能力、个性特点和业务专长，如有的服务员外语水平高，可以和客人交流，要安排以接待服务为主；有的服务员外语水平低，要安排以做卫生为主；有的踏实细心，办事公道，可以让他们做原始记录统计工作等。对各种不同的工作可能有多种不同的方法，管理人员要心中有数，才能把工作安排得更好。

2. 分配任务

分配任务是工作安排的直接结果。根据前台接待处的客房分配方案，分配任务时要交代清楚接待规格、重点对象、质量检查标准、完成任务的时限和设备物资数量。这一工作通过每次开会布置，利用信息传递、各种报表和规章制度形成的管理制度，使班组长和服务员都能够自觉执行，只是在遇有特别重要的任务或特殊情况时，才在报表上提请有关人员注意。但是分配任务时，如果出现忙闲不均，或有重要突击任务时，则要根据工作安排，在客房部内部统一调配人力和设备物资，保证服务质量。

3. 检查执行情况

任务分配以后，管理人员要加强督促检查工作，抓住以下四个主要环节：

(1)服务人员即客房服务的提供者，他们处于客房服务的最前线。客房服务的好坏、设备物资消耗多少、客人是否满意直接取决于他们的劳动态度和工作积极性。因此，工作任务分配以后，要关心和爱护员工，创造好的条件让他们完成工作任务，做到公平合理地分派工作，制定统一的工作标准，诚恳地听取他们的意见和要求。对表现好的员工进行表扬和鼓励，对表现不好的员工要批评和教育。

(2)根据规定的标准检查员工完成工作任务的情况和质量，如每天打扫了多少房间，花了多少时间，是否达到质量标准，客人有何意见，遇有抢房任务是否做到了保证准时出租等，这些都要在原始记录上做好登记，作为检查工作和分配劳动报酬的依据。

(3)根据定额标准检查客房班组和服务员完成任务时的物资消耗情况，是否有损失浪费现象，是否有丢失损坏，是否超过了规定的标准，物料用品领用是否符合手续等，对这些也要做好原始记录。

(4)清洁卫生和安全保卫工作。根据卫生操作规程和标准，检查完成情况，是否做到了整齐、清洁、美观、舒适。客房服务过程中安全工作做得怎样，是否有事故苗头，如钥匙丢失、火灾隐患、客人物品丢失，以及客人醉酒未及时发现报告造成设备物资损坏等。

三、客房对客服务的卫生工作管理

(一)客房卫生工作管理的要求

客房卫生工作的好坏，是服务质量和管理水平的综合反映，也是客人特别关注的问题，应该引起高度重视，并严格按照服务规格制定的标准、要求来进行管理和检查。客房卫生管理的内容很多，包括房间设施、家具物品、生活用品、卫生间用品等。客房卫生工作管理的基本要求有三点：

1. 保证需要，准时出租

客房卫生管理是为了保证服务质量，满足客人需要。酒店的房间在任何时候都处于出租的状态，随时能够满足客人的需求。打扫房间卫生的目的就是出租，因此只要客人一离店，就要马上打扫。特别是旅游旺季客人较多时，要随时组织抢房，耽误一个或几个小时，就可能影响半天或一天的房租，对酒店收益不利。所以，保证需要，准时出租，做到只要有房间和客人，什么时候都能立即出租，这是客房卫生管理的基本要求。

2. 专人负责，保证质量

客房卫生管理一般是按楼层、班组分片包干，每人或两人一组负责打扫一定数量的客房。管理人员要根据情况将本管理段的每一间客房任务落实到人，责任落实到人，根据质量标准，完成做房、擦尘、吸地、卫生间打扫、家具物品整理等工作。客房卫生管理要善于调动员工的积极性、主动性和工作责任心，表扬先进者，鞭策落后者，才能保证质量、满足客人需要。

3. 建立制度，制定操作规程

客房卫生管理工作琐碎，卫生面积宽，人员分散。如果一人打扫10多间客房，两人一组就占了半层楼。因此，必须以岗位责任制为中心，建立管理制度和制定操作规程，并有严格的检查措施，才能切实将客房卫生管理好。

（二）客房卫生工作管理的方法

1. 分片包干，建立卫生责任制

客房卫生工作管理分为两个方面：一是客房本身的日常卫生工作管理，二是公共卫生管理。客房卫生分为住房卫生、走房卫生、空间卫生和计划卫生。其管理方法是以楼层为基础，分片包干，按楼层管理段分别划给客房班组负责。客房卫生要和日常接待服务工作管理相结合，客房服务员每天根据接待任务负责本班组的卫生工作。他们对客房物资设备、生活用品反复进行加工整理，包括撤换棉织品、做床、做卫生间、清扫除尘等，他们通过劳动，为客人住宿提供服务，满足客人需要。所以，卫生工作和接待服务是在同一过程中完成的。这部分工作的特点是管理面大，人员分散，卫生质量要求严格，时间性很强。公共卫生包括楼道、前厅、办公室等公共场所和内庭绿化的卫生工作，由客房部成立的公共卫生班组负责管理。这部分工作的特点是管理面更大，人员更分散，同样要求质量高。从客房管理的角度来看，正是由于面积大、人员分散、要求严格，因此，管理人员不易控制，要将卫生工作管理好，就必须建立卫生责任制。制度要明确规定各班组和服务员的管理范围、岗位职责、卫生质量标准检查办法，由班组长组织服务员完成工作任务，客房管理员加强督促检查，以保证工作质量。

2. 做好原始记录，坚持查房制度

客房卫生是和日常接待服务联系在一起的，每天要撤换大批布草，消耗大量水、电能源和低值易耗品、物料用品。由于人散，不易控制，要做到任务清楚、责任明确、不出差错，就必须做好原始记录，它是客房服务员工作好坏的重要依据和原始凭证，也是管理人员检查工作的重要依据。原始记录要坚持每天填写，保质保量，定期检查上交。要保证客房卫生质量，还要坚持查房制度。检查的方法有全面检查、重点抽查和个别检查多种。检查的内容包括卧室、卫生间、书房、会客室和公共场所等。看物资设备、生活用品是否齐全，房间清洁卫生质量如何，是否做到了清洁、整齐、美观、舒适。发现问题，要及时指出来，提请班组长和有关服务员重新整理，切不可马虎从事，以确保卫生质量。

3. 发挥客人的监督作用

客房卫生工作管理是为客人服务的，卫生工作质量的好坏也要听取客人的反映，因此还要发挥客人的监督作用。通常，酒店都会在客房内放置意见表，把它和日常接待服务结合起来，表格的内容要清楚明确，便于客人填写意见，或对客房卫生的服务质量做出评价或打分。管理人员要经常收集客人意见，或倾听客人的意见或建议，及时发现问题，及时解决问题，将客房卫生工作管理好。

（三）客房清洁卫生管理

客房清洁卫生管理工作是酒店客房部的一项重要工作，它的效果直接影响到酒店企业的形象及社会声誉。酒店消费市场的调查结果显示，60％以上的客人把客房清洁卫生作为选择酒店的首要因素。所以，酒店客房部必须加强管理，提升产品质量，确保客人的需求得到满足。

1. 客房日常清洁整理的内容

（1）物品整理。按照酒店的规定和统一要求，整理和铺设客人使用过的床铺；整理客人放乱的物品、用具等。但一般不整理客人放置的私人用品和衣物，除非是客人要求或经过客人同意。

（2）打扫除尘。清洁地面；吸净地毯、软座椅上的灰尘；用抹布擦拭门、窗、桌柜、灯罩、电视机等家具和设施设备；倒掉烟灰缸中的烟灰及纸篓里的废物垃圾。

（3）擦洗卫生间。擦洗脸台、马桶、浴缸、水龙头等卫生洁具；擦洗四周瓷砖及地面；擦亮镜面及各种金属挂杆。

（4）更换及补充用品。按要求更换床单、床垫、枕套、面巾、手巾、浴巾、地巾等棉织品；补充文具用品、茶叶、卫生纸、香皂、沐浴液、洗发水、牙膏、牙刷等用品。

（5）检查设备。检查水龙头、马桶等设备的放水功能是否正常，是否有漏水的状况；检查灯具、电视机、音响设备、电话、电吹风等电气设备的性能是否正常；检查家具、用品等是否有损坏等。

2. 客房清洁整理的基本原则

（1）由里到外原则。清洁整理客房房间时，吸尘和擦拭地面时，均应按先里后外的原则进行。

（2）从上到下原则。清洁整理客房房间时，应按从上到下的原则进行。

（3）干湿分开原则。在擦拭客房内的家具设备或物品时，干湿抹布应严格区分使用。例如，接触电源的设施设备应用干的抹布擦拭，否则会发生危险。

（4）环形清理原则。清洁整理客房房间时，应采用环形清理的原则。因为房间内的家具及设备都是沿房间四壁摆放的，在清理时应按顺时针或逆时针的方式，这样可以提高工作效率，同时也可以避免发生遗漏。

（5）先卧室后卫生间原则。此原则主要是遵循第一个原则，并且对于住客房来说，能避免客人突然回来或有访客时带来不便和尴尬，而且也可以避免重复工作。

（6）注意死角原则。每个客房房间当中都有卫生死角，在实际工作过程中，服务人员应当注意清理，否则会给服务工作带来不利影响。

(7)专布专用原则。实际工作中从卫生的角度而言,应做到专布专用,不能出现一布多用或多布乱用。

(8)先铺后抹原则。从工作效率的角度分析,在房间清理过程中,要遵循先铺后抹的原则。由于在铺的过程中,会产生灰尘,如果先抹后铺,就会造成重复工作。

3. 客房房态、清洁卫生的种类及清扫顺序

(1)客房房态。酒店为便于客房管理,提高工作效率,将客房编排的客房状态分为以下 20 个种类。

①空房(Vacant Clean,VC):该房间前一天无客人居住。

②住客房(Occupied,OCC):客人正在住宿的房间。

③走客房(Vacant Dirty,VD):客人已经结账,并且已经离开的客房。

④未做住客房(Occupied Dirty,OD):客人正在住宿,但还未打扫的客房。

⑤已做住客房(Occupied Clean,OC):客人正在住宿,但已经打扫的客房。

⑥待修房(Out Of Order,O. O. O):该房间由于设施设备发生故障,暂时不能出租。

⑦外宿房(Slept Out,S/O):客房已被客人租用,但客人前一夜未归。

⑧无烟房(No Smoking,NS):客房内严禁吸烟的房间。

⑨双锁房(Double Locked,D/L):双锁房的原因较多。第一,住客为了免受干扰,在房内将门双锁。第二,由于客人操作失误,无意将门双锁。第三,客人外出一段时间但不退房,为保证客房的安全,客房部会在客人离店时将客人房间双锁。第四,当酒店发现房内设备严重受损或客人消费行为不轨时,酒店管理部门也会做出双锁客房的决定。

⑩请即打扫房(Make Up Room,MUR):客人要求服务人员立即打扫的房间。

⑪请勿打扰房(Do dot Disturb,DND):客人因睡眠或其他原因而不愿被服务人员打扰的房间。

⑫拒绝服务房(Refuse Service,RS):客人入住三天以上,在此期间不需要任何形式的清扫或更换布草服务。

⑬无行李房(No Baggage,N/B):该房间客人没有任何行李。

⑭少行李房(Light Baggage,L/B):该房间客人的行李很少。

⑮重要客人房(Very Important People,VIP):该房间所住的客人是酒店的重要客人。

⑯长住客房(Long Staying Guest,LSG):客人长期包租的房间,又称“包租房”。

⑰结账房(Check Out,C/O):客人已经结账的房间。

⑱入住房(Check In,C/I):客人已经办理了入住登记手续,即将入住的房间。

⑲预计退房(Estimated Check Out,ECO):客人即将办理离店手续的房间。

⑳加床房(Extra Bed,E/B):该房间有加床。

(2)清洁卫生的种类。酒店客房在清洁整理过程中,应根据客房不同的状态提供不同的服务及标准,只有这样才能提高员工的服务效率和质量。清洁卫生包括以下几种。

①简单清扫:如空房,这类房间由于客人离店后已做过重点清扫,所以只进行通风、吸尘、抹灰和放掉水箱及水龙头里的积水,保持水质洁净。吸尘一般 3～4 天吸一次即可。

②一般清扫:如住客房,这类房间由于客人正在租用房间且尚未离店,所以只需把房间打扫干净即可。如果客人没有要求的情况下,可以两天更换一次床上布草。

③重点清扫：如走客房，这类房间必须进行全面重点的整理，特别是长期滞留后退房的房间。

④彻底清扫：如 VIP 客房，这类房间清扫整理的要求非常高。平时较少清理的地方，一定要清理干净，同时领班与经理需要检查。

(3)客房清扫顺序：

①淡季清洁顺序如下：请即打扫房→VIP 客房→住客房→长住房→走客房→空房。

②旺季清洁顺序如下：请即打扫房→VIP 客房→走客房→住客房→长住房→空房。

4. 客房清洁卫生质量管理

客房清洁卫生质量管理，是酒店质量管理的重要组成部分，亦是酒店管理水平的综合反映。客房卫生管理的面积大，时间性强，人员分散，在管理上有一定的难度。客房清洁卫生的工作要求质量高、标准高、效率高，因此，客房部要强化管理，确保提供优质的客房产品。

(1)提高和强化员工意识。要提高客房清洁卫生质量，首先应从提高客房服务员的意识入手，必须做好员工的岗前及在职培训，使员工树立起“卫生第一、规范操作、自检自查”的岗位责任感。与此同时，要求客房管理人员及服务人员在日常工作中注意个人卫生，从自身做起，既要完善自身形象，又要加强卫生意识和卫生习惯。

(2)明确客房清洁卫生质量控制的标准。客房清洁卫生的总体要求是：看到的地方无污迹，手摸的地方无灰尘，房间安静无噪声，卫生间空气清新无异味。为实现客房服务“方便顾客、方便操作、方便管理”的原则，

必须制定相应的客房清洁卫生质量控制标准，一般包括以下几个方面。

①操作标准：指客房员工在实际工作中的操作方法、流程、进房次数、客房布置规格等。

②时间标准：指客房员工在实际工作中每项工作的时间要求。

③感官标准：指凭借视觉、听觉、嗅觉等感受到的标准。

④生化标准：指由专业卫生防疫人员进行专业仪器采样与检测的标准。

知识拓展：视觉标准与生化标准的内容

(3)制定客房清洁卫生质量控制的制度。客房清洁卫生质量标准的制定，使客房员工有了明确的规范，但能否落到实处，并发挥其作用，还需要建立严格、合理的制度，这种制度统称为查房。现今酒店企业制定的客房清洁卫生质量控制制度是逐级查房制，同时酒店企业还会邀请第三方一同监督。

①客房服务员自查。客房服务员在完成每间客房的清洁工作后，应对客房的清洁、设备、物品状况进行自我检查，并做好记录。这样可以提高客房清洁卫生的合格率，减轻领班的工作量，同时还能加强员工的责任心与服务质量意识。

②客房领班普查。客房领班的主要工作任务就是查房。由于客房领班普查是客房服务员自查之后的第一关，同时也可能是最后一关，所以这项工作可以说是客房清洁卫生质量控制的关键。

③客房主管抽查。客房主管是客房清洁卫生任务的主要指挥者，但不能与客房领班一样对每间客房进行逐一检查。为了了解客房清洁卫生质量的优劣，就必须对部分客房进行抽查，一般数量是领班数量的 15%～20%。

④客房经理巡视抽查。客房清洁卫生逐级检查制度应是一级比一级严格，所以客房

经理查房更要高标准、严要求。最好采取不定期、不定时的方法,每天保证抽查一定数量的房间。对于 VIP 房间,应跟踪检查,这样才能保证检查的真实性,而且能及时发现管理中的问题,并给予及时的解决。

⑤客房设置《客人意见表》。运用此种方式征询客人对客房卫生、客房服务以及对整个酒店企业的意见与评价。此表的设计应简单易填,并应及时汇总,作为考核企业员工工作的依据之一。

⑥邀请第三方检查。可以通过聘请专家、同行等方式,用明察暗访的形式,对客房清洁卫生质量做出客观评判。这种检查通常能找到一些平时不易发现的问题。

知识拓展

客房领班的过失

某天,客房部接到通知,有 VIP 客人即将入住,客房部随即让服务人员准备房间,服务人员告知房间准备完毕之后,当班领班由于其间工作很忙就没有抽时间去查房。当大堂副理随同 VIP 客人进入房间后,大堂副理发现沙发下面有一张用过的纸巾,便捡了起来,后告知客房部经理。客房部经理通过调查知道了原因。此件事虽然没有收到 VIP 客人的投诉,但领班还是有过失的。

读完上面的案例,请思考:领班有哪些过失?

四、客房计划卫生

客房计划卫生是指在完成客房日常清洁卫生工作的基础上,拟订一个周期性的清洁计划,采取定期循环的方式,对客房清洁卫生工作的死角、平时不易清扫或者是清扫不到的地方以及家具设备等进行彻底清扫和维护保养,从而进一步保证客房的清洁保养质量,维持客房设施设备的良好状态。

通常,酒店会根据店里的设施设备状态及淡旺季合理地安排计划卫生工作。

(一)计划卫生的意义

1. 提升酒店产品整体形象

酒店企业属于高消费场所,顾客对产品质量的要求相对较高。而客房部计划卫生工作的完成,无疑从细节上对酒店产品质量有了进一步的提升,从而加深了顾客对酒店产品的整体印象。因此,客房部计划卫生工作对提升酒店产品整体形象起到了重要的作用。

2. 保证客房清洁卫生质量

为了能保证客房清洁卫生的质量,使客人不仅对客房明处的卫生感到认可,而且对客房的每一个角落的卫生都感到放心;同时又不能产生人力上的浪费,所以客房部应当定期对房间的死角或容易忽略的部位进行彻底的清洁整理。

3. 维持客房设施设备的良好运转

为了降低更换率,减少成本,同时方便客人,客房部必须对那些不需要每天都进行清洁整理的设施设备完成定期清洁维护,如冰箱除霜、地毯定期清洗等。

(二)计划卫生的种类

客房计划卫生一般分为以下三类:

1. 单项计划卫生

除了日常的清洁整理工作之外，可每天计划对某一部位或区域进行彻底的大清洁。例如，每天重点清洁整理一间客房，或者每天对几个客房的某个部位进行清洁整理，并通过一定的时间完成全部客房清洁整理的计划卫生工作。

2. 周期计划卫生

由于仅凭单项计划卫生清洁整理工作很难保证客房产品的质量，因此应安排专人负责对客房卫生进行周期性的清洁，以保证客房始终处于清洁如新的状态。例如，以一个季度为工作周期，且保证在此周期内至少对全部客房完成一次大范围的清洁整理。

3. 季节性或年度性清洁整理

这种情况多发生在酒店企业经营的淡季。其清洁整理的内容包括家具、设备、床上用品等，也可能对某一楼层实行封房，并与前厅部、工程部进行沟通，以便维修人员利用此阶段对设备进行定期的检查、维修、保养。

（三）计划卫生的实施与控制

1. 安排好清洁器具与清洁剂

在进行计划卫生工作前，应根据工作内容准备好清洁工具，否则在实际工作中可能导致浪费行为，同时降低清洁保养的效果。

2. 落实计划及严格进行检查工作

客房部制订计划后，应做好计划清洁工作的落实，以及进行监督和检查的具体方法。工作程序是，先由领班在服务员清扫日报表上注明当天的计划卫生项目和任务，督促员工落实工作任务；员工完成工作后，领班再去进行检查，并在表格内注明完成的日期；如果有检查不合格的，要立即进行整改。

五、公共区域清洁保养工作

公共区域（Public Area，PA）是指酒店内公众所共有共享的活动区域。公共区域一般包括室内和室外两部分。室内公共区域分为前台和后台两部分，前台公共区域主要指客人使用的场所，如大堂、电梯、楼梯、公共洗手间，甚至包括餐厅、舞厅及多功能厅等处。后台公共区域一般指员工使用的部分，包括员工休息室、员工更衣室和员工餐厅等；室外公共区域主要指酒店的外围部分，如花园、前后大门、车道、外墙等处。公共区域的清洁保养工作一般也分成日常清洁保养和定期清洁保养两种。

（一）公共区域清洁保养工作的特点

1. 工作条件差，技术性强

酒店公共区域工作环境较差，清洁保养工作需要较强的专业性，如对绿化的布置与清洁、地面打蜡等，这些工作所需要使用的设备、工具、用品繁多，所需保养的对象也很复杂，如对地面清洁保养，所涉及的地面种类除了大理石，还有水磨石、瓷砖等多种地面，不同的地面应采取不同的清洁保养方式，这就要求员工具有全面的专业知识和熟练的操作技能。

2. 工作质量要求高

任何人到酒店都会接触酒店公共区域，公共区域的卫生状态直接影响客人对酒店的认知，如果酒店大堂有破损或污渍，会让客人产生对酒店的不信任，进而减少或取消在酒店消费。所以，酒店必须要重视公共区域的清洁保养工作。

3. 工作范围广，内容繁杂，质量难以控制

酒店公共区域所涉及的范围广、场所多、内容繁杂、情况多变，导致清洁保养工作的质量难以控制，比如客人多少、活动安排、天气变化等情况都有可能改变原有的计划。

（二）公共区域清洁保养的准备工作

1. 安排好清洁保养时间

酒店的公共区域是客人活动频繁的场所，在对其进行清洁保养前，应根据客人活动的时间规律，安排好不同区域的清洁保养时间，原则上应不影响各部门的正常营业，一般日常清洁可在客人活动的间隙进行，而彻底的清洁保养则应在营业结束后进行。

2. 领取工作钥匙和有关工作报表

服务员在对公共区域进行清洁保养前应先到领班处领取某些公共区域如多功能厅、酒吧、商场等处的工作钥匙和相关的工作报表。

3. 准备好清洁剂和清洁工具

清扫公共区域前，应先根据不同的清洁区域和清扫任务，准备好相应的清洁工具。

（1）清洁高处卫生应准备好梯子等清洁工具，使用前先检查，保障使用安全。

（2）清洁地面卫生，应准备好吸尘器、打蜡机、拖把、尘推等。清洁器具应保持干净，完好无故障，若发现机器设备有漏电等异常现象，不能使用并及时报修。

（3）清洁其他场所的卫生，可根据情况准备好玻璃清洁器、抹布、胶皮手套、扫帚、撮子等。根据被清洁对象的物性及要求，准备好相应的清洁剂，并按规定进行稀释，放在对应的容器中。

4. 做好公共区域场地的准备工作

清扫公共区域卫生前，应根据清洁任务要求的不同，对某些场地做准备工作。

（1）地毯吸尘前，最好先把家具挪开，等吸完尘再放回去，可以有更好的吸尘效果。

（2）清洗地面前，应先把家具等搬开，等清洗完地面再放回去。

5. 做好仪容仪表的准备工作

酒店公共区域是接触客人最多的地方，服务人员的一举一动都代表着酒店的形象，好的仪容仪表能够为酒店增分；相反，服务人员如不修边幅，形象邋遢，则会在客人心中产生反感情绪，客人会减少甚至取消在酒店消费。

（三）公共区域清洁保养工作的内容及方法

1. 大厅

随时清洁整理，保持地面清洁，午夜进行地面清洗工作。

2. 各餐厅、酒吧、咖啡厅、宴会厅

利用餐间的空隙时间进行清扫，有些酒店的保洁员只负责每天晚上的大清扫。

3. 多功能厅

多功能厅的使用频率通常没有餐厅、酒吧高，一般无须每天进行清洁保养，可根据活动来安排清洁保养工作。活动前进行全面的清洁保养,活动中保持场地清洁,活动后及时协助有关部门清理场地,并做必要的清洁保养工作。此外,客房部还需做好定期清洁保养工作。

4. 客用洗手间

客用洗手间使用者众多,使用次数频繁,清洁保养工作要求高、难度大,必须保证设备完好、用品齐全和清洁卫生,清洁保养工作可分为一般性清洁保养和全面清洁保养,随时进行巡视检查,保持其清洁。

5. 客用电梯、自动扶梯

随时打扫,并定期清洁保养地毯,自动扶梯在停止运行后,再进行进一步的清洁保养。

6. 庭院花木

每日整理,定期修剪。

7. 酒店建筑四周

每日打扫,尤其注意大门的整洁。

8. 停车场

随时清洁,定期保养。

9. 各办公室、职工食堂、工作电梯、员工浴室、厕所、更衣室

每日打扫,并视情况定期进行清洁保养。

10. 除虫灭害

要根据虫害的诱因及类别采取相应的预防措施,定期喷洒杀虫剂、杀虫药,消灭虫害。

要管理好公共区域清洁保养工作,必须建立岗位责任制,明确职责和清洁保养的标准,加强日常的检查和监督,以保证清洁保养工作的质量。

六、客房对客服务模式

酒店客房的对客服务模式,通常分为三种:楼层服务台模式、客房服务中心模式和前台直管模式。各种模式的运营特点不同,侧重点也有差别,在岗位设置上、人员配备上都有不同之处。

(一)楼层服务台模式

这是中国酒店业传统的做法,至今仍然有一些酒店在使用。设置楼层服务台的目的主要是方便客人,保障客房楼层的安全。楼层服务台一般设在客房区每一层楼靠近电梯口或楼梯口的位置,其服务功能一是为楼层的住客提供日常服务,如开房,客房清扫,访客登记,钥匙保管与发放等;二是作为客房部与其他部门的联络点,如工程部的客房维修与保养,采购部的物品采购与配置,餐饮部的客房送餐等。

楼层服务台模式的优点是对客人具有亲切感,面对面地对客服务,突出了主动、热情、及时、周到的服务特点,使客人一踏入楼层就能够感受到温馨的氛围,有利于促进员工与客人的服务交流和情感交流,使客人一下子就产生了宾至如归的感受。楼层服务台员工24小时值班,对各类人员进出情况尽收眼底,可以及时发现可疑迹象,并报告处理,能够有效地保障客房安全。同时,在客人需要帮助时,能够立即得到员工的协助。此外,楼层服务台能够及时准确地掌握客房状态及运营情况,向前厅部提供客房信息,便于客房的销售。

楼层服务台模式的缺点是增加了运营成本,每一个楼层服务台,一天 24 小时上班三班倒,需要大量的人力资源配备。客房是住店客人的私人空间,设置楼层服务台,会让客人产生被监视的感觉,使客人的隐私受到了侵犯。楼层服务台的设立,会影响楼层的安静,破坏了客房的静谧氛围。

(二)客房服务中心模式

客房服务中心模式是国际酒店业所采用的服务模式,也是现代酒店客房管理的主导模式。客房服务中心一般设置在员工更衣室或者客房部办公室附近,注重用工效率和统一调控,将客房部各楼层对客服务工作集中在一起,与楼层工作间及酒店先进的通信联络设备共同构建了一个完善的对客服务网络系统。为了店内联络的高效快捷,许多酒店建有独立的呼叫系统。住店客人可以通过内线电话,把自己的需求告知客房服务中心,再由客房服务中心通过呼叫联络系统,通知离客人房间最近工作间的服务员,迅速为客人提供服务。凡是与客房有关的工作或服务信息,都会首先传达到客房服务中心,再由客房服务中心通知相关服务人员。

客房服务中心模式的优点是节省了开支,降低了人力资源成本,为客人营造了私密的空间;将客房纳入前台管理系统之内,保证了前台管理与客房管理的一致性,避免了重房等问题的发生。客房服务中心模式的缺点是设施设备一次性投入的费用较大,对客服务缺少人情味,不能面对面服务。

(三)前台直管模式

前台直管模式是在现代酒店业发展类型增多的基础上而出现的一种新的客房服务模式。此种模式沿袭传统小型酒店的做法,将客房直接划归前台管理,不设楼层服务台,也不设置客房服务中心,而是在前台班组中设客房服务和清扫小组来对客房进行管理,从而使其管理更加方便、快捷。

前台直管模式的主要职能是对酒店客房进行基本的管理,为客人提供日常服务,包括钥匙分发、安排客房清扫、保障客房安全、物品管理与分发、信息统计等。

此种服务模式是随着当今快捷酒店的产生而产生的,在其运行过程中,既有其独到之处,也体现出其不足之处。前台直管模式的优势是节省了人力成本,保证了前台管理与客房管理的统一性。前台直管模式的缺点是在对客服务方面不能够做到面对面和及时性的服务,同时也存在安全隐患,住客在客房区域发生问题时不能够及时发现。

酒店在选择客房服务模式时,应该重点考虑酒店楼层的建筑结构、设施设备配置以及客源市场的情况,同时也要考虑当地劳动力成本以及当地社会治安环境等因素。高档酒店可以重点考虑客房服务中心的模式,或者是“客房服务中心加楼层服务台”的服务模式。中低档次的酒店可以重点考虑楼层服务台的服务模式,来提高对客服务效率。一般小型商务酒店可以采取前台直管客房服务模式,以提高人力资本的使用效率。

第三节　客房原始记录管理

酒店经营管理,有赖于扎扎实实地做好基础工作。客房原始记录是客房管理中各项基础工作的重要内容。原始记录管不好，计划管理就没有基础，服务质量就无法控制，经济核算就缺少依据，按劳分配原则就难以贯彻执行。因此，将酒店业先进的原始记录管理的经验集中起来，加以总结提高，使之系统化、合理化、科学化，就是我们的重要任务。

一、客房原始记录的特点

客房原始记录就是采用一定的表格，由有关人员对客房产品营销运行中发生的具体事实所做的最初记录，它是客房管理的原始凭证。客房原始记录有以下四个特点：

(一)经常性

客房产品营销运行周而复始地进行，客房管理人员和服务人员每天进行大量劳动，原始记录每天将这些具体事实记录下来，所以是经常的。例如，客房产品销售记录，每天登记客房出租间数、接待人数、出租率和各种客源的收入数量、百分比等；又如客房服务质量记录，登记的是服务员的劳动状态、工作好坏、客人反映等。它们虽然只反映个别事实，但是把所有这些原始记录综合起来，就形成了酒店客房管理的全貌。

(二)广泛性

客房产品销售、接待服务、服务质量、物资消耗、经济效果等各方面的情况，都要通过原始记录来直接登记，通过对这些资料进行整理分析，就可以对客房部门经济责任制和管理质量做出全面的、正确的评价，从而提高科学管理水平。由于它能随时反映客房管理各方面的情况，所以具有广泛性。

(三)真实性

原始记录是在事件发生的当时、当地对客观实际情况进行如实的记录，一般采用直接观察法、现场记录法，即由记录者对现场情况根据亲自观察或亲自计量的结果进行登记，所以具有真实性和可靠性。

(四)群众性

客房原始记录范围广泛，每天进行，涉及客房管理系统各部门、各班组、各环节，因此只靠个别人不行，必须发动群众，依靠群众进行。但依靠群众并不是说每个人都可以随便记录，必须落实到人，建立原始记录网，实行专职记录和群众监督相结合，才能做到准确及时、标准一致，保证原始记录的真实性和可靠性。

二、客房原始记录的主要内容

客房原始记录的内容一般包括五个方面。

(一)客房接待服务工作记录

接待服务记录的内容包括服务质量、卫生工作、客人反映、设备用品使用情况等。这部分工作目前不少酒店比较薄弱，主要的问题是表格分散、内容设计不合理、随处丢失，有的内容没有落实到人和班组，而且不能始终一贯地坚持。如果在班组设专门记录员，由班组长或指定专人负责，将接待服务过程中的全部情况统一在一张表格上，落实到人，则情况就会大大好转，具体内容见表3-1。

表 3-1　　客房服务员原始记录表

姓名：＿＿＿＿　班组：＿＿＿＿　日期：＿＿＿＿　班次：＿＿＿＿　本人签字：＿＿＿＿

房号	等级	时间		卫生情况		物品消耗			客人反映	特别工作
		入	出	质量	得分	撤换	新领	报废		
统计	当日工作量				事故记录					
	请假									

检查记录员：＿＿＿＿

年　月　日

这种表格，客房服务员每人每天一张，将当天的劳动情况一一记录下来，定期综合整理，就能掌握员工工作好坏、贡献大小，有利于实行部门经济责任制，发放奖金就有了客观依据。除楼层客房服务员原始记录外，还有洗衣房原始记录、公共卫生原始记录、委托服务原始记录及各种账单原始记录，具体内容和表格要根据各酒店的服务项目统一设计，基本要求是简要、清楚，便于考核和计量。

（二）客房产品销售记录

客房产品销售记录一般有三种形式，即订房记录、接待记录和客房产品销售统计。这部分内容很多，包括订房登记、订房统计、订房预测、接待报告等。客房预订单见表 3-2。

表 3-2　　客房预订单

订房＿＿＿＿　更改＿＿＿＿　取消＿＿＿＿　姓名＿＿＿＿				
××××太太 ××××小姐 ××××先生				
到店时间＿＿＿＿ 离店时间＿＿＿＿	交通		所需时间	天
价位：				
备注				
订房人：		联系人：		
订房日期：				
订房记录员： 年　月　日				

（三）物品消耗记录

这部分工作由客房仓库管理人员负责，他们将每天进货的品名、数量、规格、价格和耗用资金等统一记录下来，各楼层、班组到库房领取设备物资也照样办理，定期汇总整理，做好统计分析，就能及时掌握客房管理过程中的物资消耗和资金占用情况，及时发现物化劳动消耗和经济效益之间的比例是否合理，有什么问题。具体内容见表 3-3 和表 3-4。

表 3-3　　客房库房进货统计表

存档号码：

品名	单价	数量	金额	进货时间	备注
合计					

采购员：　　保管员：　　年　月　日

表 3-4　　客房库房物资用品发货单

存档号码：

品名	单价	数量	金额	进货时间	发货时间	备注
合计						

采购员：　　保管员：　　年　月　日

(四)洗衣房工作记录

其内容包括所洗棉织品、支付的数量和质量,客衣的名称、数量,收费标准,客人要求,送洗时间,送还时间等。这种原始记录将酒店棉织品和制服的运行状况、员工的劳动数量、质量、客人反映等,都做了详细记载,有利于促进洗衣房的管理工作,也为整个酒店棉织品和制服的管理提供了可靠的数据。使用的报表主要有客衣、棉织品、制服的洗涤日报表,客衣收发日报表及客衣洗涤意见表等,见表 3-5。

表 3-5　　洗衣房交收记录表

年　月　日

房间号	湿洗	干洗	收取记录				送回记录					客房员工送回记录
			客房员工号码	时间	洗衣部	时间	日期	洗衣部	袋数	衣架数	时间	

(五)客房设备维修记录

这一工作主要由工程部负责,但客房部门要填写维修单,并记录在案,便于管理人员和分房员及时掌握哪些客房可以出租,哪些客房正在维修等情况,在分房和管理时做到心中有数。同时,做好此记录,也有利于协调客房部与工程部的内部管理关系。

三、客房原始记录管理方法

(一)设计好表格

要做好客房原始记录的管理,必须要按具体性、相关性、逻辑性、系统性和方便性的设计要求,设计好表格。表格内容既要记录服务质量和客人的反映,又要对实物形态的设备、物资用品的运行情况做量的记载。因此,客房部表格的设计更要强调简单易填的原则,那种想用一张大表来对各个部门、各个班组的服务过程、设备用品的使用状况做大而

全的描述是不现实的,即使有这样的表格也是没有人愿意看的。当然,表格的设计又是为了实现一个具体的目标,而不应出现一份表格由于项目不全,还得到另一份表格上去寻找相关记录,才能完成任务的情况。

(二)加强原始记录整理工作

客房原始记录仅是一种原始材料,必须进行加工整理,才能成为系统的管理资料,使原始数据发挥应有的作用。原始数据整理工作一般可分为三个步骤。

1. 内容检查

在进行整理以前,原始记录统计员或有关人员要对记录的内容进行全面严格的检查。检查的方法一般有三种。

(1)一般性检查:主要检查原始记录是否齐全,表格的项目是否填齐。

(2)技术性检查:主要检查原始记录中各个项目的记录方法和计算方法是否符合规定,计算上有无错误。

(3)逻辑性检查:主要检查原始记录中各个项目是否符合际情况,前后有无矛盾。

2. 系统整理

系统整理,即把反映各个部门、各个楼层、各个班组以及个人情况的原始数据,用科学的方法,将其整理成能够反映酒店客房管理全貌或某一方面的综合性管理资料。客房原始记录系统整理可以分为以下两个方面:

(1)将原始记录分为三大类,做旬报表或月报表。

第一,将每天客房产品销售记录和其他营业收入整理成旬报表和月报表,表格内容要全面,能反映收入、接待人数、出租率、各种等级客房销售分析、前后期比较数字等全面情况。

第二,将客房服务员工作记录整理成班组和个人的综合性月报表,这种表格能反映出班组和个人在一个月中的劳动量、服务质量、客人意见反馈、特别工作或责任事故等。管理人员将班组和个人情况进行对比分析,找出客房管理中带倾向性的问题,有利于不断提高管理水平。

第三,将设备物资消耗记录整理成客房管理旬报表和月报表,表格内容按班组归口,按物品分类,有数量、品种、价格和资金耗用情况,既能反映班组消耗,又能反映整个客房管理系统物资消耗,这对于提高经济效益是十分重要的参考资料。

(2)将上述三种报表统一汇总,整理成客房管理综合资料,将收入、接待服务情况、成本消耗等全面反映出来,既对酒店客房管理起监督指导作用,又能及时同客房管理计划和上级规定的经济指标进行对比,促进客房部门管理计划的完成。

3. 分析研究

上述原始记录整理出来以后,要定期分发到有关管理人员手中。客房部门经理和有关管理人员要认真审阅,然后定期开会进行研究,做出评价,得到结论,及时发现管理工作中存在的问题。这种会议必要时要有原始记录统计分析员参加,便于分析原因时提供背景材料,根据实际情况制定改进措施,为下一步计划和决策提供参考。分析研究的方法,主要有分组法、比较法、平均数法、相对数法等。具体采用什么方法,要根据问题的性质和当时的具体情况而定。

(三)建立健全原始记录管理制度

客房原始记录管理要依靠科学的管理制度,遵循统一领导分级归口、分工负责、密切配合的原则,积极慎重地进行。首先,客房原始记录管理要在客房部经理领导下,配合前台、财务部门等,共同负责原始记录工作,有关收支情况与统计资料,要和客房会计的业务内容相衔接,如客房产品销售记录、物资消耗记录等可以作为财务报表的基础。其次,要在统一领导下实行归口管理。各种原始记录的内容要根据业务性质分部门进行整理,然后由客房部统一汇总。原始记录凭证要统一设计,统一审查,统一编号,表格要科学合理、简明易懂,数字真实准确,项目含义和计算方法要符合统一规定,数字的来龙去脉要做到层层有据可查。

客房原始记录制度要做到责任明确,从记录到检查复核,从保管到加工整理,都要有专人负责。要建立原始记录填报责任制、交接责任制、复核责任制、保管和加工整理、统计分析责任制。这些制度要特别重视完成时限,这样,才能提高原始记录人员的责任心,保证客房原始记录真实准确,消除误差,及时进行加工整理,发挥原始记录的作用。

(四)建立客房原始记录管理网

制度是靠人去贯彻执行的。客房原始记录是一种十分细致、十分复杂的工作,加强原始记录管理,必须建立原始记录管理网。

1. 客房原始记录的方法

(1)岗位记录法:谁操作谁记录,如订房记录、接待记录、委托服务账单记录。

(2)专人记录法:由班组指定专人如客房服务员做记录工作,或由班组长本人记录当班的客房劳动情况。

(3)专职记录法:由客房部指定专职记录员分片包干,如客房库房管理人员负责的设备物资消耗记录、客房管理员对管理段的检查记录、客房经理值班记录等。

2. 客房部的原始记录管理网

目前,我国酒店管理存在的主要问题是原始记录整理工作比较薄弱,没有专职统计员,所以资料不健全,缺乏管理,没有形成原始记录管理网。因此,加强客房原始记录管理,要在客房部设立专职统计员,在客房部经理领导下全面负责原始记录的具体业务组织和领导工作,形成层层负责、有记录、有收集、有整理、有保管的原始记录管理网。同时,统计员要定期进行统计分析,形成管理资料,及时向客房部经理等管理人员提出咨询或意见,使客房原始记录管理科学化、系统化、经常化。客房原始记录管理网如图 3-3 所示。

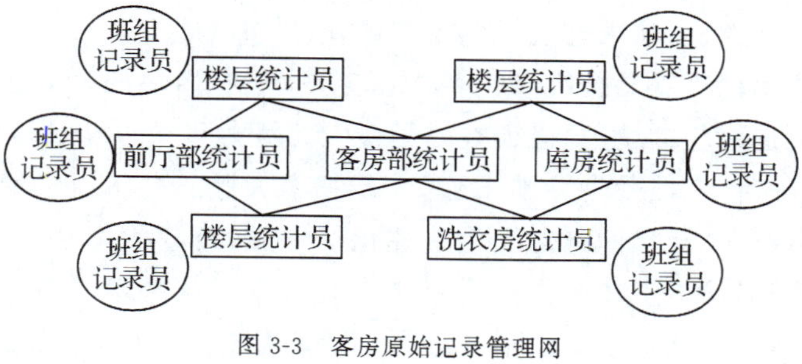

图 3-3 客房原始记录管理网

第四节 酒店客房发展趋势

一、服务个性化

标准化、程序化和规范化的服务是酒店服务质量的基本保证。但是，只有标准化，而没有个性化的服务是不完善的，是不能够真正满足客人的需求，令客人完全满意的。因此，在酒店业竞争日趋激烈的今天，个性化服务已经成为酒店之间竞争的有力措施，成为服务的大趋势。客房服务尤其如此。为提供个性化服务，提高客人的忠诚度，客房通常建立完善的客史档案，并根据客人需求的变化不断调整服务的规程和标准。如提供夜床服务的酒店要能够保证为客人提供喜欢的那张床，放客人喜爱的水果、茶等物品。不再强求所有客人看同一份报纸，而是根据客史档案将客人喜爱看的报纸放进客房。

未来的酒店标准客房的发展趋势将会朝着个性化、精品化、主题化的方向发展。随着社会生活水平的提高，人们越来越强调自我、强调享受、强调体验。独特的设计是酒店客房标新立异的砝码，客房内将会增加更多的功能，以满足不同客人的需求。

每个客人的习惯爱好不同，这就决定了酒店需要提供个性化的服务来满足客人的需求。客房通常建立完善的客史档案，并根据客人需求调整服务的规程和标准，以此来获得客人的忠诚度和回头率。比如：可以根据以往客户住宿信息，为客人提供喜欢的那张床，放客人喜爱的水果、茶等物品。将客人喜爱看的报纸杂志放进客房。酒店如家，进入酒店客房，如同回到家里。这是一条必须履行的标准。客房个性化，就是在客人入住之后，根据客人的需求，提供满足客人意愿的服务，能给客人带来意想不到的享受，客人能够获得更多的关注和服务。

二、管理人性化

客房的设计更加注重顾客的感受，比如酒店的照明，既能美化客房环境又能随意调节，还能方便客人阅读和满足其工作的需要；插座位置设定更加符合客人充电需要；座椅将更加追求舒适感。客房内的细节设施都尽量做到全面，以满足客人种种需要。另外，有些酒店还考虑到残疾客人的需要，在所有残疾客人可能抵达的楼层区域应做无障碍设计，这些无不体现出酒店的人性化设计。

未来酒店标准客房将遵循“以人为本”的原则，客房的设计和装饰要更注重人的感受，趋向于人文的发展，满足客人丰富的情感生活和高层次的精神享受。客房的管理将会更加注重客人的安全和健康，注重客人的感受和体验，充满人性化。

希尔顿酒店集团的理念是：“唯有愉快的员工，才能有愉快的客人。”酒店管理者如果真正希望为客人创造愉快的氛围，必须首先用最大的努力和一切可以利用的手段，使全体员工愉快起来。只有他们热爱自己的工作，才能把客人服务好。凯悦酒店集团会定期给员工发放彩色笔和纸张，让他们把对酒店的建议写下来，每年为每个员工过生日，邀请全体员工参加祝贺活动，给员工较多的晋升机会和培训学习的环境。万豪酒店集团则赋予员工一定的责任和权力，使员工认识到自己也是管理者中的一员，进而更好地发挥自己的能动性和创造性，在员工创造自身价值的同时，酒店也赢得了最大的效益，其总裁马里奥特说："我们的工作就是激励员工，教导他们，帮助他们，支持他们，关心他们。只要我们关心照顾他们，他们就会加倍关照我们的客人。"威尼斯人酒店不仅为员工购买了高于行业水平的保险，而且设有专门的员工服务中心和员工子女幼儿园。

再次是核心产品配备的人性化。酒店的核心产品是客房，客房是客人在酒店内居留时间最长的场所，美国许多酒店都根据市场需求，在客房中提供了 I HOME、DVD 播放机、平板高清电视机及与电视互动性强的项目，酒店能够提供 WIFI 无线网络。无论是高端豪华酒店还是快捷酒店，它们对床上布草都很讲究，选用棉纱支数较高的；客房的服务指南、物品收储、灯光照明、开关插座等都充分考虑到了便利性和实用性。

三、设施智能化

随着现代科技的高速发展，客人尤其是一些商务客人，对酒店的各种设施都提出了更高的要求，驱使客房的设施向着智能化的方向发展。如客房锁钥系统使用智能 IC 卡锁钥系统，甚至是感应门锁、指纹门锁系统；客房内的自动控制系统，使用感应器控制，人进灯亮，人出灯灭等。还有先进的通信系统，可以上宽带网的接口，e 客房以及能够提供客人在酒店消费情况、预订房内用膳、订购商品、选看电影等信息的电视系统。

多媒体系统的客房，客人在办理入住后进入客房，电视会自动启动并在屏幕上打出问候信息，在房间里，客人仅需一个遥控器，便能实现对电视管理、电脑网络、热播大片、酒店介绍、酒店服务、地方特产、旅游品牌、音乐助眠、管家服务、房间控制等功能的操作，系统终端无须维护，防病毒、防断电、无噪声、低功耗、低成本，为客人提供了安静、健康的休息环境。

传统的客房设备是电视、电话，现在随着科技的发展，为了满足顾客的需求，酒店客房一般配备了高清电视、便捷的网络服务、客房多媒体设备等。科技带来便捷，也让人们体验到更精彩的休闲时光，特别是对下榻酒店的商务客人而言，他们的休闲时间更显得宝贵，酒店客房利用科技为客人无论在卧室还是在卫生间，都提供休闲的便利条件，如提供浴室防水电视等让客人一边洗澡一边看电视节目。

如今，网络与客房电视也能进行连接，酒店浴室防水电视、镜面电视等让人眼前一亮。还有的酒店客房多媒体系统通过接入网络接口与电视接口，在普通电视上实现电视与网络功能的一键切换，并提供更多控制房内功能的技术解决方案，客房环境控制包括控制温度、湿度、灯光、门窗、电视、电话、网络、远程控制等。

客房导入光线唤醒系统。由于许多人习惯根据光线而不是闹铃声来调整起床时间，新的唤醒系统将会在客人设定的唤醒时间前半小时逐渐增强房间内的灯光，直到唤醒时刻的灯光亮得像白天一样。光线唤醒是通过光线的作用让人在设定的时间自然地醒来。这样在任何一个早晨都能够拥有一个自然苏醒的过程，避免了闹钟突然唤醒对健康的伤害。客人醒来后，感觉也更舒适。每个人都会有体验，自然醒来和被闹钟叫醒的感觉是完全不同的。通常情况下，大部分人会在设定时间前的 15 分钟内自然醒来或者过渡到浅睡眠状态。从这种状态下醒来是健康、舒适的。

客房应用无匙门锁系统，以指纹或视网膜鉴定客人身份；设置虚拟现实的窗户，提供由客人自己选择的窗外风景；导入自动感应系统，光线、声音和温度都可以根据每个客人的喜好来自动调节；配置客房内虚拟娱乐中心。客人可在房间内参加高尔夫球、篮球等任何自己喜爱的娱乐活动；提供客房内健身设备，以供喜爱单独锻炼的客人使用。利用电子控制的床垫，可使不同的客人都得到最舒服的床上感受；客房将被设计得更适合老年人，如触摸式可调节的灯光、更方便使用的把手、更好的淋浴设备等。

在客房推行"白色噪声"，客人可选择能使自己感到最舒服的背景声音。白色噪声并非真正的噪声，它是同一个单位的随机信号功率谱。这是一个良好的信号频率，就像全彩色白颜色的光频谱，白色噪声充满整个人的耳朵可以听到的振动频率，可以帮助一个人放松或进入睡眠状态。

与智能电视一样，随着人工智能和语音搜索技术的价格下降，酒店客房内可以看到更多的语音功能设备。事实上，许多酒店已经实现了人工智能飞跃。拉斯维加斯的永利(Wynn)酒店在客房内安装了谷歌的 Alex 语音助手。客人可以通过语音命令来控制房间内的灯光、温度、窗帘、电视等设备。由洲际集团和百度公司合作而成的北京三里屯洲际酒店惊艳面世，在这间带有未来感的智能客房内，客人只需要和房间内一个集成了语音识别和音响播放于一体的智能设备对话，即可实现人机交互。

通过这套系统，房间内开关窗帘、调节氛围灯光、点播电视节目、切换浴室模式、播放在线音乐等功能均可实现，此外也能直接呼叫酒店的客房、礼宾、餐饮等服务，当客人想知道生活资讯、天气、交通状况、酒店周边等便利信息时，智能设备还会调用其背后的百度搜索引擎，给客人提供相应的讯息。

万豪酒店集团在波士顿海港区的雅乐轩酒店用苹果公司的 Siri 做客房智能管家，又在三亚民生威斯汀酒店，与"飞猪"合作推出了以阿里的天猫精灵为管家的智能客房。此外，微软和谷歌也分别在和多个酒店品牌合作类似的智能客房项目。

酒店行业引入机器人，可以帮助酒店节约人力成本，代替人类完成重复性的工作，缩短响应客户需求的时间，还能引起客户们对于新科技的兴趣。酒店机器人可以自己乘坐电梯并轻松绕开障碍物，给客人送东西，它的强大功能为酒店创造了可观的营业额。机器人正在酒店行业大踏步前进，人工智能正在帮助酒店行业把不可能变成可能。

在拉斯维加斯文华东方酒店，有一个机器人担任酒店的技术大使，在酒店的 23 层空中大堂迎接来往宾客并提供互动娱乐服务。1.2 米高的机器人有着会说话的大眼睛和丰富的动作及手势，可识别出客人的性别、大概年龄和心情，以自然直观的方式与宾客进行互动，通过检测对方的面部、身体和声音来提供个性化的交流。它可为宾客解答与酒店相关的特定问题、提供方向指引、讲故事、跳舞甚至摆出姿势供宾客拍照。

随着智能家居的发展，智能家居在酒店行业的运用也越来越广泛。而且，智能科技和互联设备的价格越来越低，酒店行业会大量采用这些智能设备，而不仅仅是在酒店房间内安装智能电视。

空调温度、灯光、窗帘等个性化的客房设备均可以通过各大品牌酒店移动端的 APP 来调控。特肯尼公司开发了一个 EcoSmart 平台，酒店可以通过这个平台对酒店的能耗进行智能管控，不仅降低了能源消耗，节省了酒店运营成本，也为客户创造了新的体验。

同时，钥匙卡的使用也越来越少，客户们更愿意选择手机或电子钥匙作为他们进入客房的钥匙。现在，通过品牌酒店发布的 APP 客户们就可以进入客房，终于不用再携带钥匙卡了，而丢失钥匙卡的烦恼也即将成为过去式。另外，客户们还可以通过手机端 APP 来办理入住手续，这让前台工作人员有更多的时间专注在其他的酒店服务上。

把智能家居体验移植到酒店空间。酒店智能门锁，让客人使用身份证、密码感应卡、手机二维码即可自主开锁；酒店智能化客房控制系统，让客人通过手机可对酒店客房内的灯光、空调、电动窗帘等设备进行实时智能化需求调控。

希尔顿酒店集团即将上线的物联网智能客房，让酒店更懂客人。入住的客人通过希尔顿集团的移动端应用 Hilton Honors 可以自由控制房内的各种智能设备，如控制室内的温度和光照、选择电视和直播的内容等。未来，还将增加更多功能，包括声控系统和上传艺术作品和照片等。

借助客房智能化管理系统，酒店客房的员工可以随时了解客房的销售情况、客人姓名、身份证号码、收费比例（是否折扣）、预付房款数、住宿类型；客房预订、保留、管制情况；客房打扫和维修情况等。客房智能化系统能够自动生成各类客房管理报表，对客房销售情况进行统计、分析和预测，达到有效利用客房资源，提高工作效率，改善服务质量的目的。

现代科学技术，如 IT，DT，VR，AR，AI，APP，智能客房、智能家居、智能门锁等，都已经或开始或将要广泛地运用在酒店行业，推动酒店行业科技化进一步发展。很多人都熟悉蓝牙，但是很少有人知道射频识别和近场通信技术，这三项技术都属于短程通信技术。国际酒店业刚刚开始将射频识别和近场通信技术用于客房门禁和支付领域，未来还将射频识别和近场通信技术用于酒店客房访客监测领域。

四、客房绿色化

在倡导可持续发展的今天，创建绿色酒店已经成为一种时尚，而客房的绿色化则是其中重要的组成部分。因此，客房通常在客房的房间和卫生间中放置棉织品的免洗提醒卡；减少并非大多数客人需要的客用品的品种和数量，同时提醒客人如果需要这些物品可以通知客房中心提供；在卫生间使用沐浴液、洗发液的液体分配器取代传统的一次性容器，减少一次性容器对环境造成的污染；客房小冰箱选用吸收式的环保产品；减少一次性塑料用品的使用等。

绿色酒店是指运用安全、健康、环保理念，坚持绿色管理、倡导绿色消费、保护生态和合理使用资源的饭店。安全是指酒店具有相应的公共安全设施和食品安全保证系统。健康是指酒店为消费者提供有益于身心健康的服务和产品。环保是指酒店经营减少对环境的污染、节能降耗。酒店每平方米面积的年用电量达 100 度到 200 度，是普通城市居民住宅楼用电水平的 10 多倍；一家三星级以上的酒店平均每个客人每天的耗水量在 1 吨左右，而目前很多城市居民每人每月的用水量一般不会超过 5 吨。酒店使用变频或变流量来控制电梯、空调机组、通风盘管、冷热水的调节，还有一些酒店开始进行辅助冷水机组改造、照明整体改造，采用电分类计量表、补偿电容器、红外线感应器等节能设施。预计到 2030 年左右，光伏发电将在价格上与常规能源发电持平，并逐渐成为主流能源利用形式。

丹麦首都哥本哈根的皇冠假日酒店获评“斯凯尔国际生态旅游奖”，成为世界最环保

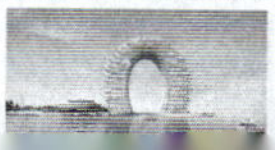

酒店之一。哥本哈根皇冠假日酒店是世界第一家可由顾客自己发电的酒店。当顾客健身时,特制的健身器材,如发电自行车,会把运动产生的能量收集起来并转换成电能存贮在电池里,再传回酒店供电系统。任何顾客只要每小时生产的电能超过10瓦,就可免费享用丹麦大餐。一小时内常速骑车30千米,就可生产100瓦的电能。酒店还拥有北欧最大的光伏发电装置,空调的制冷或制热则是利用具有温差的地下水不断循环实现,客房里的电视和照明设备都是低能耗设计,洗发水、沐浴露、牙膏、牙刷、浴帽等均由可生物降解的材料制成,餐厅所有食物废料都将被用来生产沼气和肥料。

纽约巴克莱洲际酒店685间客房全部实现风能供电,成为纽约市第一批100%风能驱动的酒店。风能供电为酒店提供超过630万千瓦时的电量,足以抵消该酒店全部的常规用电。这一数额的可再生能源电力能够支持美国500户居民1年的用电量。根据美国环保局的测算,巴克莱洲际酒店此举将减少860万磅碳排放,其购买风能所产生的环境效益相当于869位司机停用私家车、将1530吨废弃物进行循环利用,同时也能支持美国国内的新经济和就业。

绿色酒店客房使用4R原则:减量化(Reducing)原则、再使用(Reusing)原则、再循环(Recycling)原则、替代(Replacing)原则。

减量化原则。客房可以通过如下措施,达到减量化目的:减少客房服务项目,减少报纸的派发,减少客房用品,减少客房整理次数,减少卫生间的一次性用品,厕所的垃圾桶不再用塑料袋包装,卫生间使用澡液器和香波器,不再使用小瓶包装的洗发水和洗澡液。

再使用原则。客房可以通过如下措施,达到再使用目的:使用可以洗涤反复使用的拖鞋;不必为住店客人过勤地更换客用品,使用双色牙具和拖鞋,尽可能使客用品一客一换,充分利用其使用价值;不用塑料洗衣袋,改用棉布洗衣袋,或柳腾布草篮可以反复使用;减少收送客衣的塑料包装袋;鲜花凋谢后可晾干,再作为干花来使用。

再循环原则。客房可以通过如下措施,达到再循环目的:客房部的物品尽可能回收再利用;洗衣房安装废水回收器,对废水进行回收;对洗涤剂的使用量加以控制,尽可能减少含氯漂白剂的使用;使用污水处理设备,净化用水,达到环保的目的。

替代原则。客房可以通过如下措施,达到替代目的:用纸质礼品袋,代替塑料礼品袋;用透明垃圾袋替代黑色垃圾袋;使用无氟环保小冰箱;使用环保清洁剂。

客房的节能措施主要有:走道灯采用间隔控制,使用节能灯;充分利用低峰用电,比如洗衣房可以在夜间运行,有利于节约能源成本;在冬季或者夏季,通过调控窗帘拉开的程度,达到节能的目的;客房空调和照明使用红外线智能控制器,自动调控,减少能源耗费;推广使用太阳能热水器;降低热水温度,倡导棉织品一客一洗。

五、设计人文化

客房的设计和装修更加注重特色和文化品位,客房营造为家外之家,因此,客房的布局和装饰更注重客人的感受,更有家庭温馨的感觉。如插座的位置更加精心设计,以方便客人的使用;座椅将更加追求舒适感,至少应有方便移动的轮子,高低可以调节,以满足客人办公和休息的双重需要;照明的灯光既考虑美化环境,也兼顾阅读和工作的需要,具有足够的亮度等。另外,还考虑到残疾客人的需要,在所有残疾客人可能抵达的楼层区域实现无障碍设计，可能需要使用的设施应可自助使用，无须他人帮助，这也体现着一种社会的文明。

随着工作和生活的节奏加快，越来越多的客人希望客房的空活动空间更大，通过改变房间结构设计，改变传统家具样式，尽可能为客人提供宽敞的活动空间，客房内的设施更趋完善，卫生间更趋舒适和方便，卫生间环境更加轻松，卫生间的空间不断扩大，卫生间趋向分室布局，淋浴装置逐步取代浴缸，集中排风逐步取代分散排风；安装紧急呼叫和稍候按钮；提供可饮用水装置；使用双面盆；豪华卫生间采用镜面防结露技术；配置化妆镜、吹风机和体重秤；卫生间一次性用品品种逐步减少；客房用品更趋简洁；办公桌面积越来越大；大床房的比例逐步增大；对客人的隐私更加尊重。

六、类型多样化

随着酒店业的发展，一些有远见的酒店已经开始营造自己的特色，而客房的类型是其区别于其他酒店的一个重要的方面，由此，使得客房类型呈现多样化发展的趋势。如商务客房、会议客房、休闲度假客房、无烟客房、女士客房、儿童客房、残疾人客房、盲人客房、大床房、连通房等。在客房类型趋向于多样化的情况下，酒店也逐渐形成了自己的特色，并尽力使自己所特有的细分市场上的客人满意。

七、项目丰富化

客房服务项目的设立既考虑而又不局限于档次、星级等的限定，而是充分考虑客人的需求和酒店的实际情况，使服务项目趋向于丰富化的目标。即使是同一种服务项目，也努力形成本酒店的服务特色。如一些位于环境优美的风景区的酒店，考虑到客人进出不方便，在楼层区域设立小图书室以丰富一些喜静客人的晚间生活。同是客房小酒吧服务，由于接待客人不同，有些酒店摆放零食类为主的食品，而有些酒店则摆放快餐面等可以让客人果腹的食品。这种种的不同使得客房服务项目趋于丰富和更能满足客人的需求。

案例分析

三张环保卡

假日酒店的客房里放着三张环保卡片。

第一张是非常具有人情味的卡片，上面写着：

> 尊敬的宾客：
>
> 如果您在打点行李时忘记带洗漱用品（牙刷、牙膏、剃须刀、梳子等），只要给客房服务中心打个电话（分机 6699），我们将立刻免费给您送来。

第二张是放在卫生间的卡片，上面写着：

> 尊敬的宾客：
>
> 您可曾想过，每天世界各地的酒店有多少吨毛巾毫无必要地更换洗涤，

因此而耗用数量巨大的洗涤剂，对我们的水资源造成多大的污染？为了我们共同的环境，请您做出决定，把毛巾投入浴缸表明您要求将其更换，否则就意味着您愿意继续使用，我们将为您挂放整齐。

谢谢您对环保的支持！

第三张是放在床头柜上的卡片，上面写着：

尊敬的宾客：

通常我们每天都对客人的床单进行换洗，如果您觉得没有必要时，请于清晨将此卡放在床上，这一天您的床单将不再更换。感谢您对酒店绿色行动的支持！

·讨论题·

1.你对案例中酒店客房摆放三张卡片的做法有何评论？
2.结合所学内容，谈一谈如何建设绿色客房。

复习思考题

1.简要论述酒店客房产品的特点。
2.简要论述酒店客房管理的主要任务。
3.简要论述客房对客服务的特点和要求。
4.简要论述客房对客服务的管理方法。
5.酒店客房对客服务有几种模式？
6.酒店客房原始记录的主要内容有哪些？
7.请简要谈谈酒店客房有哪些发展趋势。

实训项目

实训内容：选择当地的一家星级酒店客房部作为研究对象，根据本章所学的有关客房的知识，分析：该酒店客房对客服务属于哪一种模式？这种模式有哪些优缺点？如何发扬其优点，改进其缺点？

实训方法：学生分成若干个小组，以小组为单位进行分析讨论，形成小组一致的结论；再由小组选派代表上台演讲，针对各组代表的表现，最后由老师点评。

第四章 酒店餐饮管理

学习目标

1. 了解酒店餐饮的主要功能、工作任务、管理特点、组织结构；

2. 了解餐厅的种类及其特点；

3. 熟悉餐厅的服务方式；

4. 掌握宴会服务管理；

5. 了解厨房与厨房组织；

6. 熟悉厨房生产流程管理。

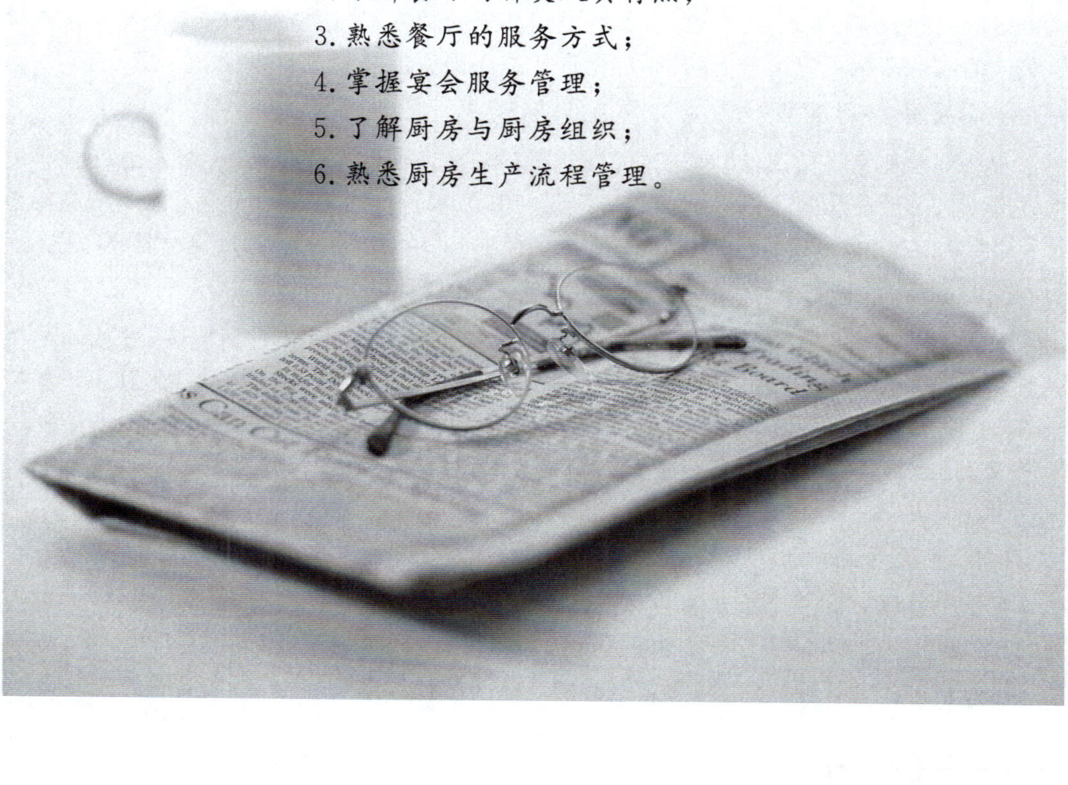

第一节　酒店餐饮管理概述

餐饮部(Food and Beverage Department，简称 F&B)是酒店重要部门之一，其经营好坏不仅直接关系到酒店的经济效益，而且还直接关系到酒店的品牌和竞争力。餐饮和客房是酒店的两大营收部门，有的酒店餐饮收入仅次于客房，有的酒店餐饮收入与客房相等甚至超过客房。但餐饮部的员工往往是最多的，工作最集中。餐饮部向客人提供饮料、食品和服务，其中服务是最重要的。酒店餐饮管理是一项集经营与管理、技术与艺术于一体的服务工作，具有生产过程短、收入弹性大、业务内容杂、管理难度高、影响因素多、质量波动大、成本范围广、控制难度大等特点。

一、餐饮部的主要功能

(一)餐饮部是酒店对客服务的主要部门

酒店的基本功能就是住宿和吃饭，作为旅游酒店，餐饮是酒店客人的主要活动之一，因此，餐饮部要为客人提供酒水饮料、食品和服务，满足客人的需求。

餐饮部员工热情大方，彬彬有礼的服务态度，专业地道的服务技巧，细致周到的服务内容，都可以提升客人的满意度，超越客人的期望值。

(二)餐饮部是酒店营业收入的主要部门

餐饮收入是酒店收入的重要组成部分。餐饮部是酒店获得经济效益的重要部门之一。一般来说，餐饮收入占酒店总收入的 30%～40%。在酒店经营中，餐饮也是平衡酒店经营中季节性收入差异的主要手段之一。比如，在旅游淡季，当客房的出租率比较低的时候，推出特色风味菜式，通过营销活动，重点拓展餐饮市场，增加餐饮的营业收入。有时候餐饮的收入甚至可以超过客房的收入，进而提高酒店的总营业收入。

(三)餐饮部的服务和管理影响酒店声誉

餐饮部管理水平的高低，是通过优良的服务来呈现给客人的。同时，客人也可以通过餐饮部提供的产品质量来判断酒店服务质量与管理水平。因此，餐饮部管理水平的高低与服务质量的优劣，会直接影响到酒店的声誉，甚至也会影响到酒店的客源市场和经济效益。

(四)餐饮部是酒店市场营销的重要组成部分

酒店的主要产品是客房和餐饮，在酒店的档次和设施设备相同的情况下，餐饮和相关服务常常被客人作为选择酒店的重要因素，餐饮成为酒店市场营销的先导，起到了市场拓展的作用。与酒店的其他部门相比较，餐饮部在市场竞争中具有开拓性、灵活性和多变性。

二、餐饮部的工作任务

(一)餐饮产品的生产和销售

餐饮部是酒店的一个重要营业部门，负责生产和销售酒店的菜品和酒水饮料，向客人提供餐饮的有形产品，满足客人的需求。餐饮部设有中餐厅、西餐厅、咖啡厅、酒吧、厨房等，提供适合客人口味的中餐菜肴、西餐菜肴、不同品种的咖啡、各种酒水等餐饮产品。

(二)确保提供优质服务

餐饮部要制定服务质量标准,建立服务质量的监控体系,制定餐饮部各个岗位的操作规程,严格检查监督,不断改善服务细节,以个性化服务提高顾客对酒店餐饮服务的评价,提高餐饮产品的出品质量,满足客人不同口味需求;对常客提供寄存酒水服务、建立客史档案,记住客人的就餐爱好等,创建服务特色,提高市场竞争力。

(三)控制餐饮成本,提高盈利水平

酒店餐饮部的利润来自于餐饮产品销售价格和销售成本之间的差额。餐饮部门成本控制涉及一系列环节,在保证食品质量、数量符合标准的前提下,尽量减少损耗、降低成本,提高酒店的盈利水平。

(四)加强人员管理,提高生产效率

餐饮部必须合理地进行定编定岗工作,根据劳动定额指标,合理组织人力和安排好员工的工作、休息时间,在保证食品质量和服务质量的前提下,最有效地使用人力资源,降低人工费用。酒店企业的设备不断更新,技术构成逐步提高,这就要求餐饮从业者既能掌握先进的物质技术设备,又能针对客人的心理需求提供高质量、高效率的服务。

(五)确保食品卫生和饮食安全

保障客人的就餐安全是餐饮部工作的首要职责,它直接影响到酒店的声誉和形象。因此,酒店餐饮部必须加强食品卫生和饮食安全的管理,强化预防措施,确保食品卫生、环境卫生和员工个人卫生都符合要求。还要杜绝食品污染、食品中毒的事故发生。

(六)不断进行餐饮创新和发展

餐饮部应在继承传统的基础上,依据市场需求,不断研发新菜品,提供可以满足个性需求的特色产品和服务。餐饮部应注意随时处理好客人的特殊需求与酒店固定产品服务的关系、工作制度原则性与服务灵活性的关系、客人心理变化与相应服务调整的关系等。

三、餐饮部的管理特点

(一)生产过程短,难以储存

餐饮产品生产是通过对食品原材料的加工、切配、烹调制作来完成的。生产过程短,一份产品的制作往往只需要几分钟或十几分钟,即使是一次宴会也只需要几个小时。产品烹制完成后,必须马上销售,否则,色、香、味、形都受到影响,不能满足客人的消费需求。因此,餐饮管理具有很强的时间观念,必须将食品原材料的采购供应、加工切配、烹饪制作和销售服务形成一个整体。要坚持一条龙服务,正确处理生产过程中各个环节的关系,保持其衔接和协调。

(二)经营方式灵活、收入弹性大

餐饮部的收入在酒店占有较大的比重,经营管理好的则可超过客房收入。因为酒店客房的最高日收入是一个常量,这是由于客房的数量和租金是固定的,而餐饮的最高日收入是一个变量,这是由于餐饮的日接待人数和人均消费额是不固定的,因此餐饮的收入可变性大。餐饮由于是手工劳动创造的,是一种技术性、艺术性均很强的复杂劳动,又能满足客人的心理需求,餐饮的市场价格可较大地偏离成本价格,可以增加经济收入;由于销售量是不固定的，通过各种措施，加强经营管理，也可扩大销售量，增加收入；由于餐饮是酒店的实物产品，通过精打细算，减少原材料消耗，降低成本，也可以增加毛利。所以，餐饮收入与经济效益有较大的关联性，管理得好，收入多，毛利多；管理得不好，收入少，毛利少。这就是为什么许多酒店选择在餐饮上动脑筋，加强经营管理，力求扩大餐饮销售量，降低成本以增加收入，提高经济效益。

（三）花色品种多，技术要求高

餐饮产品有各种不同的风味，在长期的历史发展中又形成各种菜系和派别，中国菜肴品种繁多，有一万余种。因地理位置、风俗习惯、饮食爱好不同，形成了中国菜的千差万别。从口味上讲，中国菜素有南甜、北咸、东酸、西辣之说，最能够代表中国菜特色的著名八大菜系即四川菜系（川菜）、山东菜系（鲁菜）、广东菜系（粤菜）、淮扬菜系（苏菜）、浙江菜系（浙菜）、福建菜系（闽菜）、安徽菜系（徽菜）、湖南菜系（湘菜）。除“八大菜系”外还有一些在中国较有影响的菜系，如东北菜、冀菜、豫菜、鄂菜、本帮菜、客家菜、赣菜、京菜等菜系，每一种菜系又能烹制出成百上千个品种。

就一个具体的餐厅而言，一般要安排几十个花色品种。随着季节和客人需求的变化，这些花色品种常常不断调整。在销售过程中，每一个品种所生产的份数又比较少。餐饮管理实际上是一个多品种、少批量的生产管理过程。从技术要求的角度看，餐厅每一个品种的主料、配料、调味料和烹制方法各不相同。产品质量关键取决于厨房的技术力量和厨师的高超技艺。因此，餐饮管理必须合理选择经营风味和花色品种，加强技术力量的培养，发扬优良传统特色。要树立应变思想和竞争观念，坚持继承和发展相结合，扬长避短，推陈出新，合理安排和适时调整花色品种，生产出独具特色的风味产品，办出经营特色。

（四）精美的食品和周到的服务互为条件

酒店餐饮工作主要包括食品生产和餐厅服务两大部分。厨房生产的食品是餐厅服务的物质基础，餐厅服务是厨房生产食品的继续和完善。只有精美的食品，没有高质量的服务不行；只有高质量的服务，没有精美的食品也不行。餐饮不仅能满足客人的生理需求，它作为一种文化和艺术的反映，还能满足其寻求文化艺术的心理需求。作为一个客人，他当然希望得到一种良好的餐食，但是他也希望得到一种亲切周到的服务，才能在物质上和精神上都得到满足。所以，精美的食品和周到的服务二者是紧密配合、互相辉映、缺一不可的。

（五）成本构成复杂，管理不易控制

餐饮经营成本包括食品原材料成本和流通费用。其中，食品原材料品种成千上万。生产过程中，各种原材料的拣洗、宰杀，拆卸、涨发、切配方法和配制比例各不相同，原材料耗损程度差别很大，它们在不同的餐饮产品中，既可作主料，也可作配料或调料。此外，还有水电燃料、餐茶具、清洁用品、服务用品消耗和劳动工资、折旧等费用。因此，其成本构成十分复杂。

餐饮管理过程中，食品原材料要经过采购、储藏、领料、发料、加工，切配和炉灶制作过程，容易发生腐烂、丢失、耗损、报废等现象，使成本管理不易控制。因此，餐饮管理必须加强成本控制，要建立一套成本管理制度，做好成本核算和成本分析，要正确掌握毛利，随时掌握实际成本消耗，加强成本考核，才能切实降低消耗，提高经济效益。

四、餐饮部的组织机构设置

(一)餐饮部的组织机构

酒店餐饮部组织机构一般按照酒店的规模和实际的需要进行设置,酒店通常可分为大型酒店、中型酒店和小型酒店三种。餐饮部的组织机构,根据酒店的规模和类型会有所差别,但基本的原则是一样的。

餐饮部的组织机构如图 4-1 所示:

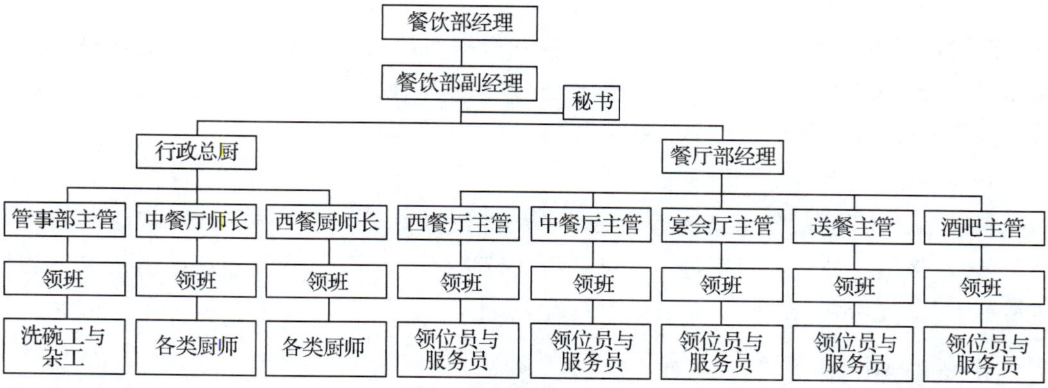

图 4-1　餐饮部组织机构图

(二)餐饮部各机构的职能

1. 餐厅部

餐厅部直接向宾客提供食品、饮料和良好服务,取得合理的经济收入。根据其所提供的食品、饮料和服务的不同,酒店餐厅可分为零点餐厅、团队餐厅、咖啡厅、酒吧、风味餐厅、自助餐厅、客房送餐和外卖部等。

(1)零点餐厅。它也叫点菜餐厅,主要针对散客。零点餐厅是酒店的主要餐厅之一,供应中西餐点。零点餐厅忙闲不均,客流大小不一,营业时间比较长,工作任务比较多,对员工的要求也比较高。

(2)咖啡厅。有的酒店也称为咖啡茶休闲餐厅,供应茶、咖啡和比较简单而又大众化的西式菜点和饮品。

(3)酒吧。酒吧是专供宾客享用酒水饮料,休息和娱乐的地方,主要供应中式、西式酒水饮料和小吃。通常上午只是开吧和领货,可以少安排人员;晚上营业繁忙,应多安排人员。

(4)风味餐厅。它又称特色餐厅,酒店根据服务对象的不同需要,设立风味餐厅,以便发挥自己的特长,满足客人的需要。

(5)自助餐厅。它是一种快餐厅,也称为西餐厅,主要供应西式菜点,但也供应中式菜点,具有节省用餐时间、价格低廉、品种多、风味不同的优势,颇受宾客的欢迎,是酒店餐饮部的重要餐厅。

(6)客房送餐。一般酒店为满足宾客多样化的就餐需求,为住店宾客提供客房送餐服务。客房送餐同时也接受前台的指令,为酒店的 VIP 客人送上鲜花和水果。

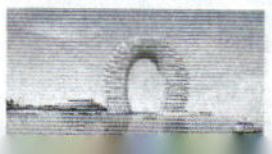

2. 宴会部

宴会厅接受宾客的预订，承办各种类型的宴会、酒会、招待会等活动，并根据客人的要求及宴会的规格，制定菜单，布置厅堂，备餐铺台，同时为宾客提供完整的宴会服务。

3. 厨房部

厨房部是酒店的主要生产部门，负责整个酒店所有中式、西式菜点的准备与烹饪，满足不同宾客的饮食需求，还负责厨师的培训、菜点的创新、食品原料采购计划的制订，以及餐饮部成本控制等工作。

4. 采购部

采购部是酒店餐饮部的物质供应部门，它根据实际需要以最有利的采购价格，按时、保质、保量地为餐饮部组织和采购所需的物品，特别是食品原料和酒类饮料等。采购后要分类入库储存、妥善保管、及时发放，保证餐饮部的正常运营。

5. 管事部

管事部负责厨房、餐厅、酒吧等处的环境清洁卫生；承担所有餐具消毒、存放、保管和控制；及时将用过的各种布草送交洗涤部门进行洗涤。此外，还要支援餐饮部各部门的临时需求，并负责培训，提高保洁员的业务技术水平。

五、餐饮管理的内容

餐饮管理是指对餐饮产品生产过程、销售过程以及餐饮服务的管理，是餐饮部的管理者合理地使用人、财、物资源，充分提高宾客的满意程度，以最大限度取得经济效益和社会效益的活动的总称。

餐饮管理的内容包括如下几个方面。

(一)菜点及厨房的管理

菜点是餐饮产品的重要组成部分，因此对菜点的生产、销售全过程的管理是餐饮管理的首要内容。从前期目标市场的选择到菜单的制作到菜点原材料的采购、验收、储藏和发放，再到菜点的烹饪以及菜点烹饪场所——厨房的管理都属于餐饮管理的范畴。菜点本身质量的管理主要包括对菜点的卫生、色、香、味、形、温度的管理与控制。其中，产品生产全过程的成本核算及成本控制非常重要，这会直接影响酒店的经济效益。

(二)餐饮服务及餐厅的管理

餐饮服务是无形产品，它也是餐饮产品的重要组成部分，客人在享受美食的时刻，还享受优质的服务。因此，必须加强对餐饮服务的管理，制定相应的餐饮服务标准、餐饮服务的程序和餐饮服务规范。而餐厅是客人就餐的场所，也是餐饮产品销售的场所。餐厅的环境设计，以及由此营造的气氛，也是餐饮产品的一部分，在管理上必须受到应有的重视。餐厅的装饰要有创意，要有特色，美观大方，体现出文化和艺术的气质。餐厅员工要热情友好，彬彬有礼，服务周到，超越客人的期望值。

(三)酒水及酒吧的管理

酒水指供客人饮用的酒及饮料。酒水的销售收入是餐饮部的重要利润来源，因此，酒水的设计、生产、配制也是餐饮管理的重要内容。酒吧是酒水生产、销售的场所，酒吧的管理包括酒吧的布局设计、酒吧设施的管理。

知识拓展

个性化菜单

美国巴尔的摩市某酒店的菜单有早、中、晚餐之分。这可能与大多数酒店的餐厅没什么区别。但是，只要留心观察，就能发现这个餐厅十分注重菜单的变化。

首先，午餐菜单内页每天都更换，如日期、星期、当日特色菜等，使客人感到每天都能体会到最新的服务，有一种亲切感。其次，对待VIP客人，总能在VIP客人到达餐厅之前做好有一定内容的个性化菜单。例如，××餐厅××先生一行、本餐厅专为××女士及其同仁准备等。

六、餐饮部的工作程序

（一）菜谱的设计

菜谱表明提供什么类型的饮食，是餐饮部门的工作基础。我国有的地方也把菜谱叫菜单，如浙江、台湾等地。菜谱决定了需要什么设备、多少员工、采购方式和储存要求等，甚至还可以决定餐厅的设计、装饰、经济收益等。由于厨房制作的菜肴是经过印制好的菜谱销售出去的，菜谱也起到了销售的作用。因此，菜谱的设计好坏直接影响餐饮部的工作。

知识拓展：设计菜谱的步骤

（二）采购

菜谱上的项目是要经过采购才能逐步实行的。采购食品的价格，将是决定客人付款标准的重要因素；采购的食品质量，将会影响餐厅供应食品的质量。菜谱的食品标准，又决定了采购的方针。因此，采购的职责是要用最低的价格，买进最好的食品。

餐饮部的盈利首先从采购这一关开始，采购的好坏与利润紧密相连。新鲜食品的需求量大，基本上每天需要采购。但新鲜食品如蔬菜和肉类每天的价格不一，采购人员要掌握价格，把住行情。采购人员每天填写一份采购单，单上标明一天所需要的食品项目和数量，然后采购回来。

（三）验收

验收要把好食品质量关和数量关，不负责任的验收会使酒店蒙受经济损失。酒店一年365天是天天要营业的，如果每天采购的食品都缺斤短两，日积月累，就是一笔很大的开支。因此，验收人员要作风正派，坚持原则，忠诚可靠，对所有采购的食品认真验收，保质保量，一丝不苟，对不合要求的食品要立即退回；对金额不符的账目要查问清楚。对验收的食品也要做好记录，以便查阅或分析之用。

验收员认为食品的质量、重量、价格合格后，在账单上签字，保留发票，注明售货人或单位、价格、数量等。然后，食品再分别送往厨房或仓库。发票和账单送至财会入账，打入成本。

（四）储存

食品购进之后，要尽快地储存起来。酒店应配有足够的仓库用于食品的储存。干的食品、罐装食品、盒装食品等应放在干燥的仓库。仓库的温度要适宜，以防罐头爆胀或其他食品泼出来；仓库要保持清洁，墙壁、地板、天花板的开口处要封好或保护好，以防虫害；食品应置于架上；先入仓的食品应先出仓，沉重的食品应放在靠近门口的地方，便于搬运。

（五）预备

食物在烹调之前，一定要经过预备阶段。预备包括清洁、除掉不可食用的部分，切开、剁碎、碾碎、成形等工序。食品预备的重要性不仅仅在于烹调和饮食的好处，也有利于成本的控制。预备阶段最容易浪费食品，要严密注视。众所周知，当你削土豆时，如果不留意，很容易引起浪费。推而广之，水果、蔬菜、肉类、禽类、鱼类都是如此。食品预备如果不得法，也会影响食品营养价值。例如，捣碎土豆时，会损失大量的维生素，但如果你用牛奶或奶油盖在表面，则会起到防止维生素损失的作用。

（六）服务

餐饮管理的主要方面之一是对餐厅服务的督导。餐厅服务的好坏，最能影响客人的情绪。即使你这个餐厅能提供最佳的菜肴，但没有好的服务，客人仍然不会满意的。当然，好的服务也应有好的菜肴相辅佐。

餐厅主管对餐厅服务质量的管理起着关键的作用，协助经理负责餐厅的营业，督导各个领班，解决客人的不满和要求，安排员工的任务，指导订席作业等。主管要迎接客人，安排客人就座，检查餐厅的工作情况和布置情况。主管要注视全餐厅的营业，倘若客人与服务员发生争执，或出现了问题，应及时处理；应尽量避免产生矛盾，避免不快的事情在餐厅发生，因为这会有损于餐厅的声誉。

餐厅营业前，主管要认真地巡视一遍，确保准备就绪；主管要向服务员解释菜谱，特别是某些服务员不了解的菜，如哪些菜可以快上，哪些菜需要时间准备，等等。主管也要善于倾听服务员的意见和建议，互相沟通，培养服务员的主人翁精神，营业时，如发现有问题，要立即纠正。当服务员犯错误时，主管不应在客人面前处罚他，最好离开公共场合再处理。对客人接待时不要重彼轻此，引起客人不满。但对于熟悉的客人或常客，要知道他们的爱好，并要了解他们喜欢坐在什么地方，吃什么样的菜，尽量满足他们的愿望，这会使他们倍感亲切。要善于洞察客人的心理，如果客人赶时间，应快速上菜；如果客人是单独的，应该上前说一两句友好的话，使他感到亲热；如果客人对菜谱的菜不熟悉，应给予解释，也可提建议；如果客人不喜欢油荤太重的菜，应提出一些素菜供他选择；年轻人饭量大一些，菜和饭可能会多吃一些，女士比较斯文，分量可以少一点。老人的牙齿不好，不便上炒花生米之类的菜；热恋中的情人喜欢坐在角落里，或不被人注意的地方；会议或团体客人是集体行动，上菜要统一，要快等。

（七）饮料管理

饮料管理的程序与食品管理的程序相同，包括采购、验收、储存、控制等。采购人员要注意每月的需用量，不可超购，特别是酒，价格昂贵，超购的结果会使酒的库存积压，使得急用的资金无法周转。根据西方国家酒店业的情况，大酒店的酒水库存金额一般都在5万美元以上。

采购员要留心酒店的酒吧和餐厅销售什么类型的酒水，据此再做采购计划；要注意人们对什么酒水比较爱好，再多准备某类酒水以供需要。要有严格的管理制度和仓库保管发货制度。调酒员领酒，应填写一式三份的“领酒单”，一份存仓库，一份交酒吧，一份送财务。同时，调酒员要将空酒瓶送还仓库才能领酒。如果没有调酒员填写并签名的“领酒单”，以及交回的空酒瓶，仓库不应发货。这是酒店餐厅和酒吧最有效的控制方法。

酒水仓库要有安全措施，有的酒店酒水仓库的酒水价值近10万美元，包括许多名贵的酒。这笔财产会经常被人觊觎。因此，要严厉防范小偷，经常查账、核对、盘存，仓库钥匙要妥善保管。调酒员和仓库保管要作风端正，忠诚可靠。调酒员要了解酒店出售的酒水名目及库存量，指导所属员工，具有调酒及服务的经验，尽量推销好酒，具有口才和幽默感，保持酒吧的清洁。注意每种酒都有特殊的杯子，什么酒用什么杯，不可混淆。售酒时要注意客人醉酒或酒后闹事情况，及时采取措施，酌情处理。酒水饮料的销售在餐饮中占了极大的比例，有效的管理会增加饮料的收入。

（八）财会管理

餐饮部财会人员负责把各类财会情况报告经理，便于经理计划日常的营业。财会人员的第一个职责是预测：根据前段时间的营业情况，对下一段时间的营业情况做出预测，使经理能够对下一段时间买多少食品和饮料及其他事务做出决策。财会人员的第二个职责是食品成本控制：为了保证有效的成本控制，要保持每天食品采购、仓库需要和销售的记录。营业日报表要一式二份，填好后分送有关部门。对饮料的控制，基本与食品的控制相同。

知识拓展：财会管理的注意事项

第二节　餐厅服务管理

餐厅是以服务形式销售食品的场所，是酒店的一个重要的服务部门。餐厅是宾客用餐的地方，是酒店的门面。餐厅要宽敞清洁，整齐美观；陈设布置要优雅、明快、色调和谐、富有特色、设备考究，座位舒适；接待服务要礼貌、热情、主动、周到，使客人有宾至如归、走后留恋之感，从而为酒店带来最佳的声誉和最好的经济效益。

一、餐厅种类

酒店餐厅按供餐方式分，可分为正餐厅、主题餐厅、宴会厅、团体餐厅、风味餐厅、自助餐厅、咖啡厅等，其主要特点如下：

（一）正餐厅

正餐厅指食品精美、服务高雅、装饰华丽、环境舒适的桌式服务餐厅，酒店的各类中餐厅、西餐厅都属此类，是酒店的主要餐厅设施。正餐厅一般多使用点菜菜单，提供零点服务，菜单内容品种齐全，规格较高。正餐厅一般只供应午餐、晚餐，国外不少酒店的高级餐厅仅供应晚餐。

(二)主题餐厅

主题餐厅因其装饰主题鲜明独特而得名,其餐饮内容可与装饰主题有关,也可无关。主题餐厅以其独特新奇的环境设计和装饰吸引宾客,并使宾客增长知识见闻。此类餐厅在国外酒店中较为多见,如以航海为主题的餐厅,除陈列各个历史时期的船舰模型外,其他装饰物也都与航海有关,甚至绳子等都经过艺术加工,也成为极富吸引力的饰品。

(三)宴会厅

宴会厅有其特殊的要求,在环境布置及台面布置上既要舒适、干净,又要突出隆重热烈的气氛。在食品上按其预订的标准,安排体现我国各具特色的名菜、佳肴、美点,并且讲究菜的外形美,用拼图案及雕刻等形式来烘托喜庆、热烈的气氛。使用的餐具也讲究名贵,在服务上更强调周到细致,讲究礼貌礼节,讲究服务技巧和服务规格。目前在酒店进行的大多为中餐宴会,也可以应客人要求进行西餐宴会。西餐宴会则按照西方的服务操作程序和礼节进行。酒店都设有专门的宴会厅(室),以提供舒适安静的环境。

(四)团体餐厅

一些餐厅由旅行社进行包餐,规定用餐标准。餐厅每天按用餐标准及要求供餐,在客人离店前统一结算,由客人邀请及委托单位,或客人自己向服务台交款。对包餐的客人,同样需要热情、周到、细致的服务,有的酒店以宴会的服务方式为包餐客人服务,如领位上座、上酒水、上菜、派菜等。对团体中有个别特殊要求的客人(如糖尿病患者需要无糖食品等),可另外开桌特供。

(五)风味餐厅

风味餐厅本质上也是正餐厅,但因其供应的菜肴富有特色而区别于一般正餐厅,因而风味餐厅亦常称为特色餐厅,风味餐厅可专营某一类菜肴,如海鲜、野味、素菜等;或突出某一地方主菜系,如川菜、苏菜、粤菜、鲁菜等;也可专以某种烹调方法为主,如扒房厅、烤肉厅等。风味餐厅因其经营内容专一,因此,菜单的内容较为有限。风味餐厅的装饰布置也都应根据餐饮内容设计,使之起到渲染、烘托餐饮特色的作用。

(六)自助餐厅

自助餐厅供应正餐,一般只供应早、中两餐。晚餐一般不供应。供应方法有两种:一种是先购票,到餐厅随意取食品和饮料;另一种是先取食品,然后到餐厅门口计价付款。餐厅布置要注意方便客人,餐桌距摆放食品和餐具的桌子稍远,以便宾客来回走动。食物要分类摆放,冷、热分开,注意先后顺序,要及时整理食品桌,保持美观,有条件的应放鲜花、盘菜来点缀。

(七)咖啡厅

咖啡厅是一种规格较低的西餐厅,供应的食品比较简单,如面包、三明治、色拉及有限的几种大众化主菜,但并非仅仅供应咖啡、饮料。咖啡厅服务迅速,营业时间长,一般早、午、晚三餐都营业。咖啡厅对许多客人具有吸引力,特别是国外来宾,是他们比较喜欢光顾的餐厅。

二、餐厅服务方式

餐厅服务方式是指餐厅使用招待客人的方式。

(一)西餐常用服务方式

1. 美式服务

美式服务起源于美国的餐厅,不需要分菜服务,省时省力,服务效率高,主要适用于中低档次的西餐零点和宴会用餐。我国许多西餐厅都采用美式服务,其服务程序是:

(1)服务员接受客人的点菜后,将点菜单送至厨房。

(2)厨师依据点菜单将菜肴准备完毕,按每人一份的原则,将每道菜分置于餐盘中,由服务员端至客人身边,用左手从客人的左侧将餐盘放在客人面前的餐桌上。

美式服务也称盘式服务。服务时应遵循的原则是:菜从左面上,饮料从右面上,用过的餐盘从右面撤下。这种服务方式快捷、方便、易于操作,但个性化服务程度较低,不利于烘托餐厅就餐气氛。

2. 俄式服务

俄式服务主要适用于高档的西餐宴会用餐。俄式服务起源于俄罗斯沙皇宫廷和贵族,后渐为欧洲其他国家所采用。当今欧美国家的豪华酒店大多采用这一服务形式。俄式服务是一种豪华的服务,使用大量的银质餐具,十分讲究礼节,风格典雅,能使客人享受到体贴入微的个人照顾。其服务程序是:

(1)所有的菜肴在厨房中加工,准备完毕后由厨师按一道菜配一个银质大浅盘的原则,由服务员端至餐厅。

(2)同时将客用空餐盘用托盘送到餐桌边上的服务台或边桌上。

(3)服务员用右手、按顺时针方向从客人的右侧将餐盘依次放在就餐者面前。

(4)空餐盘上完之后,服务员回到服务台或边桌。

(5)用左手托起放菜的大浅盘,右手拿餐具,用餐叉和餐勺配合,从客人的左边派菜。

(6)派菜前应向客人展示菜品,将客人所需的菜肴分量夹到客人的餐盘里。

(7)派菜时按逆时针方向绕台为客人分餐服务。

在俄式服务过程中应当注意的是:派菜之前,应先向客人报出菜名;展示银盘内的菜肴。这样,不仅使客人充分欣赏到厨师的手艺,也让装饰漂亮的菜肴给客人以赏心悦目的感觉,有利于增进客人的食欲。送上空盘时应注意:冷菜上冷盘,热菜上热盘;空盘从客人右边按顺时针方向摆放;派菜从客人的左侧按逆时针方向进行。分派菜肴时,服务员应该灵活掌握其数量,分派的数量要符合客人的需要,剩余的食物应退回厨房。

3. 法式服务

法式服务是一种十分讲究礼节的服务方式,流行于西方上层社会。让客人享受到精制的菜肴,尽善尽美的服务和优雅、浪漫的情调是法式服务的宗旨。

传统的法式服务相当烦琐。如客人用完一道菜后必须离开餐台,让服务员清扫完毕后,再继续入席就餐。这样耗时很多。餐厅还必须准备许多用具,西餐的食品很多,浪费情况也很普遍,现在,这种服务方式已经很少见了。

当今流行的法式服务是将食品在厨房全部或部分烹制好,用银盘端到餐厅。服务人员在宾客面前做即兴加工表演,如戴安娜牛排、黑椒牛柳、甜品苏珊煎饼就是服务员在烹制车上进行最后的烹调加工后,切片装盘端给客人的。又如凯撒色拉,是服务员当着客人面制作，将其装入色拉木碗，然后端给客人。

法式服务一般有两名专业服务员协作完成，一名为主，一名为辅。为主的服务员负责接受点菜加工、桌面服务、结账等工作；为辅的服务员负责传递单据、物品、摆台、撤台等工作。与俄式服务类似，法式服务使用大量银质餐具，餐具种类较多，其服务程序是：

(1)菜肴大多要在客人面前的辅助边桌和手推烹制车上进行最后烹调。

(2)许多半成品用银质大盘从厨房端到餐厅，放在边桌或烹制车上，用电或燃料的保温炉为食品保温。

(3)菜肴经过客前的烹调、加工整理和装饰之后，放在不同的餐盘(冷菜用冷盘、热菜用热盘)中，端给客人。

需要注意的是，客前加工的菜肴必须在很短的时间内烹制、装盘、服务，所以只有适合于客前烹调的菜肴才能这样处理。上菜时，服务员用右手，在客人右侧服务。等所有客人都吃完后，才可收拾餐具。

4. 自助式服务

自助式服务适应了当代社会人们生活节奏加快的特点。宾客进入餐厅就能到自助餐台上自己动手选择菜肴，经济实惠，简单快捷。服务员餐前的主要任务是布置食品陈列台，餐中提供诸如撤收脏杯盘和补充食物等简单服务。

（二）中餐常用服务方式

中餐服务方式是指中餐在其长期的发展过程中博采众长、兼收并蓄，逐步形成的侍应客人的服务方式。这种服务方式与中餐的餐饮习惯和菜肴特点相适应，并随着经济社会的发展和人们生活水平的提高而不断变革和进步。目前，中餐常用的服务方式有共餐式和分餐式两大类。

1. 共餐式服务

共餐式服务是中餐比较传统的和普遍的服务方式。依其就餐人数的多少和就餐形式的不同，共餐式服务通常可分为零点服务和包餐服务。传统的共餐形式，由就餐者用自己的筷子到菜盆中夹食菜肴；而今天的共餐式服务已有较大改进，在每个菜盘中放上了公筷或公勺，客人用其将喜爱的菜肴夹取到自己的接盘中，然后用自己的筷、勺进食。

共餐式服务中的餐台转盘方式，适用于大圆台的多人用餐服务，既可用于旅游团队包餐，也可用于各种宴会的聚餐。转盘式服务是在大圆桌上，居中安放直径缩小 50～60 厘米的转盘，将菜肴放置在转盘上，供就餐者将需要的菜肴转到面前就近夹取。盘式服务可以使每道菜点首先呈现到主宾面前，礼让主宾先用，再依次转向其他客人，或者转到主陪、副陪面前为客人派菜。餐台转盘方式迎合了中国人聚餐喜好恭敬礼让，重视感情融通的文化心理特点，有利于营造热烈的就餐气氛。

共餐式服务由客人各取所需，相互服务、方便自由，它比分餐式服务节省酒店人力成本，一名服务员可以同时为多桌客人服务。

2. 分餐式服务

随着人们生活水平和卫生意识的提升，传统的“和餐共食”开始改变。分餐式服务正是吸收了西餐服务的优点，使之与中餐服务相结合的一种服务方法，故有“中餐西吃”的说法。分餐式服务主要有三种形式:一是厨师在厨房将制作的菜点成品按每客一例分配,由服务员送到每位客人面前;二是由服务员分餐,餐厅服务员在餐桌或边桌上将菜点成品分配给每位就餐者;三是客人自行分餐;客人使用公筷、公勺分取菜点成品,各自食用。第三种形式在共餐式服务中,也有不同程度的使用。

分餐式服务是餐饮服务和餐饮消费双方的互动行为。对客人而言,分餐是一种就餐的方式;对餐饮管理者来说,分餐是提供服务的方式。

三、宴会服务管理

宴会是在普通用餐基础上发展而成的一种高级用餐形式,是指宾、主之间为了表示欢迎、祝贺、答谢、喜庆等目的而举行的一种隆重、正式的餐饮活动。

(一)宴会的种类

根据不同的分类方式,宴会可以分为不同种类。

1. 按内容和形式分类

宴会按内容和形式的不同可分为中餐宴会、西餐宴会、冷餐酒会、鸡尾酒会、茶话会等。

(1)中餐宴会。中餐宴会是按中国传统举办的一种宴会形式。中餐宴会根据中国的饮食习惯,吃中国菜点,喝中国酒水,用中国餐具。菜点品种和数量根据进餐标准高低而不同。

(2)西餐宴会。西餐宴会是按西方传统举办的一种宴会形式。西餐宴会根据西方的饮食习惯,吃西式菜点,喝外国酒水,根据菜点不同使用多套餐具,讲究菜点与酒水的搭配。

(3)冷餐酒会。冷餐酒会是按自助餐的进餐方式而举办的一种宴会形式。冷餐酒会的菜点以冷菜为主,也有部分热菜,既有西菜西点,又有中菜中点,客人可根据其饮食爱好自由取食。酒水通常放在吧台上由客人自取,或由酒水服务员托送。这种宴会形式因其灵活方便而常为政府部门、企业界、贸易界举办人数较多的欢迎会、庆祝会、开业或周年庆典、新闻发布会所采用。

(4)鸡尾酒会。鸡尾酒会是欧美传统的聚会社交的一种宴会形式。鸡尾酒会以供应酒水(特点是鸡尾酒和混合饮料)为主,配以适量的佐酒小吃,如三明治、果仁、肉卷等。鸡尾酒会可在一天中的任何时候单独举办,也可在正式宴会前举办(作为宴会的一部分)。

(5)茶话会。茶话会即饮茶谈话之会,佐以清茶或茶点(包括水果、糕点等)招待客人的聚会,有时也用于外交场合。

2. 其他分类

(1)按进餐标准和服务水平,宴会可分为高档宴会、中档宴会、一般(普通)宴会等。

(2)按进餐形式,宴会可分为立餐宴会、坐餐宴会、坐餐和立餐混合式宴会等。

(3)按礼仪形式,宴会可分为欢迎宴会、答谢宴会、告别宴会等。

(4)按主办人身份,宴会可分为国宴、正式宴会、非正式宴会(便宴)、家庭宴会等。

(5)按规模大小,宴会可分为大型宴会(200 人以上)、中型宴会(100~200 人)、小型宴会(100 人以下)等。

(6)按菜肴特点,宴会可分为海鲜宴、燕窝宴、野味宴、全羊席、满汉全席、火锅宴、饺子宴、素席等。

（二）宴会预订

宴会预订是一个具有较强专业性而又有较大灵活性的工作，宴会预订主要方式有直接预订（面谈）和电话预订两种。宴会预订的操作程序是：

1. 接受预订

客人通过面谈、电话、传真、互联网或微信等方式进行宴会预订，预订员根据宴会厅使用情况接受客人的预订。

2. 填写宴会预订单

将客人预订洽谈的具体事项、细节要求等逐项填写在预订单上，以备宴会的组织实施。

3. 填写宴会安排日记簿

在宴会安排日记簿上填写清楚活动地点、时间、人数等事项。

4. 签订宴会合同书

宴会安排得到确认后，将经过双方认可的菜单、场地布置示意图等细节资料及一式两份的宴会合同书，迅速送交给客人，经双方签字后生效。

5. 收取订金

为确保宴会预订的成功率，可以要求客人预付订金，但酒店的重要客户及信誉良好的常客不必预付订金。

6. 跟踪查询

如果宴会预订提前的时间较长，应主动与客户保持联络，并进一步确认宴会举办的日期及有关细节。对暂定的预订，应进行密切跟踪查询和服务。

7. 确认和通知

在宴请活动前几天与客人联系确认后，填写"宴会通知单"，并将其送往各有关部门，以备各部门配合协作。

8. 变更及取消预订

若确认的内容与原预订内容有异，应立即填写"宴会变更通知单"，送交有关部门，变更通知单应注明预订单的编号。如果客人因故取消宴会，预订员应填写"取消预订报告"并将其送至各部门。

9. 督促检查

宴会预订员在活动举行的当日应督促检查大型宴会活动的准备工作，发现问题及时纠正，并随时了解、掌握宴会进展情况，保证宴会顺利进行。

10. 信息反馈并致谢

宴请活动结束，应主动向宴请主办单位或主办个人征求意见，表示感谢，以便今后加强联系，维护好客户关系，提高客人的回头率。

11. 建立宴会客户档案

将客人的有关信息如需求、兴趣、爱好、口味、习惯等资料整理归档，以便再次合作时提供有针对性的个性化服务。

（三）宴会前的准备工作

1. 掌握情况

接到宴会通知单后，宴会厅管理人员和服务员应做到“八知”“三了解”。

“八知”是知道主办单位或个人的信息；邀请对象的身份、国籍；参加宴会的人数；宴会台数；宴会标准；开餐时间；菜式酒水品种及要求；结账方式。

“三了解”是了解宾客风俗、习惯；宾客的特殊需求；主、宾的特殊爱好等。

2. 宴会厅布置

根据宴会的性质和档次及餐厅的情况，调整好餐厅的布局，要体现出隆重、热烈、美观大方，又要突出中国传统特色。中餐宴会通常要求灯光明亮，一般在宴会周围摆放花草、盆景以增加宴会隆重、热烈的气氛。

按照“中心第一，先右后左，高近低远”的原则进行台型布置，要做到主桌突出，布局合理，整齐美观，并留有客人行走和服务的通道。

3. 宴前会

由经理召开宴前会，让每一位员工了解宴会的情况，强调宴会的注意事项，检查员工的仪表仪容，对宴会工作进行具体分工，做好人力、物力的充分准备，并保证宴会善始善终。

4. 准备物品，进行摆台

按照宴会规格和摆台要求进行摆台，并根据菜单要求准备餐具、分菜用具以及其他服务用具；按要求摆好鲜花、酒水、香烟、水果等；根据菜肴特点，准备好菜式和配食的佐料。

5. 熟悉菜单

服务员应熟悉宴会菜单，并能准确说出每道菜肴的名称和主要菜肴的风味特色、典故传说，能准确说出每道菜的配菜和配食佐料以及烹饪方法，以做好菜肴服务和回答客人对菜点提出的各种疑问。同时了解每道菜的上菜程序，确保正确地进行菜肴服务。

宴会菜单每桌至少两份，重要宴会则每人一份，要求制作精美、字体规范。可留做纪念，并可起到广告宣传的作用。

6. 摆放冷盘

大型宴会开始前 30 分钟，一般宴会开始前 15 分钟左右摆放冷盘。冷菜主盘或大拼盘摆放在席面中央，其他冷盘摆在主盘四周；注意色彩、荤素、口味的搭配，保持冷盘间距并保持冷盘的造型；然后根据情况可提前 5 分钟斟倒预备酒。

准备就绪后，管理人员要进行一次全面的检查，检查内容包括：摆台是否规范，餐具是否齐全完好，冷盘摆放是否统一合理，卫生是否达标；空调、灯具、音响、麦克风等设备设施是否正常运转等，做到有备无患，保证宴会顺利进行。所有工作人员各就各位，面带微笑，等候客人的光临。

四、酒吧服务管理

酒吧是酒店酒水经营销售的一个重要部门，专门为客人提供酒水和一系列饮用服务的场所，是为酒店创造高利润的服务部门。

(一)酒吧的类型

1. 主酒吧

主酒吧也称作正式酒吧或鸡尾酒吧,在这种酒吧里,客人通常坐在吧台前面的高脚凳上依靠吧台,或坐在酒吧间的沙发上饮酒休息,调酒师则在吧台里面,面对宾客操作。主酒吧的服务人员既负责各种酒类和饮料的调剂服务,又负责收款工作。

2. 酒廊

酒廊通常带有咖啡厅经营服务的特点,格调、装饰及布局与咖啡厅相似,但是只供应冷热饮料、酒类、点心、小食品,而不供应主食。这类酒吧一般分为大堂吧和夜总会酒廊两种。

(1)大堂吧。它设置在酒店的前厅,主要是为满足暂时休息、谈话、约会的客人设立的。

(2)夜总会酒廊。它常附设于酒店的娱乐场所,向客人提供各种酒类饮料、小吃果盘等。酒廊中服务员的主要职责是清洁、洗涤玻璃杯和端送酒水,由专职收银员收款。

3. 服务酒吧

服务酒吧设在酒店各类中西餐厅中,调酒师根据宾客的订单提供酒水,不与宾客发生直接的接触。服务酒吧有以下几个特点。

(1)为就餐客人服务,故佐餐酒销量比其他类型的酒吧销量大得多。

(2)供应的混合饮料的品种比较少。

(3)布局一般为直线封闭型,用冷藏柜代替酒类陈列柜。

(4)调酒师必须与餐厅服务员配合,按照餐厅服务员提供的酒水单配置提供各类酒水饮料,由服务员收款。

(5)调酒师的技术要求相对比较低。

4. 宴会酒吧

宴会酒吧又称临时性酒吧,是酒店根据宴会的形式、规格和人数临时搭起的酒吧。这种酒吧通常设置于鸡尾酒会、冷餐会、贵宾厅及主题餐饮活动中,注重气氛的设计。宴会酒吧的特点是营业时间内宾客集中,营业量大、服务速度快。宴会酒吧有现金酒吧、一次结账酒吧和外卖酒吧三种营业形式。

(1)现金酒吧。参与宴会的客人去用酒水时,谁取谁付钱,须是现金。

(2)一次结账酒吧。客人在宴会上可以随意取用酒水,所有费用在宴会结束后由宴会举办者结算。

(3)外卖酒吧。它是宴会酒吧的一种特殊形式,专为外卖酒会而设置。酒吧服务员将酒水及所有器具运送到某预订单位指定的场地内,摆设酒吧并提供服务。

(二)酒吧的组成

酒吧的销售主要是向客人推销能够满足其需要的酒水、饮料产品和提供吧台服务。酒吧一般由前吧、后吧和服务区域三个部分组成。

1. 前吧

前吧由吧台和操作台组成。台前摆放一排圆凳或有靠背的高椅子,吧台台面上放置饮料,调酒师在这里为顾客提供酒水服务。

2. 后吧

后吧主要由靠墙放置的酒柜、冷藏柜、陈列柜等组成，具有展示和储存的双重功能。

3. 服务区域

服务区域设有小圆桌、低矮的椅子或沙发等配套家具，地面应该铺满地毯。

（三）酒吧服务程序和要求

1. 酒吧服务程序

酒吧服务的一般程序如图 4-2 所示。

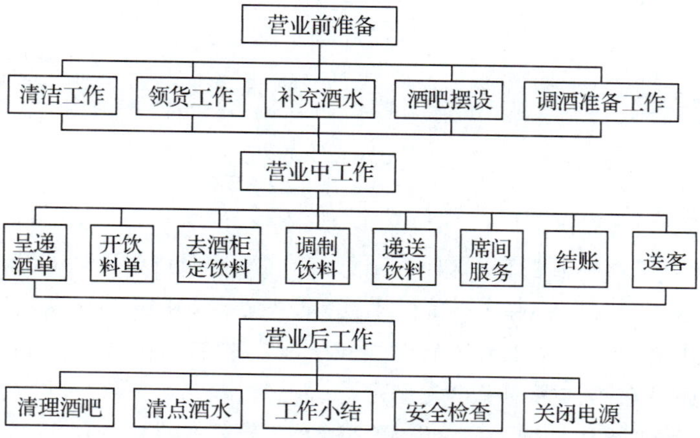

图 4-2　酒吧服务的一般程序

2. 酒吧服务的基本要求

(1)按规定着装。
(2)根据酒水库存状况申领酒水，保证酒水供应。
(3)按规定要求进行日常卫生及计划卫生工作，保持酒吧清洁。
(4)备齐开餐用品，并合理摆放在工作台上。
(5)了解每天的客情和重大活动，准时出席餐前会。
(6)开餐期间规范站立，按配方和操作要求以最快的速度调制鸡尾。
(7)随时保持吧台内和吧台上的清洁卫生。
(8)做好餐后结束工作，做到物品摆放整齐，台面无异物。
(9)对照订单进行酒水盘点。

知识拓展

酒吧的起源

很多美国西部片里都有这样的镜头：黄沙漫天，一人骑着骏马飞驰而来，进入小镇。“吁……”风尘仆仆的牛仔跳下坐骑，牵着马儿走到一间小店前，把缰绳系在门口横着的木头上，然后用力推开店门，大步跨入，留下身后的门来回晃悠。多数情况下，牛仔们是进去喝酒的，所进的店便是酒吧了。

其实酒吧源自英国，英文用“Bar”表示。而Bar的本意是“条”“棒”。语言学家研究认为，从16世纪开始，Bar就有了酒吧的意思。

市民们聚集在酒吧谈论政治、生活等。他们交流各种信息，研究各项新政策，针砭时弊，议论朝政。民主斗士们也把酒吧作为他们进行解放斗争的主战场。那时的酒吧是一个行动相对自由的场所，在广大人民群众的休闲和娱乐生活中占据相当重要的部分。

在这些无所不谈的沙龙和聚会上，公众的观念逐渐产生，民主自由的理念也日益形成，成为人民群众的客观要求。如果说西方一整套思想、政治、经济、文化都发源于酒吧，可能有些夸张，但酒吧里自由民主的氛围确实在一定程度上推动了现代西方文明的形成，并随着这种文明的盛行而持续发展，直至风靡全球。

五、餐厅业务管理

餐厅业务繁杂，工作量比较大，主要工作有：

(一)开餐前的准备工作

1.餐厅的准备工作在开餐前，餐厅必须打扫干净，按照清洁卫生规程规定的标准做好餐桌工作，铺上桌布，放好台料、餐巾纸、牙签、烟灰缸等，并摆齐餐桌、餐椅，形成就餐气氛。与此同时，还要准备好酒水台用品，把餐具台料、桌布、餐巾等都安放好。如果当天餐厅有团体用餐，还应在团体餐桌上事先摆台，并放好饮料。

所有准备工作要听从管理人员的指挥，根据当天预报的接待任务来进行。准备工作做完后，管理人员(也可是班组长)做一次检查。合格的话，就算餐厅准备工作完毕。

2.做好工作间的准备工作，工作间(也有称备菜间)是餐厅的供应中转地，供餐前要检查餐具用具(托盘、推车、毛巾、落单等)的准备情况，这些用品不但要完好，并且要合乎使用标准，能投入使用。备好食品、饮料、果酱、大壶咖啡、红茶等。

3.及时和厨房联系，做好工作安排。主管或班组长将当天的接待情况和厨房联系，核实两个部门接到的预报是否一致。同时对厨房当天的供应提出一些要求，并了解当天的“特色菜”“时令菜”等情况，然后通报各单元餐厅。

在上述准备工作就绪后，主管、班组长要检查服务员的仪表仪容，检查各岗位的人员情况，必要时做适当的调整。然后让服务员做短暂的休息(或在开餐前让部分服务员用餐完毕)，以保证有充沛的精力并做好工作准备。在主管、班组长宣布开餐时，各岗位人员按规程要求，及时到位，准备迎接宾客。

(二)开餐时的业务组织工作

各种用餐服务必须严格按照规程要求来进行。如开餐前的到位服务，各岗位的人员要根据本岗位的服务要求和特点，站立和巡回在规定的而且最有利于服务的位置上。

此外，餐厅工种岗位较多，既要分工分区域进行服务，各岗位各区域又要分工不分家，相互协调，共同一致，有节奏地、协调地形成一个高效率的有机服务整体。如迎接员把宾客介绍给领台，领台引领宾客入座并递上菜单后，要同时和酒水员配合，送上饮料。点菜完毕，领台将菜单交该区域的跑菜，跑菜将菜单交给厨房。跑菜上完全部菜后，要向领台

打招呼，让领台准备结账。客人进餐过程中，有时要催菜、要求上主食等，可能叫到领台，那么领台要及时跟跑菜打招呼。有时某个区域工作很忙，有的区域很闲，闲的区域要主动帮助忙的区域。

开餐时的业务组织还要注意以下3个问题：

(1)按规程要求提供标准的服务方式。在服务中，中餐、西餐、团体餐、宴会、酒会、零点菜等都要有一套相应的服务规程。在开餐时，不管淡季或旺季，高峰时节或低峰时节，都要严格按规程提供标准服务。

(2)掌握好上菜时间。掌握好上菜时间要根据宾客用餐的速度、菜食烹制的时间、宾客对某菜食的喜爱程度等。上菜要恰到好处，既不要等宾客吃空了盘子才上菜，也不应将所有的菜一下子全上去。特别是宴会、团体餐要特别注意上菜的时间。中、西菜上菜的顺序不同，每道菜在什么时间上，也要充分注意，不要造成混乱。掌握上菜时间，主要要由服务员根据自身素质和判断力来处理，但管理人员作为“旁观者”，更为清楚，所以管理人员也要全面控制整个餐厅的业务进展情况，特别注意宴会和团体餐的进行情况，以及提醒服务员上菜时间。

(3)注意服务细节。首先，我国酒店一般在点菜前送上小毛巾和热茶，用餐完毕后，送上小毛巾，这些是服务细节，如果这些细节均列入规程，就要前后一贯坚持实行，不能因工作量增加，用餐人数增多而废弃不用，要保持服务一致性和特色；其次，对老弱者，要耐心、周到，要搀扶，帮助点菜等；对小孩儿要爱抚，在餐具、餐食上要照顾他们的特点，一般餐厅应有小孩的高座椅；对病者，要在餐食上予以照顾，如不食碘盐，不食油，不食刺激性食品等都要照顾到。这些都是规程外的服务，在提供服务时要注意。第三，上菜、上酒、上饮料、上水果、结账要注意用垫上小方巾的托盘，不要用手拿。第四，注意卫生细节，如不用手直接接触食品，手指不能深入空杯里等。

(三)用餐后的结束工作

当客人用餐完毕后，要及时进行结束工作，对餐厅进行清洁整理，包括清洁台面、收拾餐具、清洁餐厅、撤换用过的全部桌布、摆好桌椅、收拾整理好酒水台和落台。工作间则要洗涤、消毒全部用过的餐具并摆放好，整理收拾台料、水果、食品等，并进行清点，填写报单，检查餐具有无遗失损坏等。账台要及时结账，把账目发生情况填表，并把原始凭证送总台办公室。主管、组长要以当餐的情况进行简短的小结，并填好报表。

第三节　厨房业务管理

厨房管理是一门科学，也是酒店餐饮管理的重要组成部分。厨房业务管理水平对菜肴质量、食品成本、餐厅服务质量及宾客和酒店利益有着举足轻重的影响。管理好厨房的业务，是提高餐饮质量的重要环节。

一、厨房业务的组织机构和部门职能

厨房管理历来被认为比较复杂和困难，对一家新开业的酒店来说，则尤其如此。要管

理好厨房业务，首先应建立完整的厨房组织机构和明确各工作组的任务，使厨房业务系统化、规范化，以不断提高厨师技术水平，保证菜肴质量，并逐步发展，形成自己的风格。

（一）厨房业务的组织机构

我国大多数酒店的厨房通常分为中厨和西厨。一般来说，规模在1000个床位左右的酒店，其餐饮部可设中餐和西餐厨师长各一名。各作业班组又可根据人员多少和工作需要设一名或两名领班，并且从实际需要出发设各类厨师、助理厨师和实习生等。各级厨房工作人员在厨师长、主厨领导下进行工作，并严格按照等级链原则实行一级对一级的管理（图4-3与图4-4）。

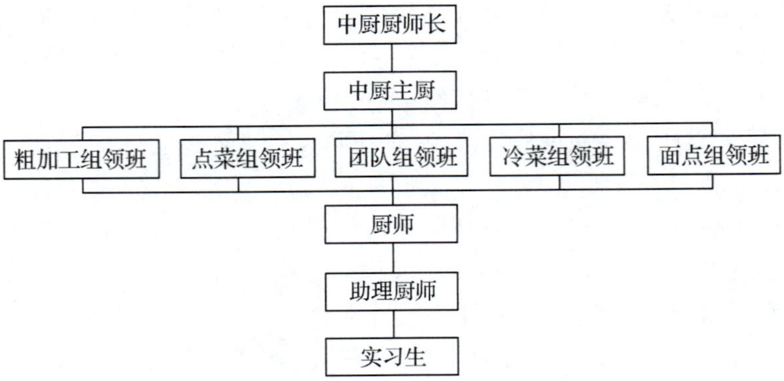

图4-3　中厨厨房业务组织机构

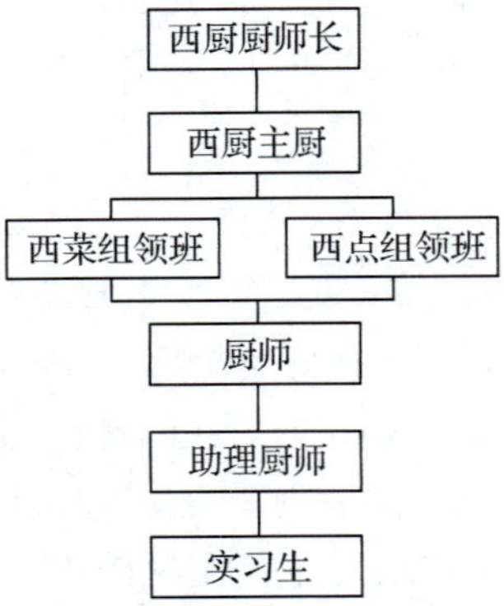

图4-4　西厨厨房业务组织机构

（二）厨房各部门职能

厨房各部门职能因餐饮企业的规模、经营模式和经营风格不同，会有所差异，但大致可分为如下几个部门职能：

1. 加工部门

加工部门主要负责蔬菜、水产的初加工及禽畜、肉类的屠宰、褪毛、洗涤、整理等初加工；蔬菜的削、刮、剥、刨等洗涤加工；干货原料的涨发、洗涤、处理。

2. 配菜部门

配菜部门又称案板切配，负责将已加工的原料按照菜肴制作要求进行主料、配料、料头(主要是配到菜肴里的葱、姜、蒜等)的组合和配置。由于使用的原料都是净料,而且直接决定每道菜,每种原料的投放量,因此,对原料成本控制起着举足轻重的作用。

3. 炉灶部门

炉灶部门负责将配置完成的组合原料,经过加热、杀菌、消毒和调味,使之成为复合风味、质地、营养、卫生要求的成品。该部门决定成菜的色、香、味、质地、温度等,是厨房开餐期间最繁忙,也是对出品质量影响最大的部门。

4. 冷菜部门

冷菜部门负责凉菜的刀工处理、腌制、烹调及改刀装盘工作。冷菜大多先烹调后配份、装盘。因此,它的生产、制作与切配、装盘是分开进行的。冷菜的切配、装潢场所特别要求低温、杀菌,对卫生的要求相当严格。

5. 点心部门

点心部门主要负责点心的制作和供应,有的点心部门还兼管小吃、炒面,对食品的制作。西餐的点心部又称包饼房,负责面包、蛋糕、甜品的制作与供应。

二、厨房采购验收管理

采购进货是餐饮产品生产过程的第一个环节,由于产品原料种类繁多,季节性强,品质差异大,进货质量又直接与原料的净料率有关,所以采购进货对降低餐饮成本有十分重要的意义。厨房员工要按照一定的采购要求,科学地进行采购进货,如品种对路,质量优良,价格合理,数量适当,到货准时,凭证齐全等。

(一)厨房采购的基本程序

1. 由原料使用部门制订采购计划,报采购部审核。采购计划,先由最基层的使用单位——班组组织研究,提示计划期内对各类原料的需要品种以及需要数量。部门对班组意见进行审核,提出本部门计划期内对各类原料的需求,上报酒店采购部门。

2. 按计划提出采购申请,报采购部审核,并按程序报批。首先由采购部逐项检查每种原料的库存量和实际需要采购的数量,并补充采购渠道、供货商的选择等,从而编制出完整的采购计划。采购计划必须反映出原料采购的项目、规格、单位、数量、质量要求等。此外,采购必然受到酒店资金状况的约束,因此采购计划应该由酒店的财务部门审核,审核的主要内容是将采购计划与酒店预算相比较,修改其中不符合预算的部分,使采购计划更为合理,更具有可行性。

3. 采购部与供货单位商洽谈判,签订供货合同或订单。

4. 供货单位按合同规定及时送货。

5. 采购部通知验收部门验收货物。

6. 验收合格后入库。

7. 财务部凭收货凭证付款结账。

8. 仓库根据使用部门领料要求发货。

(二)原料验收程序

原料验收重点是核对价格、盘点数量、检查质量三个方面,具体可以分为如下步骤:

1. 核对送货发票和“订购单”

当供货单位送来食品原料时，验收员首先将供货单位的送货发票与事先拿到的订购单核对，查看送货发票上供货单位的名称与地址，以及所送货物的名称是否一致，然后核对送货发票上的价格。

2. 检查食品原料数量

验收员根据“订购单”对照送货单，通过点数、称量等方法，对所有到货的数量进行核对。若发现质量问题，验收员有权当即退货。

3. 检查食品原料质量

食品原料质量检验的依据是“食品原料采购规格标准”“请购单”“订购单”。

4. 在送货票上签名

验收员在核对好货物后，仔细检查送货票据上面的价格，确认无误之后签字。

5. 填写“验收单”

验收员检查完食品原料的价格、数量、质量及处理完必要的退货情况之后，按规定填写“食品原料验收单”，验收单一式四联，第一联交验收处，第二联交储藏室，第三联交成本控制室，第四联交会计部。

三、厨房储存管理

厨房储存管理是餐饮产品成本控制的重要环节，如果储藏保管不当，会引起原料的变质或丢失损坏等，造成食品成本的增加和利润的减少。因此，务必要做好原料的储藏和保管工作。食品原料购进后，应根据货品类别和性能，分别放入不同的仓库，在适当的温度下储存。食品原料按出生特性，一般分为两类：一类是可以长期储存的原料，如粮油糖、罐头、干货等；另一类是不宜长期储存的鲜货原料。对于第一类，要根据原料的分类和质地特点分别存放，注意通风和卫生，防止霉烂、变质、虫蛀和鼠咬。对于第二类，通常不要入库储存，应该直接由厨房领用。这类原材料实效性大，要特别注意勤进快销，以保证货品新鲜。此外，要建立各项储存保管制度，仓库或保管部门必须做到准确记账，严格验收，及时发货，随时检查，定期盘点。

（一）原料储存的基本要求

1. 分类储存，确保质量

原料储存要遵循以下要求：检查入库的原料，是否适合存放。如果有不合适的，必须要进行加工或重新包装。例如，有些干货原料，为了防止其受潮发霉，要使用真空包装。将有特殊气味的餐饮原料与其他原料隔离开来存放，以免串味。注意各种餐饮原料所需的存放温度和储存期，密切注意食品的时效期，要遵循先进先出的储存原则。一旦发现餐饮原料有霉变、虫蛀、异味时，要立即进行处理，以免影响其他物品。

2. 控制库存的数量和时间

原料的合理存量必须与合理的储存时间相配合。储存时间也应考虑生产周期、采购周期和原料储存的有效期。加速库存周转，尽量缩短原料的储藏时间，是仓库保管员的重要职责。在控制的时候要注意以下指标：该原料的耗用量大小；原料采购所需时间；原料的物理、化学属性，是否适宜久存和多存；企业流动资金的多少等。

3. 遵守仓库制度，确保储藏安全

仓库要建立严格的管理制度，要做到账（保管日记账）、卡（存货卡）、货（现有库存数量）相符。食品仓库的账要以每个品种为单位，分批设立账户，建立明晰而完整的账单。一物必有一卡，存货卡要与账单相符，与预存货相符。只有这样，才能防止差错出现或被盗或者丢失。仓库控制的另一种办法是：定期或者不定期地进行盘点，发现有误差或者有失效物品时要追查责任。

（二）餐饮原料的领发控制

餐饮原料的领发控制是要在保证厨房用料得到及时、充分供应的前提下，控制领料手续和领料数量，并正确记录厨房用料的成本。

四、厨房操作管理

提高厨房操作管理水平，控制原材料成本。一方面，要提高加工技术，做好原料的合理利用。在粗加工过程中，要严格按照规定的操作程序，进行加工生产，达到并保持应有的净料率。对于粗加工过程中，剔除的部分应该尽量回收利用，降低原材料的成本。在切配过程中，应根据原料的实际情况，做到整料整用，大料大用，小料小用，对下脚料综合利用。严格按照产品事先规定的规格和质量进行配菜，既不能够多配或者少配，也不能以次充好，不能凭经验随手抓，力求保证菜品的规格和质量。另一方面，提高烹调技术，保证菜品质量。在烹调过程中，严格按照产品相应的调味品用量标准进行投入，这不仅使产品的成本精确，更重要的是保证产品的规格和质量的稳定。提倡一锅一类，专菜专做；严格按照操作规程，掌握好烹制的时间和火候，提高烹调技术，合理投料，力求不出或少出废品，把好质量关；在烹调过程中，还应节约燃料，有效降低燃料成本。

五、厨房生产流程管理

厨房的生产流程包括原料加工、菜品配份、合理烹调三个程序。菜肴制作过程的控制就是对菜肴质量、菜肴成本、制作规范等三个程序的操作加以检查督导，随时纠正偏差，改进不足之处，保证菜肴达到质量标准。

（一）制定控制菜品标准

生产的菜品必须要有标准，没有标准就没有目标，也就无法衡量，难以进行质量控制。由于厨房制作以手工操作为主，比较重视经验，厨师个人烹调技术各有差异，厨房是以分工合作的方式运营，所以，制定统一的菜品标准，既可以统一菜品的规格，使菜品标准化和规格化，又可解决厨师各行其是、难以统一的问题。制定菜品标准，是对厨师制作菜品的要求，也是管理者控制菜品质量的依据，这类标准通常有如下几种：

1. 标准菜谱

标准菜谱是统一各类菜品的标准，是菜品加工数量和质量的依据，能够保证菜品质量的稳定。标准菜谱，可以节省制作时间和精力，避免食品浪费，有利于控制成本。标准菜谱以条目的形式，列出主辅料配方，规定制作程序，明确装盘形式和盛器规格、规定的菜肴

的质量标准、成本、毛利率和售价。

2. 菜点投料单

菜品投料是厨房为客人所设的菜点投票单，它是根据菜肴的基本特点，用简单易懂的方式列出主配料，以及各种调味料的名称和数量，菜点投料单以文字表格的方式放在配菜间明显的位置。

3. 标量菜单

标量菜单就是在菜单的菜品下面，分别列出每个菜肴的用料配方，以此来作为厨房备料、配份和烹调的依据。菜单同时也送给客人，使客人清楚地知道菜肴的成分和规格，作为厨房选料的依据，同时也起到让客人监督的作用。

（二）监督控制过程

在制定了控制标准后，要达到各项操作标准，就一定要由训练有素、通晓标准的制作人员在日常的工作中有目标地去制作。管理者应经常按标准严格要求，保证制作的菜品符合质量标准。因此，制作控制应成为经常性的监督和管理的内容之一，进行制作过程的控制是最重要的一项工作，是最有效的现场管理。

（三）采取有效的控制方法

为了保证控制菜点质量、标准的有效性，除了制定标准，重视流程控制和现场管理外，还必须采取有效的控制方法。常见的控制方法有以下几种：

1. 厨房制作过程的控制

从加工、配菜到烹调的三个程序中，每个流程的生产者都要对前个流程的食品质量实行严格的检查，不合标准的要及时提出，帮助前道工序及时纠正，如配菜厨师对一道菜配置不合理，烹调厨师有责任提出更换，使整个产品在每个流程都受到监控，管理者要经常检查每道工序的质量。

2. 责任控制法

即按厨房的工作分工，每个部门都担负着一个方面的工作。首先，每位员工必须对自己的工作质量负责；其次，各部负责人必须对本部的工作质量实行检查控制，并对本部门的工作问题承担责任，厨师长要把好出菜质量关，并对菜肴的质量和整个厨房工作负责。

3. 重点控制法

即把那些经常和容易出现问题的环节或部门作为控制的重点，这些重点是不固定的，如：配菜部门出现问题，则重点控制配菜间，灶间出现问题则重点控制灶间。

案例分析

不想结账的客人

一个深秋的晚上，三位客人在南方某城市一家酒店的中餐厅用餐。他们在此已坐了两个多小时，仍没有去意。服务员心里很着急，到他们身边站了好几次，想催他们赶快结账，但一直没有说出口。最后，她终于忍不住对客人说："先生，能不能赶快结账，如想继续聊天请到酒吧或咖啡厅。"

“什么！你想赶我们走，我们现在还不想结账呢。”一位客人听了她的话非常生气，表示不愿离开。另一位客人看了看表，连忙劝同伴马上结账。那位生气的客人没好气地让服务员把账单拿过来。看过账单，他指出有一道菜没点过，但却算进了账单，请服务员去更正。这位服务员忙回答客人，账单肯定没错，菜已经上过了。几位客人却辩解说，没有要这道菜。服务员又仔细回忆了一下，觉得可能是自己错了，忙到收银员那里去改账。

当她把改过的账单交给客人时，客人对她讲：“餐费我可以付，但你服务的态度却让我们不能接受。请你马上把餐厅经理叫过来。”这位服务员听了客人的话感到非常委屈。其实，她在客人点菜和进餐的服务过程中并没有什么过错，只是想催客人早一些结账。

“先生，我在服务中有什么过错的话，我向你们道歉了，还是不要找我们经理了。”服务员用恳求的口气说道。

“不行，我们就是要找你们经理。”客人并不妥协。

服务员见事情无可挽回，只好将餐厅经理找来。客人告诉经理，对服务员催促他们结账的做法很生气。另外，服务员把账多算了，这些都说明服务员的态度有问题。

“这些确实是我们工作上的失误，我向大家表示歉意。几位先生愿意什么时候结账都行，结完账也欢迎你们继续在这里休息。”经理边说边让那位服务员赶快给客人倒茶。在经理和服务员的一再道歉下，客人们终于不再说什么了，他们付了钱，仍面含余怒地离去了。

·讨论题·

本例中的服务员在结账这个环节上犯了哪些错误？

复习思考题

1.餐饮部的工作任务是什么？
2.餐饮部有哪些管理特点？
3.酒店餐厅有哪些类型？
4.中餐有哪些服务方式？
5.西餐有哪些服务方式？
6.宴会服务管理的基本内容是什么？
7.如何进行厨房生产流程管理？

实训项目

制定中餐宴会服务程序

实训目的：通过制定中餐宴会服务程序，掌握餐饮服务流程。
实训内容：为本地一家酒店制定中餐宴会服务程序。
实训流程：根据教师所讲授的内容，制定中餐宴会服务程序。
实训考核：教师对学生作业完成情况进行点评分析。

第五章

酒店市场营销管理

学习目标

1. 理解市场营销的概念；
2. 理解酒店市场营销的概念；
3. 熟悉酒店市场营销的发展过程；
4. 了解酒店市场营销管理的内容；
5. 了解酒店市场营销管理的功能；
6. 熟悉酒店市场营销调研；
7. 熟悉酒店市场营销环境分析；
8. 了解酒店市场细分的意义；
9. 熟悉酒店目标市场的选择；
10. 掌握市场定位的方法；
11. 熟悉酒店营销组合策略。

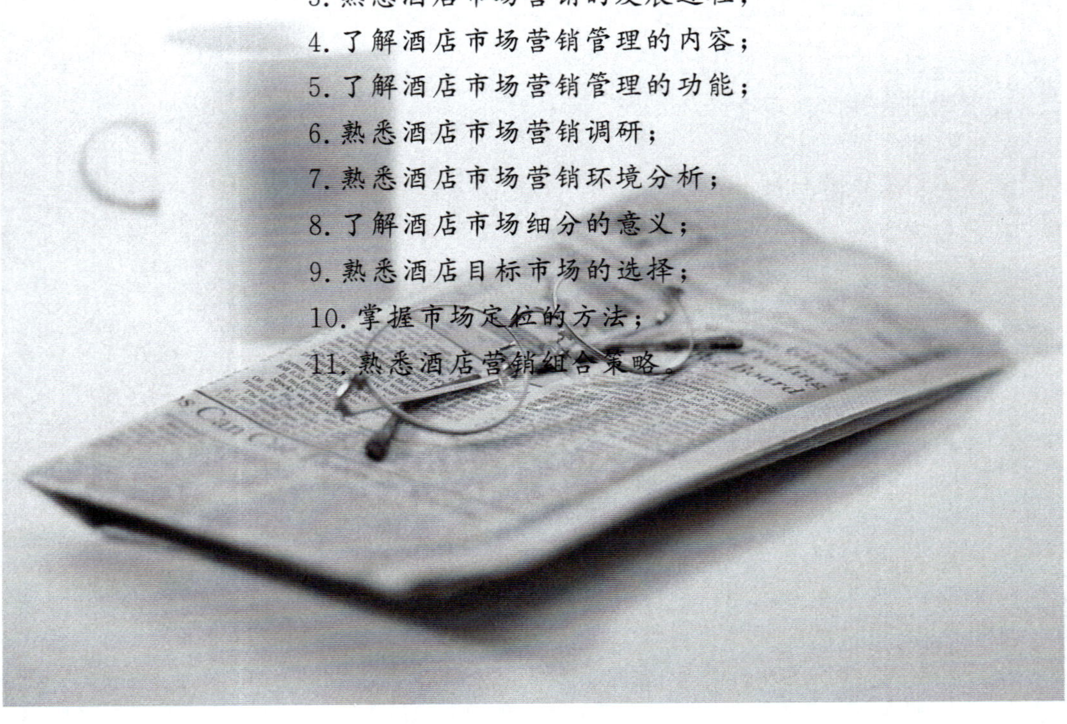

第一节　酒店市场营销管理概述

一、市场营销与酒店市场营销

(一)市场营销的概念

市场营销来源于英文的“Marketing”。长期以来,许多人把市场营销理解为推销和销售。实际上,推销或销售只是市场营销众多功能中的一个,而且还不是最重要的一个功能。市场营销的概念,是一个动态发展的概念,主要包括如下几点:

第一,市场营销的核心是交换,而交换的过程,是一个主动寻找机会、满足双方需求和欲望的过程;第二,交换过程能否顺利进行,取决于所提供的产品和服务满足顾客需要的程度和交换过程管理的水平;第三,市场营销的最终目的是满足需求和欲望。

美国市场营销协会对市场营销的概念解释是:市场营销是对思想、产品以及劳务进行设计、定价、促销及分销的计划和实施的过程,从而产生满足个人和组织目标的交换。

美国著名的市场营销专家飞利浦·科特勒对市场营销下的定义是:市场营销是个人和团体通过为他人创造产品的价值,并进行交换而满足其需要和欲望的社会过程和管理过程。

(二)市场营销的发展过程

1. 生产观念

消费者喜欢随处可见、价格低廉的产品。该阶段市场营销只注重市场需求量,忽视了市场需求的质和市场需求差异化。

2. 产品观念

消费者喜欢质量高、性能好、功能全、有特色的产品,表现为研发部门在组织结构中占据了重要地位,缺乏对市场的了解和研究,忽略市场的千差万别和千变万化。

3. 推销观念

消费者对购买的产品存在某种惰性和抗衡性,需通过有效的营销技巧和手段对消费者进行刺激。这一阶段,开始注重与消费者的沟通,但推销的是目前的产品,而不是消费者需求的,实质仍是以内部生产为中心,没有以市场需求为出发点。

4. 市场营销观念

要实现企业目标,关键是真正了解目标市场的需求和欲望。这时开始以市场需求为出发点,以满足市场需求为企业一切行为的中心,是一种由外而内的营销观念。

5. 社会营销观念

企业在生产销售的同时,不仅要考虑购买本企业产品的消费者的利益,还要考虑整体消费者的利益;不仅要考虑企业近期的利益,还要考虑社会的长远利益;企业要树立绿色的生态经营理念,引导绿色消费,保护生态平衡。将企业、消费者和全社会的利益有机结合起来。

6. 大市场营销观念

企业不仅要适应外部环境进行市场营销,而且要善于通过内部的营销管理去改变外

部市场环境，使其朝着对自己有利的方向发展。企业不仅重视产品、价格、渠道和促销四大营销策略的整合，而且强调政治权力和公共关系手段的运用，通过各种渠道影响贸易的政策及行政权力，打破市场壁垒，开展市场营销活动。

（三）酒店市场营销的概念

酒店市场营销的定义：酒店市场营销就是酒店通过开展和实施一系列有计划、有组织的经营管理活动，将其所创造的产品和价值出售给顾客，从而满足顾客需求，达到酒店经营目标的行为过程。

酒店市场营销是实现将酒店产品从商品到货币转变的桥梁。通过开展市场营销活动，酒店把潜在的需求转化成现实的消费，并在成功实现商品交换的基础上，得到经济效益、社会效益和发展资金。换言之，酒店市场营销是酒店创造产品和价值并进行交换，以满足市场需求和实现酒店目标的行为过程。

酒店市场营销的关键是要以市场为导向，以客人的需求为导向，而不是以销售酒店产品为导向。单纯为出租客房和食物而建造酒店，是以产品为导向的经营思想。酒店市场营销远比单纯的提供房间床位或饮食的内涵要宽广得多，包括更多的经营管理活动。比如，早期经营汽车酒店的成功，主要原因就是汽车酒店满足了客人住房以外的其他需求，诸如方便免费的停车场、简单快捷的入住手续，不收小费，房价便宜，还有游泳池以及其他娱乐设施等。

（四）酒店市场营销的发展过程

1. 酒店行业中生产观念的体现

在酒店业发展初期，许多地方的酒店产品与服务供不应求，虽说酒店硬件设施简陋，服务项目较少，但前来消费的旅游者络绎不绝，旅游旺季甚至会出现“爆满”的局面。旅游者要吃要住，但客房和餐厅都供不应求，他们能够找到可以满足基本食宿要求的酒店已心满意足。在这种供不应求的情况下，常常是酒店提供什么，旅游者便购买什么。酒店一方只需关心有无客房、有无餐食即可，无须把力气花在改善设施设备、增加服务项目、提高服务质量等方面。这种状况表明当时的酒店普遍持有传统的生产观念。

20 世纪七八十年代，我国处在改革开放的初期，当时我国许多主要旅游目的地都出现了酒店紧缺的现象，酒店、餐厅、娱乐设施等都供不应求；广州的“广交会”期间更是一房难求，造成了纯粹的卖方市场，也导致我国酒店经营者中普遍存在生产导向的经营观念。随着我国社会经济发展水平的高速增长，旅游业和酒店业迅速发展，酒店供不应求的情况已经发生了根本的变化，一座座具有国际水平的现代化酒店在各大旅游城市和旅游目的地拔地而起。但是，在现实中，有不少酒店管理者的思维仍停留在生产导向阶段，这一点值得酒店经营管理人员警惕，应早日从生产导向的观念里解脱出来，将顾客的需求放在首位，根据顾客的需求提供酒店的产品与服务，改变生产导向的落后观念，接受以顾客导向、市场导向的新观念。

2. 酒店行业中产品观念的体现

当酒店行业中出现竞争或者在酒店进入淡季时，有些酒店开始思考如何吸引到更多的顾客。就旅游者而言，他们下榻酒店所能获得的最基本的服务包括两个方面：一是客房可提供休息空间；二是餐厅可以就餐。酒店若能在这两个方面提供优于其他酒店的良好的设施和服务，客人一般会感到满意并成为回头客。

3. 酒店行业中推销观念的体现

酒店的客人来自四面八方，客人的需求也是各种各样，而且还会出现新的需求。酒店的硬件和软件虽然都好，但如果不考虑客人的需求，就达不到预期的效果。由于产品导向观念已经过时，酒店开始设置销售部，派出销售人员四处推销酒店的客房、会议和娱乐设施，以及餐饮类产品等。销售人员通常以会议、度假、美食、娱乐等招徕客人，出售酒店的各种产品。与产品导向观念相比，推销观念有了一定的进步。但这种观念依然是站在酒店的角度，只考虑怎么推销酒店的产品，并没有考虑客人对酒店产品的需求。

4. 酒店行业中营销观念的体现

随着行业竞争的日趋激烈，酒店管理者根据客人的消费需求来设计和推销产品。在这种营销观念的指导下，许多酒店开始推出个性化的服务，并根据客人的不同需求推出各种类型的客房产品、餐饮产品、会议产品、娱乐产品等。比如，商务楼层、女士楼层、无烟客房、蜜月房、残疾人客房，风味菜、私房菜等特色产品的出现，显示酒店越来越重视客人的个性化需求。酒店营业部门系统全面地建客户档案，详细记录客人生活习惯及爱好，对客人提供有针对性的服务，满足客人的个性化需求，超越客人的期望，提高客人对酒店的忠诚度，这些举措表明营销观念已日益渗透进酒店经营的各个环节。

5. 酒店行业中社会营销观念的体现

将企业、消费者和全社会的利益结合起来，为消费者提供环保型产品，一方面满足了消费者的需求，另一方面也维护了社会的长远利益，社会营销导向的观念在酒店业中盛行是近年来的新趋势。一些国际酒店集团已经开始在绿色营销方面做出努力，比如为了减少森林砍伐而节约纸张，它们提供的厕用纸是用再生纸制成的；办公室的一些非正式文件使用打印纸的反面；在客房里放置环保宣传册，宣传环保理念；为节约水资源而减少棉织品的洗涤次数，取消一次性牙具，在客房卫生间安装节水马桶，等等。现在，社会营销已成为国际酒店业的一种潮流。

6. 酒店行业中大市场营销观念的体现

第二次世界大战后，政治、经济局势的稳定为全球旅游业的蓬勃发展奠定了坚实的基础，同时也为酒店集团在全世界范围内的扩张提供了发展机遇。在酒店集团扩张的过程中，大市场观念的作用不可忽视，许多外资酒店和被外方管理的酒店在中国市场上都非常注意维护与所在地政府的关系，积极举办并参与各类公益及慈善活动，以开放的姿态和热情友好的态度，向客人和非客人提供细致周到的服务，获得政府、社区和消费者对酒店的信任感，建立了酒店企业的良好形象。这一良好形象使得酒店的营销工作事半功倍。酒店运用大市场营销的观念，通过各种公关手段，开创了有利于酒店经营的市场局面，促进了酒店业的健康发展。

二、酒店市场营销管理的内容

酒店市场营销管理包括营销分析如内部营销环境分析、消费者心理及购买行为分析、酒店竞争形势分析等；营销计划的制定包括酒店市场营销总体计划、酒店市场营销目标、营销方案等;营销活动的组织与执行包括酒店产品的设计、价格及其政策的制定、销售渠道的建立与调整、促销活动的具体策划与开展等;营销评估和控制包括各种营销活动的分析比较、营销部门及其人员业绩的评估以及营销组织机构改革的评估与调整等。

(一)开展市场分析

市场分析是市场营销管理的重要内容之一。要在激烈的市场竞争中得到应得的份额,首先要充分认识自己产品的长处和短处,包括设施设备、住房率、市场覆盖面等,还要熟知不同客源的不同需求和竞争对手的长处和短处。在市场分析中,要熟悉酒店所在地的社会组织、机关团体、工业商业、风景名胜、交通运输、风俗习惯、气象气候等有关背景资料;要清楚竞争对手的设施设备、经营模式、营业状况、管理方法、价格政策、产品策略等详细情况;要清楚顾客情况,建立顾客档案,掌握顾客的习性和爱好,更好地满足顾客的需求;要清楚本酒店的客房出租率、营业收入、平均房价等经营情况。

(二)制定市场营销组合策略

酒店市场营销的另一个重要内容就是制定市场营销组合策略。通过市场分析,更加清楚地了解酒店的内部情况和市场的外部环境,从而准确地预测未来的市场情况,做出正确的决策,这是关系到酒店经营成败的关键。制定酒店市场营销组合策略,分为如下几个步骤:确定酒店的经营目标;审定经营目标;分析市场因素;制定市场发展策略;制定市场营销策略;进行财务可行性分析;实施行动,进行计划与实际结果的对比分析。

(三)制订销售行动计划

首先,要制订酒店销售行动计划的总策略,主要包括:市场经营对策;淡季和旺季经营对策;酒店经营利润预测;市场经营成本;市场经营的长远目标;市场经营策略的近期任务;确定增加销售和提高利润的指标;制定所需时间的时间表。其次,制订市场经营计划的要点:需要解决的问题;目标、背景、地点、交通、销售特点;优势和劣势分析;现有市场的容量;产品需求的变化等。最后,制订销售行动计划的要点:行动计划和行动时间表;联系潜在客户和过去的客户;电话销售和面对面销售的计划;广告及宣传品的派发;店内销售;特殊促销的方式等。

(四)实施销售行动计划

在进行市场分析、确定销售策略、制订市场经营计划和销售行动计划的基础上,经酒店总经理批准后,全面实施销售行动计划。一是拟订推销对象,确定客源范围;二是开辟销售渠道,增加销售网点;三是签署各种用户合同;四是拜访客户;五是完成日常订房业务;六是建立客房档案。

(五)开展公关活动

一是协调内外关系,树立酒店形象。二是协调与住店客人、来访者、新闻媒介、社区团体等人员的关系;通过新闻媒介宣传酒店;策划各种宣传活动;通过各种渠道掌握市场信息,把酒店商品信息传播给社会公众和住店客人。实施酒店营销管理,还要制作销售统计表、客源分析表、团队会议预定控制表等。

三、酒店市场营销的要求

酒店市场营销不同于销售。销售的核心是“以我为主,以产定销”,本质上是一种单向营销哲学和理念。市场营销的核心是"以客为主,以销定产",本质上是一种多向营销哲学和理念,是把顾客放在首位。酒店市场营销是一种涉及面广、情况复杂的全方位的营销理念和营销工作。

（一）要树立全员营销意识

酒店市场营销是在产品观念、销售观念的基础上发展起来的。酒店市场营销是从经营者的角度来研究市场供求规律,促进产品和劳务交换,满足顾客需求,获得经济效益、社会效益和环境效益。酒店市场营销的中心思想是"以销定产",而不是"以产定销"。因此,酒店市场营销的开展和组织就不仅仅是营销部门和预订部门的事情,也不是少数人的事情,而是全酒店、全方位、各部门的事情。因此,只有树立全员营销的意识,坚持在总经理领导下,让全体员工包括营销部门和业务部门、一线部门和二线部门的员工都参加,都来关心酒店的客源状况,关心酒店的市场营销,满足客人对酒店产品和服务的需求。

（二）要具备善于应变的思想

在酒店市场供求关系中,供给和需求都是不断变化的,从不均衡到均衡再到不均衡,是一个循环往复的过程。在这一过程中,调节市场供求关系的主要机制是价值规律和地方政府的宏观政策。当市场需求大于市场供给时,在价值规律的作用下,各种类型的投资者就会投资新建或租赁改造各种酒店,扩大市场供给。当新增酒店发展到一定规模造成供过于求,影响宏观效益时,国家和地方政府又会采取宏观调控手段,控制新建规模和档次,避免供给集中和超过需求而造成宏观经济失调。但随着旅游业的发展,供大于求的局面又会转化成求大于供。供求关系始终处于不断变化之中。这种变化不仅随市场客源和酒店供给呈一定时期的阶段性变化,而且每年还会因为季节、天气、节假日等的客源规模、数量、结构和流量不同而使供求关系发生周期性的变化。这两种变化交织在一起,就形成十分复杂的情况。在实际工作中,上述变化又使酒店的市场竞争状况、格局、价格和竞争对手各不相同。因此,要做好酒店市场营销的组织工作,就要广泛开发市场,组织客源,树立善于应变的思想意识,善于把握当地市场供求关系的变化,随时做好市场调查,掌握市场变化的各种信息,分析新增、新建和租赁改造的酒店,以及酒店供应能力的变化对本企业的影响,分析市场特别是竞争对手的客源、价格、竞争策略和营销策略的变化,然后结合酒店实际,确定或调整自己的营销策略、经营方案、产品价格、营销措施等。只有这样,才能适应市场供求关系的变化,搞好酒店营销活动的组织,在市场竞争中立于不败之地。

（三）要注重整体营销的密切配合

酒店的市场营销是一项涉及全店各级各部门的工作,特别是各种市场营销策略,如产品策略、品牌策略、主题营销策略、绿色营销和关系营销策略的运用,其涉及范围都很广泛。至于营销活动中的环境质量、产品质量和服务质量保证,更是涉及各个部门。因此,酒店开展市场营销,必须要求各级各部门、各环节之间的密切配合。具体说来,营销战略、方针、各种营销方案的贯彻落实由各部门去执行。产品策略要依靠前厅、客房、餐饮、康乐、工程等部门互相配合,保证产品质量和服务质量。品牌策略要依靠各部门的配合来打造品牌质量,树立品牌声誉,提高企业的知名度和美誉度。至于主题营销、绿色营销等策略的运用,也要注重整体营销的配合,总之酒店市场营销活动的开展如果离开了整体营销配合,就会互相分离,产生摩擦,出现矛盾和纠纷,难以形成整体营销的效果。

四、酒店市场营销管理的功能

酒店市场营销管理包括发现和了解顾客的需求，指导酒店市场营销和经营管理的决策，开拓酒店市场和目标客户，满足顾客对酒店产品和服务的需求四种主要功能。

（一）发现和了解顾客的需求

现代市场营销观念强调市场营销应以顾客为中心，酒店只有通过满足顾客的需求才可能实现酒店的目标。因此，发现和了解顾客的需求是酒店市场营销的首要功能。酒店市场营销部要进行市场调查，了解酒店行业市场状况、酒店行业的发展趋势、客户对酒店产品和服务的需求。

（二）指导酒店进行决策

酒店经营决策是否正确，市场营销策略是否符合市场的状况，关系着酒店的生存和发展。酒店通过进行市场调查，分析研究外部环境的变化，了解顾客的需求和欲望，了解竞争对手的现状和发展趋势，再根据酒店现有的资源和条件，知己知彼，决定酒店的产品、价格、销售政策，制定酒店的市场营销策略。

（三）开拓酒店市场和目标客户

酒店市场营销活动的另一个功能就是通过对顾客现实需求和潜在需求的调查、了解与分析，充分把握和捕捉市场机会，积极开发产品，建立更多的分销渠道，采用更多的促销形式，开拓酒店市场和目标客户，提高市场的占有率，扩大酒店市场的份额。

（四）满足顾客需求

满足顾客的需求是酒店市场营销管理的出发点和中心，也是市场营销的基本功能。酒店通过市场营销活动从顾客的需求出发，并根据不同的目标市场，采用不同的市场营销策略，合理地组织人力、财力、物力等资源，为顾客提供适销对路的酒店产品和服务，满足顾客的需求，达到和超越顾客的期望。

第二节　酒店市场营销调查分析

一、酒店市场调研

市场调研与预测是获取市场信息，掌握市场发展规律，预见市场发展趋势，从而进行科学决策，实施正确管理的重要方法。

（一）市场调研的概念

市场调研是为了提高营销的效益，有计划地收集、整理和分析市场的信息资料，提出解决问题的建议的一种科学方法。市场调研也是一种以顾客为中心的研究活动。酒店营销活动是为了满足客人的需要，向客人提供合适的产品和服务。因此，酒店营销活动的任务就是通过对市场进行周密的调查研究，了解客人的各种需要和欲望，在此基础上，设计和提供适销对路的酒店产品和服务，满足客人的需求。

（二）市场调研的作用

酒店市场调研是酒店市场营销活动的基础，有着重要的作用。

1. 有利于制订科学的营销计划

通过对酒店市场进行调查，分析市场、了解市场，根据市场的发展及其变化、市场现有规模、竞争对手状况、消费者的需求与购买行为、营销的环境等，科学地制订酒店的营销计划和经营策略。

2. 有利于优化营销组合

根据营销调研的结果，分析研究酒店产品的生命周期，开发新的酒店产品，制订酒店产品各生命周期阶段的营销组合。

3. 有利于开拓新的市场

酒店通过调研，可以发现消费者尚未满足的需求，再根据市场现有的产品状况，调整营销策略，设计合适的产品以投放市场，满足消费者的需求，从而不断开拓新的市场，开发新的目标客户群体，扩大酒店对市场的占有率，增加酒店的营业收入。

（三）市场调研的内容

市场调研的内容涉及酒店营销活动的各个方面，主要有产品调研、顾客调研、销售调研和促销调研。

1. 产品调研

产品调研包括酒店业的发展趋势和变化；当地的消费趋向和习惯；人们的文化价值观念；酒店新产品的设计、开发和试销；对酒店现有产品的改良和包装；了解顾客对酒店产品的偏好趋势，并进行预测。

2. 顾客调研

顾客调研主要包括对消费心理、消费行为进行调查分析；研究影响顾客做出购买决策的主要因素，以及这些因素发生在哪个环节；同时还有目标顾客群体的消费偏好以及满意度调研，以及对酒店的品牌形象和认知度调研。

3. 销售调研

销售调研主要包括对购买行为的调查，对酒店销售活动的全面审查，对竞争对手优劣进行评价等。

4. 促销调研

促销调研主要包括对酒店产品在销售活动中所采用的各种方法，进行有效的测试和评估。

二、酒店市场营销环境分析

（一）酒店市场营销宏观环境分析

酒店市场营销宏观环境是指酒店企业或酒店业运行的外部大环境。在酒店市场营销中，宏观环境因素主要包括政治法律环境、社会文化环境、人口环境、经济环境、自然环境、科技环境、交通运输环境等几个方面。

1. 政治法律环境

政治法律环境是指一个国家或地区的政治制度、国家体制、政治局势、政策法规、法律制度等方面，对酒店经营管理产生影响的相关因素。无论是在资金、土地、人力资源的配置上，还是在政策优惠，评星定级、减免税收等方面，政府都在不同程度地发挥作用。政府可以通过制定财政、金融、工资、物价、税收、就业、劳动安全、环境保护等方面的法规和政策，影响酒店的经营活动，既可以增加酒店的发展机会，也可以限制酒店的经营活动，对酒店的生存和发展起着重要的作用。

2. 社会文化环境

社会文化环境指一个国家、地区的民族特征、价值观念、生活方式、风俗习惯、宗教信仰、伦理道德、教育水平、语言文字等的总和。文化对酒店营销的影响是多层次、全方位、渗透性的。文化影响和支配着人们的生活方式、消费结构，主导人们的需求和消费方式。

3. 人口环境

人口环境包括人口数量和增长速度；人口的地区分布和流动；人口的年龄结构；人口的性别结构；人口的家庭规模等。

4. 经济环境

经济环境是指酒店经营过程中所面临的经济条件、经济特征、经济联系等各种客观因素。经济环境是影响和制约社会购买力形成的主要环境因素。比如，2008 年美国发生的金融危机，形成了整个世界的金融危机，对酒店业造成了很大的影响，这包括客房出租率降低、酒店业的投资下降、人们消费意愿和能力减弱、酒店业成本增加、盈利空间缩小等。

5. 自然环境

自然环境包括酒店产品所处的自然地理位置、目的地的各种景观等。优美的自然环境有利于酒店经营和产品的销售，也是吸引客人的因素。

6. 科技环境

科技环境包括一个国家或地区的科技水平、科技政策、新产品开发能力以及技术发展的动向等。科技环境既影响着人们的消费需求，又影响着酒店经营管理的手段和服务方式。科技的发展使酒店成为应用高科技比较集中的领域。

7. 交通运输环境

交通运输环境指交通的安全性、便捷性、舒适性以及酒店景点的可进入性、通畅性。

（二）酒店市场营销微观环境分析

1. 微观市场营销环境

微观市场营销环境是指与酒店企业市场营销活动关系密切，并有直接影响的企业内外部因素的总和。微观市场营销环境的变动，对酒店企业营销的影响比较具体，影响的范围比较小，时间也比较短，因此，酒店企业在一定程度上可以控制。

2. 酒店中间商

酒店中间商是指处于酒店生产者与酒店消费者之间，参与酒店产品流通业务，促使买卖行为发生和实现的集体和个人，包括经销商、代理商、批发商、零售商、交通运输公司、营销服务机构和中间商等。这类购买者的特点是:购买是为了获利;专家购买;购买次数较少,但每次购买数量较大。

3.酒店消费者

酒店消费者是酒店经济效益的源泉,是酒店生存和发展的基础。酒店经营者必须了解消费者的需求特征、需求差异以及变化趋势,同时还要分析顾客的消费心理及购买行为。

4.竞争者

竞争者包括行业竞争者、替代品生产者、潜在加入者等。酒店经营者要善于分析市场竞争的整体形势,酒店竞争者的数量、规模,竞争对手的经营目标、经营策略、营销方法、企业规模和优势劣势,还有竞争对手的反应模式等一系列问题,从而制订有效的市场竞争方针和策略,使酒店在竞争中取得优势,获得较大的市场份额。

第三节 酒店目标市场选择

一、酒店市场细分

酒店行业迅猛发展,市场变得越来越复杂和多变。面对一个瞬息万变的市场,酒店企业无论如何都无法满足市场上的所有要求。所以,酒店企业要想取得发展的空间,就必须选择特定的目标市场。而进行市场细分是实行目标市场营销战略的基础。

(一)酒店市场细分的内涵

酒店市场细分就是指酒店企业根据旅游消费者之间的不同需求,把所有旅游消费者划分成不同类型的旅游消费群体,每个旅游消费群体形成一个细分市场,酒店企业根据自身的特点和优势,从中选择一个或几个细分市场作为自己的目标市场。旅游者的性别、年龄、收入、兴趣、爱好、价值观念等各不相同,因此,旅游者的需求差别很大。不管是一个旅游目的地国家,还是一家旅游企业,都没有精力和时间,也没有实力来面对整个旅游市场,满足所有旅游消费者的需要。所以,就有必要把旅游市场按照不同的消费特点细分为几个不同的消费群体,把需求基本相同的旅游者看成是一个细分市场。

在同一个细分市场中,旅游者的需求即使还有差别,但旅游吸引物基本上是相同的,对旅游过程中需要的服务也基本相同。比如,同是会议旅游市场,其吸引物都是会议事件本身,所住的酒店都需要有会议室、音响设备、电信设施、影像设备等,消费水平比较高;会议之余,还会有旅行游览活动。酒店企业对酒店市场进行细分之后,根据自己的资源优势,选择适合自己的目标市场,再根据目标市场的需求,做好接待和服务工作。

酒店市场划分从营销角度称为酒店市场细分,酒店市场细分是酒店目标市场营销的前提,是酒店企业正确认识市场,研究市场,从而选定目标市场的必要过程。

(二)酒店市场细分的意义

1.有利于酒店选择合适的目标市场

对整个酒店市场的细分,便于酒店企业分析各个细分市场的人群规模、需求特点和销售潜力;市场机会往往隐藏在那些需求未被满足或未完全满足的细分市场。如通过市场营销研究和市场细分,发现某个潜力很大的市场。在市场细分基础上,酒店企业根据自身的供给实力和竞争能力,从中选定适合自己经营的目标市场。

万豪酒店集团是市场细分的高手,不乏许多成功的案例。万豪酒店集团针对不同的细分市场成功推出了一系列品牌:Fairfield(公平)、Courtyard(庭院)、Marriott(万豪)、JW Marriott 以及 Marriott Marquis(万豪伯爵)等。在酒店市场营销中的市场细分方面,万豪酒店集团可以被称为超级细分专家。在原有的四个品牌都在各自的细分市场上成为主导品牌之后,万豪酒店集团又开发了一些新的品牌。在高端市场上,Ritz-Carlton(丽思·卡尔顿)酒店品牌为高档次的顾客提供优良的服务,获得了高度的赞扬和追捧;Renaissance(万丽)作为商务、会议和度假品牌与 Marriott(万豪)在价格上基本相同,但它面对的是不同消费心态的顾客群体——Marriott 吸引的是已经成家立业的人士,而万丽的目标顾客则是那些职业年轻人;在低端酒店市场上,万豪酒店由 Fairfield Inn(公平酒店)衍生出 Fairfield Suite(公平套房),从而丰富了自己的产品线;位于高端和低端之间的酒店品牌是 Towne Place Suites(城镇套房)、Courtyard(庭院)和 Residence Inn(居民客栈)等,它们分别代表着不同的价格水准,并在各自的特点和风格上有效进行了区分。

酒店市场细分有利于酒店企业分析整体市场和各细分市场的基本特征,从而使酒店经营者根据主客观条件扬长避短,根据市场潜力的大小,选定合适的目标市场,然后集中使用有限的人、财、物等资源,通过满足目标市场的需要,争取较理想的市场份额,以使有限的资源得到较充分的利用,从而取得最佳的营销效果。

2. 有利于针对性地开发酒店产品

在酒店企业的经营活动中,如果要做好生意,产品开发是一个关键性的环节。酒店企业在选定自己目标市场的基础上,应该针对目标市场旅游消费者的需求,开发适销对路的酒店产品,满足目标市场旅游消费者的特定需求。这样不仅可以避免盲目开发造成的失误和浪费,而且还可提升旅游者的满意度。

3. 有利于酒店制定和调整营销组合策略,增强企业应变能力

通过酒店市场细分,酒店企业可根据划分的各细分市场的不同对象和特点,制定出适当的市场营销组合策略,如酒店产品设计、价格、促销、广告媒体策略等。同时也比较容易认识和掌握各细分市场消费者需求的变化以及对营销方案的反应,有利于酒店企业根据市场变化情况,相应地及时调整营销组合策略,从而使酒店企业能更大限度地满足目标细分市场上的旅游消费者的需求。

4. 有利于酒店确定经营方向,取得有利的竞争地位

通过酒店市场细分,酒店企业可按照酒店目标市场需求变化,及时调整产品结构,确定正确的经营方向,使产品适销对路,适应市场新变化。酒店企业集中力量对一个或几个细分市场进行营销活动,就更能满足目标市场旅游者的需求,从而达到扩大市场占有率的目的,使自己的产品和服务成为旅游者的第一选择,这样企业就能在竞争中处于有利地位。酒店市场细分对中小酒店企业更有重要意义,中小酒店企业资金少,资源薄弱,无法与大规模的酒店企业开展竞争,但可以通过市场细分找到一个尚未被大企业所注意或占领的较小的细分市场,找到力所能及的良机,使酒店企业在日益激烈的竞争中处于有利地位。

(三)酒店市场细分的原则

酒店市场作为一个典型的异质市场,进行市场细分是必然的。但是,细分的“细”是有一定度的。如果分得过于琐碎,便失去了市场细分的意义。因此,要使市场分得有价值,就要坚持如下原则:

第一,可衡量性原则。酒店选择一个好的细分市场固然很有前途,但是究竟该不该进入该市场,作为一个企业来说,最科学的方法就是用一些指标来衡量,以便做出最佳选择。

第二,可进入性原则。一个酒店自身的能力是有限的。企业能否进入这个市场,必须对自身的资金、人力资源等方面的能力做出正确的评估。假如一家酒店客房的接待能力有限,它就不能进入大型商务会议这个市场。

第三,稳定性原则。作为酒店这样一个行业要进行投资,其投资期一般在几年甚至更久。所以,酒店选择的市场应是相当稳定的,否则,会给酒店带来巨大的经济损失。

第四,有效性原则。酒店细分后,只有在容量上达到一定规模,方能保证酒店能够达到获利目标。

第五,竞争优势原则。酒店进行市场细分的目的在于最后进入某个细分市场,所以酒店要充分意识到自己在该市场是否有竞争优势,这就是进入该市场获利的条件。

第六,识别性原则。细分出来的各个市场、宾客特征、市场范围和购买力大小等轮廓清晰,特征明显,并可以衡量。

第七,相关性原则。酒店在细分市场的过程中,往往难以按某一单独的变量实施细分;如果要以多个变量进行市场细分时,必须考虑各个因素的相关性和重叠性。如地区和收入水平就具有较强的相关性。

第八,适度性原则。在市场细分的过程中,若细分的标准过细,则细分市场会多而凌乱,无法选择准确的目标市场;相反,则细分市场又会大而庞杂,难以形成主题,酒店也就难有稳定的客源群体,无法有效占领市场。因此,酒店在细分市场时规模要适度,并能与酒店自身的能力相适应,不贪大求全。市场细分目标必须是酒店可能进入并占有一定份额的部分,否则就没有现实意义。

进行酒店市场细分时,根据客人的需求,选择不同的细分标准。市场细分的标准包括地理环境因素、经济因素、人口因素、社会因素、文化因素、购买行为因素等。选择与客人需求相关的细分标准时,按照由粗到细、由大到小的顺序,对市场进行多次划分,直到找到最满意的市场为止。

二、酒店目标市场的选择

(一)酒店目标市场选择的概念

酒店目标市场就是酒店企业在对整体市场进行细分之后,再对各细分市场进行评估,根据细分市场的发展潜力、竞争状况、企业的各种资源和条件等,最后决定要进入的市场。

市场细分是酒店企业选择目标市场的依据,选择目标市场是市场细分工作的延伸。酒店经营者需要根据自身的条件,从细分市场中,筛选出一个或者几个子市场为自己从事市场营销活动的对象,这个过程就叫作目标市场的选择。

在市场营销活动中，酒店企业必须要选择和确定目标市场。第一，企业选择和确定目标市场，明确企业的具体服务对象，关系到企业市场营销战略目标的落实，是企业制定市场营销战略最重要的任务。第二，对于企业来说，并非所有的细分市场都具有同等吸引力，都能够有利可图，只有那些和企业资源条件相适应的细分市场，对企业才具有真正的吸引力，是企业的目标细分市场。

(二)酒店目标市场的确定

确定目标市场，就是对酒店企业具有吸引力的细分市场，有可能成为目标市场的细分市场进行分析和评估，再根据企业的市场营销战略目标和资源条件，选择企业最佳的细分市场。

确定目标市场，要从以下几个方面来分析和评估细分市场；

1. 细分市场的规模和增长潜力

酒店企业进入某一个市场，是为了能够创造经济效益。如果市场规模太小，或者趋于萎缩状态，企业进入以后难以得到发展，达不到经营目标，就要三思而行，不宜轻易进入这种状态的市场。酒店企业应该选择具有一定的发展规模而且有增长潜力的细分市场。

2. 细分市场结构的吸引力

细分市场可能具备理想的规模和发展潜力，但是从盈利模式来看，它未必有吸引力。哈佛大学商学院波特教授指出，影响一个市场或者一个细分市场的长期盈利有如下几个原因：行业竞争、替代产品、购买者和供应者等。细分市场结构的吸引力，就是对该市场利润的期望值。期望值越高，吸引力越大。

(1)细分市场内竞争的威胁。如果某个细分市场已经有了众多的、强大的或者竞争意识强烈的竞争者，那么该市场就会失去吸引力。如果某个细分市场处于衰退状态，生产能力不断扩大，成本过高，撤出市场的壁垒过高，竞争者的投资很大，情况就会更糟，会导致价格战、广告战。

(2)新竞争者的威胁。如果某些细分市场，可能会增加新的生产能力，出现了以大量资源来争夺市场份额的新竞争者，那么，该市场就失去了吸引力。

(3)替代产品的威胁。如果某个细分市场存在替代产品，或者有潜在替代产品，那么，该细分市场就会失去吸引力。替代产品会限制细分市场内价格和利润的增长。酒店企业要密切注意替代产品的价格走向，随时调整经营措施。

(4)购买者的威胁。如果某个细分市场中，购买者讨价还价的能力很强或正在加强，那么，就会失去吸引力。一般来说，购买者对某种产品越熟悉，讨价还价的能力就越强；如果购买者集中购买，或者有组织地购买，其讨价还价的能力也会加强。比较好的应对措施，就是向购买者提供无法拒绝的优质产品供应市场。

(5)供应商的威胁。如果供应商比较集中、比较有组织，或者联合在一起，或者替代产品少，或者供应产品至关重要，那么，供应商讨价还价的能力就会加强。因此，与供应商建立良好的合作关系，开拓多种供应渠道，才是防御的上策。

3. 符合企业的目标和能力

某些细分市场，虽然具有较大的吸引力，但难以适合酒店的发展，无法使酒店达到经营的目标，这样的市场应该考虑放弃。另外，还要考虑企业的资源条件是否适合在某一细分市场经营。只有选择那些企业有条件进入、能充分发挥其资源优势的市场作为目标市场，才会有利于企业的长远发展。

（三）酒店目标市场的选择

市场细分是酒店企业选择目标市场的依据，酒店经营者根据企业的条件，对不同的细分市场进行评估和分析，从细分的市场中，选择一个或者几个子市场作为企业从事营销活动的对象，这就是酒店企业的目标市场。

（四）酒店目标市场的营销策略

通常来讲，酒店目标市场的营销策略有三种方式：无差异性目标市场营销策略、差异性目标市场营销策略和集中性目标市场营销策略。

1. 无差异性目标市场营销策略

（1）概念与特点。无差异性目标市场营销策略是指酒店企业不考虑整体市场内部客人需求的差异性，不考虑细分出的子市场，把整体市场作为目标市场，只推出一种酒店产品，制定一种价格，运用一种统一的酒店营销组合，为满足客人共同的需求服务。

（2）优缺点：

这种策略最大的优点在于酒店企业可以大规模地销售，简化分销渠道，相应地节省市场调研和广告宣传的经费开支，使平均成本降低。另外，对于垄断性、吸引力大的酒店产品容易形成名牌产品的强大声势，创造规模效应。

这种策略的缺点是，不能完全满足客人的差异性需求。随着客人的社会经济状况、生活方式以及个人兴趣的不断变化，对酒店多样化的需求日益增长，单一的市场策略不容易吸引客人。

因此，这种策略主要适用于市场上供不应求的酒店产品，或者是少数垄断性较强的酒店产品，以及刚刚上市的酒店产品。不过，酒店企业采用这种策略的机会越来越少，一旦竞争者采用差异化或者集中化的营销策略，酒店必须立即放弃这种策略，否则，客源就会大量流失。

2. 差异性目标市场营销策略

（1）概念与特点。差异性营销策略是根据客人的不同需求特点，对整体市场进行细分。酒店企业在此基础上选择整体市场中数个或全部细分市场作为自己的目标市场，针对不同细分市场的需求特点，提供不同的酒店产品，制定不同的营销组合，满足不同细分市场的客人需求。实力雄厚的大公司一般会采用这种策略。

（2）优缺点：

这种策略的优点是能够更好地满足各种客人的不同需求，有利于提高酒店产品的竞争力，提高市场占有率，增加酒店企业的销售量，提高酒店的知名度。如果酒店企业能够同时在几个细分市场上占有优势，就会由于连带效应，树立起客人所信赖、美誉度高的品牌形象。同时经营数个细分市场，有利于酒店企业降低经营风险，在变幻莫测的市场风云中立于不败之地。

这种策略的缺点是研发费用较高，生产成本增大；由于品种类别较多，要求具有多种销售渠道，营销费用、广告费用和行政费用都会增加；加上经营分散，在某一种产品中难以实现规模经营效益，从而影响了经营效率，影响了企业优势的发挥。

3. 集中性目标市场营销策略

(1)概念与特点。这种策略是指酒店企业在市场细分的基础上,选择一个或者几个性质相似的细分市场作为自己的目标市场,集中企业的全部精力和资源,以某几种营销组合手段服务于该市场,实行高度的专业化经营。这种策略比较适合资源能力有限的中小型酒店企业。它们在较大的细分市场上难以取得竞争优势,但在这些比较小的细分市场范围内,可以取得比较高的市场占有率。

(2)优缺点:

采用这种策略的突出优点是能够充分发挥酒店企业的优势,使酒店企业在特定市场上具有强大的竞争力。由于企业经营范围针对性强,容易形成产品与经营的特色,因此,有利于提升酒店企业在特定细分市场上的知名度,增加酒店市场的销售额。

这种策略的不足之处是酒店企业过分依赖小部分市场,具有较大的经营风险。由于酒店企业在市场拓展的面不宽,一旦客人需求发生变化,酒店企业就会出现危机。

(五)酒店市场营销策略选择时的考虑因素

由于目标市场营销策略各有利弊,各有其适应性,酒店在选择目标市场营销策略时就不能随心所欲,必须考虑企业本身的特点及产品和市场状况等因素,在对主客观条件全面衡量后才能加以确定。具体来说,酒店在选择目标市场营销策略时,通常应考虑以下几个因素:

1. 酒店资源

酒店资源包括酒店的人力、物力、财力及酒店形象等。如果酒店规模较大,实力雄厚,有能力占领更大的市场,可采用差异性营销策略或无差异性营销策略;如果酒店资源有限,实力不强,无力兼顾整体市场或几个细分市场,可采用集中性营销策略。

2. 市场同质性

市场同质性是指市场上消费者需求和偏好所具有的类似性。如果消费者的需求和偏好十分相近,购买数量和方式也大体相同,说明市场同质性较高,可采用无差异性营销策略;如果市场需求的差别较大,就宜采用差异性营销策略或集中性营销策略。

3. 产品同质性

产品同质性是指本酒店产品与其他酒店产品的类似性。如果本酒店产品同其他酒店产品相似,说明产品同质性高,适宜采用无差异性营销策略;反之,适宜采用差异性营销策略或集中性营销策略。

4. 产品生命周期

一般而言,酒店产品在市场生命周期的不同阶段,采用的营销策略也有规律可循。若产品处于导入期或成长期,竞争者少,宜采用无差异性营销策略,以便探测市场的需求。产品进入成熟期,适于采取差异性营销策略,以开拓市场。产品进入衰退期,应采取集中性营销策略,集中力量开拓最有利的细分市场,以延长产品的市场寿命。

5. 竞争者数目

当竞争者数目少的时候,一般采用无差异性营销策略;当竞争者数目多的时候,竞争激烈时,宜采用差异性或集中性营销策略。

6. 竞争者的营销策略

酒店在选择目标市场的营销策略时，必须考虑到竞争对手所采取的营销策略。在一般情况下，酒店应采取与竞争对手相反的营销策略，以避免与竞争者直接抗衡。不过，在实践中要灵活应用，根据当时的具体情况做出决定。如果遇到强大的对手实施无差异性营销策略时，可能有较次要的市场被冷落，酒店应该采用差异性营销策略予以占领；如果实力较强的竞争对手已经采用了差异营销策略，酒店难以与之抗衡，需要进行更有效的市场细分，实行集中性营销策略；如果自己的力量较强，则可以根据自己的情况确定营销策略。

三、酒店市场定位

市场定位就是指酒店企业为其产品（品牌）确定一个市场地位，塑造其在目标顾客心目中独特的形象，使产品具有一定特色，适合某些顾客的需求和偏好，并与竞争对手的产品有所区别。

酒店企业进行市场细分和目标市场选择，就是要找准目标顾客；而目标市场定位则是让酒店企业赢得目标顾客的关注。酒店企业进行准确的市场定位，有利于酒店企业建立竞争优势；有利于酒店企业营销组合的精确执行；还有利于避免企业间的恶性竞争等。

（一）酒店市场定位的原则

1. 顾客导向原则

作为酒店市场营销的研究对象，这里的“顾客”特指酒店所选定的有一定规模的客户群，而不是泛指所有顾客。酒店市场营销部门要调查分析这些顾客的共同特点，看他们喜欢什么，讨厌什么，有什么需求和欲望等，再根据这些信息资料，作为市场定位的基本导向，使产品品质符合顾客的需求。

2. 差异化原则

市场定位的目的是要让客人注意到酒店产品和服务与众不同，从而形成特殊印象。从这个角度来看，市场定位的过程，实际上就是一个寻找和展现酒店差异化的过程。这些差异包括产品差异、服务差异、人员差异、环境差异、价格差异、服务过程差异、促销差异、品牌差异、形象差异等。

3. 个性化原则

个性是酒店产品或服务在顾客心中形成了一种“定型”的感觉，是酒店的特色，是酒店独有的。但差异化并不等于个性化，因为任何差异都可以通过各种努力来消除或缩小：价格差异可以通过重新定价来缩小；服务差异可以通过培训、学习来解决；人员差异可以通过高薪聘请来解决；环境差异可以通过装修改造来更新。而酒店的个性则是无法改变的，也无法轻易在短期内模仿和抄袭。酒店市场定位所追求的就是在差异化基础上形成的个性化特质。

4. 灵活性原则

在动态的市场环境中，每一家酒店都审时度势，随时把握最新的行业动态，及时做出调整，以适应不断变化的市场需要。灵活性原则要求酒店在不断变化的环境中，改变故步自封、一成不变的经营观念，去了解新的市场动向，掌握市场的发展趋势，对外部环境时刻保持高度的警惕；根据市场形势的变化，随时调整酒店的营销模式和营销策略。

（二）酒店市场定位的方法

1. 根据产品特色定位

这是一种最为常见的市场定位，主要是根据酒店自己产品的某些优势，或者根据目标顾客所看重的某种利益去进行定位。例如，酒店的建筑风格、坐落地点、服务项目、服务质量、特色菜肴、室内装修、客房档次、价格水平等，或者是以上各种因素的组合。在遇有无敌对地位的竞争对手的情况下，定位的策略是利用自己在潜在受众心目中所拥有的位置，并加以巩固，使之确立为受众心目中同类对象的新位置。

2. 根据价格与质量之间的联系定位

采用这种方法进行市场定位的企业，往往将价格水平作为反映其产品质量的标志。众所周知，价格的重要作用之一，就是体现产品的质量。产品越有特色，质量越好，服务越周到，价格也就越高。

3. 根据产品用途定位

这是指企业根据产品的某种特别用途进行市场定位。例如，如果一家酒店拥有配套完善的会展场地和多功能会议设施，就可以重点在会展接待方面进行业务推广活动，并根据酒店产品的这些特殊优势来树立酒店的市场形象。因此，当会展组织者需要寻找场所时，这家酒店就可能被选中。

4. 根据产品使用者定位

企业通过营销努力，包括通过各种公关活动，同某一社会阶层，特别是社会名流建立起较为频繁的客户关系后，则会被这些特殊顾客所关注。在英国有家莎士比亚剧院，剧院附近有一家小餐馆，规模不大，但是靠近剧院。剧院的演员经常来光顾这家餐馆，与餐馆员工关系密切。很多对莎剧特别是对其演员感兴趣的人，也纷纷前来光顾，该餐馆就成了前来此地观光的游客一定要去的地方之一。

5. 根据产品类别定位

这是指企业可以通过变换自己产品类别的归属，而进行的市场定位。例如，某些酿酒厂所生产的酒精含量很低的啤酒产品，不被定位为酒类商品，而是被定位为软饮料产品。因此，其产品就可以打入更广阔的消费市场，销量也就更大。同样的，有些度假酒店，也不定位为酒店产品，而是定位为休闲疗养中心，从而吸引大量客人前来休闲疗养。通过诸如此类的做法，酒店企业可以有效地扩大自己的目标市场范围。

6. 根据竞争对手定位

这是指一个企业可以通过与同行业中其他市场声望较高的企业进行比较，借助竞争对手的知名度来确定自己的市场地位的定位方法。一般的做法，是通过推出比较性的广告，说明本酒店企业产品与竞争对手产品在某一方面或几个方面的相似之处，更为重要的是，需要让消费者明白本酒店企业产品的优势表现以及核心利益所在，从而达到引起消费者注意，并在其心中留下深刻印象的目的。

（三）酒店市场定位的步骤

1. 分析目标市场特征

酒店市场定位，就是建立在对酒店市场的调查和分析基础之上。因此，信息收集就成为酒店市场定位的重要环节。通过对各类信息进行分析和研究，就可以找出目标市场的一些基本特征。比如，目标市场的消费水平、竞争对手的产品特点、消费需求的心理偏好、潜在顾客的市场规模等，都是酒店企业在市场定位过程中需要了解的。

2. 分析竞争对手的产品

确立了竞争对手之后，酒店企业通过市场营销调查，分析和了解竞争对手的情况、竞争对手的产品种类、设备设施状况、服务质量、管理水平和经营策略等。通过对基本情况的深入了解，分析出竞争对手的优势和不足，从而使企业自身在经营过程中扬长避短。

3. 确定本企业产品特色

确定本企业产品特色，明确市场定位是关键。要了解市场竞争对手的定位情况，了解其产品特色；要研究客人对产品各属性的重视程度，并在市场定位时突出强调客人所关心的产品属性；要考虑酒店企业自身的优势条件和各种资源；充分发挥本企业现在的和潜在的优势；对于那些有待开发，或者需要更新的市场机会进行全面评估，科学地制定经营决策，确定本企业产品和服务在目标市场的地位。

知识拓展

希尔顿酒店集团的差异化战略

作为具有悠久历史的商务酒店，希尔顿酒店集团致力于向更有广阔市场前景的度假酒店市场发展。为了改变其在人们心目中的传统形象，创立一系列具有统一接待标准的度假酒店，树立其作为度假酒店的形象，希尔顿酒店集团实施了全方位营销战略，制订了一整套的营销计划，以此在顾客心目中树立起其具有独特度假酒店网络的概念。

希尔顿度假酒店开发规划中所提到的需要优先执行的 4 项工作包括：建立完整的度假酒店体验、完善度假酒店所需的产品和服务、创建全新的分销渠道，以及开发全新的度假酒店认证标准并付诸行动。希尔顿度假酒店成功的关键是其一直保持着公众对希尔顿全球度假酒店的渴望和向往。新开发的品牌标志及其支持系统使其具有独一无二的魅力，在降低产品价格敏感度的同时却相应地提高了顾客对其产品的忠诚度。

为了提升整体产品和服务质量，并寻求差异化，希尔顿度假酒店开发了一系列全新、独特的产品，具体包括儿童俱乐部、儿童自助餐、人性化的欢迎和告别体验等；同时，希尔顿度假酒店还开发了一些独特的度假体验，如潜水、浪漫假期和 SPA 体验等。为了在成本最小化的同时实现利润最大化，希尔顿酒店集团在互联网上开展了大量的市场营销工作，同时推广了希尔顿度假酒店的新品牌识别系统。希尔顿酒店集团在互联网上向顾客提供 360 度全方位的度假酒店产品体验，这种方式不仅对酒店经营者非常有效，而且能够帮助顾客找到最适合自己需要的度假产品。希尔顿酒店集团还创办了推广其度假酒店产品的电视频道，并通过电子邮件向尽可能多的顾客开展预订和咨询服务。

在营销预算有限的情况下，希尔顿度假酒店注重市场的细分工作，在市场细分的前提下选择适当的目标市场。一般来说,希尔顿度假酒店70%以上的顾客是由旅游中间商提供了一系列定制化的产品展示、详尽全面的介绍材料、定期发布的酒店简报,以及举行一些规模较大的战略销售活动等,这些都会对选择合适的目标中间商产生巨大的影响。

为了将其度假产品信息传递到更广阔的市场群体,包括新闻媒体,希尔顿酒店集团有选择性地参与旅游博览会和交易会,与此同时向与会人员传达极具个性化、极具影响力的产品信息。希尔顿酒店集团并没有满足于前期的销售结果,而是继续创新,力争为顾客创造更多的附加价值,进一步延伸了顾客的度假体验价值链。例如,为了保证顾客在度假前夕一直保持兴奋状态,希尔顿酒店集团会在顾客离家之前不断运用电子邮件的方式向顾客传递度假酒店产品的信息,并采用邀请其参与或公布优惠活动的方式加强与顾客的沟通和联系。而且,一旦登录了希尔顿度假酒店的网站,顾客随时都可以体会到在希尔顿度假的美妙感受,同时还可以下载目的地资料或了解行李托运情况。希尔顿度假酒店产品为顾客创造的附加价值,不仅为顾客提供了与众不同的独特体验,进而也凸显了希尔顿作为度假酒店的独特性。

第四节　酒店营销组合策略

酒店营销组合策略是现代酒店在市场供求之间,为实现产品和劳务交换而采取的各种销售方法和技巧。酒店营销组合策略包括:价格策略、渠道策略、促销策略和产品策略。

一、价格策略

价格策略是酒店通过对市场需求的预测,以及对运营成本的分析,给酒店的各个细分市场制定的不同档次的价格。价格策略是酒店企业销售产品的基本措施和技巧,酒店企业常采用的价格策略主要有:

(一)新产品价格策略

新产品进入市场能否有效地打开销路,价格起着非常关键的作用。常用的新产品定价策略主要有:

1. 撇脂定价策略

撇脂定价策略,又称高价定价策略,原意是从鲜奶中撇取乳脂,含有提取精华的意思。这里是指酒店在产品生命周期的投入期或成长期,利用消费者求新猎奇的心理,抓住市场竞争激烈尚未出现的有利战机,有目的地把价格定高,产品以高价进入市场,以便在最短的时间获得最大的利润,迅速收回投资。当有竞争者进入时,则采用降价的方法限制竞争者的进入。采用这种定价方法,要求酒店提供的产品具有无与伦比的优质性或独特性。

2. 渗透定价策略

渗透定价策略又称低价定价策略。在新产品上市时,产品以低于预期价格的价格进入市场,用物美价廉的产品形象来吸引顾客,以期获得"薄利多销"、迅速占领市场的效果,创造稳定的经营利润。在酒店市场形成买方市场的情况下,许多新开业的酒店都是以这种方式进入市场的。等到占领市场的优势地位后，再逐步提高产品的价格。此策略有利于产品迅速打开市场，便于酒店控制有利的局面，阻止竞争对手的进入。但不利的方面是可能导致投资回收期过长，有一定的经营风险。

3. 满意定价法

满意定价法是介于撇脂定价法和渗透定价法之间的一种定价策略。既能保证企业获得一定的初期利润，又能被广大顾客所接受。

（二）心理定价策略

心理定价是以顾客的心理因素作为酒店的定价依据，制订出合乎心理的价格，以引导消费。

1. 尾数定价策略

尾数定价策略又称为奇数定价策略，指酒店为迎合顾客求廉心理，给产品制订一个接近整数，以零头数结尾的非整数价格策略，如 0.99 元、9.95 元等。奇数定价可以给顾客一个价格低的印象，并能使顾客产生对酒店定价认真合理的信任感，餐饮产品的标价常采用此策略。

2. 整数定价策略

酒店可以利用人们按质论价的心理和追求方便的习惯，给产品制定一个整数价格，并以此来反映产品的高质量。此策略主要用于高档产品，如豪华客房、总统套房等。为满足特殊层次的客人，价格应尽量往上靠，凑足位数，如 800～900 元，不如定 1000 元，这样可以满足一部分客人的虚荣心。

3. 分级定价策略

即酒店将产品按档次分为几级，每级定一个价格来满足不同消费层次的客人需求。档次高的，可满足高消费客人的优越感；档次低的，可满足低消费客人的求廉心理，便于客人按需购买，各得其所。

4. 声望定价策略

即凭借酒店在客人心目中良好信誉和客人对名牌产品、高档产品“价高必优”的心理，以较高的价格吸引客人购买而制定价格的策略。采用这种定价法需要进行详细的市场调查，酒店除了考虑细分市场客人的身份和消费实力以外，还要考虑年龄结构和客人所能接受的最低最高价格限度。特别重要的是，产品的价格必须要与质量相吻合，这样才能符合酒店的信誉，不会损害客人的利益。

5. 招徕定价策略

为了迎合客人的求廉心理，酒店暂时将少数几种产品减价来吸引客人，以招徕生意。其目的是把客人吸引到酒店来，让客人在购买这些低价产品时，也购买其他产品。采用该法定价必须注意：酒店的规模必须较大，选择减价的品种应是日常消费品，削价必须真正能吸引客人。降低价格的产品品种和数量要适当。

（三）差别定价策略

差别定价的基本理论是将同一产品或服务，制定出两种或多种价格，运用在各种需求度不同的细分市场上。在不存在竞争的情况下，决定差价的原则是能够获得实际利益，而

又不至于造成客人的不满。在有竞争的情况下，酒店运用差别定价方法，把最低等级价格定得低于竞争对手的价格，这样既能在竞争中处于有利的地位，又能获得较高的经济收益。

采用需求差别定价法应当注意以下几点：

1. 等级差价是按质论价原则的具体运用

酒店客房的接待对象、面积、位置、朝向、结构、设备、装潢布置等的不同，应该反映在价格的级差上。因此，价格分级应体现出客房的等级，要使客人相信房价的差别是合理的。

2. 等级差价的大小要适宜

有的酒店用固定差价法确定不同等级的房价，如有的相差 10 元，有的则是用百分比，这样较低的几种房价间差额较小，显然后一种定价方式更加富于竞争性。

3. 酒店房价差别定价方法要与市场细分相联系

比如商务客对价格挑剔较少，商务房价比团体房价要高 10%到 20%。因此，旅游酒店、商务酒店应根据各自的接待对象定出合乎实际的差价。

（四）折扣定价策略

折扣定价策略就是按原定价格少收一定比例的现款，让价是在原定价格中少收一定的数量，实质上是一样的，都是一种减价策略。折扣、折让，是酒店有意识地降低其基本定价，以达到争取客人、扩大销售的目的。其主要包括数量折扣、现金折扣、季节折扣、同业折扣和佣金等。

1. 数量折扣

数量折扣是指酒店对那些大量购买某种产品的客人予以一定的减价的方法。数量折扣，也称批量折扣，即根据购买者购买数量的大小给予不同的折扣。一般来说，购买数量越大，折扣越大。实现数量折扣可以起到鼓励客人增加购买数量，建立长期关系的作用，同时使酒店降低各环节的费用。

2. 现金折扣

现金折扣也叫付款期折扣，是对在约定付款期以现金付款或提前付款的客人，给予一定折扣的方法。其目的在于鼓励购买者尽早付款，加速企业资金周转。购买者如以现金付款或提前付款，可以在原商品价格的基础上享受一定的价格优惠折扣。

3. 季节折扣

季节折扣指酒店在淡季给予客人的折扣优惠。季节折扣，也称季节差价。酒店产品的不可储存性，迫使酒店想方设法去刺激淡季需求，折扣就是最有效、最直接的办法。此外，西方的一些酒店制订了家庭房价，吸引家庭旅游者在淡季和周末来酒店居住。

4. 同业折扣与佣金

同业折扣是酒店给予中间商（如旅行社）的价格折扣。加强与旅行社的合作是酒店营销工作的重要组成部分。酒店给予旅行社的佣金数额是决定旅行社是否向酒店介绍客源的重要标准之一。许多西方酒店除了给旅行社优先订房权以外，还给予它们一定的折扣或佣金，具体做法有所不同。采用折扣、佣金，会使酒店的平均房价下降，因此，酒店的经营管理人员必须在事前仔细地研究应采用哪些做法，并做出计划安排。只有在降价增销所增加的营业收入高于所需的直接成本时，各种特殊价格才是可行的。当然，酒店在实施价格策略时，应严格执行有关价格政策，防止利用虚假价格开展营销活动的倾向，也要防止卷入削价竞争的泥淖。

二、渠道策略

渠道策略是酒店在市场营销过程中，采用什么途径、通过什么渠道、向哪些类型的客人或客户销售自己的产品和服务等，营销渠道决定着营销活动的质量和效果。

（一）渠道的种类

酒店市场营销渠道主要有直接渠道和间接渠道两种。直接渠道是指酒店直接向客人出售自己的产品或服务，如客人直接订房，酒店接待无预订客人住店，客人直接到酒店用餐，订餐或预订宴会等。间接渠道是指酒店通过中间商，再由中间商来组织客人住店，如接待团队客人、会议客人、预订代理推销等。酒店销售的中间商主要有旅行社（包括网上旅行社）、酒店联合组织、酒店代理商、旅游信息网、交通运输部门等。

（二）酒店选择营销渠道需考虑的因素

酒店在选择营销渠道时，应注意如下几点：

首先是产品因素，主要是考虑产品的质量。例如，一些质高价优的产品往往被少部分富有的购买者重复购买，因此，在营销这类产品时，宜采用直接营销渠道或窄短的营销渠道。相反，一些大众化的产品由于购买对象复杂，分布较广，宜采用宽长的营销渠道。同时还要考虑该产品的性质，如是新产品，由于知名度较低，在争取中间商时往往花费较多时间和精力，不如采用直接营销渠道。

其次是酒店自身因素。酒店的经济实力、营销管理能力等都是应该考虑的因素。若酒店的资金实力雄厚，可以自己组建营销队伍，或者用较高的佣金吸引更多、更好的中间商队伍；若酒店的营销管理能力较强，可以利用自己的营销队伍来打开市场；反之，则必须以中间商来做营销工作。

再者，营销对象因素。营销对象的人数、分布情况、购买习惯等都会影响酒店企业营销渠道的选择。如果酒店的营销对象数量大且分布广，酒店宜采用宽长的营销渠道，否则可直接营销。

（三）酒店营销渠道的选择策略

1. 广泛销售策略

广泛销售策略是指对中间商不做选择，数量越多越好。该策略的优点是为客人创造了购买方便，缺点是酒店控制管理营销渠道的难度会加大。

2. 独家销售策略

即酒店在一定的市场区域内，择优选择一家中间商，作为销售渠道。采用这一策略，有助于酒店控制中间商，监督其改进服务态度，但相应地影响了顾客购买的方便性。

3. 选择性销售策略

即指酒店在一定的市场区域范围内挑选几家中间商作为销售渠道，这是一个较广泛的适用性策略。

4. 短渠道销售策略

短渠道销售是指酒店选择涉及中间商较少的销售渠道。

5. 长渠道销售策略

长渠道销售策略是指酒店选择涉及中间商较多的销售渠道。运用这一策略时，要考虑效率原则（便于顾客购买）、经济原则（销售渠道能带来足够的营业收入和利润）和客源原则（考虑客源的基本特点）。

三、促销策略

在整个酒店市场上，同类产品或服务都存在诸多的生产者，在产品供给的现实和潜在生产能力大于市场需求的情况下，生产者都面临着由于消费者可能购买别人的同类产品而使自己的产品无法卖出的威胁，并且这种威胁越来越严重，而促销就是消除这一威胁的有力手段。

（一）促销和促销策略

促销即“促进销售”，就是酒店将有关企业或产品的信息，通过各种宣传、吸引和说服的方式，传递给目标消费者，促使其了解并信赖产品所蕴涵的丰富效用，引导他们购买，达到扩大销售的目的。其实质就是宣传产品信息。其方式有广告活动、公关活动、营业推广、内部促销、人员推销、直接邮寄、形象促销等。

促销策略是对促销对象或领域、促销任务、促销目标、促销效果、促销投入、各种限制条件等进行科学选择、配置、控制和分析，使信息宣传、沟通手段和过程系统化、规范化，尽量提高促销活动的效果、效率，使之低投入高产出。

（二）促销策略的内容分析

促销就是营销的沟通过程，促销策略的内容包括信息沟通的全过程，具体而言，在设计促销策略时，应从以下方面着手：

1. 选择促销对象

酒店在开展每一次促销活动时，首先要明确促销的对象是中间商还是顾客，这些对象分布在哪儿，其购买行为、心理活动等有何特点。酒店要针对具体的促销对象来设计具体的促销内容。

2. 选择促销目标

促销目标就是通过促销以解决要解决的问题。一般促销要解决的问题由浅到深有三个层次：

一是认识上的问题，通过促销，让顾客知晓、了解酒店的产品；二是感觉上的问题，通过促销，让顾客对酒店的产品产生好感，产生好的评价；三是行动上的问题，通过促销，让顾客采取购买行动，促进酒店产品的销售。

根据这三个层次，确定具体的促销目标，如增加市场销售额、发展新顾客、打开知名度、塑造公众的品牌意识、激励宾客重复购买、寻求有关机构的理解和支持等。根据这些细分目标，对涉及促销的种种因素做不同的组合。

3. 选择促销设计方案

酒店要合理设计信息宣传方案，确保信息的有效性。

4. 选择信息沟通渠道

采用何种渠道来传递信息，是大众传播渠道、人际沟通渠道，还是酒店内部渠道？如何做好这些信息渠道的有机组合，使之扬长避短，对营销效果影响很大。

5. 制订促销预算

根据酒店经营的现状、产品的特点、流动资金的情况、目标顾客的特征等因素来制订促销费用预算，常采用的方法是：目标导向法，即根据具体的促销目标来确定需要的费用。竞争对抗法，即根据竞争对手的促销费用情况确定费用。销售比例法，即根据酒店历年的营业额或者利润按比例抽取促销费用。在制订促销预算时，不必顾忌促销费用，因为促销可以帮助酒店实现某个具体的经营目标，吸引更多的顾客来酒店消费，增加酒店的营业收入，提高酒店的利润率。

6. 确定促销组合方式

酒店应决定各种促销方式，比如广告活动、人员促销、直接邮寄、形象促销等。根据国家的有关法律和法规，确定每次促销活动的活动规则，确保促销活动的严肃性和合法性。

7. 评估促销效果

按照确定的促销目标，比较营业额、公众态度等指标的变化，评估每次促销效果，总结成败得失。

8. 分析促销活动的限制因素

在设计促销组合策略时，为了保证促销活动的有效性，酒店应周密考虑不可控因素或不确定因素对促销活动可能发生的影响以及相应的应急对策。当然，在分析限制因素时，酒店应本着抓住重点照顾一般的原则，抓住重点，合理分配精力、物力和财力。防止主要精力被众多的小事所牵扯。

9. 加强促销全过程的管理和协调

任命一名负责信息沟通的主管人员，专门负责说服性的信息沟通工作。制定不同促销工具的使用范围以及信息沟通宗旨。对用于产品、促销工具、产品生命周期不同阶段的所有促销费用进行跟踪，并观察其效果。

（三）常见促销手段分析

促销的手段和方法最为丰富。常见的促销手段有：

1. 酒店广告

这是指酒店用付费的方式选择和制作有关酒店产品的信息，并由媒体发布，以传递有关信息，唤起消费者注意，说服消费者购买或使用，扩大影响和知名度，树立酒店和产品的形象，达到促销目的的一种营销方法。

2. 公共关系

这是指酒店为了加强与公众的信息沟通，增进酒店与公众的相互了解，协调各方面关系，树立良好的企业形象，提高酒店知名度和美誉度，为酒店的市场营销活动创造良好的

外部环境所开展的一系列专题性或日常性活动的总和。这些活动既包括各项专业色彩浓厚的专题公关活动(如新闻发布会、大型庆典活动、大型酬宾活动等),又包括所有日常性的活动(如日常的服务活动、广告活动、礼仪活动等)。公共关系的优势在于其浓厚的"感情色彩",往往能达到"以情动人"的效果。

3. 营业推广

这是指酒店为劝诱顾客购买某一特定的产品或服务而推出的各种短期性促销活动的总称。其典型做法有价格优惠、现场抽奖、积分、赠送、优先照顾等。营业推广的优势是在短期内促使顾客产生强烈而快速的购买反应,取得"立竿见影"的效果。但营业推广偏重于短期效应,对于建立长期品牌偏爱和品牌推广方面的效果并不理想。

4. 人员推销

这是一种传统的销售方式,指酒店销售人员通过人际交往的方式,向客人进行介绍、说服等工作,促使客人了解并愿意购买酒店的产品和服务,如销售人员联系走访代理商、中间商、团体、VIP 客户以及相关客户等。这种促销方式的优势在于强化了交易过程中的感情色彩,有利于培养稳定的交易关系,但促销人力成本较高。

知识拓展

客房促销十法

1. 主题营造法:如文学家、美食家、收藏家、书法家主题客房等。一般而言,应以当地历史文化元素为切入点。

2. VIP 命名法:在预订好住房的前提下,根据 VIP 客人要求做个性化布置,重新给房间命名,也可以用英文名代替房号。

3. 延住奖励法:如客人下榻酒店两天以上,从第三天起每延长一天即可获得一定的餐饮有价券,或换算成客房折扣积分。

4. 电话促销法:客房电话机均采用 IP 制式并免收服务费,鼓励下榻客人在房内打长途电话。

5. 退房延时法:视酒店出租率情况可同意客人将退房延时到下午 3~6 时。

6. 钟点定价法:把客房以间夜为单位改为以小时为单位,如 1 小时收费是 25 元,2 小时收费是 50 元,3 小时收费是 70 元,6 小时收费是 110 元,12 小时收费是 180 元……"钟点房"适合交通枢纽区、大学住宿区、商务办公区、国际机场和火车站等。

7. 积分奖励法:以"间夜"为 1 个积分单位,按每季或每年统计并给予相应的免费房间夜,或是客人在酒店内消费的总额一并作为积分奖励的累计数。

8. 绿色环保法:鼓励下榻客人积极投入环保活动。如选择不放置或减少"一次性客用品"的数量,或减少布草洗涤次数,均可获得相应的房价折扣,并在离店结账时兑现。

9. 鼓励投诉法:客人凡在其下榻的客房内,根据管家部列出的"产品质量承诺一览表",找出与"OK 房"不相称(包括设施设备和服务项目)的内容或项目,敢于向酒店投诉的客人,可视其情节给予相应的物质奖励,或是某种优惠和折扣。

10. 常客计划法:将酒店常客列入"常客奖励计划",以 VIP 跟踪服务系统,统计其入住酒店的频率,并实施奖励(包括入住升级等)。

四、产品策略

酒店的市场营销活动是以满足顾客的需求为中心，而顾客需求的满足只能通过酒店提供的产品和服务来实现。因此，产品是酒店市场营销组合中的一个重要因素。产品策略直接影响和决定着酒店对其他市场营销因素的管理，对酒店市场营销的成败关系重大。在现代市场经济条件下，每一家酒店都应致力于产品质量的提高和组合结构的优化，以更好地满足顾客需求，取得更好的经济效益。

（一）酒店产品的概念

酒店产品是指能提供给市场，用于满足顾客某种欲望和需求的任何酒店吸引物，包括提供酒店服务的载体、酒店服务、酒店消费场所等。酒店的整体产品包括核心产品、有形产品、附加产品、期望产品和潜在产品五个层次。

1. 酒店核心产品

酒店核心产品是产品的最基本层次，是酒店产品提供给客人的核心利益，这种利益表现为客人希望由酒店所解决的各种基本问题，比如住宿的安全、舒适、卫生、健康等。这就是消费者所要购买的产品。酒店核心产品主要是无形的服务，包含顾客感受到的基本需求或追求的基本利益。

2. 酒店有形产品

酒店有形产品是核心产品借以实现的形式，即向市场提供的实体和服务的形象，而且说明了在具体时间以具体价格所提供的产品，比如酒店提供给客人的客房、餐饮等，这是酒店产品的实体性基础，产品的效用必须通过具体的形式才能得以实现。

3. 酒店附加产品

酒店附加产品指消费者购买酒店产品时所获得的全部附加服务和利益，比如酒店免费提供停车场、机场接送服务，代订机票火车票、赠送花篮果篮、赠送生日蛋糕等。附加产品来源于对市场需求的深入认识，因为消费者是为了满足某种需求，因而他们希望得到与满足该项需求有关的一切。酒店产品包括能为顾客带来附加价值的要素，通常通过由基本产品延伸的服务体现出来。由于酒店市场竞争越来越激烈，酒店所提供的产品的附加利益，在市场竞争中越来越重要，成为竞争的重要手段。

4. 酒店期望产品

酒店期望产品就是一般消费者所普遍认同的酒店产品，能够满足消费者的需求，达到消费者的愿望。

5. 酒店潜在产品

酒店潜在产品是酒店产品的第五个层次，即酒店将来可能会投放市场的新产品和新服务。

（二）酒店产品组合

酒店产品组合是由酒店经营者生产的，向客人提供的全部产品线的组合方式，主要涉及产品线的广度、深度和关联度。一般来说，酒店产品不是由酒店单个部门或个人能够全部提供的；另一方面，客人需要的也不是单个产品，而是多种产品的组合。由于客人的需求各不相同,对酒店产品的要求也就不会一致,因此,酒店要针对不同的客人,开发不同的产品组合,形成不同的产品系列,以供客人选择。

酒店产品线是指在产品功能、性质及价格等方面有一定的相似性,能够满足同一类客人需求的一系列产品。比如,一家度假型的酒店,主要接待度假的客人。酒店向度假客人提供的住宿产品就是它的一条产品线。同一家酒店所经营的产品线的数量,就是产品线的广度。犹如一家酒店客房、餐饮、娱乐和疗养等产品,这就是该酒店产品线的广度。同一产品线所包含的产品种类的多少,叫作产品体现的深度。比如,一家酒店经营的客房包括豪华套间、行政套房、总统套房、标准间、单人间、大床房等,说明该酒店的客房产品线深度比较深;如果经营的客房只包含标准间和单人间,就说明该酒店客房产品线深度较浅。产品线之间相互关联的程度,叫作产品线的关联度。如果一家酒店提供温泉疗养、旅游会展和运动健身设施设备,显示该酒店的产品关联度高。

常见的产品组合策略有以下几种。

1. 多线深线型

多线深线型是指酒店同时经营多条产品线,产品线的宽度较宽,在每一条产品线中又增加产品的种类,即产品线的深度也较深。例如,有些酒店既经营客房业务,又经营餐饮业务和旅游景点。国际上著名的酒店集团,都在原有产品基础上进行产品延伸。例如,洲际酒店集团的假日酒店由经济型的酒店品牌延伸到豪华型的皇冠假日品牌和华邑品牌。万豪酒店集团更是将万豪的品牌扩展到上自丽思·卡尔顿,下到经济型的福菲贝德品牌。这种策略有利于酒店满足不同市场的需求,分散经营风险。

2. 市场专业型

市场专业型是酒店面向同一市场,提供不同的产品,以满足市场多样化和细致化的需求。运用市场专业型策略时,先要了解目标市场的需求特点,再去开发满足这些需求的多样化和多层次酒店产品,比如,商务酒店向商务客人提供不同种类的客房产品,包括行政套房、豪华大床房、单人房、双人房、钟点房等。

3. 产品专业型

产品专业型是酒店专门经营某一类型的产品,来满足不同市场的同一类需求。比如,一家酒店的餐厅,只经营日本料理,来满足所有客人的需求。由于产品单一,经营成本比较低,有利于对产品进行深度开发。但是,产品过于单一,经营风险较大。

案例分析

希尔顿酒店集团独特的营销文化理念

希尔顿把酒店当作"产业"来经营,虽然他努力要求酒店做到宾至如归,但他更重视不断扩大实力。只要有机会,他会用最低的价格,收购即将倒闭的酒店,再把酒店重新装修好开业,并运用先进的经营管理技术,迅速发展酒店的业务。等到酒店发展好了,他用高出买价的几倍价格,又把酒店卖出去,赚了一大笔,积累了资金,扩大了资本。

达拉斯希尔顿酒店的落成,是希尔顿平生第一次成功冒险。于是,他更专注于酒店经营事业,思考新的冒险,追求更大的成就。他要以得克萨斯为基地,每年增加一家酒店,再向各地扩散，逐渐建立起一个酒店网络系统，最后形成一个酒店王国。希尔顿脚踏实地，一步步朝着自己的目标努力，成功地建立了一家酒店集团，形成了一个希尔顿酒店帝国。这时，他渴望成为酒店大王的愿望越来越坚定，越来越明确了。他最终得到了世界上最有名、最豪华的华尔道夫—莱斯托利亚大酒店，尽管成功完成这一计划共花费了他18年的时间。

20世纪60年代，希尔顿敏锐地意识到美国国内酒店已基本饱和，酒店利润日渐缩小，因此，在第73家酒店的落成典礼上，他宣布："到此为止，不在国内建造酒店了"。他采取"避实击虚，投资海外"的经营战略，施展他的资本运用理论和实践能力，实施向海外拓展的战略。他说："希尔顿国际企业的经营，是依据独特的哲学发展而成的。我们向海外发展，并非为美国向国外吸收利益，而是要和海外的企业家携手合作，共存共荣。自然，在海外经营酒店，是替国内的股东谋取利益，不过，倘若目的仅仅在此，那就不必在海外发展任何事业，因为在国内同样可以达到这个目的。"为了满足其资本运营的需要，希尔顿大力开发海外酒店和市场。在美国本土以外，希尔顿酒店一座座建立起来。在英国，希尔顿酒店建在了白金汉宫的旁边，而且还可以从酒店的楼上一览无余地眺望白金汉宫的庭院。尽管这在当时引起了轩然大波，但却满足了人们对王室的好奇心，酒店入住率居高不下。

成功的收购不仅扩张了希尔顿的事业，而且让他懂得了酒店经营必须与时代并进的道理，产生了新的经营哲学。在收购的过程中他认识到，在交通便利、发达的时代，地球已经变成一个小小的村落，朝发夕至已不再是一个梦想。在这种时代背景下，酒店的功能已不仅是为旅客提供住宿，而是发展成为大公司的新闻发布、新产品的推介或大企业集会的舞台。针对这种变化，希尔顿在酒店构造及格局上进行了调整和改革。

希尔顿认为，像华尔道夫那样豪华奢侈的超大型建筑已不合潮流，便在国内建酒店时减小房间面积，提供更舒适、温馨的小房间。同时，更注重酒店的舒适服务。落成的斯塔拉尔希尔顿酒店等都以小巧、新颖、舒适和设施齐全的特点，受到客人的喜爱。他还在内部推行了互助预订房间的办法。客人住进一家希尔顿酒店之后，就可预订别的城市或国家的希尔顿酒店的房间，大大方便了客人。这种网络化的经营方式给希尔顿带来了极大的经济效益，使当时希尔顿酒店的股票大幅上涨。

希尔顿知道逐渐富裕起来的中产阶级热衷于去国外旅行游览，便针对他们的需求，在国外的主要城市建设美国式豪华酒店，让他们享受一下上层阶级所享受的气氛。希尔顿早就着手布置海外酒店网，定下了酒店之间便利客人来往的航空路线，使得在国内已无发展余地的酒店找到了更加广阔的出路。当有人问希尔顿，把握经营尖端的诀窍是什么？希尔顿露出了微笑，意味深长地说："站在时代的前沿，这就是我的诀窍。"

希尔顿酒店集团一流的市场业绩在很大程度上与其一流的营销是紧密关联的。首先，希尔顿十分注重市场调研，随时了解市场需求。希尔顿酒店集团有专门的部门负责从世界各地的航空公司、旅游办事处、政府机构等收集市场信息，将其作为集团营销和产品开发决策的依据。其次，形式多样的高效促销活动，极大地提升了希尔顿品牌的知名度和影响力。希尔顿在全球范围内经常开展形式多样的促销活动，例如：Honors促销活动、银发旅游促销活动、周末度假促销活动、家庭度假站促销活动等，吸引了大批的特定目标市场客人。同时，还十分重视公益营销，以树立公司良好的社会形象。希尔顿酒店集团设立专门的捐赠审查委员会，其职责在于决定公司慈善资金的使用。希尔顿的捐赠对象主要集中于以下几个方面：教育、健康、青年人项目、当地项目与公共政策。再次，希尔顿十分重视利用网络技术进行营销。1973 年所有希尔顿酒店统一使用 CRS；1999 年 4 月，希尔顿酒店集团宣布使用新的中央预定系统（HILSTAR）；1995 年 8 月，希尔顿因特网站开通。先进的信息网络技术为希尔顿拓展全球市场增添了腾飞的翅膀。

·讨论题·

1. 希尔顿酒店在发展过程中的不同阶段，其市场营销观念有何变化？具体表现在哪些方面？请分析发生变化的原因。

2. 希尔顿酒店的成功经验给我们哪些启示？

复习思考题

1. 酒店市场营销的概念是什么？
2. 简述酒店市场营销的发展过程。
3. 酒店市场营销管理的内容是什么？
4. 酒店市场营销管理的功能是什么？
5. 如何进行酒店市场营销调研？
6. 如果进行酒店市场营销环境分析？
7. 酒店市场细分的意义是什么？
8. 如何选择酒店目标市场？
9. 酒店市场定位的方法是什么？
10. 酒店营销组合策略包括哪些策略？

实训项目

制定酒店客房的产品价格

实训目的：制定酒店客房的产品价格，使学生能够熟悉运用酒店产品营销策略。

实训方法：

1. 全班学生分为若干个小组，以小组为单位实训。

2. 选择本地一家酒店，将其作为调查分析的对象，分析该酒店的房价。

3. 以小组为单位，组织收集资料，研讨；在充分讨论的基础上，形成小组的结论报告，做成 PPT。

4. 小组汇报，讨论交流。

5. 老师最后总结，点评各小组实训成绩。

第六章 酒店人力资源管理

学习目标

1. 了解酒店人力资源管理的概念；
2. 了解酒店人力资源管理的内容与目标；
3. 掌握酒店人力资源规划方法和制定程序；
4. 掌握酒店员工招聘的程序和方法；
5. 掌握酒店员工培训方法与职业发展计划的制定；
6. 熟悉酒店员工素质测评与开发；
7. 掌握酒店激励管理；
8. 熟悉酒店薪酬管理。

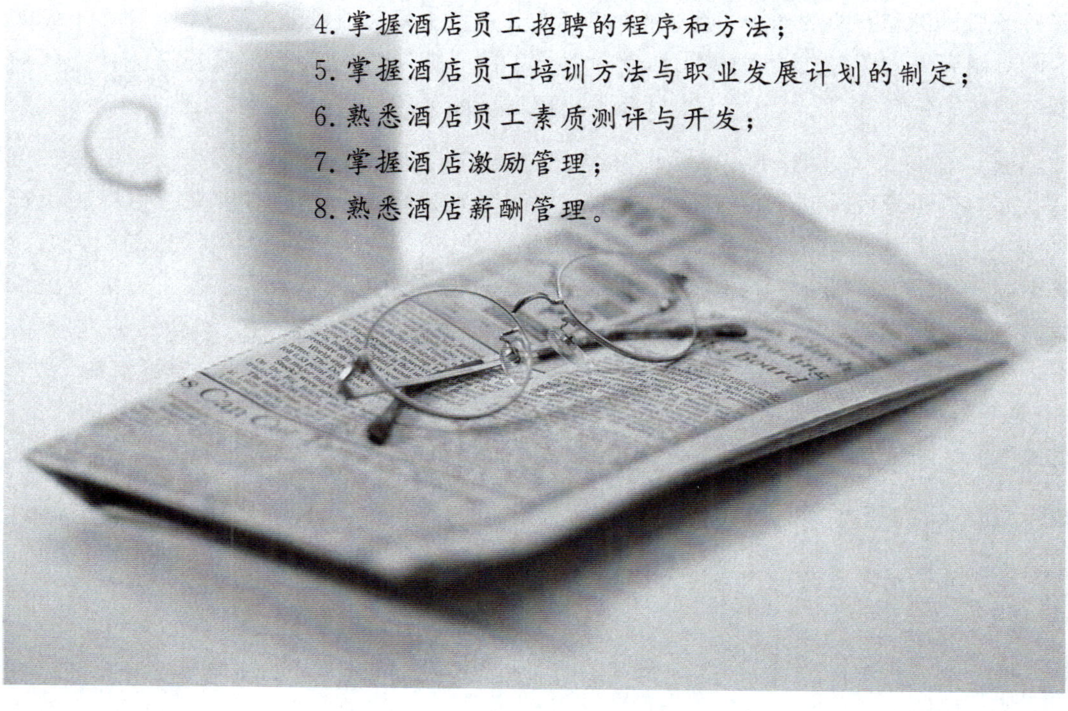

第一节 酒店人力资源管理概述

酒店属于劳动力密集型的行业，以人为中心，酒店员工是企业发展的动力。管理大师彼得·德鲁克认为："企业只有一个真正的资源，那就是人。"人力资源是企业最重要的资源，人是企业最宝贵的财富，酒店管理的核心就是对人的管理。

一、酒店人力资源管理的相关概念

（一）酒店人力资源的概念

1. 人力资源的定义

人力资源（Human Resource，简称 HR）是指存在于人体的智力资源，是人类进行生产或提供服务，推动整个经济和社会发展的劳动者各种能力的总称。

2. 酒店人力资源的定义

酒店人力资源是指酒店内具有劳动能力并能推动酒店发展的劳动者各种能力的总和。作为酒店的人力资源，需要具备以下五个要素：职业道德、文化素质、身体素质、心理素质、技术素质。

（二）酒店人力资源管理的概念

人力资源管理是指对人力资源的聘用、评价、发展、激励和控制的过程，包括一切对酒店中的员工构成直接影响的管理决策及其实践活动。酒店人力资源管理包括量的管理和质的管理两个方面。

对酒店人力资源进行量的管理，就是通过对员工的招聘、组织和协调，使人力与物力保持最佳比例和有机的组合，使人和物都能充分发挥出最佳效益。

对酒店人力资源进行质的管理，就是对员工的心理和行为进行管理，充分调动人的积极主动性和创造性，使有限的人力资源发挥出尽可能大的作用。

（三）酒店人力资源管理的意义

人力资源管理不同于传统的人事管理。传统人事管理从管理层次来看多处于执行层，为非生产与效益部门，管理活动多为被动反应性，内容简单；其最大的缺点是视人力为成本，而缺乏对具体的人本身及其能力的重视。人力资源管理从管理层次来看处于决策层，为生产与效益部门，注重以人为本，视人力为资源，管理活动多为主动开发性，内容丰富。人力资源管理在酒店管理中具有重要意义，是保证酒店经营活动顺利进行的必要条件；是提高酒店员工素质，增强酒店活力，保证酒店在激烈的竞争中立于不败之地的前提；是提高酒店服务质量，创造良好社会、经济效益的保证。

二、酒店人力资源管理的内容

酒店人力资源管理的内容，可以简单概括为选人、育人、用人、留人四个方面。

（一）选人

选人是人力资源管理与开发的第一步。如果人选得好，势必育人容易，用人得心应手，留人也方便。要选好人，首先选人者本身要具有较高的素质和相应的专业知识，也就是说，伯乐要具备一定的水平；其次，被选者的数量和层次结构也要适当。此外，“最适原则”高于“最优原则”。

（二）育人

育人即培育人才。酒店的发展需要靠人推动，育人就是加强推动力。酒店的人才培育要注意因材施教，强调实用原则，避免育人不当。

（三）用人

用人是人力资源开发与管理的主要目标，是工作成效的检验标志；酒店人力资源部对员工应量才录用，要避免“大材小用”和“小材大用”；要按照员工的身心要求设计工作，使得工作尽可能丰富一些，合适一些，恰当一些，并为员工创造良好的工作环境；在报酬分配上要体现“多劳多得，优质优价”的原则。

（四）留人

人才留不住是人力资源管理部门的失职。在当前酒店人才流失严重的现状下，要想留住人才，需要制定富有竞争力的工资报酬体系，为员工创造良好的工作环境，提供个人发展空间，使酒店和员工双双受益。

三、酒店人力资源管理的目标

酒店人力资源管理的目标可以划分为三个层次：最终目标、基本目标和具体目标。

（一）最终目标——提高酒店的组织绩效

提高组织绩效是酒店人力资源管理最终要达到的目标，这个目标主要体现在两个方面：一是酒店劳动效益的提高，二是酒店拥有良好的公众形象。

（二）基本目标——提高酒店员工的工作绩效

员工良好的工作绩效来源于员工的满意度和员工的稳定性。要实现提高员工工作绩效的基本标准，就需要以人为本，真正做到重视人、理解人、尊重人、关心人、爱护人，激励人，凝聚人和培养人，提高员工的满意度和忠诚度。

（三）具体目标

1. 造就一支优秀的员工队伍

人力资源管理，就是要广招贤人，注重培养，提高员工素质，使员工队伍在数量和质量上都能保证酒店业务活动的正常进行。要加强对员工的培训和教育，不仅要进行业务技能的培训，还要培养员工的酒店服务意识以及职业自豪感。通过对员工队伍的科学管理和有效的激励，建成一支高素质的专业化员工队伍。

2. 创造最优的劳动组织

酒店人力资源管理，就是要使员工得到最佳组合，使员工的行为协调一致，使群体效能之和大于个体效能之和。做到职责分明、各尽所能，人尽其才，才尽其用；形成一个精干、有序、高效的劳动组织。一个优良的酒店劳动组织，必须要经过科学地配置、最佳的人员组合，每个人的行为协调一致，齐心合力，才能达到酒店的目标。

3. 创造良好的人事工作环境

酒店人力资源管理的实质，并非仅仅去管人，而是谋求人和事的最佳配合。酒店人力资源管理就是要通过各种有效的激励措施，创造一个良好的人事工作环境，使员工安于工作、乐于工作，最大限度地发挥自己的聪明才智，从而提高员工的满意度和稳定性。酒店要建立一套科学的人力资源管理体制，包括员工的招聘和培训、员工的职业规划和发展，发挥员工的潜能，提高员工的积极性。酒店有了满意的员工，才会有满意的客人。

四、酒店人力资源部的组织机构和职能

酒店人力资源部是计划、指导、监督和调节人力资源活动或处理日常行政事务，直接为业务经营部门服务的机构，是管理职能部门。

(一)酒店人力资源部的组织机构

人力资源部的组织机构是有效行使其各项管理职能，并提高管理效率的组织保证。酒店人力资源部的组织机构没有统一模式，取决于各酒店的规模大小、人员编制、各管理职能的具体分工和安排。一般的情况是：大型酒店的人力资源部由总监（经理）全面负责，下设副总监（副经理），具体协助管理人事与培训工作；中小型酒店的人力资源管理部门由经理全面负责，具体分工由各职能专员担任。酒店人力资源部的组织机构如图 6-1 所示。

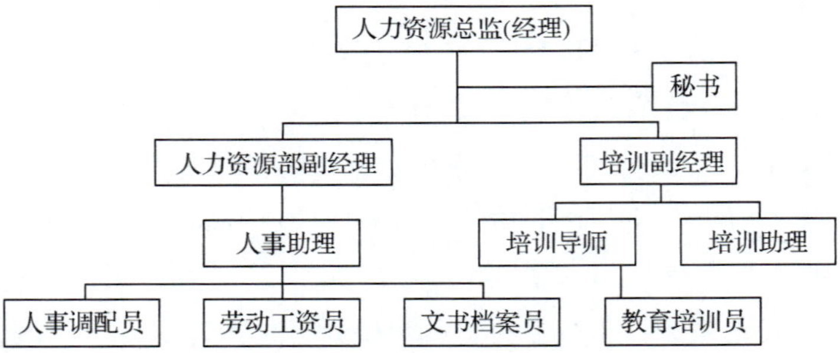

图 6-1 酒店人力资源部的组织机构

(二)酒店人力资源部的职能

酒店人力资源部的具体职能主要包括：

1. 根据酒店经营管理需要，设计酒店的机构，设置各部门的编制；
2. 负责用劳动定额和定员编制等对劳动组织进行管理；
3. 负责计划与实施酒店员工招聘工作；
4. 负责员工记录管理，编写《员工手册》，制定并执行有关规章制度；
5. 制定人事及培训政策、程序及各项规章制度，并确保其贯彻执行；
6. 根据国家和酒店的工资福利政策，做好工资、福利及劳动保护工作；
7. 确保酒店所有规章制度均予以制定、传达以及执行；
8. 负责管理员工档案，做好人事统计；
9. 编制适合酒店需求的培训计划并予以实施，确保所有相关员工能够接受有效的培训，提高员工的工作能力和素质；

10. 定期组织员工参加体育及社会活动，培养员工的团队精神和高尚品德，增强酒店凝聚力，树立酒店形象；

11. 制定并执行定期对员工进行评估的制度；

12. 负责员工的奖惩管理，听取员工的意见和建议，处理员工投诉。

知识拓展

国际酒店集团的文化

1. 企业对顾客的承诺

四季酒店集团：我们的酒店物业，都会因非凡的设计和完善的设备而更具价值。我们遵循严谨的道德操守，提供殷勤的个性化服务，必能满足贵客的严格要求，迎合他们的品位，以维持我们在全球高级豪华酒店机构中的崇高地位。

希尔顿酒店集团：顾客是企业的生命，为了保持顾客高水平的满意度，我们不断地听取评估顾客的意见，在我们所在的各个国家实行公平的制度来处理顾客投诉，并尊重消费者权利。

万豪酒店集团：万豪优质服务的声誉来自万豪创立并长期秉承的传统，酒店简单的服务目标“食品好，服务好，价格合理”。不遗余力地为顾客着想。对顾客无微不至地关心。

圣丹特酒店集团：圣丹特酒店集团客户方针——我们酒店的效益来自我们客人的满意体系，这也是作为一个酒店行业中最大的、最重要的体系。先进的数据、资料将会衡量出产品和服务的质量，同时也直接关系到客人对酒店的满意程度和是否会再次光临。

香格里拉酒店集团：我们要把赢得客人忠实感作为事业发展的主要驱动力，体现在始终如一地为客人提供优质服务。在每一次同客人接触时，令客人喜出望外。行政管理人员要与客人保持直接接触。我们的使命宣言：为客人提供物有所值的特色服务和创新产品，令客人喜出望外。

雷迪森酒店集团：雷迪森酒店集团的目标是100%的顾客满意率，如果你对某项服务不满意，请让我们知道。我们将对该项服务进行纠正。否则，你可以不付款。

2. 企业对员工的承诺

四季酒店集团：我们相信，无论所做何事，每个人都需要拥有尊严、自豪及满足感。若要满足客人的需要，必须携手同心，才可得以致之。我们的信念，就是上下一心，重视每个人的贡献和重要性，彼此互相尊重，达到最大的效益。在四季，我们以期望员工对待顾客的方式来对待员工一样热情、彬彬有礼和尊重。我们知道，只有员工的高效和满意，顾客才能满意和不断光临。作为对待员工责任的一部分，四季以提供补偿和利益计划而感到自豪，包括竞争性的收入和奖励。四季酒店对员工的待遇和职业发展都进行了细微的规划：得体的制服、员工辅助计划、职业发展计划、职业培训、教育辅助计划、免费工作餐、内部提升。

希尔顿酒店集团：我们承诺为我们的员工、客人提供健康、安全的环境。在所有的经营管理中，我们采用最完备的健康安全体系，采取风险式管理，使事故发生率合理有效地降到最低限度。

万豪酒店集团：服务于员工的精神，坚定不移的信念是：“员工是最重要的资产”，为员工提供个人成长发展的环境；我们获得聘用有爱心、道德品质优良、诚实可靠员工的好名声；家庭一样的气氛，友好和谐的工作关系；实行激励机制，奖励员工所做出的贡献；以万豪的名字和业绩为荣。

凯悦酒店集团：改革创新和创业精神是我们经营的基础。我们的目标是吸引并保留一支提供优质服务的生力军，他们富于创新精神，以顾客为中心，并能充分反映当地文化。我们相信：信息灵通的工作，充满激情的员工是我们实现目标的有力保证。公司努力在世界各地给员工提供一个公正、合乎道德标准的工作环境。我们的员工是我们的基本资产，他们对凯悦集团价值观的认可使我们与众不同。

香格里拉酒店集团：我们要努力创造一个既有利于员工的事业发展，又有助于实现他们个人生活目标的环境。

洲际酒店集团：洲际酒店集团在所有酒店的品牌服务、产品质量、设计、构造以及经营方面都要求执行一个严格的标准，怎样去做到呢？完全依靠我们基层受过培训并且具有高标准的所有员工。我们对员工的培训包括：掌握必需的经营管理方法，提高服务水平，对员工进行一些额外知识的培训。

3. 员工对顾客的承诺

四季酒店集团：每一个工作日，因为优秀的服务文化和创造性的员工，对客人的服务都会有所不同。正是这种文化，使我们能够超越我们的竞争对手。这种无形的特性，使我们重要的客人再次光临我们，并且促使我们在同行业中提供最好的服务。

万豪酒店集团：万豪酒店集团服务于顾客的精神，“顾客永远是对的”，是我们遵循的信条。操作性最强的管理方式，就是“四处走动的管理方式”，对顾客无微不至地关心，不断改革和创新的服务意识；以顾客信赖万豪个性化服务品质为荣；以顾客在世界各地旅行中，能够识别或选择万豪品牌为荣。

圣丹特酒店集团：顾客是第一位的，我们对他们的需求负责，努力解决他们的问题，创造超过他们所期望的产品和服务，奖励那些发现和补充新的有价值观念的人。我们以尊重与真诚来对待每一个人和顾客，尊重个人价值与不同的文化和工作方法，我们通过团队工作来达到我们的目的。

香格里拉酒店集团：我们要把赢得客人忠实感作为事业发展的主要驱动力，具体体现在：始终如一地为客人提供优质服务。在每一次同客人接触时，令客人喜出望外。行政管理人员与客人保持直接接触。我们要使员工能够在为客人服务的现场及时做出果断决定。

第二节　酒店人力资源管理规划

酒店的生存和发展需要有一支高质量、高效率的员工队伍，在内外部环境变化和激烈的竞争中，人才的缺乏成为酒店发展的最大障碍。职业化的管理人才争夺激烈，而人力资源费用又在不断上涨，且大大超过酒店营业收入的增长幅度，而人才的培养也并非一朝一夕之事，这些问题使得酒店维持具有竞争力、高质量的人力资源存在一定困难。因此，必须制定精确的人力资源管理规划，争取用最小的成本保持酒店拥有一支高效的员工队伍。

一、酒店人力资源管理规划的制定

人力资源管理规划是酒店组织为实现自身的发展目标，通过科学的预测，分析酒店在环境变化中，人力资源的供给和需求情况，以确保自身在需要的时间和需要的岗位上获得所需的人才，并且使组织和个体得到长期的利益与发展而制定的必要的政策和措施。

（一）酒店人力资源管理规划的概念

酒店人力资源管理规划是酒店人力资源管理的初始环节。制定合理的人力资源管理计划，可以加强人力资源管理的事前控制，有助于保持酒店经营水平的稳定发展。

1. 人力资源管理规划的类型

人力资源管理计划根据计划的性质，可分为战略计划和战术计划；根据时间跨度长短，可分为五年以上的长期计划、3～5 年的中期计划，以及 1 年的短期计划。从计划的内容看，有人力资源管理总体规划、人员补充计划、人员配备和使用计划、人力资源发展计划、员工培训与职业发展规划、员工薪酬计划、绩效评估及激励计划、劳动关系计划、员工退休和聘用计划等。

2. 人力资源管理规划的目标

制定人力资源管理规划，可以确保酒店取得并保持所需要的、具有一定数量和质量的人力资源；预测和分析本酒店中存在的人力资源过剩、潜在过剩以及人力资源不足问题；充分开发利用酒店现有的人力资源，促进人力资源素质的提高，增强酒店对未来环境变化的适应能力；在保证酒店目标实现的前提下，满足员工个人的利益和需求，并减少本酒店对外部人力资源供给的依赖性。

（二）酒店人力资源管理规划的作用

酒店人力资源管理规划可以保障酒店在外部环境变化下所导致的酒店发展战略和经营战略改变的前提下，有适量、适岗的人力资源支持，提高经营水平。具体来说，表现在以下三个方面：

1. 为酒店发展提供充足的人力资源

作为员工流动率较高的行业，酒店不得不面对高流动率所带来的问题。员工的流动会造成岗位空缺，但是由于酒店员工招聘与录用需要一定的时间，不可能及时地补充岗位。因此，需要提前对酒店人力资源的供求预测进行分析，制定总体人力资源管理规划，从而为酒店发展提供充足的人力资源。

2. 有利于减少酒店人力资源引进的盲目性

若酒店对人力资源的引进没有很好的规划，就会出现岗位空缺时的临时招聘，由于时间仓促，不仅会导致录用标准的下降，甚至会出现员工在没有经过完善培训的情况下上岗，影响酒店的服务质量。通过制定科学的人力资源管理规划，以酒店的发展情况以及酒店内部的人力资源盘点为依据，定期招聘，进行人力资源储备，可以减少由临时招聘所导致的人力资源的盲目引进。

3. 控制人工成本

酒店作为劳动密集型产业，人工成本在酒店经营成本中占据较大比重。而人工成本当中最大的支出是工资，工资总额要根据酒店人员职务及级别的分布状况来决定。当酒店处于新兴阶段时，低职务的员工较多，人工成本相对便宜。随着时间的推移，人员职务水平的提升以及物价上升，人工成本可能超过酒店所能承担的能力。在没有人力资源管理规划的前提下，就无法预知未来人工成本的变化。因此，建立在未来酒店发展预测的基础上制定的人力资源管理规划可调整酒店内部员工的分布情况，从而把人工成本控制在合理的范围内。

二、酒店人力资源管理规划制定的程序

酒店人力资源管理规划是酒店人力资源管理的一项基础性工作，是酒店人力资源供需平衡的管理过程。一个系统的人力资源管理规划需要依据内外环境的变化，依据酒店的经营战略，以及人力资源的现状，对酒店的人力资源进行供给需求预测，并且以此为依据，制定酒店的人力资源管理规划，其程序分为如下几个阶段：

（一）调查分析准备阶段

酒店在制定人力资源管理规划时，需要明确酒店所处的外部社会环境，主要包括宏观经济发展趋势、行业发展及竞争环境、技术环境和劳动力市场供求状况和政策环境等。将这些外部信息作为制定人力资源管理规划的重要依据。

就酒店内部而言，需要对现有人力资源状况进行盘点，对酒店现有人力资源的数量、质量、配置结构等情况进行分析。通过分析研究，可以充分了解酒店现有人才资源的潜力，再结合酒店的经营战略和目标找出酒店现有人力资源与发展要求之间的差距。

（二）人力资源的需求预测

酒店人力资源需求预测是编制酒店人力资源管理规划的核心和前提，科学的预测可以提高规划的准确性。它以酒店的战略目标为基础，对未来某个时期酒店所需员工的数量、质量和结构进行科学估算，进而确定人员补充或辞退方案和培训方案。其主要影响因素有两个方面：

1. 企业本身因素

酒店的发展规模、发展方向、发展战略与目标等方面的变化；酒店经营规划、运营方针的变化；经营管理者换届所引起的变化，对员工的数量、质量以及酒店机构的要求都会发生变化，可能会辞退一些素质不达标的员工，从而影响员工的流动性，造成岗位空缺，最终影响酒店的人力资源的需求情况。

2. 员工本身因素

员工本身由于所处的经济环境、家庭背景的不同，或者感情等因素的影响，使得员工对于酒店薪酬制度、福利待遇、管理方法存在不同的看法，可能会导致辞职现象出现。另外，当员工发现有更适合自己的工作，会调动工作或者辞职，这样也会影响人力资源需求的变动。

（三）人力资源的供给预测

酒店人力资源需求预测是对酒店内部人力资源需求量的估算，为了保证酒店能够获得足够的人力资源，还需要了解获得人才的渠道，以及是否能够吸引人才来满足酒店发展的需要。这就是人力资源供给预测所要解决的问题。

酒店人力资源供给预测是以未来某一时期酒店的人员需求为依据，预测在未来某一

时期，酒店内部和外部劳动力市场所能供应的人员数量，其影响因素主要为外部的社会环境，具体来说包括宏观经济形势和行业经济形势。

1. 宏观经济形势

国家的政策方针，人口和社会发展趋势；劳动力市场的供求情况以及政府的管制情况等均会影响到人力资源的供给。

2. 行业经济形势

酒店行业的经营状况；酒店行业的人力资源市场状况；国内酒店业的发展趋势；国际酒店业的发展趋势；酒店市场竞争程度以及行业技术的发展程度等。

（四）制定和实施人力资源管理规划

对现有人力资源和酒店未来需要的人力资源进行全面分析预测，并且，以此为依据，进行人力资源供需分析和比较，确定对劳动力的净需求，之后就可以制定相应的人力资源政策，以保持人力资源的供需平衡。

酒店人力资源供需平衡分析后，一般会出现三种状况：

一是供大于求；二是供不应求；三是两者兼而有之的结构性失调，即某些类别人力不足，某些类别人力过剩。

为了平衡这种矛盾，通常的做法见表 6-1：

表 6-1　　综合平衡对策

供大于求	供不应求	结构失调
精简结构 辞退不合格员工 鼓励提前退休 减少员工工作时间 劳务输出	内部调剂 外部招聘 增加报酬，延长工时 工作再设计，提高人力资源利用率	根据具体情况制定针对性强的业务任务，如晋升计划、培训计划等

（五）评估和反馈阶段

酒店人力资源管理规划是一个持续循环的动态过程，会呈现螺旋上升的状态，酒店组织将人力资源总体规划和具体的业务规划付诸实施后，要根据实施的结果进行评估，并及时将评估结果进行反馈，结合内外部环境的变化进行修正，使其更符合实际，确保达到酒店经营目标。

三、编制定员

编制定员是编制人力资源管理规划的基础，即根据酒店的经营方向、规模、档次、业务结构、组织结构、员工的素质和业务能力等，按照合理用人、提高效率的原则，在岗位责任制的基础上，为完成规定的工作任务而必须配备的各类人员的数量。

（一）劳动定额

1. 劳动定额的概念

劳动定额是劳动者在一定的生产技术条件和合理组织劳动的基础上，完成某项工作而预先规定的劳动消耗量的标准。

2. 劳动定额的基本表现形式

(1)工时定额(时间定额):规定单位工作量所需要的时间。

(2)产量定额(工作量定额):规定单位时间内必须完成的工作量。

(3)服务定额:规定服务项目和数量。

(4)看管定额:规定看管设备的数量。

(5)销售定额:规定完成销售额的多少。

合理的劳动定额,便于工作的分配、管理、检查和考核;有助于实行各尽所能,按劳分配;有助于节约劳动时间,提高劳动效率,调动员工的积极性和创造性。

(二)影响定员的因素

1. 酒店的等级

酒店等级是根据酒店的硬件和软件,即设施的完善程度、设备的先进性及完好程度和服务水平来评定的。等级越高,服务设施、岗位设置、服务内容就越多,服务水平的要求也越高,因此用人的比例就越多。酒店的等级所决定的服务产品的差异直接影响着酒店的定员。同样规模的酒店,豪华型酒店的人员配备远远高于经济型酒店,度假酒店的人员配备也高于商务酒店。

2. 酒店的规模

酒店规模大小,亦是影响酒店定员水平的因素。如果酒店规模小,用人的绝对数量就会少;如果酒店规模大,用人的数量就会增加,用人就会多一些。

3. 酒店的设计

酒店设计是否合理不仅影响其服务质量,而且会影响定员。大到酒店的建筑设计、设施设备的安置摆放设计,小到员工的工作服的设计,都会对酒店的定员造成一定影响。

4. 酒店的业务组织形式

不同的业务组织形式,就会有不同的用人数量。客房是设楼层服务台还是客房中心,厨房是承包形式还是聘用形式等,都会影响到该部门的定员人数。酒店组织机构的层次越多,相对用人数量也就越多。

5. 劳动手段的现代化程度

酒店的劳动手段越是现代化,用人就越少;反之,用人就越多。酒店是否采用电脑管理系统,厨房是否配备食品加工机械,洗衣房是否配备布草折叠机等,都会影响到酒店部门的定员。

6. 劳动定额水平的高低

劳动定额水平的高低会影响酒店的定员。如客房服务员每日清洁客房数量的不同定额,会造成用人数量有较大的差异。不同餐厅,服务档次不一,都会影响劳动定额的水平,因而定员也不一样。劳动定额高,用人就少;相反,则用人就多。劳动定额的高低,经过科学的测算之后予以确认。不过,随着员工熟练程度相关因素的变化,也可以进行相应的调整。

7. 酒店经营状况

酒店业务受季节、气候、交通、经济、政治、社会等多种因素的影响,酒店设施的利用也

是跟随各种因素来变化的，定员时必须考虑设施的利用率。季节性强的旅游度假型酒店必须注意淡季和旺季的不同需求。

8. 营业时间

酒店不同部门的营业时间不一致，营业时间越长，需要配备的人员越多。酒店可以通过控制营业时间来合理安排人员，从而达到控制人工成本的目的。

（三）编制定员的方法

1. 效率定员法

效率定员法是根据酒店各部门的劳动效率要求来编制定员的方法，它以劳动定额为基础，根据工作量、劳动效率、工作班次、出勤率等因素来计算定员，一般适用于客房、餐饮等有劳动定额的部门。劳动定额可以分为工时定额和工作量定额两种。工时定额就是指完成一定量的工作所需要花费的工作时间。工作量定额指在单位时间内所必须完成的合格工作量。

计算公式为：

定员人数＝计划期生产任务量÷（员工劳动效率×出勤率）

2. 岗位定员法

岗位定员法是根据酒店内部组织机构、服务设施、岗位职责与要求和各个岗位的工作量、劳动效率、工作班次和出勤率等因素来确定人数的方法，一般适用于前厅部、工程部、商品部、保安部、康乐部等部门的员工和管理人员的定员编制。

3. 比例定员法

比例定员法是根据酒店的等级规模，各部门、各工种、各班组的劳动任务来分析工作量，在制定劳动定额的基础上，按照一定比例来确定定员人数的方法。酒店的人员配备有个总量上的比例，我国酒店员工总数与客房数之比一般在1.5∶1～2.5∶1。此外，管理人员与员工的比例，会因管理层级的不同而不同，一般领班与员工的比例为1∶5～1∶8，主管与员工的比例为1∶20～1∶30。

4. 设备定员法

设备定员法是以设备数量和员工的实际工作量为基础。员工的实际工作量由看管定额、设备运行次数、员工的出勤率等因素决定。该方法一般用于工程部和康乐部的编制定员，计算公式为：

定员人数＝（需要开动设备台数×每台设备开动班次）÷（员工的看管定额×出勤率）

四、酒店员工的招聘管理

酒店为了营运和发展，需要对外招聘员工。

（一）员工招聘的原则与程序

1. 员工招聘的原则

酒店业属于第三产业，是服务行业，也是劳动力比较集中的行业，经常需要招聘员工，需要灵活的用工机制，通过节省劳动力成本，取得经济效益。在员工招聘时，应坚持以下原则：

(1)计划性原则。对于筹建期的酒店,应根据试营业与正式营业的不同阶段对人力资源的需求,分阶段编制员工招聘计划。对于已经投入正常营运的酒店来说,必须制订人力资源招聘计划来指导员工招聘工作,以解决酒店因人事变化、经营变化甚至行业变化带来的人员短缺问题。

(2)公平竞争原则。采用"公平竞争、全面考察、择优录用"的方法,通过对人员知识、品德、心理素质、业务水平、工作能力、工作态度、工作经验等方面进行全面考核考察,公开选择优秀人才。

(3)"先内招、后外招"原则。从人员发展培养和激励的角度考虑,应优先从现有人员中选拔调剂,再从社会招聘。面向外部招聘时,应优先考虑专业院校和同行业人员。

(4)"少而精、宁缺毋滥"原则。酒店在可招可不招时尽量不招,可少招可多招时尽量少招。

2. 员工招聘的程序

制订招聘计划——确定招募途径——发布招聘信息——应聘者填写求职申请表——面试与测试——审查档案资料——体格检查——审查批准——录用报到。

(二)招聘的途径

酒店员工的招聘途径通常可分为内部招聘和外部招聘。

1. 内部招聘

当酒店内部职位发生空缺时,应首先考虑通过内部招聘途径来解决。内部招聘能够激发员工的积极性和创造性,员工的适应周期短,所需培训少、省力、省时、省资金。通常采用晋升、平行调动和员工推荐或内部张榜等方法。

2. 外部招聘

酒店外部招聘是指在酒店外部吸收应聘者,其形式多样,主要有:招聘广告、校园招聘、委托各种劳动就业中介机构、委托专职的猎头公司、招聘热线或公开招聘日、网络招聘等。

(三)招聘测试

招聘测试是运用各种科学方法和经验方法对应聘者加以客观鉴定的各种方法的总称。酒店的招聘测试一般有笔试、面试和实践测试等方式。

1. 笔试

笔试包括知识考试和心理测试。

知识考试主要通过纸笔或电脑测试的形式,对被试者的知识广度、深度和知识结构进行了解,可以较迅速地筛选不合格的人选。

心理测试是通过一系列科学方法来测量被测试者的智力水平和个性方面的差异,以此了解一个人的潜力和其心理活动规律。其测试种类主要包括智力测试、个性测试和特殊能力测试。

2. 面试

招聘面试是酒店员工招聘过程中很重要的环节,可以帮助人力资源部门和用人部门全面、深刻地了解应聘者,从而判断应聘者与所申请工作的契合度。对于应聘者来说,通过面试也可以了解岗位工作的特性和组织情况,决定是否接受任用。面试包括准备、面谈和总结评估三个阶段。

(1)面试准备。面试前应分析待聘岗位所需的经历和资格，制订面试计划，拟定面谈提纲，安排合适的面谈时间和地点。

(2)面谈。在正式面谈过程中，一方面要采用技巧性的提问方式来影响面谈的步调；另一方面要提高观察技巧，从语言行为和非语言行为等外部行为特征来评价应聘者内在的心理状态，以获得更多的信息，提高面试的质量。面谈中所提问题应具有启发性，常用的提问方式有开放式提问、封闭式提问和引导式提问。

(3)面试总结。面谈结束后应立即整理面试记录，综合各方面的情况，对被试者做出客观具体的评价，并决定是否录用。

3. 实践测试

实践测试可以更好地考察应聘者的实际工作能力和工作经验，补充面试获取信息的不足或评价不够全面的不足。

实践测试一般包括实践操作和情景模拟等形式。

(1)实践操作。实践操作比较真实地考察应聘者的基本掌握水平。

(2)情景模拟。根据被试者可能担任的职务，编制一套与职务实际情况相似的测试项目，让被试者在模拟的环境中，处理各种可能出现的问题。它主要是用于酒店中层以上人员的测试。情景模拟有许多方法，比如角色扮演、公文处理、小组讨论、即席发言等。

五、酒店人力成本控制

酒店以服务为主，酒店的经营受各种因素的影响，因而会产生不稳定的情况。所以，如何做好酒店的经营工作、提高劳动效率、有效地控制人力成本，是酒店人力资源开发的重要内容。

衡量酒店人力成本最重要的指标是百元营业收入中的劳动力成本含量。目前我国酒店业的人力成本超过总营业收入的 20%。随着社会经济的发展，酒店市场的竞争日益激烈，人工成本也在逐年提高，而工作时间则在减少，这就要求酒店管理者必须注意控制人员总额，使员工的劳动效率达到最高水平，并尽量以机器设备和电力装置来代替人工，以降低人力成本。

(一)酒店人力成本控制的原则

据国际酒店业预测，酒店未来经营成本中占最大比例的是人力成本，人力成本的控制是酒店发展中急需解决的问题。酒店要提高劳动生产率，取得良好的经济效益，就必须加强对人力成本的控制，使员工人数控制在人均营业收入或工资成本预算线内，酒店人力成本的控制必须坚持以下原则：

1. 保证酒店业务的正常运转和服务质量水平

人力成本的控制必须科学合理，不能因为人员的精简而影响酒店业务的正常运转，不能因为成本控制而影响酒店的服务质量。

2. 保障员工的身心健康

人力成本的控制应该适量，不能为了控制成本而让员工经常处于加班加点、疲劳作业的状态，不能以牺牲员工的身心健康为代价，要配备合理的员工人数。

3. 减少人力浪费，充分挖掘潜力

酒店管理者应合理安排员工的工作，使员工得到最佳的用工组合，各尽所能，人尽其才，形成高效的劳动组织。同时要研究和简化工作程序，充分利用工作时间，挖掘潜力，加强时间管理来降低人力成本。

（二）酒店人力成本控制的方法

1. 合理安排人员

人员安排合理，可以大幅降低酒店的人力成本。由于酒店产品需求的不稳定性，其工作量也是不稳定的。因此，通过预测酒店的顾客与工作量的波动，可以更加合理地安排人员。预测周期越短，准确性越高。

（1）灵活排班。管理人员应尽力做好营业预测和员工的工作安排，根据营业时间的需要来分配班次，安排员工上班。可以进行交错排班，采用不规则的上班时间，在营业高峰期安排较多人员工作，在营业低谷期安排较少人员，但要注意平衡每个员工的工作时间，保证员工的休息；也可以采用延长每日工作时间而减少每周工作日数的方式来灵活排班，这样员工的上班、换班次数减少，缺勤率和迟到率降低，就能达到降低人力成本、提高劳动效率的目的。

（2）雇用临时工与兼职人员。酒店业工作量是不稳定的，如果拥有一支庞大的固定员工队伍，不仅会大大增加人力成本的支出，也容易造成员工的工作量不饱和，出现懒散现象，增大管理难度。为了节约成本和便于管理，酒店需要有一支经过培训的临时工与兼职员工队伍，可以根据营业预测来灵活调动，保证经营活动的正常运行，同时也能节约由于聘用固定工所增加的全年性的工资福利以及保险支出。

（3）加强员工的交叉培训。交叉培训也是酒店合理安排人员、节约人力成本的方法。对专业相近岗位的员工进行交叉培训，可以使各部门在忙闲不均时能够互相帮忙。

2. 加强时间管理

在酒店管理实践中，通过加强时间管理来节省人力成本，是有很大的发展空间的。酒店根据对工作量的预测，科学地使用人力资源。在经营淡季，灵活安排员工的休假和补休，减少上班的人数；在淡季或是安排员工培训，提高员工的操作技能和服务技能；在酒店营业旺季则要激励员工尽量上班，减少休假，提高工作效率，平衡员工的工作时间，最大限度地发挥人力资源的作用。在加班补休的问题上，可以通过补整日或者必要时采取补小时的方式灵活处理。同时，还可以采用岗位职务合并的方式，使员工的工作时间能够充分利用。

3. 工作简化

酒店工作简化，就是使用较为经济、简单有效的工作方法，尽量减轻员工的疲劳，改善工作环境，提高服务质量，减少人力浪费。工作简化主要是通过淘汰既不增加产值，又不利于工作展开的多余的操作动作与工作步骤或环节，改进工作方法，推行科学化和技术化的操作，简化日常工作流程，提高工作效率。比如通过时间研究、左右手动作研究、操作程序研究、人机配合研究等方面来考量，看是否能够淘汰某些手工操作效率偏低的工作；能否合并某些工种，集中它们的优势，使之发挥更好的效益；某些程序是否合理，需要进行修改或简化；某些使用技能是否恰当，需要改进或纠正；某些工作安排是否忙闲不均，需要重新调整或改正，等等。

知识拓展

上海波特曼丽嘉酒店的"KRA"考评方式

上海波特曼丽嘉酒店是世界酒店业的巨无霸——美国万豪酒店集团旗下的顶级酒店品牌。该酒店每年对员工考评两次，每位员工都有一个职业发展目标，考评时会根据他们的表现进行评估，使员工沿着这条职业道路发展。

对于管理人员和一线员工，酒店的考评标准不同。如在公关部，每周末用的都是"KRA"的考评方式。"K"(Key)是"本周你要完成的最主要的工作"，"R"(Result)是"每项主要工作要达到的结果"，"A"(Area)是"每项工作完成的截止时间"。若一周下来，员工没有如期完成工作，就要分析具体原因和遇到的困难或障碍是什么。如果在较长时间内员工经常不能按期完成工作，酒店就要考虑该员工能否胜任这个岗位，然后会通过"口头通知""书面交流"等方式与员工进行沟通，若员工迟迟不能改进，就要考虑该员工是否适合继续留在波特曼丽嘉工作。

第三节　酒店员工培训与职业发展

员工培训是酒店人力资源管理和员工职业发展的重要组成部分，是酒店人力资源增值、组织效益提高的重要途径。据美国管理机构调查显示，68%的管理者认为，由于培训不够而导致的技能水平偏低，正在破坏酒店的竞争力。58%的管理者认为，培训明显降低了酒店的支出，增加了酒店的效益。

一、酒店员工培训概述

(一)员工培训的内涵

随着科学技术的进步和酒店业的迅速发展，酒店经营的设施设备不断更新，这对企业和员工，特别是对管理人员提出了更高的要求，他们必须要掌握更全面、更新的知识和技术。因此，为了更好地促进员工的个人发展，提高组织的效益，酒店对员工的培训已经成为一项非常重要的工作。

酒店员工培训是指酒店为了使员工获得或改进知识、技能、态度和行为等，而有计划、有系统地实施的教育训练活动，其最终是为了达到提高组织的效益，实现员工自身发展的双重目的。

(二)员工培训的类型

酒店员工培训的类型因对象、时间、内容的不同而有所区别，具体分类如下：

1. 按培训对象分

(1)决策管理层培训。酒店的决策管理层主要指中高级管理人员，比如经理级和总监级以上的管理人员。他们培训的内容主要有：酒店经营战略、酒店发展战略、市场营销策略制定、酒店的品牌战略、酒店经营理念、酒店收益管理、预算管理、人际关系处理、成本控制和经营决策，等等。

(2)督导管理层培训。督导管理层是酒店管理的中坚力量，主要包括主管、领班等。他们的培训主要有：酒店管理理念、酒店专业知识、人际关系处理、客户关系管理、沟通技巧、督导管理知识，等等。

(3)操作层培训。操作层主要是指酒店的一线服务人员等实际工作人员，以及各业务部门的员工。他们的培训主要有：操作技能、专业知识、工作态度、职业道德、宾客关系、服务意识、酒店英语，等等。

2. 按培训时间分

(1)岗前培训。岗前培训是新员工上岗前的培训，能够帮助员工尽快适应酒店的工作环境，熟悉将要从事的工作岗位，掌握酒店工作的技能。培训内容包括酒店的企业文化、价值观、酒店的规章制度、员工守则、实操技能，等等。

(2)在岗培训。在岗培训是员工不脱离工作岗位，利用闲暇时间，在工作场所接受的培训。在岗培训主要是提升岗位工作所需要的知识和技能，通常采用酒店内部业余培训，以及外部在职教育的方式进行。

(3)职外培训。职外培训要求员工暂时脱离岗位或部分脱离岗位，因工种变更、职位提升等需要而接受的专门训练。

3. 按培训内容分

(1)职业道德培训：在酒店员工培训过程中，要使员工认识职业活动中各项内容的正确和错误，从而加深其职业道德的认识。在此基础上，加强员工对本职工作的热爱，加深员工对职业的光荣感和责任感，使员工干一行，爱一行。

(2)文化知识培训：作为酒店员工，必须掌握多方面的文化知识，特别是有关旅游和酒店的基本知识。一名合格的酒店员工必须掌握丰富的文化知识，从而使员工在面对不同文化背景的客人时，能够塑造出与客人文化背景相适应的服务角色，加强客人与员工之间的有效沟通。

(3)操作技能培训：操作技能培训是酒店员工培训的重点和关键，它直接关系到各项服务工作能否顺利完成。操作技能培训包括员工岗位的工作任务、标准、服务程序，本岗位所涉及的相关硬件设施的操作等。

(三)员工培训的方法

要取得酒店员工培训的预期效果，就必须根据培训内容、对象的不同选择不同的教学方法。合适的培训方法可以提高员工的兴趣和注意力，从而使培训工作事半功倍。培训常用的方法有如下几种：

1. 课堂讲授法

课堂讲授法是最常用的培训方法，是教员向学员的单向灌输，适合于向大群学员介绍或讲授某一课题内容。其优点是时间集中，不容易受干扰，传授知识比较全面系统，容易灌输；缺点是单向输入，容易显得枯燥乏味，学员处于被动的地位，参与性不强。

2. 讨论法

讨论法是对某一专题进行深入探讨和分析的培训方法，其目的是解决某些复杂的问题，或通过讨论的形式使众多培训员工就某个主题沟通，以达到看法上的一致。这种方法比较适合管理层员工培训。其优点是可以让每个人都参与，并从中得到锻炼提高，调动大家的积极性，形成团队精神，从而利用集体的智慧解决问题。缺点是讨论过程难以控制，讨论后学员所掌握的知识情况无从得知。讨论法是成人培训的特色之一，能够有效开拓学员的思维能力。

3. 案例分析法

案例分析法也是一种以集体讨论形式进行的培训。即通过学员对特定案例的分析讨论，培养受训员工对实际问题的判断能力和解决能力。案例分析法是把实际发生的案例提供给学员进行剖析研究，启发学员思考，讨论思路为：

发生什么问题——问题是由何引起的——如何解决问题——今后采取什么对策。案例分析法适合中层以上的管理人员培训。

4. 角色扮演法

角色扮演法是一种模拟训练方法，让受训员工扮演各种角色来进行培训，使他们体验到扮演角色的感受与行为，以便发现并改进自己在原先职位上的态度和行为。这种方法的适用对象为管理者和服务员。例如，餐饮服务员扮演客人的角色，就能更加深刻体验客人的感受，从而改善与客人之间的关系，达到提高服务质量的培训目的。此种方法多用于改善人际关系的培训。

5. 操作演示法

操作演示法是为了让受训员工了解和掌握工作的程序以及正确的操作方法。一般是在模拟的工作环境中进行的边讲解边演练操作的培训方法。这是在酒店技能培训中最常用也是最有效的方法。例如，餐饮服务的摆台、上菜、酒水服务以及客房服务的做房、清扫等较具机械性的工作都适合采用操作演示法。

6. 管理游戏法

这是针对高层次管理人员使用的先进的培训方法，具有生动具体的特点。管理游戏的设计，使学员在决策过程中，会面临许多切合实际的矛盾。通过受训人员的积极参与，运用有关管理的理论和原理，对所设置的种种遭遇，进行分析研究，采取必要措施，争取游戏的胜利。

二、酒店员工培训程序

完整的酒店培训程序主要包括四个环节，它们是分析培训需求、制订培训计划、实施培训计划和评估培训效果。

(一)分析培训需求

开展培训的第一步就是要明确“我们目前在哪里”，即需要进行培训需求分析，这是培训工作的起点和依据。管理者应通过周密的调研，运用有效的手段(包括问卷调查、宾客投诉、审阅材料等)确认员工现有的知识、能力与本岗位所要求的知识、能力之间的差距，以此来确定培训需求。

培训需求分析可以分为三个层次。首先是组织分析，需要决定酒店哪里需要培训。其次是任务分析，决定培训内容是什么。最后进行人员分析，决定谁应该接受培训和他们需要什么培训。

（二）制订培训计划

培训计划是对未来培训工作的各项内容所做的安排，其合理的程度直接关系到员工的培训效果。依据时间长短可分为长期培训计划和短期培训计划。培训计划是酒店培训工作的实施依据。完善的培训计划应包括以下内容：培训项目名称；培训目的；培训需求；培训对象及要求；培训内容；培训方法；培训师资；培训考评方式。

酒店培训计划的制订过程可以分为三个阶段：

第一，需求分析阶段：明确为什么要开展相关的培训，让参加培训的员工在思想上能够重视培训工作，从而保证酒店培训的针对性和实用性。

第二，要素确定阶段：确定培训目标、指导思想、培训对象、培训方式等要素。

第三，汇总成文阶段。

（三）实施培训计划

一般来说，酒店在实施培训计划前，应将培训计划报上级主管人员审查和批准。然后，交与相关人员认真落实与执行。首先应针对不同的培训内容和培训对象准备好不同的培训材料、场地和设施设备。例如，在进行服务操作技能培训时，应在实践工作岗位进行培训。同时，需要准备操作工具供员工亲自操作。

在培训时，人力资源部应保持培训教师和受训人员之间的良好沟通，并采取有效措施以保证培训的效果。

（四）评估培训效果

培训的目的是提升受训员工的专业知识水平以及工作技能和工作态度，从而改善酒店的企业经营状况，提高服务质量。因此，培训后要对照培训目标来对受训员工的培训效果进行评估。依据培训进度，培训评估的内容主要有反应层评估、学习层评估、行为层评估、结果层评估四个层次。每一层次的评估内容以及衡量方法都不同，具体见表 6-2。

表 6-2　　培训评估内容表

评估层次	主要内容	衡量方法
反应层评估（培训中）	观察学员在接受培训过程中的反应	问卷、评估调查表填写，评估访谈
学习层评估（培训中）	检查学员的学习结果	考试、演示、讲演、讨论、角色扮演等
行为层评估（培训后）	衡量培训前后的工作表现	由上级、同事、宾客、下属进行绩效考核、测试、观察和绩效记录
结果层评估（培训后）	衡量酒店经营业绩的变化	效益评价法、宾客满意率

三、酒店员工的职业发展

员工职业发展又称为职业生涯，是指一个人在一生中所经历的一系列工作活动、职位以及与此相联系的过程的总和。

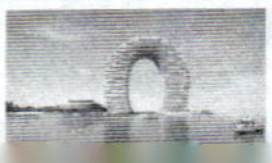

（一）员工职业发展的意义

员工职业发展包括两层含义：一是对员工个人而言，唯有在工作中得到成长、进步和发展，不断追求理想的职业，设计自己的职业目标和职业计划；二是从人力资源部门的角度看，对员工制订个人职业计划，应该予以重视和鼓励，并结合组织的需要和发展，给员工以多方面的咨询和指导，创造条件帮助员工实现个人职业目标。

加强对员工职业发展的管理有利于促进员工的成长和发展，以增加他们的满意感、成就感和荣誉感，吸引和留住人才；能够满足酒店在竞争发展中对人才的迫切需求；有利于把员工个人需要与酒店组织的需要结合起来。

（二）员工职业发展的阶段

职业生涯发展的阶段不同，职业计划的类型及其内容也会有所不同。

1. 职业探索阶段（25 岁以前）

这一阶段职业发展的主要特点是：个人在试探性地选择自己的职业，并试图通过改变不同的工作或单位而选定一生将从事的职业。因此，此阶段青年员工调换工作的愿望十分强烈，如在某单位得不到满足，往往会跳槽。人力资源部门应给予其选择职业的指导，为员工提供多种机会，使他们有自我探索和考察的机会。

2. 立业与发展阶段（25～44 岁）

在经历了职业探索之后，逐渐选定了自己的职业。在该阶段，员工对在工作中能得到成长、发展或者晋升的愿望特别强烈，成就感和荣誉感对他们的激励作用最大。酒店管理者应多给予他们具有挑战性的工作任务，让其拥有更多的自主决策权和自我管理权，充分发挥其创造精神。并且，为他们创造良好的发展条件，提供各方面的支持和鼓励。

2. 维持阶段（45～58 岁）

这一阶段的员工，相对来说，对于成就和发展的期望开始减弱，希望能够维持或者保留自己已经取得的地位和成就，而且这种愿望越来越强烈。同时，他们也希望更新自己的知识和技能，以免遭到裁员，或者便于在裁员时能够另谋出路。酒店组织要关心他们的学习要求，给他们提供更新知识和技能的学习机会。

4. 下降阶段（58 岁以后）

处于这一阶段的员工准备退休，为了适应退休后的生活，他们会培养在某一方面的爱好或者兴趣。组织要关心他们的身心健康，为他们创造条件，开展一些有利于身心健康的活动。

（三）员工职业发展计划的制订

1. 员工自我分析

员工对自己的知识、技能、兴趣以及职业发展的要求和目标进行科学的分析和评估，确立自己近期和长期的发展目标，拟订具体的职业发展计划。

2. 组织对员工个人能力和潜能的评估

酒店组织能否正确评价每个员工个人的能力和潜能，对组织能否合理地开发和使用人才，能否实现个人的职业计划，都有重要作用。评估主要是在招聘过程中搜集有关信息资料,如员工在目前工作岗位上表现的信息资料,以及通过心理测试和评价中心的方法进行评估。

3. 组织为员工提供职业发展的有关信息,给予员工公平竞争的机会

员工在酒店中的职业生涯通常有两条路:从事技术性工作和从事管理性工作。组织应根据工作性质、个人的能力专长、人格特征、职业意愿和职业渴望,公平合理地选拔人才,让更多员工的职业计划得以实现。

4. 提供职业咨询

人力资源部以及各级管理人员要切实关心员工的职业需要,以及达到职业目标的可行性,并给予他们各方面的咨询,以便使员工的职业目标切实可行,并得以实现。

四、酒店员工素质测评与开发

(一)酒店员工素质标准

素质是个体完成一项工作与任务所具备的基本条件和基本特点,包括感知、气质、性格、兴趣、动机等个人特征。它通常包括心理素质、品德素质、文化素质、能力素质和身体素质五个方面。

1. 管理人员的素质标准

酒店管理者不管是高层、中层还是基层人员,都必须有优良的政治素质、心理素质、文化素质、业务素质和身体素质;要有全心全意献身于酒店事业的坚定信念;克服困难,勇挑重担、敢于负责的强烈的责任心和事业心。

2. 专业技术人员的素质标准

专业技术人员主要指从事专门技术的员工,如厨师、工程技术人员、采购人员、财务人员等。专业技术人员的素质直接关系到酒店的技术水平、服务质量和经济效益,主要体现在包括服务意识、商品意识和效益意识在内的强烈的酒店意识、优秀的道德品质、良好的工作作风和过硬的业务技术。

3. 服务人员的素质标准

酒店服务既是一门科学,又是一门艺术,服务工种繁多,素质要求各不相同。但服务人员必须具备良好的组织纪律观念、优雅的仪容仪表和举止风度、清晰友好的语言表达和沟通能力以及灵活机智的应变能力、热情有效的营销意识和技巧、强健的体质和充沛的精力等。

(二)酒店员工素质测评

酒店员工素质测评是通过心理特殊倾向、能力特点和个性测验等项目,对员工的思想品质、智力水平、技能水平、工作能力、健康状况、工作效率与工作业绩等现实存在和潜在形态,进行定性与定量相结合,多角度、多层次地考量、分析与评估,作为选拔、任用、培养和组合的依据,以达到科学合理地开发人力资源的目的,做到“人尽其才,才尽其用”。

1. 员工素质测评要素

员工素质测评要素,也称为测评指标,一般包括酒店员工由责任心和事业心等要素构成的品德素质结构;员工的知识和一般能力的智力素质结构;员工的工作经验、业务水平、组织能力、处世能力、应变能力和创造能力等能力素质结构,以及员工完成本职工作和各项任务的绩效素质结构。

2.员工素质测评的程序

(1)准备阶段。这是进行测评的宏观设想、全面规划和总体决策阶段,需要明确测评的目的,确定测评要素、编制测评标准以及最佳测评程序。

(2)实施阶段。首先要建立由酒店领导、人力资源部门和测评专业人员组成的测评机构,并进行培训;其次,要根据酒店实际和测评方案对员工进行针对性的动员,让员工以求实的态度积极参与和支持测评。

(3)统计分析阶段。对测评记录进行统计处理,对测评的可靠性、有效性进行鉴别。

(4)应用阶段。通过测评确定员工个体或各类群体的不同类型(如个体可以分为能干型、适应型和提高型等),为今后根据不同层次、类型的人员和部门进行不同的使用、开发、调整和决策打下基础。

知识拓展

哈佛:一次关于人生目标的调查

有一年,一群意气风发的大学生从美国哈佛大学毕业了,他们即将开始穿越各自的"玉米地",他们的智力、学历、环境条件都相差无几。在临出校门时,哈佛对他们进行了一次关于人生目标的调查。结果如下:

27%的人,没有目标;

60%的人,目标模糊;

10%的人,有清晰但比较短期的目标;

3%的人,有清晰而长远的目标。

以后的25年,他们将穿越"玉米地"。

25年后,哈佛再次对这群学生进行了跟踪调查。结果如下:

3%的人,25年间他们朝着一个方向不懈努力,几乎都成了社会各界的成功人士,其中不乏行业领袖、社会精英;

10%的人,他们的短期目标不断地实现,成为各个领域中的专业人士,大都生活在社会的中上层;

60%的人,他们安稳地生活与工作,但都没有什么特别成绩,几乎都生活在社会的中下层;

另有27%的人,他们的生活没有目标,过得很不如意,并且常常在抱怨他人、抱怨社会、抱怨这个"不肯给他们机会"的世界。

其实,他们之间的差别仅仅在于:25年前,他们中的一些人知道为什么要穿越"玉米地",而另一些人则不是很清楚,甚至根本不清楚。

第四节 酒店员工激励管理

酒店经营成功与否取决于为顾客、员工和业主创造价值的能力。要想获得成功，必须以和谐的方式满足三方要求，这样酒店才能始终兴旺获利。作为服务性的行业，酒店员工的满意度非常重要，有满意的员工，才有满意的顾客。酒店的生存发展目标只有通过全体员工的共同努力才能实现。因此，通过以人为本的管理，激发员工的工作积极性，增加其满意程度，通过员工满意实现顾客满意，是现代酒店经营管理的核心。

一、合理利用绩效考评

所谓绩效考评，就是根据人事管理的需要，考评员工的工作结果及影响其工作结果的行为、表现和素质特征的活动，从而公正地评价每个人在酒店中的价值。

从管理的角度来看，绩效考评是人事管理中的激励、控制手段，是决定奖惩、升降、调配、加薪、培训等人事决策的重要依据；从员工的角度来看，非常渴望了解上司和组织对其工作的评价。要想员工努力工作，就必须使他们通过绩效考评不断获得一种成就感和满足感。

（一）绩效考评的内容

员工考评的对象、目的和范围虽然复杂多样，但概括起来，主要包括德、能、勤、绩四个方面。德指人的政治思想素质、道德素质和心理素质；能指员工从事工作的能力，包括体能、学识、智能、技能等方面；勤指勤奋敬业的精神，主要包括员工的工作积极性、创造性、主动性、纪律性和出勤率；绩指员工的工作效率和效果，包括完成工作的数量和质量以及经济效益和社会效益。

（二）绩效考评的方法

1. 从评估的内容分类

从评估的内容可以分为：对员工在评估期间各方面表现综合评价的综合表现评估法；侧重员工对专业业务的胜任情况及对本职工作完成绩效进行评估的业务实绩评估法；考评人员与员工共同讨论和制定员工在考评期内所需要达到的绩效目标的目标评估法。

2. 从评估实施形式分类

从评估实施形式可分为在被评估者自我总结的基础上，由上级主管人员和人力资源部门提出最后正式评估意见的自我—他人评估法；由被评估员工所在班组同事按照人力资源部门的评估标准，有组织地共同讨论而进行评估的班组评议评估法；对酒店员工个体做相互比较的员工个体相比评估法；由上级管理人员填写评估表，约见下属员工进行直接面谈，最后双方签字认可的上下级面谈评估法。

3. 从实施方法分类

从评估实施方法可分为设计评估内容的以分值、评分标准评分的计分评估法；通过记录被评估者工作中直接影响工作绩效的关键行为、突出成绩及缺点来进行评估的重要事件评估法。

（三）绩效考评存在的问题与改善

尽管绩效考评对酒店有着十分重要的意义，但在实际运用中，却存在着种种矛盾与困难，使绩效考评执行不到位，流于形式，不够公正客观，从而影响员工的积极性。

1.绩效考评中存在的问题

(1)考核标准不严谨。

(2)考评过程中的随意性大。

(3)对考评结果缺乏反馈利用。

(4)考评人员导致的主观误差。如晕轮效应误差（光环效应误差）、感情误差、个人好恶误差、暗示效用误差（压力性误差）、中心化倾向误差、对照效应误差、首因效应误差、近因误差等。

2.完善绩效考评的措施

为了减少绩效考评中的偏差，使考评有效性最大化，需要根据酒店各岗位工作的实际，以岗位职务说明书为依据，制定客观公正的考评标准，根据考核的内容和对象选择合适的考核方法。同时合理选择和培训考核人员，以提高考核的科学性，减少考核误差。在考评中应公开考核过程，以得到员工的信任和支持，并进行考核面谈，把考核结果反馈给员工，使员工更客观公正地认识自己，得到进步。

二、激励理论与方法

激励是用各种有效的方法激发和引导员工的工作动机，调动员工的工作积极性和创造性，鼓励员工为实现酒店目标而努力工作，并使员工在实现酒店目标的同时实现自身需要。

（一）激励理论及其运用

半个多世纪以来，管理学家、心理学家和社会学家从不同角度研究了怎样激励人的问题，提出了许多激励理论。

1.需求层次理论及其运用

美国心理学家马斯洛提出了需求层次理论，把人类的需求分为五大类，由低到高分别为生理需求、安全需求、社交需求、尊重需求和自我实现的需求。按照需求层次理论，管理者要很好地激励员工，需要做到以下方面：

(1)满足不同层次需求。管理者要找出符合每个员工不同层次的各种需要的适当激励因素，采取相应的组织措施来满足不同层次的需求，以引导员工的行为，实现组织目标。

(2)尽力消除员工的不安全感。酒店管理者应综合考虑培训费用、人力成本和服务质量，尽量延长服务人员的工作年限，同时鼓励员工学习“含金量”高、使用价值大，既有利于现实工作，又有助于今后发展的知识和技能，客观上给员工一定的职业稳定感。

(3)创造条件，使员工的自尊和自我实现欲望有所满足。酒店管理者应加强与员工的沟通，明确员工的责、权、利，鼓励和帮助员工的自我发展，让员工的需求得到满足。

2.双因素理论及其运用

美国心理学家赫茨伯格提出了激励保健理论。赫茨伯格把能引起人满意的因素称为激励因素，把导致不满意的因素称为保健因素。

(1)激励因素是与员工职务或工作本身有关的因素,即能激励员工工作积极性、提高工作效率的因素,包括工作成就、工作成绩得到承认、工作本身具有挑战性、激发责任感、从工作中获得成长、发展和提升六个方面。

(2)保健因素属于外部因素,在不能得到满足时会影响人的工作积极性,这种因素只能防止员工的不满,而不能起到直接激励作用,包括酒店的政策与行政管理、基层管理人员的质量、与主管人员的关系、工作环境与条件、薪金、与同级的关系、个人生活、与下级的关系和安全等。

按照双因素理论,管理者在保健因素方面,要给员工适当的工资和安全感,改善工作环境条件,处理好与员工的关系;另一方面,必须充分重视利用激励因素,为员工提供挑战性的工作,扩大其工作范围和独立自主权,使其工作内容丰富化,为其创造成长、发展和做出成绩与贡献的机会和条件,不断激励员工的进步和发展。

3.强化理论及其运用

强化理论是由美国行为学家斯金纳提出的。强化理论认为,强化塑造行为,把行为看成是由环境引起的,当对某种行为给予肯定或否定时,这种行为将会得到巩固或克服,进而达到控制的目的。

强化理论塑造行为有四种方法,即积极强化、消极强化、惩罚和忽视。当一种反应伴随着愉快事件时,称之为积极强化,如管理者对员工工作的称赞。当一种反应伴随着中止或逃离不愉快事件时,称之为消极强化,如酒店不允许员工走客用通道,并设置检查人员,从而减少了这种行为的发生。消除任何能够维持行为的强化物则称为忽视,如当员工积极向客人推销酒水,而其上司并没有理会员工的努力和贡献,不久后员工就失去了积极性,不被强化的行为就倾向于消失。积极强化和消极强化都增加了行为重复的可能性,忽视和惩罚则削弱了行为,减少了其发生的频率。

(二)激励的方法与技巧

激励的方法按性质可以划分为物质激励和精神激励,即通过满足员工的物质和精神需求来调动员工的积极性。常用的激励方法如下:

1.目标激励

把组织要求与个人需要结合起来的酒店目标,是酒店凝聚力的核心。在应用时,要让酒店目标的实现能够具体体现在员工个人目标的实现和需求的满足上,从而激发员工努力实现下一个目标。

2.奖励激励

奖励是一种积极强化手段,使员工看到自己的成就,得到尊重,取得信任和社会地位。奖励包括物质奖励和精神奖励。奖励要及时,方法要不断创新,适当拉开级差并注意奖励的点面关系。

3.惩罚激励

惩罚是消极强化手段之一,其目的在于使受罚者从消极行为转化为积极行为。惩罚的方法很多,主要有过失单、扣发奖金、扣发工资、降职、辞退、开除等。惩罚要注意做到公平公正,要适度,要注意保护被罚者的自尊心,不要以罚代管,不要全盘否定和掺杂个人恩怨。

4. 参与激励

让员工参与管理能最大限度地激发员工的主人翁精神，贡献其聪明才智，培养其归属感、认同感、责任感、信任感、受尊重感和成就感，可以推进酒店的民主化过程。

5. 情感激励

情感激励就是加强与员工的感情沟通，关心尊重员工，建立平等亲切的关系，让员工体会到酒店的温暖和管理者的和蔼可亲，激发出主人翁责任感和爱店如家的精神。

6. 多样化工作激励

在酒店工作是否有乐趣，是否具有挑战性、创造性，工作内容是否丰富多彩等，都有赖于多样化工作激励方法的运用。常见的方法有工作轮换、交叉培训、工作扩大化、工作丰富化、弹性工作时间等。

7. 培训激励

培训可以满足人们的成就感，满足员工特别是青年员工的需要，其激励作用是多方面的。

培训使员工具有做好工作的能力和知识，也能使他们更加自信，更加热爱酒店工作。

8. 竞争激励

竞争是激发员工干劲的有效方法，可以强化员工既定的行为，使其行为更加巩固、更持久。完全的竞争和酒店目标导向的竞争，是一种良性的、公平的、正当的竞争。如酒店引入竞争机制，开展班组竞赛、竞争上岗等，让员工感受到一定的压力和危机感，有助于员工的进步。

9. 文化激励

文化激励是酒店内形成的独特的文化观念、价值观、传统、习惯、作风、准则和道德观念等。国际酒店界认为，酒店成功的关键在于酒店文化。酒店文化可以增强员工的凝聚力，提高员工的积极性。

10. 榜样激励

榜样激励体现了目标动力的作用。树立榜样可以使员工找到一面镜子，增添克服困难的勇气，实现目标的决心和信心。酒店可利用评选优秀员工、优秀班组的方式来激励其他员工。

三、酒店薪酬管理

薪酬泛指员工因工作关系而从酒店获得的各种财务报酬，包括直接报酬（工资和奖金）、间接报酬（集体福利、补助、有薪假期、保险等）。

薪酬是满足酒店员工生存、安全等物质需要的主要保障，体现了员工的自我价值，是激励的基础要素。法律法规因素、社会因素、酒店因素和员工因素共同决定了酒店的薪酬水平。

（一）酒店薪酬制度

健全的薪酬制度为酒店和员工所共同关注，必须公平、合理，具有激励作用，能够开发和吸引人才。总体来看，酒店的薪酬制度主要有以下几类：

1. 职务等级工资制

职务等级工资制是针对行政人员和工程技术人员的职务等级而制定的，即根据酒店工作的复杂程度、责任大小、劳动条件等，按照职务高低制定。

2. 技术等级工资制

技术等级工资制是根据劳动的技术复杂程度、繁重程度和责任大小，规定各个工种技术等级的工资标准。它反映了员工的技能水平和熟练程度，适用于技术比较复杂的工种，如酒店工程部、厨房等各工种。

3. 岗位工资制

岗位工资制是按照员工的实际操作岗位来规定工资标准，基本上是"一岗一薪"。它适用于专业化程度较高、分工较细、工种技术比较单一、工作对象比较固定的部门，如餐饮部、客房部、前厅部、保安部、财务部等。岗位工资将工资、技术、工作成绩三者紧密结合。

4. 结构工资制

结构工资制是根据决定工资的因素和功能，将工资划分为几部分，构成工资标准。它以计时工资形式为基础，按月计发。结构工资制一般由以下五部分构成：

(1)基础工资。这是保障酒店员工基本生活需要的部分，通常有两种发放标准：一种是所有人都统一的工资标准；另一种是按照每个人的工资标准打折，确定基本工资。

(2)职务工资。这是按照酒店各个不同职务或岗位的业务技术要求、责任大小来确定，一般以"一职一薪"为宜。

(3)工龄工资。它是按照员工的工龄长短来确定。

(4)技术津贴和岗位津贴。它是根据员工技术水平和工作环境的艰苦程度与危险程度来确定的。

(5)浮动工资(绩效工资)。它是根据酒店经营成果和员工个人业绩水平来确定的。这部分工资在工资结构中所占比例有逐年增长的态势。

5. 协商工资制

协商工资制是一种灵活反映酒店经营状况和劳动力市场供求状况的一种工资制度，由供需双方协商确定工资标准。

(二)酒店工资的形式

1. 计时工资

计时工资是按照员工的工资等级、工资标准和工作时间的长短来确定，计算简便，但容易导致工作效率下降。它主要适用于工作质量的优劣比数量的多少显得更重要时，或工作成果不便以数量计算的工作，以及按岗位定员的工种。计时工资根据计算时间的不同，可分为小时工资、日工资、月工资，一般均采用三者相结合的方法进行计算。

2. 计件工资

计件工资是根据员工完成的符合要求的工作量，预先规定计件单价，以劳动定额为标准确定的工资形式。它对提高工作效率具有较大的刺激作用，但容易忽视服务质量，导致拼设备物耗的短期行为。目前，酒店采用的计件工资主要有：有限计件工资、无限计件工资、累进计件工资、超额计件工资；直接计件工资、间接计件工资；折算计件工资、集体计件工资等。

3. 奖金和津贴

(1)奖金。奖金是为酒店员工的超额劳动而支付的劳动报酬，奖金有较大的灵活性，可以弥补计时或计件工资形式的不足，是实现按劳分配的一种辅助形式。奖金分配形式主要有综合奖和单项奖两种。

(2)津贴。津贴是对员工提供特殊劳动所做的额外劳动消耗和保障员工生活水平不受特殊条件影响的一种补偿。

(三)酒店福利报酬

福利是一种间接性报酬，是工资的辅助形式，包括劳动保险、医疗待遇、休假享受、离退休待遇，计划生育津贴、文化娱乐享受、工会福利等。良好的福利报酬政策可以鼓励员工士气，调动员工积极性，增进酒店与员工之间的和谐关系，加强凝聚力。酒店的福利措施根据实施范围分为集体福利和个人福利。

1. 集体福利

员工集体福利主要是为酒店员工提供必要的集体消费、共同性消费设施以及为员工集体提供服务，以满足员工的物质与精神需求。

(1)员工集体文化福利。员工集体文化福利的内容很多，包括举办各种培训或享受业余教育学费报销、员工阅览室和编印的报刊、各种兴趣小组活动、各种体育活动及比赛、各种联欢活动、各种旅游及考察学习活动等，旨在丰富员工的文化生活，满足精神需求。

(2)员工集体生活福利。酒店有许多集体生活服务设施和服务项目提供给员工享用，如免费员工餐、清凉饮料费、体育健身设施、文化娱乐设施、洗衣设施、员工医务室、免费 WIFI 等，使员工能够解除后顾之忧，集中精力，安心工作。

2. 个人福利

(1)带薪年假。这是根据在酒店工作时间的长短和职务的高低等因素来确定的。

(2)统一补贴。这是对育龄员工给予分娩假期或者计划生育津贴及假期。

(3)退休金、保险金。这是为员工购买的养老保险或退休金保险、医疗保险、失业保险、人身保险、工伤保险等。

福利待遇体现了酒店的管理水平和经营策略，是吸引和稳定员工队伍的重要措施。福利待遇的支出，可以占到总薪金额的 25%以上，由此可见福利的重要性。

案例分析

万豪酒店集团人力资源管理的特色

万豪酒店集团的理念是：“一个开心的员工提供的服务才能让客人开心”。要让客人满意，首先要让做事情的员工满意。具体做法是：

1. 当员工出现问题时，首先反省是否是管理上出了什么问题。

2. 在招聘时，会设计一些小问题来了解应聘者的处事性格和管理风格。

3. 对于中高层经理，希望能做到内部培养和外部引进的比例是 8∶2，现在实际做到的是 3∶7。

4. 每位经理在岗工作时就要选好三位继任者。

5. 鼓励员工与人力资源经理讨论并规划自己的职业发展，积极协助员工在内部流动。

6. 在物质奖励之外，更注重以荣誉激励员工。

7. 针对中国的实际情况，采取不同措施，如“过失单”和“劝导与辅导”的结合，有终止日期的聘用合同等。

·讨论题·

万豪酒店集团人力资源管理的理念对我们有何启示？

复习思考题

1. 什么是酒店人力资源管理？
2. 酒店人力资源管理的内容与目标是什么？
3. 酒店人力资源管理规划方法和程序有哪些？
4. 酒店员工招聘的方法和程序是什么？
5. 酒店员工培训有哪些方法？
6. 酒店员工职业生涯发展有哪几个阶段？
7. 什么是绩效考评？
8. 如何激励员工？

实训项目

编写员工招聘计划方案

根据所学的知识和方法，以小组为单位，写一份酒店的招聘计划方案，内容包括：

1. 招聘简章

包括酒店简介、招聘职位、人数、任职要求、福利待遇简介、招聘时间安排、招聘地点、联系方式等。

2. 招聘预算的拟定。

3. 确定招聘方式及信息发布的途径。

4. 面试安排的相关内容。

包括面试地点、时间、面试官的确定、选择的面试方式、准备的面试问题、面试评估表等。

5. 录用条件的设定和决策依据。

6. 录用后发放的通知。

第七章

酒店服务管理

学习目标

1. 了解酒店服务管理的含义；
2. 熟悉酒店服务的模式；
3. 理解酒店服务质量的内涵；
4. 了解酒店服务质量的特点；
5. 了解酒店服务质量的组成；
6. 熟悉酒店服务质量标准与评价；
7. 掌握酒店服务质量管理的方法；
8. 了解酒店顾客满意管理与战略。

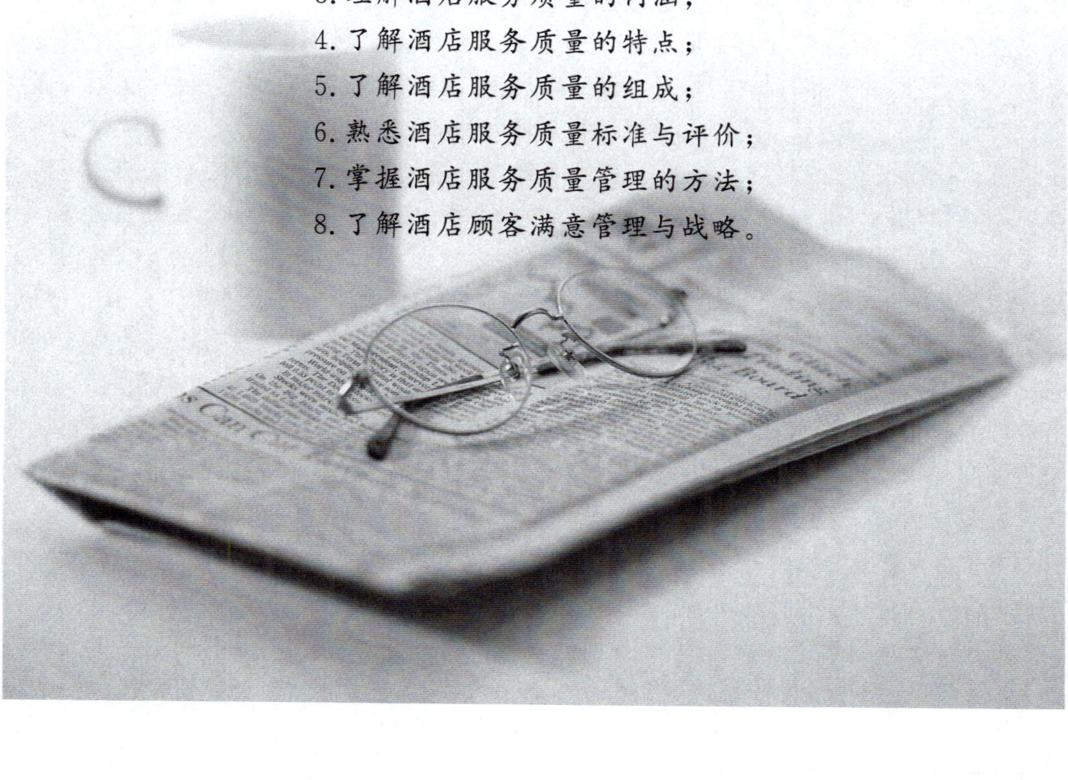

第一节　酒店服务管理概述

一、服务与酒店服务

（一）服务的定义

服务的历史由来已久，但对服务进行定义，最早可追溯到亚当·斯密时代。他从经济学领域来研究服务，认为服务是一种可供销售的活动，是以等价交换的形式为满足企业、公共团体或其他社会公众的需要而提供的劳务活动或物质产品。

从二十世纪五六十年代开始，市场营销学界开始了对服务的研究。西方市场营销专家试图从不同的角度对服务下定义，每一条都或多或少地概括了服务的某些特征。如在1960年，美国市场营销协会（AMA）最先将服务定义为："用于出售或者是同产品连在一起进行出售的活动、利益或满足感。"

对于大多数服务而言，无形性、同步性、差异性和易逝性被公认为是四个最基本的特征。

1. 无形性

无形性是指消费者在购买服务产品之前，无法通过视觉、味觉或触觉感受服务，在服务消费中，尽管可以感受到服务所带来的利益，但随着服务的结束，服务产品本身也就不复存在了。供应商无法以实物的形式展示或显示其服务。无形性是服务最为显著的一个特征，是服务产品不同于有形产品的关键差别。它可以从两个不同的层次来理解。首先，服务的很多元素看不见，摸不着，无形无质。其次，顾客在购买服务之前，往往不能肯定他能得到什么样的服务。因为大多数服务都非常抽象，很难描述。

服务的无形性决定了服务质量的不确定性。在购买实物产品时，顾客可以在购买前观察、触摸和测试产品；而对于服务，顾客却只能依赖服务组织的声誉。所以，在很多服务领域，为确保服务质量，政府往往要通过行政许可、签发执照等方式，保证服务提供者的水平。例如我国在旅行社行业实行的旅游业务经营许可制度。随着消费者的成熟度不断提高，以品牌和权威部门发布的信誉等级来选择服务商，已成为服务市场交易的主流。

在现实生活中，大多数服务可以通过其载体而让顾客感知服务。例如，餐饮业的服务中，不仅有厨师的烹饪过程，还有菜肴的物质加工过程以及服务人员的服务过程。所以，如何规范服务过程中的有形部分，提高顾客对服务整体的评价，是服务组织需要解决的重要问题。理解服务的无形性，对服务组织而言非常重要。为了从新的服务中获取效益，服务组织必须快速扩张，来阻止竞争对手。许多组织选择特许经营的方式，这样不仅可以保持控制和降低风险，而且可以减少资本投资。这一做法，在酒店业中尤为普遍。

2. 同步性

有形的产品在从生产、流通到最终消费的过程中，往往要经过一系列的中间环节，生产和消费过程具有一定的时间间隔。而服务则与之不同，它具有不可分离性的特点，其同步性是指服务人员向顾客提供服务时，也正是顾客消费服务的时刻，二者在时间上不可分离。

（1）消费过程中的同步性。服务产品生产和消费的同步性意味着在消费过程中服务产品的供应者往往就在消费现场:酒店的前台接待员必须在其岗位,这样客人才能够入住酒店;酒吧服务员必须在吧台才能够为客人调制和供应饮品;与此相反,诸如洗衣机等实物商品可以在中国制造,而在美国消费。

(2)生产过程中的同步性。服务产品生产和消费的同步性意味着在服务产品的生产过程中消费者就在现场:就餐者就是在餐厅里接受服务的;酒店住客就是在客房里接受服务的。因此,同步性使得消费者密切接触服务产品的生产与供应过程。在大多数情况下,服务产品的生产与消费之间并不存在时间差。但是服务产品的供应者是人,因此顾客与供应者之间无论是面对面交流还是通过电话进行交流,都是随意的、实时的,监控服务质量成为一个既困难又复杂的问题。

(3)市场营销的同步性。如前所述,服务产品的生产与消费几乎是同时进行的。服务产品的营销宣传可以说也是同步进行。例如,前台的接待员在为客人提供咨询的时候,他所提供的信息在相同的时间和地点为客人所接受。与此同时,服务产品的营销宣传活动也在进行之中。前台接待员在服务产品的生产和消费过程中有效地“推销”了服务产品(即使客人相信服务产品的价值)。服务产品的三要素——生产、营销和消费——是同时进行的。

在服务产品生产和消费的过程中,供应者和消费者同时在场这一情况实际上改变了适用于实物产品的传统生产和营销观念。在实物产品的营销过程中,营销的重点是将商品运送到有消费需求的地点,即营销的关键是在恰当的时间将商品运送到恰当的地点。但是就服务产品而言,营销的重点从确保恰当的时间和恰当的地点转向确保以恰当的方式生产供应(即运送传递)服务产品。

3. 差异性

差异性是指服务无法像有形产品那样实现标准化,每次服务带给顾客的效用、顾客感知的服务质量都可能存在差异。各服务产业之间的不同取决于它们对人力或技术的依赖程度。某些服务产品(比如餐馆的菜肴)要比其他一些服务产品(比如通信服务)对人力的依赖程度高。服务业所提供的服务产品具有更大的异质性(即更多的可变因素),因此很难确保实现标准化和统一的服务产品。服务产品的异质性对劳动密集型企业的管理构成了严重的问题,因为存在着服务质量出现重大变化的可能性。许多员工都会与同一位消费者接触,因此很有可能造成服务水准不一致的问题。

一是服务人员的原因,如心理状态、服务技能、文化水平、努力程度等,即使是同一服务人员提供的服务,在质量上也可能会有差异。

二是顾客的原因,如果知识水平、文化背景、兴趣爱好等,也直接影响服务的质量和效果。比如,同是去旅游,有人乐而往返,有人败兴而归;同听一堂课,有人津津有味,有人昏昏欲睡。这正如福克斯所言,消费者的知识、经验、爱好和动机,影响着服务业的生产力。

三是相互作用,由于服务人员与顾客间相互作用的原因,在服务的不同次数的购买和消费过程中,同一服务人员向同一顾客提供的服务也可能会存在差异。

这一个特征,增大了衡量服务产出绩效的难度。由于顾客对服务的评价不同,所以服务组织不能使用单一指标(如顾客人数或是最大化利润)来评估业绩,服务测评是相当复杂的。实践中往往通过测量从服务投入到服务产出过程中每位顾客的变化来评价服务业绩。

4. 易逝性

易逝性是大多数服务产品的一个显著特性，并且与无形性有着密切的联系。易逝性是指服务产品无法储存，因此，只有出现消费者需求的时候才会生产。服务产品的生产在任何时候都是由需求决定的。服务不能像有形产品那样依靠存货来缓冲以适应需求变化。在产品的制造过程中，存货可以用来分离生产工序；对服务业来讲，这种分离是通过顾客等候实现的。库存控制是制造业中的主要问题，而在服务运营中，与之对应的问题是等候或“排队”。在旅游接待业中，不可储存产品的典型例子包括酒店的客房和餐馆的餐位。如果没有及时使用，那么销售的商机就失去了。一般而言，服务生产的能力未能有效地利用就意味着无法挽回的损失。

然而，现代企业向市场所提供的产品既可能是有形产品，也可能是无形产品，或者是两者的混合物。从现实经济活动来看，服务通常是与有形产品结合在一起进入市场的，在市场交换的过程中很难把服务从有形产品中独立分离出去。因此，当代著名的市场营销学专家菲利普·科特勒教授将服务定义为：“服务是一方能够向另一方提供的，属于无形的任何行为或绩效，并且不导致任何所有权的产生，它的生产可能与实际产品有关，也可能无关。”

本书对服务的定义：服务是指为他人做事，并使他人从中受益的一种有偿或无偿的活动。不以实物形式而以提供劳动的形式满足他人某种特殊需要。

（二）酒店服务的定义

向宾客提供良好的服务是酒店产品的核心内容。酒店服务是“酒店员工凭借一定的设施设备，以一定的操作活动为内容，以客人的需求为目标，同时倾注员工感情而形成的行为效用的总和”。由这个概念可以看出，酒店服务是酒店有形的设施设备和无形的员工劳务相结合的产物，是有形的设施、产品与无形的文化所形成的复合体。

酒店服务包括微笑待客，员工服务时的微笑不受时间、地点、客人的态度、自身的心情等因素的影响；随时准备为客人提供优秀的服务，包括精神上的准备（服务意识、饱满的精神状态）和物质上的准备（事先的各种准备工作）；时刻关注客人，具有超前服务意识；将每一位客人都视为是特殊的和重要的，都是需要给予特殊照顾的贵宾；真诚地邀请每一位客人再次光临酒店；为客人创造一个温馨的、超值服务的气氛。

本书对酒店服务的定义：酒店服务是指酒店为满足顾客的需要而付出的智能和必要的劳动，是酒店的无形商品。酒店主要为客人提供住宿服务、生活服务及设施服务等。

二、酒店服务模式

当前，酒店服务正向多元化、细分化、差别化趋势发展。在这种形势下，非常有必要对酒店的服务模式加以明确区分，以提高酒店服务质量。利用不同的服务模式来改进酒店服务体系，是增强整个酒店经济效益的重要保障。

（一）常规服务与个性化服务

常规服务即普通意义上的标准化服务，指不同酒店都能为客人提供的大众化的普及性服务，是服务的最低要求，是一种无差异性服务。

个性化服务是指为客人提供的具有个人特点的差异性服务，能够让客人有一种自豪感和满足感，留下深刻的印象，赢得他们的忠诚。个性化服务是从尊重人的个性需求出发，是人性化的体现，是当今人们倡导的服务模式。

（二）全方位性与超前性服务

全方位性服务是酒店在自身拥有服务项目的基础上，根据客人的口头或书面要求提供服务的一种模式。超前性服务是酒店在给客人提供硬件设施、软件服务的基础上，额外提供的具有价值含量的服务。它追求锦上添花的服务效果，能够在客人提出要求之前就满足，因此最容易给客人留下美好印象，招徕回头客。这种服务是目前大多数酒店提倡的，而且也是衡量其经营管理是否达到最佳水平的标准之一。

（三）定期与随机服务

定期服务主要指酒店依据自身的经营目标，定时推出的吸引客人、拓掘市场的各项服务。例如，节假日酬宾或酒店店庆日组织的活动中所附加的服务内容，或按一定标准增加的一些服务。随机服务是针对客人的随机要求，随时随地为客人提供有关服务，不带有预先规定性。在酒店中，随机服务所占份额比较大，而且也是提高服务质量，增强品牌效应最有效的途径之一。

三、酒店服务管理

（一）酒店服务管理的定义

酒店服务管理是指酒店企业根据顾客感知服务质量的产生和变化，开发和管理组织，以实现效用、质量及各方（组织、顾客、其他各方和社会）目标的一种管理方法。

酒店服务管理的内涵包括以下几方面：

（1）酒店发展是由顾客驱动或市场驱动的，而不是酒店内部的效率或标准驱动的。

（2）酒店服务管理强调组织内部跨职能合作对顾客满意的重要性，而不是强调通过传统的以专业化和劳动分工来获得酒店顾客满意的途径。

（3）质量管理是服务管理内在的组成部分，而不是一个孤立的问题，应进行综合考虑，才能真正实现顾客满意。

（4）酒店不应将员工的内部开发和强化员工对酒店目标和战略的投入当作行政管理任务，而应将其当作酒店成功的战略性的先决条件。

（二）酒店服务管理的特征

酒店服务管理的特征包括顾客导向、顾客感知质量导向、长期观念、综合管理方法、关注服务质量和员工的发展等。

1. 顾客导向

顾客忠诚是成功的服务管理的里程碑，忠诚的顾客来自酒店的顾客导向方针与策略。服务管理的研究表明，留住顾客对获利性有正面的影响。顾客保留率取决于酒店向顾客提供的服务质量的好坏程度。

2. 顾客感知质量导向

酒店服务管理强调顾客关注质量、感知质量。酒店服务管理认为，质量是由顾客评价的，质量管理是服务管理的一个重要的内在组成部分，在许多方面对其有决定性的影响。因此，酒店可运用感知服务质量模型、差距分析模型和其他一些质量管理模型和工具进行服务管理，提高顾客的关注质量和感知质量。

3. 长期观念

酒店服务管理强调在经营中，酒店应与顾客建立长期的伙伴关系和管理战略联盟，以提高顾客的忠诚度；同时酒店也应制定以市场为导向、以客人为导向的产品策略，从而达到酒店经营管理的目标。

4. 综合管理方法

在酒店运营中，只有将酒店营销、操作服务和人力资源管理整合在一起，才能最终影响顾客的保留率，以期达到酒店利润的最大化。

5. 关注服务质量和员工的发展

酒店服务管理强调关注员工的发展和员工对酒店服务的重视，酒店应在内部员工中强化服务意识和创造顾客导向的行为，通过采用积极的、主动的方法，将酒店一系列内部活动统一起来，加大内部的开发和利用，向客人提供优质的服务。

（三）酒店服务管理的内容

1. 确定顾客感知质量标准

酒店可运用感知服务质量模型、差距分析模型等了解顾客的感受与顾客的期望之间的差异程度，以便认识到酒店在向顾客提供产品和服务时顾客得到的全面效用和全面质量的程度，从而调整偏差，提高效用和质量标准。

2. 传递全面效用和全面质量

酒店不仅强调内部效率、规模经济和成本降低这些基本因素，还应以顾客为导向，将酒店的外部效率置于重要地位，高度重视酒店员工的团队工作，进行跨职能的合作和建立跨组织的伙伴关系，树立与顾客保持长期合作伙伴关系的观念。这种将顾客驱动、质量导向、长期导向、员工导向等因素进行有机结合的方式，有利于酒店的持续发展，是一种向顾客传递全面效用和全面质量的有效途径。

3. 实现顾客希望的效用或质量

酒店可通过以下方法来开发和管理组织，以便实现顾客希望的效用或质量。

(1)确立"组织—员工—顾客"的关系。由于酒店员工是联系酒店服务组织与顾客的纽带，他们与顾客进行面对面的交往以提供顾客需要的服务，他们的行为及行为结果是顾客评价服务质量的直接来源；而对酒店组织而言，员工通过向顾客提供服务为酒店组织创造价值，是酒店实现利润的关键。因此，酒店应加强员工培训、提高员工的满意度，从而提高员工对顾客服务的效率，最终提高顾客对酒店的忠诚度。

(2)提高酒店的技术水平。运用高新技术提高酒店服务接待能力和接待质量，实现高效、具有针对性的服务。

(3)加强服务态度管理和沟通管理。一方面加强对员工的服务态度的管理，提高员工对酒店岗位工作的认真程度，增强责任感，使其树立良好的职业道德行为，向顾客提供最佳的服务；另一方面加强与员工及顾客的沟通，了解他们的需求，尽可能满足他们。

（4）进行有效的授权。在为顾客提供直接服务的过程中，员工是否能及时、有效地为顾客解决不同的问题，是酒店组织能否取得优质服务的关键。酒店除按照事先规定的标准、规范、准则等来处理问题外，还应下放权力，并辅之以相关解决问题的方法，从而能及时、快速地解决问题，获得顾客的满意。

4. 设立合理的酒店组织

酒店可通过设立合理的酒店组织来实现效用、质量以及各方（组织、顾客、其他各方和社会）的目标。

第二节　酒店服务质量管理

随着社会经济的发展、人们生活水平的提高，客人对酒店服务质量的要求也不断提高。从酒店服务质量而言，客人是否满意是衡量酒店服务质量的唯一标准。

一、酒店服务质量的含义

酒店服务质量是指酒店服务是否符合客人的期望，它并非一成不变，不同层次的消费者在不同时期和情况下，对同一产品、服务或过程的质量往往具有不同层次的期望。对酒店服务质量的概念界定，学术界及业界尚没有统一，目前存在四种不同的观点：

（一）酒店服务质量就是指员工的对客服务质量

这种看法基本上将酒店服务质量看成由服务效率、服务项目、服务态度、服务礼仪、操作技能、清洁卫生、环境气氛等构成。其明证之一就是“微笑即优质服务”口号的流行。

（二）酒店服务质量由有形的设施和无形的服务构成

酒店服务质量的硬件质量主要包括酒店建筑及装修质量、服务设施和设备质量、服务环境质量、实物产品质量、服务用品质量；酒店服务的软件质量主要包括服务工作质量、管理质量和后勤保障质量以及客人满意程度。

（三）酒店服务质量可分为技术质量和功能质量

所谓技术质量，就是酒店达到与其等级、价格相吻合的物质满足程度。技术质量是反映服务结果的质量，属于服务的可见部分。酒店服务的技术质量由酒店的设施质量和酒店的实物产品质量两方面构成。酒店服务的功能质量由酒店劳务质量和酒店的环境质量构成。酒店的功能质量很大程度上依赖于客人的主观感受。

（四）酒店服务质量是客人得到的某种物质和精神的感受

酒店服务质量是指客人在入住店的过程中享受到服务的使用价值，是客人得到的某种物质和精神的感受。

本书认为，酒店的服务质量是指酒店以其所拥有的设施设备为依托，向客人提供的各种服务来满足客人的需求。从酒店的角度来说，服务质量则是酒店提供并满足客人需要的程度；从消费者的角度来说，酒店的服务质量是消费过程中获得的物质和精神需要的综合体验。

二、酒店服务质量的组成

酒店服务质量是有形产品质量和无形劳务质量的统一，有形产品质量是无形服务质量的凭借和依托，无形服务质量是有形产品质量的完善和延伸，两者相辅相成。

(一)有形产品质量

有形产品质量指酒店提供的设施设备和实物产品以及服务环境的质量。

1. 酒店设施设备的质量

设施设备是酒店给客人提供服务的主要物质依托，从一定程度上来说，客人对酒店档次的高低感受与配套设施设备的条件有很大的联系。设备设施的配置及其运转状态的好坏是酒店服务质量的重要内容。酒店设施设备由客用设施设备和供应用设施设备组成。客用设施设备也称前台设施设备，是直接供客人使用的那些设施设备，它要求做到设置科学、结构合理、配套齐全、舒适美观、操作简单、使用安全、完好无损、性能良好。供应用设施设备也称后台设施设备，是指酒店经营管理所需的不直接和客人见面的生产性设施设备，要求做到安全运行，保证供应。

2. 酒店实物产品的质量

(1)菜点酒水质量：酒店管理者必须认识到饮食在宾客的心目中占有的重要位置，以不同客人对饮食的不同要求，要保证酒店饮食产品富有特色和文化内涵，要求在安全卫生的基础上保证原料选用准确，加工烹制精细，产品风味可口。

(2)客用品质量：客用品是酒店直接供客人消费的各种生活用品，包括一次性消耗品和多次性消耗品。客用品质量应与酒店星级相适应，避免提供劣质产品，数量应充裕，能够切实满足客人需求，不仅仅是摆设，供应要及时，并保证安全与卫生。

(3)商品质量：应做到花色品种齐全，商品结构适当，商品陈设美观，价格合理，杜绝假冒伪劣商品，符合客人的购物偏好。

(4)服务用品质量：服务用品是指酒店在提供服务过程中供服务人员使用的各种用品，要求品质齐全、数量充裕、性能优良、使用方便、安全卫生。

3. 酒店服务环境的质量

服务环境质量是指酒店的服务气氛给人带来感觉上的美感和心理上的满足感，它主要包括独具特色、符合酒店等级的酒店建筑和装饰，布局合理且便于到达的酒店服务设施服务场所，充满情趣并富于特色的装饰风格，以及洁净无尘、温度适宜的酒店环境和仪容端庄大方的酒店员工。要求酒店给人安静、轻松、和谐、舒适、愉快、美观、雅致之感。

(二)无形产品质量

1. 礼貌礼节

礼貌礼节是以一定的形式传输给客人表示尊重、谦虚、欢迎、友好等态度的方式，要求服务人员以“宾客至上”为宗旨，把礼貌待客、尊重宾客放在第一位。用规范的服务用语和热情的行为举止来赢得客人的好感，将礼貌礼节贯穿于酒店服务的始终。

2. 职业道德

职业道德是员工在酒店内所遵守的行为规范的总和，酒店员工应遵循旅游职业道德规范。要求员工做到热情友好、真诚公道、信誉第一、文明礼貌、不卑不亢、一视同仁、团结协作、顾全大局、遵纪守法、廉洁奉公、钻研业务、提高技能，真正做到敬业、乐业和勤业。

3. 服务态度

服务态度是酒店服务人员在对客服务中所体现出来的主观意向和心理状态，要求服务人员具有敬业爱业的思想，以主人的身份，热情友好地接待宾客，为宾客排忧解难，尽最大努力满足宾客的需求，虚心听取宾客意见。

4. 服务技能

服务技能是指酒店服务人员在不同场合、不同时间对不同宾客提供服务时，能适应具体情况，灵活恰当地运用操作方法和作业技能以取得最佳的服务效果，从而所显现出的技巧和能力。要求服务人员熟悉本职任务，掌握操作规程，善于把握客人心理，针对不同场合、不同时间、不同对象，根据具体情况灵活应变地进行有效的接待服务。

5. 服务效率

服务效率是指员工在其服务过程中对时间和工作节奏的把握，应根据客人的实际需要灵活掌握，要求员工能以最小的劳动量、最短的劳动时间取得最大的效果。

6. 安全卫生

酒店在环境气氛上要制造出一种安全的气氛，给客人心理上的安全感，并且注意酒店的清洁卫生，包括酒店各区域的清洁卫生、食品饮料卫生、用品卫生、个人卫生等。要求员工明确工作人员的岗位职责，建立卫生安全质量检查制度及考核标准。

（三）其他

除了上述内容外，还包括员工的劳动纪律、服务的方式方法、服务的规范化和程序化等。

三、酒店服务质量的管理方法

质量是企业的生命，是现代企业竞争力中最根本的要素。只有采取有效的服务质量管理方法，建立一套完善的质量管理体系，才能真正提高酒店服务质量，为宾客提供令其满意的服务，使酒店取得良好的经济效益，在市场竞争中立于不败之地。目前，酒店中通常采用的服务质量管理方法主要有以下三种。

（一）酒店全面质量管理

最早提出全面质量管理概念的是美国通用电气公司的质量经理菲根堡姆，他将其定义为“为了能够在最经济的水平上，考虑到充分满足宾客要求的条件下进行市场研究、设计制造和售后服务，把企业内各部门的研制质量、维持质量和提高质量的活动构成为一套有效的体系”。全面质量管理以质量为中心，提升客人的满意度。

酒店全面质量管理是指酒店为保证和提高服务质量，组织酒店全体员工共同参与，综合运用现代管理科学手段，控制影响服务质量的全过程和各因素，全面满足客人需求的系统管理活动。它要求以系统观念为出发点，通过提供全过程的优质服务，达到提高酒店服务质量的目的。

1. 以客人为导向

酒店管理必须始于识别客人的需求，满足并超越客人的要求，才能获得继续发展下去的动力和源泉。正确理解客人需要和识别潜在的客户需要，成为做好酒店质量管理工作的关键。如在客房中增加网络设备，以提高客人对信息需求的方便性，便是为了满足客人需求，提高客人感知价值的一种手段。

2. 全员参与管理

酒店要提供的优质服务需要前台人员和后台员工通力配合才能实现。所以，全面质量管理要求全体员工都参加质量管理工作，并把每位员工的工作有机地结合起来，从而保证酒店的服务质量。

3. 全方位管理

全面质量管理就是要针对酒店服务质量全面性的特点，对酒店有形产品质量和无形产品质量、前台服务质量和后台工作质量等所有服务质量的内容进行全方位管理，不只关注局部的质量管理。

4. 全过程管理

酒店服务质量管理是对服务前的组织准备、服务中的对客服务和服务后的善后处理这一全过程的管理，因此，全面质量管理一是要以预防为主，防患于未然；二是要求酒店内部树立"如果你不直接为客人服务，那么，你就应该为在第一线向客人服务的员工服务"的观念，即强调工作的下一个环节就是你的客人，就是你服务的对象，你必须负责让其满意，最终使得酒店服务过程中的每一个环节都符合酒店质量管理的要求。

5. 全面运用各种管理方法

全面质量管理要求酒店管理者能够灵活运用各种现代管理方法，对影响酒店服务质量的各种因素，包括人的因素、物的因素、客观因素、社会因素、内部因素、外部因素等进行控制，提高服务质量，使宾客满意。

6. 持续改进

这是全面质量管理的核心思想和目标。酒店必须要持续改进才能持续获得宾客的支持，才能获得不断的利润进而持续发展。全面质量管理不只是一种管理方法，更是一种主动寻求不断和系统融合的改进理念。

(二)PDCA 管理循环

PDCA 管理循环是由美国管理专家戴明首先提出的，所以又称"戴明环"。PDCA 是英语 Plan(计划)、Do(执行)、Check(检查)、Action(行动)四个词首字母的组合，它反映了质量管理活动的规律，体现了全面质量管理的思想方法和工作步骤。PDCA 循环是提高产品质量、改善企业经营管理的重要方法，是质量保证体系运转的基本方式，现已成为国际上公认的科学管理方法。PDCA 管理循环可以分为四个阶段：

1. 计划阶段(Plan)

计划阶段即建立改善的目标及行动方案。通过市场调查、用户访问等，可以摸清客人对酒店产品质量的要求，确定质量政策、质量目标和质量计划，分析服务质量现状，找出存在的问题，分析主要原因，提出应达到的质量目标和实现目标的措施方法。目标和计划必须具有明确的目的性和必要性，要规定质量管理目标所应达到的质量标准、完成目标的时间和要求，以及由谁、采用何种方式和手段来完成，最后实现质量管理的目标。

2. 实施阶段(Do)

实施阶段又称执行，是指依照计划执行。该阶段是酒店管理者根据质量管理计划所制定的目标，组织部门及员工的具体实施阶段。

3. 检查阶段(Check)

检查阶段是酒店对实施质量管理计划的效果进行检查，确认是否依计划进度在实行，并和实施前进行比较，以确定质量管理计划的实施是否有效果，是否达到预定的目标。

4. 行动阶段(Action)

行动阶段对已解决的质量问题提出巩固措施，使之标准化、程序化和规范化，防止原来的问题再次发生。该阶段总结成功的管理经验，使之标准化，形成管理制度加以推广应用。同时，吸取失败的教训，提出本轮 PDCA 循环悬而未决的问题，自动转入下一循环。PDCA 管理循环的四个阶段缺一不可，并不断旋转循环。PDCA 管理循环法作为思维方法，是一种科学的工作方式，它揭示了管理工作的一般程序，符合实践—认识—实践的认识规律。只要自觉地、严格地按照这个规律工作，遇到问题具体分析，抓住主要矛盾，落实措施，就能更好地完成酒店服务质量管理工作。可以说，PDCA 的意义就是不满足现状。只有 PDCA 四个阶段都完成且不断地循环下去，才会使酒店服务质量问题越来越少，酒店服务质量不断提高并最终趋向于零缺陷。

案 例

星级酒店的服务感觉真好

王先生和朋友乘坐的出租车刚刚停在酒店的大堂门口，面带微笑的门童立刻迎上前去，并躬身拉门问候："欢迎光临！"王先生和朋友谈笑风生地走下了出租车，门童扭头对正准备进酒店的王先生说："先生，您是否遗忘了公文包？"王先生一听，停止了说笑，忙说："哎哟，是我的公文包，谢谢，谢谢。"门童将公文包递送给王先生，同时又写了一张小条子递了过去，这张小条子上写着这辆出租车的号码。然后，门童迅速引领客人进入酒店大堂。

王先生来到前厅接待处，接待员礼貌地问候："你们好，欢迎光临。请问有没有预订？"王先生说："我们已经预订了一个标准间。"接待员随即请王先生出示证件，并熟练地查阅预订信息，立即为客人填写了入住登记表上的相关内容，并请王先生预付押金和签名，最后说："王先生，你们住在 1605 号房，这是你们的房卡和钥匙，祝你们入住愉快。"在王先生办理入住登记手续时，行李员始终恭立在他们的身边，为他们看护行李箱。

行李员刚带着王先生和他的朋友走出电梯，客房服务员就已经在电梯门口恭候了，在热情的问候后，将其带到 1605 号房间门前。打开房门后，客房服务员开始介绍客房的设施和服务，行李员将客人的行李放在了行李架上，同时随手将客人脱下来的外套挂在衣架上，随后，在征求客人同意后，告辞退出。

王先生和朋友经过一天的旅行，已经非常疲惫了。当他们躺在柔软的床上，听着悠扬的音乐，欣赏着舒适豪华的室内装潢，回忆着进入酒店的整个过程时，王先生满意地对朋友说："这真是星级酒店的服务啊，我们要的就是这种服务！"

案例剖析///

满意是一种感觉。人们对客观事物的认识都是从感觉开始，人们只有在感觉的基础上，才能对现实事物整体属性和相互关系做出更复杂的反应，从而获得外界信息，使人们对客观事物产生某种感情。

宾客对服务工作的认识，同样是从感觉开始的。它激发着宾客一定的情感与消费态度。感觉引起的人的情感变化与消费态度，是宾客最基本的消费心理现象。所以，满意的服务往往体现于细微之中。

当然，客人的满意源自很多方面，酒店各部门的每一位服务员都必须密切配合，一环扣一环，上下一致。其中有一环出现偏差，对客人来说，这些服务都可能是失败的、不满意的。作为一名服务员，提供服务是他们的天职，但服务同时又是服务商品的最好的包装，服务本身就是它的相应价值。因此，酒店的服务员不仅是在推销商品和服务，同时也在创造价值。不要小看服务员的职业，要把它做到最好，人人满意，还是需要下一番工夫的。

本案例是客人进入酒店的一个基本过程，通过从客人进入酒店—登记入住—客人进入客房，每个环节都有服务人员随时为客人服务，从而让客人找到了一种满意的感觉。尤其是对第一次下榻酒店的客人来说，就是这些点点滴滴的细微服务，才给客人留下深刻的印象，为客人再次光临打下基础，从而产生了一种“星级酒店服务”的感觉，客人要的就是这种感觉。

（三）因果分析法

因果分析法是通过因果图表现出来。因果图又称特性要因图、鱼刺图或石川图，由日本质量管理专家石川馨最早使用，是为了寻找产生某种质量问题的原因，发动大家谈看法，做分析，将群众的意见反映在一张图上。用此图分析产生问题的原因，便于集思广益。因为这种图反映的因果关系直观、醒目、条例分明，用起来比较方便，效果好，所以受到了许多企业的重视。

使用该法，首先要分清因果地位；其次要注意因果对应，任何结果由一定的原因引起，一定的原因产生一定的结果。因果常是一一对应的，不能混淆；最后，要循因导果，执果索因，从不同的方向用不同的思维方式去进行因果分析，这也有利于发展多向性思维。按事物之间的因果关系，知因测果或倒果查因。因果预测分析是整个预测分析的基础。

因果分析法就是以结果为特性，以原因为因素，逐步深入研究和讨论项目目前存在问题的方法。因果分析法的可交付成果就是因果分析图。一旦确定了因果分析图，就应该对之进行解释说明，通过数据统计分析、测试、收集有关问题的更多数据来确认最基本的原因。确认了基本原因之后，就可以开始制订解决方案并进行改进了。

（四）QC（Quality Control）小组活动

QC 小组即质量管理小组，最先出现在日本。QC 小组是开展服务质量管理活动的基本组织单位，是全员参与质量管理活动的一种有效的组织形式。QC 小组的人数不宜过多，以 3～30 人为宜。QC 小组遵循“自愿参加，上下结合”与“实事求是，灵活多样”的原则。“自愿参加，上下结合”是指通过管理层的组织，充分发挥一线服务人员的积极性、主动性、创造性，由员工自己挤时间、创造条件自主地开展工作，实现自我控制、自我提高的目标；“实事求是，灵活多样”是指开展 QC 小组活动要从酒店实际出发，以解决质量管理实际问题为出发点，实事求是地筹划 QC 小组的组建工作。

QC 小组的形式可由自下而上组建，也可自上而下建立，即由各班组发起建立或由酒店管理部门会同各基层单位协商建立，可以在本部门组建，也可以跨部门组建，以方便活动、易出成果为目的。QC 小组活动按 PDCA 程序进行，要求选题适宜、策划充分、现状清楚；工作目标要明确、对策要具体、方法要得当；及时地检查，并全面总结。

第三节　酒店服务及其质量的特点

一、酒店服务的特点

酒店服务是一种特殊的产品，它与一般产品相比，有其自身的特点，主要体现在以下几个方面：

（一）直接性

一般商品是先生产后消费，即由生产到消费不是直接的，而是要经过中间环节。这就意味着商品生产者能够主动调整生产的产量、时间和节奏，检测产品的质量，对不合格的产品可以重新生产。对不满意的商品，消费者可以不去购买；对有质量问题的商品，消费者可以要求退货或维修。而酒店服务则不同，它的生产与消费是同步的。酒店服务产品不能通过销售渠道被送到外地出售，服务人员向客人提供各种服务的过程就是客人的消费过程，酒店服务产品的生产场所就是服务产品的销售场所。服务产品要受到客人的直接检验，具有直接性的特点。这些对酒店服务提出了更高的要求。

（二）无形性

酒店提供的服务产品是无形的，具有非物化和非量化的特点。酒店不能像其他企业那样，向客人具体地描述其服务产品，客人也不可能在购买某一项服务之前进行检验或试用。因此，酒店企业必须有自己独特的营销方法，并把企业声誉、酒店形象和特色作为经营活动的基础。酒店企业只有在经营中标新立异、独树一帜，才能在竞争中立于不败之地。

（三）不可贮藏性

酒店服务的不可贮藏性是由服务的直接性决定的。一般商品通过交换，购买者获得所有权，出售者失去所有权，商品的转移即所有权的转移。商品如果一时卖不出去，可以储存起来以后再销售。而酒店服务是一种时间产品，客人在消费时只是购买到它的使用权，而不是所有权，当客人离店时，使用权也就随即终止。酒店服务因受设施和时间等因素的限制，不能提前生产产品并贮藏来满足未来的需求。如对于客房服务产品，如果当天房间没有出租，服务就无法进行，当天的房价就无法实现，酒店的收入就要受到损失。酒店服务产品的这一特点，要求酒店应不断提高服务质量，吸引更多的客人来酒店消费。

(四)差异性

酒店的服务产品在不同酒店之间存在着差异,即使同一家酒店提供的同一种产品或同一员工在不同时间内所提供的服务也是不相同的。酒店服务的差异性,决定了酒店必须制定一套科学的服务质量标准。酒店的服务产品要求员工不断学习,提高业务素质,改进服务质量,提升服务技能水平,满足客人的需求。

(五)多样性

酒店服务具有多样性。酒店接待的客人来自不同的国家和地区。他们的社会背景、消费层次、消费习惯、兴趣爱好、生活经历、生活习俗、职业、年龄、性格等诸多方面都不相同,因此,他们有着不同的旅游动机和需求。为了满足客人的不同需求,酒店就要扩大服务范围,增加服务项目,尤其是细微之处。

酒店服务的这一特点,要求酒店服务人员要善于观察和了解客人的需求,有针对性地提供服务。酒店服务的特点决定酒店经营的中心环节必须是服务。因此,酒店必须贯彻"宾客至上,服务第一"的宗旨,不断提高服务质量。

二、酒店服务质量的特点

酒店作为服务性企业,它所提供服务的产品质量有别于一般企业的商品质量,有自己独特的产品质量特性。要提高酒店的服务质量,必须正确认识酒店服务质量的特点。归纳起来,酒店服务质量的特点主要包括服务质量的有形性与无形性、服务质量的整体性和全面性、生产消费的同时性、服务质量的共性与个性、服务提供的员工关联性、服务质量的情感交融性等。

(一)服务质量的有形性与无形性

酒店的服务质量是由酒店内实物形态的物质提供和酒店服务人员的服务劳动相结合所共同决定的。酒店实物形态的服务包括酒店设备设施、实物物品等满足客人基本生活需要的有形部分,客人使用完后,这种形态依然存在,这决定了酒店服务质量的有形性;酒店服务人员的服务劳动对酒店的服务质量也有着决定的作用,他们在满足客人基本物质生活需要的同时,通过亲切的服务态度和礼貌的言谈举止等,满足客人心理上的需求。他们提供的服务是无形的,随着劳动活动的结束,其使用价值也消失了,但是却留给客人美好的体验和感受。因此,酒店服务质量是有形性和无形性的结合。

(二)服务质量的整体性和全面性

酒店服务质量并不是一次或一段时间内就能评定的,酒店服务是一个整体,包括客人在酒店住宿消费的所有时间内所享受到的服务,中间无论哪一个环节出了差错,都会导致服务失败,使酒店服务质量大打折扣,这就是酒店服务质量整体性的具体体现。另外,酒店服务以满足客人需求为出发点。客人在酒店住宿过程中,涉及衣食住行娱购等各个方面,要充分满足客人的各种需求。酒店服务质量除了整体性以外,还需具有全面性。酒店员工必须树立全面、系统的服务质量观念,才能保证酒店的整体服务质量。

(三)生产消费的同时性

酒店产品不像其他产品,从生产到消费,中间要经历一系列的环节。酒店为客人提供的产品和服务有一个最大的特点就是生产和消费同时进行。酒店服务员为客人提供服务的同时，客人也在消费和使用，酒店产品没有“可试性”，客人在购买消费体验的同时也在检验服务质量，质量不好也不能退货，这都是酒店产品服务质量所表现出来的特性。

（四）服务质量的共性与个性

酒店服务质量的评价需综合考虑酒店的有形服务和无形服务。有形服务是以实物形态表现出来的，这部分产品在不同的酒店具有共性，它们都是用来满足客人基本物质生活需求的；无形服务则是酒店为客人所提供无实物形态的服务，具有个性化，不同的酒店会针对不同客人的需求而提供个性化的服务，这部分服务是酒店服务质量能否保持稳定的关键。在酒店业竞争不断加剧的今天，酒店员工的无形服务逐渐成为酒店服务质量高低评价的依据，也是酒店提升服务质量的关键所在。

（五）服务提供的员工关联性

酒店产品的服务主要通过员工的对客服务表现出来，员工是酒店服务的直接提供者，酒店服务质量的高低与员工的工作状态密切相关。从客人的角度考虑，酒店的服务质量主要由酒店提供服务的效率、客人精神和情感上的需求及对所下榻酒店环境舒适的需求三部分决定。而酒店员工的服务技巧、服务效率和服务的标准化程度直接影响到酒店服务的效率，员工的外表形象、服务态度、职业素养等都直接或间接影响到客人精神需求的满足度，而酒店的环境在很大程度上也需要酒店员工的精心营造。

从客人进入酒店直至离开，他所得到的是各部门员工所提供的带有密切关联性的服务体系，只要有一个环节的服务出现质量问题，就会破坏客人对酒店的整体印象，影响其对酒店的评价。100 次服务中只要有 1 次服务不能令客人满意，客人就可能全盘否定以前的 99 次优质服务，还会影响酒店的声誉。可见，作为酒店服务的主要提供者，员工与酒店服务质量有着很大的关联性。

（六）服务质量的情感交融性

客人是酒店服务质量的直接感受者和评价者，客人所享受的服务主要由酒店的员工提供，在员工与客人面对面的服务过程中，必然会产生一定的情感交流。一方面，员工努力为客人营造“宾至如归”的感觉，极力为客人创造“家”的氛围；另一方面，客人在享受酒店所提供服务的同时，在心理上必将对酒店产生一种亲切感和归属感。这样，即使酒店员工在为客人提供服务过程中有意料之外的缺憾或不足，客人也会予以宽容和谅解。除此以外，酒店服务质量的情感交融性不仅能使客人满意，甚至在此基础上提高客人忠诚度。因此，我们在着力打造和提升酒店服务质量的时候，必须充分考虑并利用其情感交融性，尽可能提升酒店产品的服务质量。

第四节　酒店服务质量标准与评价

一、酒店服务质量标准

国外研究表明，酒店服务质量由五个基本要素构成，这五个要素基本涵盖了酒店服务质量的属性，也是客人评价酒店服务质量的主要标准。

（一）可靠性

可靠性是客人消费酒店产品所看重的一大属性。可靠性要求酒店在提供服务的过程中不折不扣，严格遵守服务操作规程，保证酒店服务质量的标准，确保客人的消费权益不受损害。例如，必须兑现向预订客人承诺的客房。

（二）反应性

反应性是指为酒店客人提供各种服务的愿望及反应的快慢程度。研究表明，在服务过程中，等候服务的时间长短是关系到客人的感知服务质量优劣的重要因素，让客人等待或不及时解决问题都会给质量感知带来消极的影响。因此，酒店提供各项服务时应尽可能减少客人等候的时间。服务效率始终是客人关心的问题，服务效率低下可能会导致酒店失去已有的客人。希尔顿酒店集团用“快”字作为自己的服务特色，通过高效率服务来迎合现代社会的消费者，尤其是商务客人的需要。

（三）保证性

保证性是指酒店员工所具有的知识、礼貌礼节，以及表达出自信与可信的能力。这包括完成服务的能力、对客人的礼貌和尊敬、与客人有效的沟通等。酒店员工亲切友好的问候和微笑将缩短客人与新环境之间的距离；员工高超、熟练的操作技能和非同一般的应变能力可使客人倍感放心和安全。为此，员工应尽可能拓宽知识领域，在服务过程中需掌握记忆、表达、分析、理解、公关等方面的能力和技巧。

（四）移情性

移情性是指设身处地地为酒店客人着想并对他们给予充分的关注，这体现了酒店对客人的关心、体贴与尊重程度。服务人员的友好态度，对客人无微不至的关怀，能够最大限度地满足客人情感上的需要，反之则会让客人感到不快与失望。

（五）有形性

有形性是指酒店通过一些有效的途径传递服务质量形式。这是酒店员工对客人更细致的照顾和关心的有形表现，如床头的晚安卡、天气预报等。由于酒店产品的无形性，经营者常常在服务设施与酒店建筑等硬件上下功夫，力求给客人以美感和关爱。

二、ISO9000 族服务质量标准

国际标准化组织（ISO）成立于 1947 年 2 月 23 日，总部设在日内瓦。该组织是一个有 131 个国家标准化机构加盟，目前世界上最大、最具权威性的国际标准化专门机构。标准是衡量酒店服务和产品质量的尺度，是酒店进行经营生产和管理行为的依据。作为一种管理行为，酒店服务质量管理易受到人们主观认识与客观实践变动的限制，因此标准的重要性日渐突出。

从某种意义上讲，标准是质量管理工作必不可少的工具；同时，标准和标准化工作也是服务质量管理工作的经验结晶，是质量管理三要素：质量设计、质量控制和质量改进的基础。质量化的过程，就是标准化的过程。2000 版的 ISO9000 族标准增添了对酒店质量的说明和要求，成为我国酒店业服务质量管理的一个重要依据，能促进我国酒店服务质量

管理的科学化、系统化和效率化，加快我国酒店服务质量管理在质量管理标准上与国际接轨，对提升我国酒店业的服务质量管理有着重要的意义。

（一）ISO9000 族标准是酒店“星级评定标准”的有力补充

由国家质量监督检验检疫总局 2003 年颁布的《旅游饭店星级的划分及评定》是宾馆饭店现行的星级质量等级划分的主要标准，以酒店的规模、建筑、设施设备、管理和服务水平等为依据，划分为五个等级，即一星级、二星级、三星级、四星级、五星级，星级越高，说明酒店的整体硬件和软件即管理服务水平越高。但“星级评定标准”只是一个对结果进行判断的标准，体现了酒店功能用途与费用的相互关系，并不强调实际质量管理的操作过程，因此，酒店在如何具体提高酒店质量的问题上，往往会显得束手无策。在这种情况下，ISO9000 的应用就能及时合理地解决以上“星级评定标准”所不能解决的难题，2000 版的 ISO9000 族标准是一个强调“过程”的标准，正好与“星级评定标准”互为补充，完善了酒店质量管理制度。

（二）ISO9000 族标准充分落实了酒店“以人为本”的管理理念

几乎所有的酒店都存在着服务质量不稳定的现象，抓好服务质量管理是一项重要的工作。2000 版的 ISO9000 族标准针对酒店服务质量不稳定产生的原因进行深入的分析，强调一个组织应以质量为中心，以全员参与为基础，尽量做到让宾客满意，让酒店所有员工及社会相关各方受益，真正落实酒店“以人为本”的管理理念。ISO9000 族标准强调具体的操作过程，它通过“过程方法”的原理有效地协调宾客、员工和社会各方受益者之间的关系，最大限度地满足他们的需求。

在酒店管理过程中，首先要求酒店的最高管理者对客人做出满足其要求和进行持续改进的承诺，然后制订相应的方案和目标计划，最后通过管理过程，提供管理所需要的工作环境，作为产品实现过程的支持。这一过程的不断循环，充分体现出酒店“以人为本”的管理理念，并真正将其落实到服务之中，使客人得到利益上的满足，并使酒店与客人之间的关系不断优化，形成长期的伙伴关系，从整体上提高了酒店的服务质量，增强了酒店的市场竞争力，促进了酒店的可持续发展。

（三）ISO9000 族标准规范了整个酒店行业的服务质量管理行为

ISO9000 族标准对酒店服务质量提出了行之有效的管理标准，对《旅游饭店星级的划分及评定》进行了富有建设性的补充，使得原本随意性较大、难以控制的问题和管理的服务质量变得具有可操作性，从而极大地规范了整个酒店行业的质量管理行为。面对世界交流与合作的进一步深化，面对来自不同国家、具有不同信仰和从事不同职业的宾客，酒店业从客观上更需要一个国际化的标准来规范自身的服务质量管理，提高自己的接待能力，ISO9000 族标准提出的一系列在质量管理方面可能遇到的问题及有效的解决方法，在一定程度上清除了阻碍酒店业发展的绊脚石，特别对于高档次的酒店来说，更是其提高市场竞争力、争夺客源市场的有利后盾。

三、酒店服务质量评价的内容

（一）酒店服务质量的内容

酒店服务质量的内容是酒店服务质量评价的核心。虽然服务质量的硬件组成部分因酒店实际情况和客人需求有所差异，但毕竟有现实客观的衡量标准。而服务质量的软件组成部分则因依赖于服务提供者的个体差异和接受方的主观体验，很难有客观量化的衡量。因此，酒店服务质量的内容关键在于考察酒店服务是否遵循了标准程序。对于酒店各项服务而言，其服务质量标准是早已制订好的，并希望每一位服务人员都能遵守这些既定规则。服务质量标准作为酒店质量管理体系中的前提，为酒店服务质量评价提供了依据，并将通过评价来确保其执行。

（二）酒店服务过程

评价酒店服务的过程即考察酒店服务中的各环节顺序是否恰当，目的在于保持活动的逻辑顺序和对服务资源的协调利用。以服务员打扫房间为例，服务员应该先打扫走客房还是住客房？酒店服务工作的各项作业流程如何？通过对酒店服务过程、作业流程的规定与评价，可以发现和改正服务工作中的协调性与行动顺序上的问题，并不断改进服务质量。

（三）酒店组织结构和酒店服务结构

评价为客人提供服务的酒店组织构成以及酒店服务本身的结构。对酒店服务而言，有形设施和设备只是结构的一部分，人员资格和组织设计也是重要的质量因素。以餐饮部各班组为服务的活动单位为例，卫生、清洁、高档的餐具可以提高餐饮服务的质量。更重要的是，在各班组中开展评比与竞争，将激励机制引入其中，使每一位服务人员都产生工作的压力，才有利于保证与提高餐饮的服务质量。

（四）服务结果

服务结果是酒店服务质量评价的重要范围之一。服务结果不仅是客人评价酒店服务质量的重要方面，也是酒店进行服务质量管理的主要内容。酒店服务质量评价所考察的酒店服务结果包括"酒店服务会导致哪些状况的改变？""客人满意吗？"等涉及酒店服务最终结果的问题。例如，餐桌上要求有宾客评价服务质量的卡片。宾客抱怨是反映质量结果的有效指标之一。抱怨水平的上升说明服务质量的不可接受。通过跟踪这些指标（如投诉率）就可以监督服务结果质量的变化。

（五）酒店服务质量影响

酒店服务质量影响是酒店服务结果的后续，换言之，它是酒店服务结果的延伸，因此，也是酒店服务质量评价的重要范围。酒店服务质量评价从两个方面考察服务质量的影响。一方面是酒店服务对客人的影响，这是酒店服务最直接、最重要的影响。例如，通过客人的回头率可衡量酒店服务质量的优劣。另一方面是对酒店服务易获性及其对酒店社区公众的影响。一家提供优质服务的酒店必然在本社区中形成良好的公众形象，也积极参与社区活动，能得到社区的认可与好评，并通过社区的宣传与口碑，吸引更多的宾客。

知识拓展

"顾客价值"的含义

"顾客价值"是由美国市场营销学家菲力普·科特勒提出的新概念。它的主要含义是：顾客购买一种商品或服务，要付出的是一笔“顾客总成本”，而获得的是一笔“顾客总价值”，而“顾客总价值”与“顾客总成本”的差值就是顾客价值。顾客在选购商品时，往往选择价值最高、成本最低，即“顾客价值”最大的商品作为优先选购的对象。酒店要在竞争中战胜竞争对手，吸引更多的顾客，就必须向顾客提供比竞争对手具有更多“顾客价值”的产品。这样才能使自己的产品进入消费者的“选择组合”之中，最后使顾客购买本企业的产品。

1.顾客购买的总价值

顾客总价值是指顾客购买和消费产品或服务时所获得的一组利益，它主要由产品价值、服务价值、人员价值和形象价值构成。

(1)产品价值。产品价值是指由产品的功能、特性、品质、种类与款式等所产生的价值。

(2)服务价值。服务价值是指企业伴随产品或服务实体向顾客提供的各种附加服务(产品介绍、售后服务以及其他各种承诺等)所产生的价值。

(3)人员价值。人员价值是指企业员工的价值观念、职业道德、质量意识、知识水平、业务能力、工作效率以及对顾客需求的应变能力和服务水平等所产生的价值。

(4)形象价值。形象价值是指企业及其产品或服务在社会公众中形成的总体形象所产生的价值。良好的形象是酒店的一种战略资源，是酒店的无形资产。

2.顾客购买的总成本

顾客总成本是指顾客为购买和消费产品或服务时所耗费的时间、精神、体力以及所支付的货币资金等，包括货币成本、时间成本、精神成本和体力成本等。

第五节　酒店顾客满意管理

顾客满意管理(Customer Satisfaction Management，CSM)，是以顾客满意为核心的管理和经营方式，它以顾客满意为关注焦点统筹组织资源和运作，依靠信息技术，借助顾客满意度测量分析与评价工具，不断改进和创新，提高顾客满意度，增强酒店竞争能力，是一种寻求组织长期成功的管理模式。

顾客满意是指酒店为了不断地满足客人的需求，通过客观、系统测量客人满意程度，了解客人的需求和期望，并针对测量结果采取措施，一体化地改进产品和服务质量，从而获得持续改进的业绩的一种酒店经营理念。顾客满意通常包括三方面的满意：一是买到喜欢而满意的商品；二是受到良好而满意的待遇；三是消费者心理上得到满足，如个性、情趣、地位、生活方式等。

一、顾客满意的基本含义

(一)“顾客第一”的观念

美国学者调查表明，每有1名通过口头或书面直接向酒店提出投诉的顾客，就有约

26 名保持沉默的感到不满意的顾客。这 26 名顾客每个人都有可能会对另外 10 名亲朋好友造成消极影响，而这 10 名亲朋好友中，约有 33%的人有可能再把这种不满信息传递给另外 20 人。也就是说，只要 1 名顾客对酒店不满意，就会导致(26×10)+(10×33%×20)，即 326 人不满意。因此，顾客满意就是经营者要真正做到从思想上到行动上牢记“顾客第一”的观念，在经营活动的每一个环节，都必须眼里有顾客，心中有顾客，全心全意地为顾客服务，最大限度地让顾客满意。

知识拓展：顾客至上的关键在于读懂客人

(二)“客人永远是对的”的意识

员工必须遵守三条原则：一是应该站在客人的角度考虑问题，使客人满意并成为可靠的回头客；二是不应把对产品或服务有意见的客人看成是故意挑剔，应设法消除他们的不满，获得他们的好感；三是应该牢记，无论同客人发生任何争吵或争论，酒店都会是失败者，因为你会失去客人，也就意味着失去利润。所以，客人永远是对的。

(三)“员工也是上帝”的思想

一个酒店只有善待员工，这样他们才会善待客人。只有满意的员工，才能够创造客人的满意，才会有满意的客人。因此，酒店要想使自己的员工让顾客百分之百满意，成为顾客拥护者和顾客问题的解决者，首先必须从满足员工的需要开始：满足他们求知的需要、发挥才能的需要、享有权利的需要和实现自我价值的需要；关心爱护员工，调动员工的积极性，激发员工的奉献精神，树立员工的自尊心，使他们真正成为推进酒店顾客满意战略、创造顾客满意的主力军。因此，酒店必须用希望员工对待顾客的态度和方法对待员工。

知识拓展

酒店的四个服务管理信条

第一条：每个员工都是主人，他们是代表酒店接待客人的主人，他必须负起做主人的责任，同时也应该享有主人的决定权。

第二条：设想自己在客人面前。一般好的服务是有求才应的服务，也就是当客人提出要什么，我才给你什么。但精致的服务是要设想在客人前面，凡事都要事先为客人设想，主动去了解每一位客人的需要，不待他提出要求，就已经事先为他安排妥当。它就好像跟客人的期望在赛跑。

第三条：尊重每位客人的独特性。每位客人都有他独特的个性与好恶，我们绝不能以相同的服务来满足不同的客人，而必须尊重并深入认识每位客人的特性，针对他们的需求提供最适合的服务。

第四条：绝不轻易说不。“不”这个字，是切断与顾客关系很残酷且直接的一个字，一不小心就变成了员工服务上的一个障碍。所以，凡是顾客提出的要求，都要以积极的态度，运用智慧研究解决的办法，尽量设法满足客人的要求。如果真的无法做到，也要让客人感觉到我们去询问、去努力过，而不是立刻就回答客人“不行、不可能、办不到、不知道”等。

二、酒店顾客满意管理

（一）酒店顾客满意管理的基本手段

1. 创建以“顾客满意”为核心理念的酒店服务文化

酒店服务文化是指酒店员工长期形成的价值观念和行为规范的总和，是酒店的全体成员持有的一种信念。顾客满意管理的有效运行，通常需要酒店内部的所有员工和部门的参与。顾客满意管理需要酒店有以“顾客满意”为核心理念的价值取向，以及全体员工的认同，而这种认同感的形成始终离不开服务文化的熏陶。因此，创建以“顾客满意”为核心理念的服务文化是酒店抓好顾客满意管理的基础。

2. 构建以“顾客满意”为导向的组织结构

在传统的金字塔组织结构中，员工处于最底层，只能依据上级的各项指令而工作，自身缺乏主动性和灵活性。顾客满意管理强调的是以“顾客满意”为中心的管理原则，要求每位员工都能依据顾客需求的变化而提供满意的服务，这是传统等级制度难以实现的。因此，酒店开展顾客关系管理必须构建以“顾客满意”为导向的新型组织结构。在新型的组织结构中，顾客处于顶尖位置，充分体现了顾客至上的服务理念。管理者专注于为一线员工解决问题，是一线员工的“助手、参谋、后勤”，最大限度发挥员工具有的创造性，产生工作的自豪感、成就感。

3. 加强客史档案（顾客数据库）建设

客史档案是对住店一次以上的全部或部分客人，按其姓名的首字母顺序排列的资料，是在接待过程中形成的具有参考利用价值的一种专业档案，是宾客关系管理的资源基础，是酒店进行市场研究、服务创新与开发的工具。全面、准确的客史档案有助于酒店正确进行决策，做好客源市场预测，提高管理水平和服务质量，使酒店在激烈的市场竞争中立于不败之地。客史档案应包括以下几个方面的内容：

（1）常规档案。包括住客姓名、性别、出生日期、地址、电话传真号码、所属公司（或订房公司）名称、国籍、护照（或其他身份证件）的号码、职务、受教育情况、婚姻及子女状况、地址及邮政编码、来酒店的常用交通工具和班次等。

（2）预订档案。包括客人的订房方式、介绍人，订房的季节、月份和日期，以及订房型、订房单位（个人）的名称和电话号码等，掌握这些资料有助于酒店选择销售渠道，做好促销工作。

（3）消费档案。包括客人租用的客房类型、实际房价、折扣的原因及批准人，每天在店支出的费用（商场购物费用不易统计，应除外），信用状况与信用卡号码，以及客人每次住店的总支出，喜欢何种房间和酒店的哪些设施等，从而了解客人的消费水平、支付能力以及消费倾向、信用情况等。对酒店来说，掌握客人的支付能力、消费水平和兴趣及信用情况是非常重要的。

（4）习俗、爱好档案。这是客史档案中最重要的内容，包括客人旅行的目的、爱好、生活习惯，宗教信仰和禁忌，住店期间要求的额外服务，每次来店住宿的季节、月份、抵离日期、房间类型、房号，对所享受的服务的意见和建议，最喜欢的房号和餐桌码（位置），客人的特殊事件(生日、结婚纪念日、子女生日、身体状况等)。了解这些资料有助于为客人提供有针对性的“个性化”服务。

(5)反馈意见档案。包括客人在住店期间的意见、建议,表扬和赞誉,投诉及处理结果等。

客史档案的建立必须得到酒店管理人员的重视和支持,将其纳入有关部门和人员的岗位职责之中,使之经常化、制度化、规范化。客史档案的有关资料主要来自客人的订房单、住房登记表、账单、投诉及处理结果记录、宾客意见书以及其他平时观察和收集的有关资料。由此可见,客史档案的建立不仅依靠前厅员工的努力,而且有赖于酒店其他有关部门和接待人员的大力支持和密切配合。

传统的客史档案卡的建立是通过手工完成的,速度慢,工作量大,管理困难,调用不方便。电脑在酒店的应用、推广和普及,为客史档案卡的建立提供了极大方便,它可以将浩如烟海的个人资料以最快的速度输入并存起来,从而为酒店服务工作的细微化、个性化开辟了道路。用电脑建立和管理客史档案卡,不仅输入速度快、容量大,而且调用方便,从而可以极大地提高客史档案的使用率。目前,配合适当的数据库软件,就可以对顾客数据做出相应的分析,这也是酒店信息管理系统的重要组成部分。

(二)酒店顾客关系管理的发展趋势

1. 数字化

在酒店面对的客人数量多、需求变化快的情况下,将客人的特性转化为数字,并且存于数据库之中。通过关联数字,酒店能够迅速了解客人并做出反应。

2. 网络化

快速发展的电子商务要求酒店不断对数据进行访问,所以客户关系管理越来越多地建立在网络上。客户关系管理和酒店的因特网相连,形成一个完善的反馈系统。系统根据客人的需要和酒店的管理需要进行动态管理。

3. 智能化

客户管理系统能够对不同的客人信息进行分析,发现客人的心理和行为规律,评价酒店的服务活动,提高酒店管理的有效性。

4. 互动化

在客户关系管理过程中,酒店极力鼓励客人积极参与互动性活动。只有当酒店和客人有了充分互动的接触,才能保证双方交易获得成功,为酒店创造更多的商机。

知识拓展

美国希尔顿酒店集团

美国希尔顿酒店集团创立于1919年,90多年来,由1家扩大到5000家,遍布世界的各个角落,成为全球最大的酒店集团之一。希尔顿经营酒店的座右铭是:你今天对客人微笑了吗?90多年来,希尔顿酒店生意如此之好,财富增长如此之快,其成功的秘诀是什么呢?其成功的秘诀就在于牢牢确立自己的企业理念,并把这个理念上升为品牌文化,贯彻到每一个员工的思想和行为之中,酒店创造“宾至如归”的文化氛围,注重酒店员工礼仪的培养，并通过服务人员的“微笑服务”体现出来。

希尔顿酒店集团的董事长康纳德·希尔顿在50多年里，不断到他分设在各国的希尔顿酒店视察业务，专程去看看希尔顿礼仪是否贯彻于员工的行动之中。如今，希尔顿的“酒店帝国”已延伸到全世界。希尔顿认为，酒店是一个服务和接待的行业，为了满足顾客的要求，希尔顿酒店除了到处都充满微笑外，还在组织结构上尽力创造了一个尽可能完整的系统，使其成为一个综合性的服务机构。

通过System21酒店管理系统，可以预订集团内部任何一家酒店的客房，可以根据客人提供的确认号码，调出订房单进行修改或取消预订，可以根据客人的姓名、电话号码或信用卡号码实时查询个人档案，以及在希尔顿荣誉会系统中的积分和特殊爱好。超前的理念、先进的设计概念，最终取代了原有的希尔顿酒店管理系统，并在日后的顾客关系管理总体规划中占据主要地位。

希尔顿酒店让顾客对酒店服务满意的同时，提高了顾客对酒店的忠诚度。而且，管理层通过数据分析，改善经营过程中的不足，提高了希尔顿酒店的市场竞争力。总之，希尔顿酒店集团经营的成功之路离不开客户关系管理的有效实施。

请思考：希尔顿酒店是怎样进行客户关系管理的？它带来的启示是什么？

分析提示：注重品牌文化的打造；加强员工培训；通过“微笑服务”与“宾至如归”，提高“客户关怀”；提高个性化服务，满足顾客的特殊偏好。

三、顾客满意战略

顾客满意是酒店企业取得长期成功的必要条件，是实现顾客忠诚的基础。在激烈竞争的市场环境下，没有哪家酒店可以在顾客不满意的状态下得以生存和发展。有关研究表明，开发一个新顾客的成本是留住老顾客的5倍以上；而流失一个老顾客的损失，只有争取10个新顾客才能弥补；酒店若每年将顾客保留率提升5%，在5年内就可以将其利润提高25%～85%。

在竞争激烈的市场，顾客满意战略作为一种重要的经营管理手段，成为服务企业广泛采用的经营战略。实践证明，顾客满意战略是一种行之有效的现代企业经营战略，在现代市场竞争中，顾客满意度高的企业，才是竞争力强的企业。

顾客满意战略的核心思想是：企业的一切经营活动都要紧紧围绕顾客的需求，不断提高顾客的满意度来进行。在生产经营活动之前，企业对于市场需求的分析和预测要始终站在顾客的角度。在经营活动的过程中要充分尊重顾客，维护顾客的利益，使顾客忠诚于本企业，从而不断地推动企业的发展。企业推行顾客满意战略的目的就是不断提高顾客的满意度，建立良好的企业形象，赢得顾客的信任，从而赢得更大的市场份额，获取更好的经济效益，提升市场竞争能力。

四、顾客满意度调查与分析

对酒店来说，顾客满意度就是顾客对其所购买的酒店服务产品的满意程度以及他们未来继续购买的可能性。酒店只有准确地识别、定位哪些客人是自己的目标市场，并充分了解他们的消费需求、消费心理，从而设计和提供有针对性的服务；同时对服务质量实施持续改进，才能不断提高客人的满意程度。

要了解客人对酒店服务的评价，就必须进行顾客调查，并通过运用顾客满意度测评技术，对调查结果进行分类、比较、分析和整理，从而发现对建立服务策略和改进措施更有价值的信息。

（一）顾客满意度调查

酒店进行顾客满意度和服务质量调查常采用问卷调查、访谈、现场观察、会议座谈等形式，调查方法主要有以下几种。

1. 宾客意见书

意见书通常放在大堂、客房、餐厅等营业场所，由宾客填写。《宾客意见书》的设计与使用要强调科学性，能反映宾客满意度的真实情况。征询意见的内容要明确，既不过于笼统，又不过于庞杂。提问方式应表达得简洁明了，便于宾客理解。另外，问题的形式大多采用封闭式问题，这不仅能简便快捷地获得宾客的回答，也有利于数据的分类、整理和分析。

2. 同类型顾客调查

酒店分别对老顾客、新顾客和流失顾客进行调查。调查新顾客选购本酒店服务的原因、老顾客在本酒店消费额增减的原因、流失的顾客不再购买本酒店服务的原因。酒店应识别每位顾客，特别是老顾客的动态和需要，因为这些客人是酒店获取经营利润的重要保证。向这些客人了解消费感受，评价服务质量，让其提出意见和建议的途径有很多，如定期举办常客聚会活动、寄发调查表等。

3. 专题座谈会

调查对象可以是本酒店的客人，也可以是竞争对手的客人，或是本企业的员工。这些信息传递能使酒店对质量状况有更为全面的了解。调查对象在这类座谈会中为酒店提供了许多市场信息、行业信息，也能提出各种改进服务工作的建议。

4. 顾客投诉记录

顾客投诉时形成的投诉记录是重要的原始档案，它不仅是酒店及时有效处理、解决问题的依据，经过整理分类和数据处理，还可帮助酒店分析顾客投诉率、投诉原因，发现常见问题，寻求质量改进。

5. 拜访顾客

这是一种非常直接而主动的调查方法。管理者通过拜访顾客，及时而直接地听取顾客的意见，而不是只靠记录、调研人员的汇报或量化的数据结果反映情况。在良好地与客人交流的气氛中，管理人员能获得更大量的生动、可信的信息，既能了解顾客对某项服务工作的真实反馈，又可获得顾客对本酒店服务的总体印象评价。

6. 其他

顾客满意度的调查方法还有很多，如网络问卷调查、暗访调查、通过员工的现场报告获得的信息等。各类方法既有其优点，也有其局限性。管理者应根据本酒店的实际情况、服务策略、信息使用者的需要，确定调研方法。

(二)顾客满意度

顾客满意度(Customer Satisfaction Degree,CSD)是指顾客在消费了相应的产品与服务后,所产生的满意等级。顾客满意度是一种心理状态,是一种自我体验。对这种心理状态也要进行界定,否则就无法对顾客满意度进行评价。心理学家认为,情感体验可以按梯级理论划分成若干层次,相应地,可以把顾客满意程度分成七个级度或五个级度。

七个级度为:很不满意、不满意、不太满意、一般、较满意、满意和很满意。

五个级度为:很不满意、不满意、一般、满意和很满意。

(三)顾客满意度分析

收集顾客满意信息、测评顾客满意度的目的,是针对顾客不满意的因素寻找改进措施,进一步提高产品质量和服务质量。因此,要对顾客满意度信息进行分析整理,找出不满意的主要因素,确定纠正措施并付诸实施,以达到预期的改进目标。

在收集和分析顾客满意信息时,必须注意以下两点。

(1)顾客有时是根据自己在消费商品或服务之后所产生的主观感觉来评定满意或不满意。因此,往往会由于某种偏见、情绪障碍和关系障碍,顾客心中完全满意的产品或服务,他们可能说很不满意。此时的判定也不能仅靠顾客主观体验的报告,同时也应考虑是否符合客观标准的评价。

(2)顾客对产品或服务消费后,遇到不满意时,也不一定都会提出投诉或意见。因此,酒店应针对这一部分顾客的心理状态,利用更具亲情的方法以获得这部分顾客的意见。

案例分析

洗衣与布草质量管理

某星级酒店由于客人对洗衣质量投诉较多和内部布草损耗量较大而多次召开会议进行研究,但与会者认为,洗衣与布草质量管理问题太多,积重难返,一时拿不出有效的整治方案。

“洗衣与布草质量管理虽然比较复杂,但是否属于不治之症呢?”酒店总经理在一次会议上又提出这个问题,他的态度是十分明确的,并把解决洗衣与布草质量管理问题交给质量管理办公室来完成。

布草QC联合小组很快成立了。布草使用面广,几乎涉及酒店每个角落,但QC小组突出重点,抓住餐饮、客房等使用部门和承揽布草洗涤的洗衣厂。他们做的第一件事是调查研究,把导致布草损耗和洗涤质量不高的原因一一查明,并依次排列,运用因果分析法分析出了52条原因,最主要的几条是:使用不当;管理不善;洗涤不净;运输设备不洁,污染了布草。

QC小组针对这几条主要原因,绘制出对策表,明确各项整改措施,完成达标时间和预计质量结果,并确定目标管理的执行者。

由于这项工作量大面广,光靠一个QC小组是不够的,因此,根据具体情况,各有关部门成立了7个QC小组。

“以前由于我们管理不善,个别服务员用台布擦餐桌,甚至拖地面。领取台布手续不严,大小台布的保管制度漏洞极大。我们QC小组的任务不光是查明原因,更重要的是解决问题。”餐饮部QC小组负责人如是说。他们最后研制了一系列新的布草收发、领用和保管制度，做到各种布草专人负责，专车运输。

客房部QC小组认为，过去布草损失多，主要原因是疏于管理，有些人认为一家大酒店，不必斤斤计较一两条毛巾。针对这种思想，QC小组成员一方面向大家讲解开源节流的意义，另一方面健全布草的领用制度。因此，有效地控制了毛巾流失和公巾私用的现象。

酒店质量管理办公室汇总了各QC小组的整改措施，并用文字的形式确定下来，形成了规章制度，成为酒店管理制度的组成部分。经过一段时间的努力，酒店布草损失和洗涤质量不高的问题很快得到解决，并且布草QC小组还被评为全国先进QC小组。

·讨论题·

该酒店通过什么方法，解决了洗衣与布草质量管理的问题？

复习思考题

1. 酒店服务管理的含义是什么？
2. 酒店服务的模式有哪几种？
3. 酒店服务质量的特点有哪些？
4. 酒店服务质量有哪些部分组成？
5. 酒店服务质量管理的方法有哪些？
6. 酒店顾客满意管理有哪些基本手段？

实训项目

实训项目一：调查当地一家星级酒店服务质量管理的内容

实训目的：使学生熟悉酒店服务质量管理的重要性，掌握酒店服务质量管理的具体内容。

实训要求：

1. 将学生分成若干小组，每组5～10人。
2. 各组调查酒店各个部门服务质量管理的内容及具体要求，并做好相应的记录。
3. 各组整理汇总调查结果，并以PPT的形式汇报调查结果。
4. 教师根据各组汇报调查结果的情况，进行点评。

实训项目二：对该酒店进行服务质量管理检查

实训目的：掌握酒店服务质量管理的方法。

实训要求：

1. 将学生分成若干小组，每组5～10人。
2. 各组运用不同的服务质量管理方法检查酒店各部门服务质量管理中存在的问题。
3. 针对存在的服务质量管理问题，提出整改意见；将全部过程（运用的方法、存在的问题、整改意见）以PPT形式汇报。
4. 最后由教师根据各组汇报的情况，进行点评。

第八章 酒店筹建管理

学习目标

1. 了解酒店筹建管理的重要性；
2. 了解酒店筹建管理的含义；
3. 掌握酒店开发的五个步骤；
4. 掌握酒店筹备管理的基本原则；
5. 熟悉酒店筹备管理的基本内容；
6. 熟悉酒店筹备期管理的主要工作；
7. 熟悉酒店开业筹备的任务与要求。

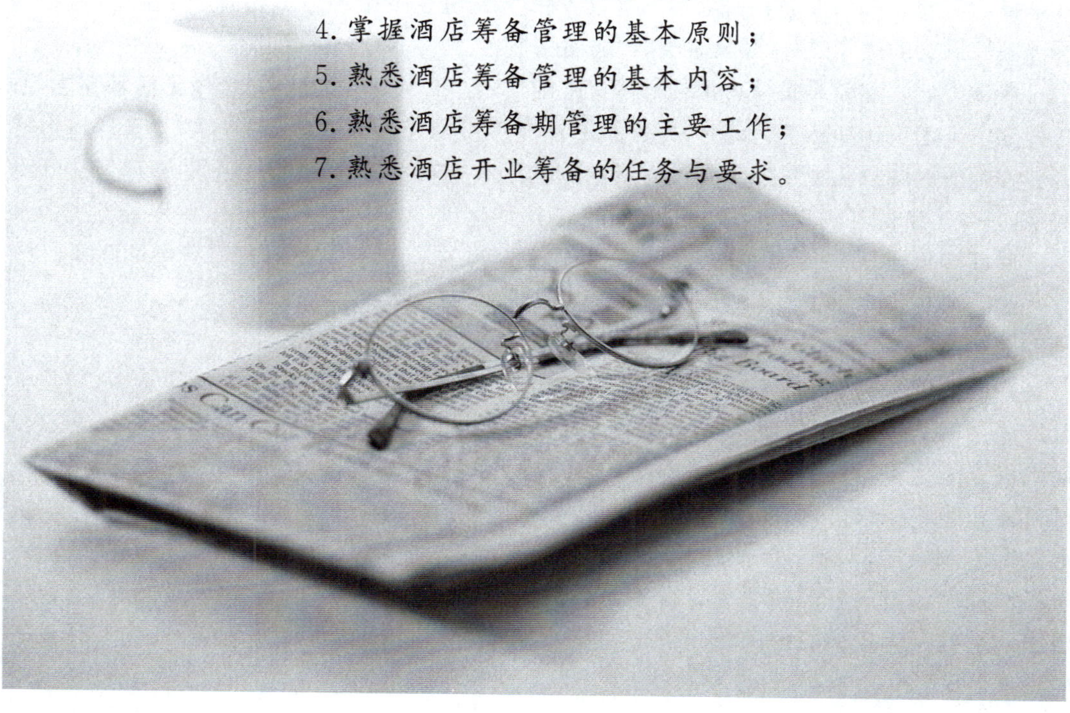

第一节 酒店筹建管理概述

酒店的投资不同于其他行业的投资，酒店投资所需资金大，偿还投资的期限长，管理要求高。酒店是资金密集型投资的行业。因此，酒店既有较高的投资风险，也有较高的营运风险。酒店最终能否盈利，不仅仅是由经营管理水平来决定的。事实上，酒店建设的前期工作往往更加重要，很多先天不足的酒店，无论后期多么努力都很难盈利。一家酒店从无到有，应该经历决策、设计、建设、运营四个阶段。

一、酒店筹建管理的重要性

长期以来，酒店管理的研究重点集中在酒店的产品生产、市场推广、财务会计、服务质量控制等营业管理活动领域。有关酒店筹建的研究在国内相当薄弱，造成许多酒店项目盲目上马，既未进行科学的可行性论证，更缺乏科学的前期专业化管理，其管理缺位会影响酒店开业后的正常运营，降低经营业绩，这一问题事实上已经在我国酒店业普遍存在。因此，从全面的角度来看，我们必须把筹建管理纳入整体的酒店管理之中，而酒店筹建正是酒店管理的起点，也是酒店经营管理活动的重要保障。

如果没有酒店筹建管理的知识，仅凭经验，就会影响酒店筹建的工作质量，甚至造成难以挽回的巨大损失。所以，要重视酒店筹建管理工作，为酒店今后的运营和发展打下良好的基础。

二、酒店筹建管理的含义

酒店筹建是按市场竞争要求和现代企业制度，筹建一个市场主体的酒店企业，其过程是实现理性投资的操作过程，其具有战略性、前瞻性、政策性、综合性、经济性、实用性等特点。

酒店筹建管理就是指酒店管理者在实施规划做什么、如何做、谁去做、做到何种程度等；在筹建中确定目标和任务。同时，评价和选择实现目标任务的行动方案。筹建管理将迫使管理者全面地思考实现目标所要做的或遇到的一系列事情是什么，这能帮助管理人员预测问题，减少未来的不确定因素。虽然未来在酒店的建设过程中，始终会有一些不能预见的事情出现，但筹建管理总可以帮助管理者正确面对困难的局面，妥善处理好筹建中的问题。

三、酒店筹建管理的内容

在酒店建设过程中，工作千头万绪，十分繁杂，投资者和管理者往往打乱仗，不知从何处着手。因此，酒店的筹建工作管理是十分重要的，如详细罗列出主要工作的内容和完成期限等。酒店筹建工作分为两条线：一条线是工程管理，从土建装修到设备安装，成为硬件筹建。另一条线是酒店软件管理，从人、财、物三个基准点入手，进行管理体系的筹建，如制定组织机构，编制员工招聘和培训计划，设计酒店各部门岗位职责、制定管理规范、服务操作程序以及制定部门业务运行表单，设定开业前策划方案，编制营业项目点、营业物资申购单等。管理体系的筹建是决定酒店今后正常有序营运的前提条件，具有十分重要的意义。

第二节　酒店的开发和建设

一、酒店的开发

投资商和开发商要开发酒店，就要评估当地地产经济、建筑成本、营业收入、人工成本等以及酒店产品如客房、餐厅及相关设施、管理标准、房间用品等。要了解当地的技术和法律问题，要向建筑师、设计师、工程师等开发商团队提供指导性的意见。酒店工程需要大量资金，如开办费、筹建费、流动资金等。开发商要有充分的准备，要有充足的资金，工程贷款可以通过银行或其他金融机构解决。对于酒店开发商来说，投资酒店是冒很大风险的，也是很复杂的，所以，一定要确保投资的回收。

（一）酒店开发团队

开发酒店要有一个团队，他们包括：开发商、银行、政府官员、规划专家、地产商、环境专家、建筑家、室内装修设计师、建筑商、承包商、酒店管理专家等。团队人员的组成会因地方而异，但变化不会太大。开发商是协调各行各业，各个群体的中心人物。各个群体共同工作，形成开发团队，解决经济、社会、建筑、工程和技术方面的问题。

开发商投资酒店工程，启动开发程序，寻找资金，调集各种资源。他们只能在有限的范围内产生影响，但不能完全控制。因为供应、需求、成本、政治、经济和法律方面的情况极难预测。由于风险大，开发商也希望投资回报率更高。投资回报靠卖掉物业或经营来取得。在大多数情况下，酒店工程的投资被看作房地产的项目投资，酒店经营管理只是其次。

酒店经营者通常是包括在开发团队的成员之列的。如果酒店经营者是一个知名度高的国际酒店集团，它可以帮助发展商贷款，并使酒店出名。经营者能提供经营计划、可行性分析、酒店布局、规格、选址及地区评估，这些有助于工程投资的实施。开发团队还包括律师、土地规划专家、建筑师及其他专业人士。有时在开发过程中需要找地质学家、微生动物学家等环境方面人士参与。开发团队与酒店经营者因工程而变化，他们的责任亦不相同。

（二）酒店开发的五个步骤

酒店开发过程联系着投资商、业主、开发商、酒店管理公司。他们共同开发一个产品给市场，同时又是在筹建一座满足多方面需求的酒店。以下为酒店开发的五个步骤：

1. 酒店工程项目的规划和启动

（1）确定工程目标；

（2）确定开发事项；

（3）遵守当地政府和国家法令；

（4）明确在土地开发上有何限制；

（5）确定酒店结构（房间数、功能设置、服务项目等）；

（6）制定工程进展图表；

（7）制定工程总体规划。

2. 可行性研究

(1)选择合适的酒店筹备开业咨询公司;

(2)做出正确的可行性研究和分析;

(3)根据可行性研究的结果制订酒店筹建计划。

3. 酒店工程实施

(1)征地;

(2)落实酒店筹建开发资金,办理各项报批手续;

(3)选择一家酒店管理公司,决定特许经营或合同管理,并签订合同;

(4)经政府有关部门批准获得酒店筹建开发的许可;

(5)制订全面的土地使用计划;

(6)选择酒店工程的工程师和建筑师;

(7)预算工程的成本、安排工程的日程,并开始工程的设计;

(8)取得必要的政府批准与批文;

(9)决定酒店所有权,解决资金问题。

4. 工程的设计和兴建

(1)完成工程的设计;

(2)合理安排酒店各功能区域的布局;

(3)规划能源和技术系统;

(4)合理安排酒店设施设备;

(5)酒店外部建筑和内部装修互相配合。

5. 筹备开业

(1)开始市场销售活动;

(2)招聘、培训员工;

(3)设置酒店营业部门、职能部门和后勤部门;

(4)对酒店的设施设备进行维护保养。

开发商根据投资酒店成功的机会分为四步——分析投资环境,弄清市场开发的潜力,预测酒店销售,评估经营的利润与风险。

(三)酒店投资环境分析

要求对政治、经济、社会、文化等方面做具体的研究。总的来说,酒店投资环境分析主要有如下各点:

1. 政局是否稳定;

2. 政府是否支持;

3. 权益回收如何;

4. 酒店所有权是否受到限制;

5. 投资是否安全;

6. 税收是否优惠;

7. 通货膨胀率如何;

8. 酒店市场规模状况；
9. 国际游客数量；
10. 酒店平均出租率；
11. 酒店业开发情况；
12. 酒店业立法情况；
13. 酒店地理位置；
14. 旅游市场状况；
15. 劳动力市场状况；
16. 劳动力成本；
17. 国家和当地的劳动政策；
18. 酒店供应品成本。

（四）酒店市场潜力

业主要看到经营上长期盈利的潜力和投资的回报。对开发商来说，地产市场、开发成本、物业销售潜力都是筹建酒店的主要标准。这些动力都会影响到业主的最高利益。市场潜力越大，业主或开发商投资开发酒店项目的愿望越强烈。市场分析包括识别市场、分析市场的现状、预测开房率。通过这些分析，再预测营业收入。还可识别文化、经营、气候、外部环境等多种因素，基础建设的条件、周边的建筑及交通进出口，是否靠近火车站、机场或地铁口等。

（五）酒店营销预测

投资酒店工程初期就要预测营销，稳定其经济效益。影响预测的因素有市场发展趋势、同类竞争的酒店数量、竞争者的实力、潜在的市场份额、淡旺季状况、平均开房率、平均房价、市场营销计划等。准确地预测酒店市场是困难的，特别是外币兑换率、通货膨胀、政治等因素难以预测。营销预测要与现金流量预算结合起来，才能确定营业收入是否足以偿还债务。如果营业收入不够，预测时就要慎重考虑了。

（六）酒店筹建总体规划

在选择酒店的具体地址之后，就要制定酒店筹建的总体规划，再根据总体规划制订多个阶段的开发计划。在实施酒店筹建总体规划时，要注意以下几点：

1. 酒店的规模（客房数、客房面积、餐厅数、餐厅面积、宴会厅、会议厅、酒吧、娱乐厅、健身房等多功能区域布局，公共区域面积等）。

2. 酒店建筑的周边环境（酒店与相邻的建筑是否有足够的空间距离，所在地区或街道是否安全，附近的建筑是否是高档商业楼、商店或高档住宅等）。

3. 酒店楼层高度（酒店打算建多少层，当地对楼层高度是否有限制，楼层高度是否与周边环境协调等）。

4. 酒店停车场（酒店是否有足够的停车场，如果地面停车场面积不够，是否计划兴建地下停车场，停车场出入口位置的选择等）。

5. 楼层面积（每层楼的面积多少，每层楼的功能如何设置）。

6. 建筑设计（是现代化的设计，还是古典式的设计？是中式的设计还是西式的设计?）。

7. 楼梯电梯(酒店的楼层梯有两种:电梯或步行梯。电梯选何品牌?电梯速度多少?步行梯包括防火梯,一般是在建筑的后部或侧部,步行梯高度多少?楼梯出口道设置是否安全合理?)。

8. 酒店动力系统(中央空调、发电机、锅炉等)。

9. 酒店地基(地基的地质结构、地形、土壤状况、矿物成分、地下水位、土质等)。

二、酒店筹建可行性研究

筹建酒店时,投资商、开发商和经营者会委托专家对酒店投资项目进行可行性研究。可行性研究要解决的问题:一是酒店项目投资是否合理;二是酒店项目投资是否能产生理想的利润和物业的升值,得到满意的投资回报。国际酒店企业家斯特勒总结酒店成功的因素时说过:第一是酒店的位置,第二是酒店的位置,第三还是酒店的位置。他讲的酒店的位置其实就是可行性研究,说明酒店投资需要考虑的就是酒店的位置。

所谓酒店可行性研究,就是对是否值得投资筹建一座酒店做出决定,即对酒店投资前景的成功做出定量分析。可行性研究要分析酒店市场的行情,包括酒店的客源市场、市场的需求量和供应量,预测酒店以后的经营业绩,并将酒店的利润或收益与投资相比较,决定投资是否正确。具体的算法是:用预测的酒店利润除以投资总数就是投资的利润率。

可行性研究有助于确定未来酒店的经营方式和经营规模,以及服务项目和服务形式等。酒店集团在某地区筹建酒店时,还要确定酒店的类型,及某地区符合该类型酒店的市场。可行性研究亦有利于筹资,如果可行性研究明确酒店以后有足够的利润偿还投资,那么,投资者或银行会决定提供资金。

酒店的可行性研究主要有三个方面:市场预测、利润预测和资金筹措。市场预测包括酒店的类型、经营规模、经营方式、营业收入和现金流量。利润预测即将营业收入减去营业成本和营业费用。资金筹措包括自有资金和借贷资金,自有资金一般由经营者提供,借贷资金则是银行、投资商等提供。

进行可行性研究,研究人员必须非常了解酒店的市场、经营和财务。分析不断变化的市场环境,预测市场发展趋势,发现新的市场机会。从事可行性研究的单位或人员必须具有该专业的资质和经验,其研究的结果必须要得到酒店集团或贷款机构的认可。有时投资一座酒店需要进行多次可行性研究,反复论证,才能定局。可行性研究决定了酒店项目是否能够实施,因此一定要有科学性和准确性。

(一)市场概述

市场概述要分析市场区域的经济形势和人口状况、当地消费水平、就业人数、工商企业、旅游交通、市政建筑及发展趋势等。

1. 人口

人口统计数据和人口发展趋势对酒店投资项目有一定的重要性。人口统计和人口增长对酒店市场细分有积极作用,可以由此来确定细分市场客源的需求量。人口发展趋势对新建酒店的客房和餐饮服务是一个重要因素。当然,人口统计数据和人口发展趋势对不同的酒店有不同影响。对于以接待海外游客为主的度假酒店,当地的人口数据就影响不大。对于以本地客人为主的酒店,则与人口数据和人口发展趋势息息相关。

除了分析当地人口数据和人口发展趋势之外，还要分析人口年龄结构和发展趋势。一个地区的人口年龄结构，显示出当地客源对酒店餐饮和客房的需求量。通过人口统计和年龄分析，还可以了解到客人的消费水平和消费倾向。

2. 商品零售额

分析商品零售额，可以了解当地的消费水平以及经济发展的趋势，如果当地的商品零售额增加，说明人均收入提高，人们愿意花更多的钱去购买零售商品。人均收入提高和零售额增加了，商业会进一步繁荣，经济进一步发展，来当地的游客亦会增加，对酒店的需求量也会增大。

3. 就业人数与工商企业

当地就业人数的状况和工商企业的发展是衡量经济发展的标准之一。就业人数增加了，工商企业也发展了。因为就业人员越多，说明工商企业发展越快，对劳动力的需求量也越大。根据当地工商企业的类型和规模可以预测商务旅客人数。全国性的企业往往比地区性的企业更能吸引国际商务旅客；国际性的企业比全国性的企业更能吸引国际商务旅客；劳动密集型企业如金融业、保险业、房地产业、批发业、服务业等比机械化程度较高或自动化程度较高的工业企业更能引发旅客对酒店的需求量。

4. 写字楼与会展

如果当地写字楼和会展场所发展迅速，商务活动非常频繁，说明商务旅客和会议团体对酒店需求量会增大。现在流行的CBD(即中央商务区)、会展经济、总部经济亦属此类。如果酒店建在CBD，其主要客源一定是商务客人，如纽约的华尔街、上海和北京的商务区。会展经济指以会展为中心的经济活动，通过会展带动相关产业如服务业和酒店业，如美国拉斯维加斯的会展活动、广州“广交会”的洽谈会、深圳“高交会”的洽谈会等。总部经济指许多企业集团如大型跨国集团在某地设立总部，带动相关产业的发展，促进酒店市场的繁荣，如北京、上海、深圳、广州等城市，进驻了许多大型跨国集团的总部。

5. 乘客人数

统计酒店所在城市的火车、轮船、飞机、长途汽车乘客人数，分析乘客对酒店的需求量。一般来说，交通越是繁忙，乘客人数越多，说明城市的经济发展越快。分析历年来酒店所在城市的乘客人数增长率，据此再推算酒店开业及每年乘客的增长率，便可以预测酒店市场的需求量。如果所在城市每年乘客人数持续增长，证明当地经济发展迅速，同样会促进酒店业的发展。

6. 游客人数

当地的游客人数多少，决定了当地酒店市场需求量的大小，游客人数与当地的旅游业和酒店业是紧密联系的。研究人员根据准确的游客人数统计数字，分析游客的各个类别，寻找符合本酒店的目标客人。各个旅游城市都有详细的游客统计数字，可以向旅游局、旅游信息中心、出入境口岸、海关、移民局等机构取得游客统计数字。游客统计分为两大类：国际游客和国内游客。国际游客分为欧洲、美洲、亚洲、大洋洲、非洲等游客，再列出各个国家的游客。通过这些详细的客源数字分类统计，就能分析出酒店国际市场的客人以及客源增长或减少的情况。

(二)场地分析

场地是否合适,是酒店可行性研究中一个决定性的因素。从某种意义上来说,酒店场地位置的好坏,决定了酒店经营能否成功。因此,在筹建酒店时,对酒店的选址要特别关注,一旦选定了,就难以改变。

1. 地点

在地图上标明拟建酒店具体位置,详细介绍场地的面积、轮廓、地形、土质、周边地区土地开发状况;还有地点的正面宽度、进深、地基状况等。如果上述的要素达不到标准,拟建酒店项目就得搁置。比如,酒店必须要有足够面积的停车场,以满足日后酒店客人停车的需求。如果酒店用地面积紧张,无法预留停车场的位置,势必极大程度地影响到酒店的营业,阻碍酒店的正常营运。因此,有些酒店为了解决停车场用地的困难,不得不设计地下停车场,以满足客人停车的需要。市区的商务酒店大多采用此方法来解决这一问题。但度假酒店的停车场则一般建在地面,酒店必须预留足够的面积用于停车。

2. 能见度

拟建酒店的能见度亦是一个重要的因素。如果酒店被其他高层建筑挡住,或是被树林、山坡及某些障碍物挡住,就会影响客人的视线,使客人看不见酒店。许多酒店建成之后,成为城市形象的代表或城市的坐标,一座酒店就代表了一个城市,不少酒店在建造时,不惜重金装饰酒店外观,使之产生一种鲜明的视觉效果,让酒店的形象吸引住人们的目光。

酒店的能见度好,在市场拓展上先胜一筹。因为酒店的建筑和外观,体现了酒店在客人心目中的形象。外观突出的酒店,自然会给客人留下深刻的印象。如美国拉斯维加斯的米高梅大酒店,呈十字形黑色建筑,雄踞于赌城的沙漠之上,共有 5005 间客房,是世界最大规模的酒店之一。又如深圳的威尼斯酒店,其外观具有典型的意大利建筑风格,充满了水城威尼斯的情调,高耸在深南大道边,引人注目。

3. 交通情况

分析拟建酒店与机场、火车站、汽车站、码头、口岸等处的距离,是否交通便利。一般来说,酒店靠近机场、车站或码头比较方便。当然,度假酒店则另当别论。商业酒店的客人注重酒店到机场、车站或码头的距离,对酒店周边的交通状况颇为在意,希望交通比较便利。而度假酒店则不一定,可以远离交通要道,建在环境优美的度假区或风景区内。

酒店周边地区的交通情况,不仅影响到酒店的营业,还会影响酒店的服务方式。如果酒店交通方便,进出或停车也很方便,会吸引更多的客人进店消费。有些位于市中心的酒店交通拥挤,经常塞车,进出或停车不方便,交叉路口险象环生,会使客人望而却步,导致酒店生意萧条,营业额下降。

4. 公用设施

酒店是要使用一系列公用设施的,包括道路、供水、供电、供气、垃圾处理、污水处理、下水道等。酒店位置再好,如果道路不通,也是枉然。酒店的水、电、气供应是必不可少的,没有市政建设部门支持,也是无法运作的。还有下水道,如果市政部门不修建下水道,或延长下水道系统,酒店的筹建计划亦会落空。因此,酒店在选址时,要调查了解附近是否有可供使用的公共设施。

5. 政策法令

筹建酒店，是一项大工程，动辄数亿元或十多亿元，甚至数十亿元，必须对国家和地方的政策法令要全面了解，必须要符合政策法令。筹建酒店，要经过政府的国土部门、规划部门、工商部门、税收部门、旅游部门等多个部门审批。国家对土地的使用、楼宇的建造、楼高的限制，均有严格的政策规定。酒店所在的城市有城市规划条例，酒店的建造一定要符合城市的规划。此外，还要了解建造酒店及美化周边环境的要求和费用，以及税收的标准和减免税收的优惠政策。

（三）销售可行性分析

1. 市场分析

市场分析主要指通过对酒店市场客源结构的分析，了解各个细分市场的需求量，根据各个细分市场的不同特点，对各个细分市场进行定量分析，便于了解酒店市场的总需求量。细分市场可以分为商务细分市场、度假细分市场、会议细分市场等。

2. 竞争分析

竞争分析要求列出当地或附近同类型的酒店，确定哪些酒店是直接的竞争对手，哪些酒店是间接的竞争对手，哪些酒店是潜在的竞争对手。了解当地是否还有新建的酒店，确定当地现有酒店客房总数和拟建客房总数，调查各个竞争对手酒店的房价政策、每年客房出租率、酒店市场定位、酒店的设施设备及各种服务项目。

通过对竞争对手的分析，可以了解竞争对手酒店满足市场需求的程度、酒店各种设施设备的需求量、竞争对手的优势和不足之处等。再根据竞争双方的情况，取长补短，发挥自己的优势，他无我有，他差我好，力争在市场竞争中压倒对方，立于不败之地。竞争分析还有助于确定酒店总体设计方案、功能布局、市场定位、各种设施设备的配套。此外，竞争分析还有助于确定酒店经营方针、价格体系以及营销策略。

3. 设施设备

根据市场分析和竞争分析的结果，对酒店的设施设备提出建议，作为设计酒店时的参考。在筹建酒店时，要考虑酒店的各种功能、酒店设施设备的数量和质量、客人的舒适程度、员工的工作强度、设备的维修保养等。

国际酒店集团对酒店的各种设施设备有许多详细的规定和要求。拟建酒店如果以后需要国际酒店集团管理，或是特许经营的，就需要了解各种规定，按照国际酒店集团的要求去设计酒店的设施设备。

首先，要对酒店有一个总体设计的概念，其建筑风格是古典的还是现代的？是中式的还是欧式的？其次是酒店客房的类别和数量，如总房间数多少？标准房多少？大床房多少？套房多少？普通房多少？豪华房多少？酒店的餐饮设施类别和数量，如餐厅多少？酒吧多少？哪些类型的餐厅？酒店会议和宴会设施的类别和数量，如有多少间会议室？能接待多少客人？等等。还有健身房、网球场、游泳池、娱乐设施等配套项目。

4. 客房预测

通过对客房需求量的预测，估计客房的出租率。客房的出租率是用需求间夜数除以可供出租的客房间夜数得出的，要正确计算客房出租间夜数，需要对某一市场的客房需求间夜数进行定量分析。具体还可以划分为拟建酒店的客房需求量和竞争对手酒店的客房需求量。

预测某一市场区域客房需求量的一个办法是分析客房需求产生点。先列出某一市场区域所有客房需求产生点,再对主要需求产生的客人进行抽样调查,确定各个需求产生点客人每周乃至每月的需求量,客人平均住宿间夜数、每批客人人数、客人消费习惯等,由此来预测某一市场区域客房需求量。

预测某一市场区域客房需求量的另一个办法是分析酒店业务量。先了解当地酒店客房出租率和酒店发展趋势;各个酒店客房出租率乘以可供出租的客房数,再乘 365 天,得出各个酒店年出租客房总间夜数。计算各个酒店客房出租总间夜数之和,再加上当地酒店未满足的需求间夜数,可以预测当地客房需求总间夜数。

在方便调查客房出租率的市场区域,通常采用后一种方法,预测当地客房需求总间夜数。而第一种方法要谨慎使用,该方法在运用时容易遗漏一个或几个需求产生点,导致对当地酒店市场做出不准确的预测。

酒店客房总出租率等于客房总需求量间夜数除以可供出租的客房间夜数。同样,拟建酒店客房出租总间夜数除以每年可供出租的客房间夜数,即可以算出客房出租率。拟建酒店的平均房价一般是按竞争对手的平均房价估计的。具体做法是将所有竞争对手酒店的平均房价列出,再算出一个所有竞争对手酒店的平均房价的平均数,再根据拟建酒店的具体设施设备和配套项目情况,以略高于上述平均房价或略低于上述平均房价的标准来制定拟建酒店的平均房价。

(四)经营预测

经营预测主要包括客房营业收入、餐饮营业收入、娱乐场所营业收入、商场营业收入、出租场地营业收入及其他营业收入。通过经营预测,可以了解酒店开业后的营运,特别是酒店是否能盈利,是否有经济效益产生。客房的营业收入是由客房出租天数和平均房价决定的,其计算公式如下:

客房营业收入=客房出租率×客房数×365×平均房价

例如:

某酒店客房出租率为 70%,客房数为 300 间,平均房价为 350 元,代入公式计算得出:

70%(出租率)×300(客房数)×365(天数)×350(平均房价)=26827500(客房营业收入)

食品的营业收入是顾客人数和每个客人平均消费额的乘积,可以用公式表达如下:

顾客人数×人均消费额=食品营业收入

例如:

某餐厅顾客人数为 2000,人均消费额为 80 元,代入公式计算得出:

2000(顾客人数)×80(人均消费额)=160000 元(餐厅营业收入)

饮料的营业收入包括餐厅和宴会厅的饮料销售,以及酒吧及咖啡厅的饮料销售。饮料营业收入的预测,一般为食品营业收入的 30%～40%。

酒店的其他营业收入包括场地租金、娱乐设施、商场、电话传真、电脑、商务、健身中心、俱乐部等。一般来说,酒店的营业收入主要是客房和餐饮两大块,但有些度假酒店或郊区酒店则以餐饮和娱乐收入占大部分。

（五）营业费用预测

1. 客房营业费用

客房营业费用包括人力资源支出，即员工的工资福利、客房预订费用和佣金、客房的布草、物料、用品、瓷器、玻璃器皿、工作服等。客房营业费用是与客房出租和保养有关的费用，员工工资福利在客房营业费用中占相当大的比例，而且客房员工工资和有关费用是随客房出租率来变化的：客房出租率高的时候，员工工资和有关费用也会升高；客房出租率低的时候，员工工资和有关费用也会降低。

客房营业费用率按国际标准计算，一般在25%左右。但国际上的计算方法是不包括客房的能源费用和营业税收及附加费用的。而中国的许多酒店在计算客房费用时，包含客房的能源费用和营业税及附加费用，其中营业税及附加费用占客房营业收入的5%左右。这样，客房营业费用率按国内标准计算，则在35%～40%。

2. 餐饮营业费用

餐饮营业费用包括食品成本、饮料成本、员工工资、瓷器、玻璃器皿、银器、金器、棉织品、物料用品、工作服、牌照费、洗衣费、燃料费、清洗费等。其中，食品和饮料成本数额是因餐饮销售额变化的；员工的工资福利也会因销售额发生变化，这些是变动费用。各种物料用品、瓷器、玻璃器皿、金银器、工作服费用、牌照费等不会因销售额发生大的变化，所以属于固定费用。

3. 管理费用

管理费用包括酒店行政管理人员的工资和与酒店行政管理工作相关的费用，具体列为工资福利费、工会经费、培训费、劳动保护费、待业保险费、医疗保险费、服装费、工作餐费、洗涤费、办公费、差旅费、会议费、交际应酬费、广告宣传费、咨询诉讼费、技术转让研究费、坏账损失、存货损失、运输费、修理费、邮电费、燃料费、物料消耗费、低值易耗品摊销费、排污费、绿化费、折旧费、无形资产摊销费、其他资产摊销费、土地使用税、房产税、保险费、管理费及各种税费等。大多数管理费用属于固定费用，坏账损失费用、收款费用等会随着营业状况而有所变化，是变动费用。

4. 营销费用

营销费用包括员工工资、差旅费、广告费、展销费、公关费、佣金手续费及其他费用。绝大多数营销费用都是可以控制的，只有手续费和佣金是不可控制的。营销活动的好坏，直接影响到酒店的营业收入。酒店的营销工作做得好，开拓了客源市场，就使得酒店增加了收入的来源。

5. 维修费用

维修保养的费用包括员工工资、酒店建筑维护费用、家具陈设维护费用、电梯维护费用、空调维护费用、电机维护费用、锅炉维护费用、营业场地维护费用、物料用品费用、各种零配件费用、设备的检查费用、地毯墙壁的维护费用及各种设施设备的维修保养费用。大多数维修保养费用是可以控制的。

6. 能源费用

能源费用包括酒店的水、电、燃料、柴油、煤气等。能源费用大多数是固定费用，而且

占营业收入的比例较大。由于水、电、油日益紧张，价格节节攀升，能源费用不断提高。国际油价不稳定，造成国内燃料价格上涨。电力供应紧张，可使电价提高。因此，能源费用在酒店的营业收入中所占的比重会越来越大。

（六）投资利润分析

在从事酒店筹建可行性研究时，要对投资利润进行分析，这是判断酒店投资是否可行的一个标准。通过分析，还可以使投资者了解拟建酒店能否使投资者得到预期的投资回报。

分析投资利润：

第一，先要评估市场行情和竞争对手的情况、当地的经济、人口、人均收入、客人的消费趋势、酒店所处的位置、酒店的设备设施、酒店的服务项目、酒店的配套项目、酒店的各种功能，以及酒店的经营方针、营销策略、管理模式、服务方式等。

第二，进行经营预测，分析酒店各营业部门的营业收入，包括客房营业收入、餐饮营业收入、娱乐场所营业收入、商场营业收入、出租场地营业收入及其他营业收入等。

第三，预测酒店的营业费用，主要包括客房营业费用、餐饮营业费用、管理费用、营销费用、维修费用、能源费用及与营业相关的各种费用。通过营业费用预测，分析酒店的营运成本，从而测算酒店盈利的可能性。

第四，预测资本成本，包括土地的成本即土地的价钱，同时地价还应包括地基开发和环境绿化费用、停车场和车道每平方米的建筑成本、酒店的建筑成本（每平方米的造价）、酒店装修的成本（包括购买家具的成本）、酒店各种设备的成本、建筑设计和咨询费、后勤设施、办公设备、不可预见费及追加成本等。

最后，将酒店的总营业收入减去酒店的总成本费用，得出酒店的营业利润；再用营业利润减去税收、保险费、利息、折旧等后，剩下的是债前利润。债前利润就是用来支付债务的。

这里需要说明的是，税前利润不等于债前利润，因为动产抵押和不动产抵押的本金和利息均包括在债前利润中，而不作为正常经营开支包括在税前利润中。

在酒店经营中，酒店的现金流量往往比利润更重要，银行在给酒店贷款时，重点关注的是酒店的现金流量。如果酒店的现金流量越大，说明酒店的经营状况越好。尽管酒店的折旧费是一项开支，但它是非现金开支，如果把折旧费加入税前利润，就是酒店的现金流量。换句话说，酒店的现金流量等于利润额加上折旧费。

如果计算投资利润率，即利润对业主权益的比率，其公式应为：

$$利润 \div 投资总额 \times 100\% = 投资利润率$$

假设酒店利润为 3000000 元，投资总额为 30000000 元，其投资利润率则为：

$$3000000 \div 30000000 \times 100 = 10\%$$

知识拓展

九寨沟喜来登国际大酒店

位于四川藏族地区的九寨沟喜来登国际大酒店，坐落在享有“人间仙境”“童话世界”美誉的中国著名世界顶级自然风景区九寨沟，是中国景区首家五星级酒店，它是融民族特

色和国际水准于一体的现代化大型旅游度假休闲酒店。其建筑风格传承了川藏相结合的传统山寨地方特色，同时其轻快的色调及构造体现了鲜明的时代个性。建筑群的主色调为蓝绿色和白色，并辅以藏红色、驼色、金色点缀，与天设地造的九寨沟自然美景相融，传达出优美的境界，展示着独具风格的品位和创意，整体感觉素雅宁静，与碧山绿水浑然一体。生肖艺术广场，是九寨沟喜来登国际大酒店建筑群中又一标志型景观。十二生肖铜柱分别雕刻 12 种动物精灵及所对应的内涵图案星月纹、湖泊纹、云彩纹、草原纹、江涛纹、雨丝纹、春风纹、河水纹、森林纹、太阳纹、青稞纹和雨水纹。每根青铜祥瑞柱（扎西德勒柱）高 8.1 米，直径 0.95 米，重 1.5 吨，配以金色（抛光铜）和朱红（中国漆）色，凸现藏族的精神和高贵，具有强烈的视觉冲击力和审美效果。生肖铜柱扇形般地合围出的艺术广场，并辅之雪莲花瓣，体现出东方艺术中的宇宙观。同时，巧妙地整合了天、自然、动物，并以一种诗情画意合成显示了极强的艺术扩张力。标志塔是酒店建筑群的亮点，以藏羌碉楼为创意，高 396 米，中部真金箔围边，上部钛金结构，周围设投射灯，远观金碧辉煌，像枚“定海神针”站立在竖向构图中心，是酒店醒目的标志。高塔采用“黄金分割”的科学原理，成为大酒店建筑群的中心和最高点，既呈装饰效果，又使酒店主体建筑（东、西楼）艺术剧院、生肖艺术广场更富有变化、呼应和立体感，它象征着九寨沟喜来登国际大酒店的事业蓬勃向上，九寨沟喜来登国际大酒店人奋作“国际人”而超越时空的精神和意志。

第三节　酒店筹备管理

酒店筹备是指酒店从申请立项到举行开业典礼正式开业这一段时期的运作过程。筹备运作管理是酒店管理中的一个重要环节，它具有先期性，其运营的好坏将直接影响酒店的正式开业，也会影响酒店以后的经营管理。如果筹备期的管理不当，就会给酒店日后的经营运作留下后患。就像初生的婴儿一样，先天不足是难以医治的，等到发现为时已晚。

一、酒店筹备管理的基本原则

酒店的筹备管理涉及工程、物资、财务、营销、运营、人力资源等各个方面工作，烦琐复杂，牵涉面广，需要筹备管理工作人员科学的安排，遵循计划性、限期性、系统性等基本原则，做好酒店筹备管理工作。

（一）计划性原则

筹备期的工作千头万绪，筹备管理人员既要监控建筑工程的建设进度，又要招聘员工，对他们进行培训教育，同时还要购置大量的设施设备，这中间所包括的各项工作非常繁杂，如果没有计划性，就不可能有条不紊地处理好筹备期的各项工作。计划性原则要求酒店筹备管理人员做一份从筹备工作开始到酒店开业的详细的工作计划，列出在筹备期应该完成的各项任务，此计划越详细就越有指导性，执行起来就越有效率。

（二）限期性原则

限期性原则要求酒店的各项工作不仅要按质完成，而且要按期完成。酒店一旦进入筹备期，就要列出一个具体的各项工作时间表，规定各项工作完成的最后期限，各项工作都必须按部就班地限时完成。如果中间有些环节没有按时完工，或者有所遗漏，就会影响后面工作的进度，从而影响整个酒店筹备工作的完成。基建工作更是如此，一旦工程延期，就会给酒店造成巨大的损失。相反，如果酒店的基建能够提前完工，就会给酒店带来额外的收益。

（三）系统性原则

在筹备期酒店会遇到许多棘手的问题，比如，原料不足，工程被拖延，一些家具设备运到酒店却发现无处可放，房间里到处充斥着建筑垃圾。等到房子装修好了，许多设备和家具却因为房门太小而进不去。大型的酒店常常有不同规格和模式的房间，如何迅速地、经济地布置不同房间的家具、装饰品等客房装置，也不是一件容易的事情。这些情况常常导致酒店从筹备期到开业的一段时间比较混乱。系统性原则要求酒店在筹备期对工程管理、人力资源管理、物资管理和公共关系管理等系统工作分派专职管理人员负责，切忌多头负责，中层管理人员负责的工作最好不要造成系统交叉，避免忙中生乱。为避免工作的疏忽与遗漏，可以成立筹备工作协调委员会，负责系统之间的协调，审查监控各系统的工作，避免混乱的发生。

二、酒店筹备管理的基本内容

酒店筹备管理的基本内容包括工程筹备管理、人力资源筹备管理、物资筹备管理和公关筹备管理等四个基本内容。

（一）工程筹备管理

酒店工程筹备管理非常庞杂，包括酒店立项可行性研究、建筑工程设计、设施设备设计、工程招标、室内设计；提请规划部门、消防部门、卫生防疫部门及其他有关部门批准设计方案，申请建筑许可证，装修设计，家具装置、设备招标等。监控工程建设进度，也是非常重要的工程筹备管理工作。

（二）人力资源筹备管理

酒店人力资源筹备管理主要指酒店管理人员和普通员工的招聘与培训教育工作。酒店从筹备一直到正式开业，需要逐步招聘管理人员和员工，人员的安排与聘用必须要合理。如果人手不足，工作完不成，就会影响酒店的正常营运。酒店在筹备期间，应该以成本最低为原则，确定各个部门所需的经理、主管、领班、服务生的数量，同时确定其招聘的时间，充分利用时间资源，控制好人力资源成本。

（三）物资筹备管理

酒店的物资筹备管理主要包括酒店的大型设施设备、房间装饰、客房日用消耗品、布草、餐饮材料、餐具等物资的采购管理工作。采购的物品包括家具、电器、食品、饮料、日常生活用品、艺术品等多个类别，几乎无所不包。物品的繁杂性给酒店的成本控制带来困难，大部分酒店都采用设备招标的方式来降低成本。酒店的大部分物品一般都指定厂家生产，以保证质量，节约成本。

(四)公关筹备管理

公关筹备管理主要是指酒店在筹备期与外界进行联系交往的工作。它包括办理有关手续,进行社交活动,取得社区支持,进行宣传策划以树立酒店形象,筹备酒店开业典礼等活动。这些活动的开展对于酒店的正式运营是非常重要的,它可以为酒店的经营活动创造一个良好的外部环境,使酒店经营之初就得到社会和社区的支持。

在公关筹备管理工作中,开业典礼工作是一项综合性工作,需要周密策划、精心准备。主要要求做好下列工作:

(1)建立开业典礼筹备管理团队。

(2)选定典礼举行日期,确定活动项目,安排活动程序。开业典礼的基本形式是:剪彩、宴会、文艺演出、新闻发布会、参观酒店等。

(3)准备场地,对场地尽心布置。

(4)接待准备,落实客人名单(主要有:行业主管部门领导、酒店主管领导、新闻机构客人、行业专家、客户单位代表等),安排外地客人食宿及返程交通等。

(5)后勤工作和采购准备,为典礼预备充足的物资。

(6)准备好开业典礼的设施设备和所有用品。

(7)做好安全保卫工作,确保典礼顺利举行。

开业典礼举行完以后,还有一些善后工作,主要有:

(1)清理场地,对礼品统一登记造册,统一安排和保管。

(2)继续做好外地客人的接待工作,安排好食宿和回程交通,给客人留下深刻的印象。

(3)对来贺单位和客户代表表示感谢,公关部门应该列出参加祝贺单位的名单并留存备案。用各种方式表示感谢,以便与重要客户建立良好的关系。

(4)合理安排财务。开业典礼所需费用较大,应单独立项,及时转入企业成本。

三、酒店筹备期的组织管理

(一)酒店组织机构设置的原则

酒店筹备期的组织机构设置是根据酒店的拟建规模、将来的业务需要和发展而设置的。每个机构都要体现它的作用和效率,并配备相应的管理人员。这个机构是酒店在筹备期的组织指挥系统,组织机构设置的好坏将直接影响酒店筹备期的系统管理,也会影响酒店将来的经营管理。酒店筹备期的组织结构设置应遵循控制成本原则、权责分明原则和统一管理原则。

1. 控制成本原则

酒店筹备期的组织机构设置要充分遵循控制成本的基本原则,合理地安排各类员工进入酒店的时间。如果员工进入酒店过早,酒店的工资成本将会大大增加,从而降低酒店的经济效益。如果员工进入酒店太晚,他们接受培训的时间就会减少,酒店正式经营后的工作效益将得不到保障,也会影响酒店的经济效益。

2. 权责分明原则

权责分明原则是指在酒店组织中的管理者所拥有的权力应当与其所承担的责任相适

应的准则，其内涵应包括如下四个方面：第一，管理者拥有的权力与其承担的责任应该对等。所谓“对等”就是相互一致。不能拥有权力，而不履行其职责；也不能只要求管理者承担责任而不予以授权。第二，向管理者授权是为其履行职责所提供的必要条件；第三，正确地选人、用人；第四，严格监督、检查。

3. 统一管理原则

酒店筹备期的组织结构设置要遵循统一管理原则，整个机构实行统一领导，直线控制，各个系统的内部事务互不干扰。同时整个机构是个统一的有机体，必须在高层的统一管理下互相协作，发挥大家的积极性。

（二）酒店筹备期组织管理机构设置的基本内容

在筹备期，酒店的管理人员和员工的招聘是逐步进行的，随着时间的延续，其机构的设置和人员的配备不断地完善。为了保证酒店在筹备期的正常运转和开业后的正常营业，酒店筹备期的组织机构应包括下列内容：

1. 核心管理层

核心管理层负责酒店在筹备期的各项管理工作，是酒店立项之初就应该建立起来的管理机构，包括总经理、副总经理、人力资源总监、工程总监、市场营销总监、财务总监、房务总监、餐饮总监等，核心管理层对酒店的筹备工作进行全面的管理。

2. 中间管理层

随着酒店工程的进度发展，到酒店开业前 3～6 个月，酒店的中间管理层人员如公共关系部经理、客房部经理、餐饮部经理、康乐部经理等机构和人员应该到位并开始运转。这些机构必须配合人力资源部招聘、培训本部门的员工。到酒店开业前 2～4 个月，各部门的中层管理人员应该逐步到位，进行开业前的教育和培训。

3. 基层人员

基层人员泛指普通员工和基层管理人员。酒店所招人员如果是行业从业者，其招聘时间可以略晚，一般应在开业前 3～6 周；如果所招人员是行业新手，其招聘时间应定在开业前的 3 个月甚至更早，这样才有充足的时间对其进行入店教育和业务培训。

第四节　酒店筹备期管理与运营

筹备期的管理与运营是酒店管理的第一环节，酒店从筹备期到开业往往十分混乱，会遇到许多问题，因此酒店管理专家认为，评价一个经理管理水平的高低，并不完全看在酒店开业之后的管理，而筹备期到开业这段时间的管理能力更能说明问题，这反映了酒店筹备期管理的艰巨性和复杂性。酒店筹备期的管理需要有计划性，管理人员的职责就是要保证一切工作都按计划进行。为此，在筹备期管理人员应该拟订一份详尽的倒计时“时间表”，表明每段时间内的工作内容和任务，严格按照“时间表”的规定控制每项工作的进度与完成质量。否则由于筹备期的管理不当，会直接造成几十万、上百万的损失，影响酒店的正常开业。如果酒店基建提前完工，则酒店收益大增。

一、筹备期管理活动倒计时表

根据酒店建设周期，以开业日为终点，酒店筹备期管理工作可以归纳为一个倒计时表，即筹备期的主要管理活动时间表。

(一)酒店筹备期管理活动倒计时表(表 8-1)

表 8-1　　酒店筹备期管理活动倒计时表

开业前时间	活动
13～20 个月	△工程的初步设计完成 △与规划部门联系，核实工程是否合乎法律和规定(如楼房高度等) △聘请机械和电气工程师，设计电气设备，如电梯、电气系统、空调、热力、供水排水系统等
12～19 个月	△筹措工程用款 △工程招标期 △雇请室内设计师、厨房酒吧设计师，有必要可请风景设计师(3～4 周)
11～16 个月	△最后设计完成 △呈请规划部门、消防部门及其他有关部门批准设计方案 △申请建筑许可证 △请室内设计师对家具和装置提出最后方案和规格(2～8 周) △请厨房酒吧设计师提出最后方案和要求(2～8 周) △对家具、装置、设备招标(2～3 周)
10～14 个月	△工程开工
6～12 个月	△开设办公室(通常在工地之外)，安装酒店的永久性电话，必要时请秘书 △聘请酒店经理 △联系邮局，建立酒店通信地址 △建立价格体制 △制订市场开发计划，印制初步的广告品，如宣传册页、信封信纸，寄推销信，组织包价旅游团等 △准备筹建期的费用 △进行营业与现金周转的预测 △对家具、装置和设备的投标者进行监督 △与友邻单位、旅游组织、政府管理部门、旅游部门建立联系
6 个月	△定好开业日期，开始订房业务 △展开公关营销活动(在电台、电视台、报纸登广告) △制定酒店组织图，进行岗位职务分析，写明岗位职责与规定
3～6 个月	△聘请部门经理，面试申请者
2～4 个月	△挑选职员，监督设备的安装及各部门的订货 △设计菜谱并付印 △所有必要的职员必须雇用
1 个月	△决定正式开业的酒会计划，发出请柬 △所有营业之用的供应物品必须按期送来核实 △制订安排员工计划
1～3 周	△所有新员工到职进行培训 △进行试行操作(如设备或服务)
开业之日至 2～3 周	△举行正式的开业仪式

（二）酒店客房部筹备期管理活动倒计时表（表 8-2）

表 8-2　　酒店客房部筹备期的管理活动倒计时表

开业前时间	与总经理的联系	客房经理活动	采购	招工面试
8 个月		计划与布置办公室，计划布草房设备		
7 个月	呈交办公室计划，呈交布草房设备计划	计划行李工作房		
6 个月	商谈浴巾、毛巾和工作服的定制，呈交行李房计划	预订办公设备；预订布草仓房架		客房经理到达现场工作
5 个月	研究卫生设备	制作工作服样品，准备工作服存放间	订购布草（床单、枕头、被子、毛巾等）	
4 个月		检查客房情况	订购布草房设备	
3 个月	讨论客房供应品	研究客房和卫生间供应品，并检验样品设计表格，制定组织图表，决定各区域的钥匙和锁	订制工作服，订购清洁卫生设备，订制钥匙 订购小型清洁设备：扫帚、吸尘器、垃圾箱、铲、桶等	
2 个半月	研究布草项目的制作	布置楼层布草房，选择设备（布草车、桶等）	印制表格，订制缝衣房设备	聘请打字职员
2 个月	决定客房的特殊设备如电吹风、剃须刀等，决定客房标志、房价、空调使用说明等	制定工资待遇；书写职务说明；起草员工工作程序（开业后修改）	订购客房和卫生间供应品	
6 周	对上述的决策及活动做出报告	起草客房部员工守则	订购客房特殊设备，订购缝纫房用品	面试经理助理或副经理并雇用一名助理负责培训
5 周	对某些标准做必要的复查与修改	检验和挑选清洁供应品	订购客房标志	雇用人员负责清理工程完后的卫生
4 周	与前台和销售部门商讨开房情况	清洁公共场所，准备房间家具和色彩清单	订制电话指南	面试员工，雇请各类员工
3 周		培训主管，制作客房及卫生间图供员工参考	订购卫生用品	
2 周		布草房、工装房、缝纫房全部建好，培训客房员工		聘请主管，雇用做房服务员
1 周		设置“失物招领处”，主管负责培训第二批服务员，发工装		

二、酒店筹备期管理的主要工作

从上述时间表中可以看出，酒店筹备期管理的主要工作有以下几个方面：

(一)酒店的设计

酒店设计不同于一般的建筑设计、装修设计,而是一个独立的、具有综合学科性质的整体设计。酒店设计不只是装修设计,而是由功能规划、文化定位和建筑装修设计三项内容组成。功能规划、文化定位是灵魂、基础,是决定酒店未来成败的根本要素。文化风格的定位与设计对酒店至关重要,缺乏文化内涵与风格特色的酒店即丧失了内在的美丽和外在的美感。装修则是在前者基础上的进一步美化与包装,从而使酒店的特色更加突出,更为明显。而文化风格的定位与由此而决定的功能规划原则都必须立足于市场,必须根据消费者的需求特点来确定。

(二)酒店章程的制定

酒店章程是依据有关的法律法规,结合酒店实际所制定的有关酒店经营管理活动、组织机构和组织制度的基本原则,是一个纲领性文件,是酒店日常经营管理活动的依据,也是酒店员工必须遵循的行为准则。酒店章程应由以下主要部分组成:

(1)总则。这是章程中提纲挈领的部分,一般包括酒店章程的法律依据,如酒店名称、店徽、地址及投资者情况等。

(2)酒店经营的宗旨。酒店经营的宗旨即酒店经营管理所要达到的目标,包括经济效益目标和社会效益目标等。

(3)经济性质。按其产权划分,目前中国的酒店大致分为全民所有制、集体所有制、中外合资、外商独资、私营酒店等。

(4)投资总额和注册资本及其来源。

(5)经营范围及经营方式。

(6)董事会。酒店章程应明确规定投资各方董事的比例,董事长的产生、职权、任期等内容。

(7)组织制度、机构及产生办法,各岗位职责;财务管理制度和利润分配方式;劳动用工制度。

(8)工会组织。

(9)期限、终止、清算。酒店,尤其是中外合资酒店有一定的经营期限,期限到期日即是终止日,酒店提前或延长经营,必须报原审批机构批准。在终止经营时,应由相关人员代表组织清算委员会对酒店资产进行清算,进行善后处理。

(10)章程修改。原则上酒店章程不得随意修改,但确需修订时,应在有关法律法规的限度内,由酒店全体所有者和高层管理者按照一定程序进行,并报原审批机构批准,以确保章程的严肃性和约束力。

(三)申请、报批工作

酒店开业大都需要申请办理多种经营许可证,为保证顺利、合法地开业与经营,在筹备期必须做好有关的申请报批工作。酒店需申请办理的主要经营许可证有:营业执照、中华人民共和国外商投资企业批准书(限外商投资企业)、税务登记许可证、企业法人代码、外商投资企业税务证、外汇登记证、外汇兑换许可证、烟草专卖许可证、卫星收视许可证、电梯使用许可证、环保排污批准证书、消防验收许可证、消防安全许可证、锅炉使用许可证、文化许可证、卫生许可证、视频许可证、从业人员健康许可证、特种行业许可证、公共场所合格证、公共场所安全许可证、涉外许可证、排烟合格证、物价许可证等。

(四)组织机构建立与人员的招聘、培训

酒店组织机构是酒店组织内部各个有机组成部分相互作用、相互连接的纽带,是酒店组织的指挥系统。酒店组织机构的设置,必须立足于酒店经营管理的目标及生产经营的特点,必须充分考虑酒店的实际情况,采用适当的方式建立组织系统。在组织机构建立的过程中,尤其要注意中高层管理人员的选择和配备,应先根据工作需要设立工作岗位,再按工作岗位的要求量才录用和配备相应的管理人员,而不是先选择个人再设立岗位。

在酒店筹备期,中高层管理人员的选择与配备十分重要,直接关系到酒店筹建和开业后能否正常运营的问题。酒店组织机构设置确定后,筹备期间酒店的一项重要工作即是在定岗定员的基础上进行酒店从业人员的招聘与培训工作。为此,酒店应编制科学的人力资源开发计划,严格制定人员的招聘标准和要求,实行公开、公正、透明、标准化的招聘方式。人员招聘后,还必须根据酒店的登记、档次及经营特色等要求,实施系统的人员岗前培训,以确保开业后酒店拥有一支水平高、素质好的员工队伍。

(五)资金管理

资金管理主要是指酒店筹备期间资金的筹措与使用管理。资金筹措是为了保证资金来源和资金的及时到位,在市场经济的前提下,要求管理者掌握科学的融资方法,在资金使用上要求管理人员制订切实可行的资金计划,建立资金合理的使用机制和监督机制,并熟练运用资金支付技巧,以节约经费的开支。

(六)基建管理

酒店基建工程能否顺利完成是筹备期管理的一个重要问题,美国亚特兰大桃树酒店由于提前 5 个星期完工,结果因此额外获利 100 万美元;反之酒店工程的延期往往会给酒店造成上百万元的损失,可见加强筹备期基建管理的重要性。

(七)经营业务准备工作

在筹备期还要做好酒店各项业务的准备工作,要根据经营需要,确定业务的种类、项目、内容、业务量及其构成,并在此基础上完成每项具体业务的形式、具体内容、过程、业务组织、价格、信息系统等的设计,完成各类别、各部门的业务设计工作,以建立和形成一套保证酒店开业后能够正常运行的操作程序和作业规程以及服务质量标准,为酒店的如期开业做好准备。

(八)开业前营销计划的制订

酒店营销计划是为实现酒店经营目标所采取的一系列具体的策略,在酒店筹备期,通过对市场深入调查和研究,明确酒店的市场定位,了解目标市场客源对酒店的具体需求,对酒店所应采取的营销活动做出书面的计划,并着手开始实施。营销计划的内容包括:环境与现状分析、市场分析、地理位置及社区分析、市场潜力分析、市场地位、主要竞争者分析、自身优劣势、机遇、挑战。

三、酒店开业筹备的任务与要求

酒店开业前的准备工作，主要是建立部门运营系统，并为开业及开业后的运营在人、财、物等各方面做好充分的准备，具体包括以下方面。

（一）确定酒店各部门的管辖区域及责任范围

各部门经理到岗后，首先要熟悉酒店的平面布局，最好能实地查看。然后根据实际情况，确定酒店的管辖区域及各部门的主要责任范围，以书面的形式将具体的建议和设想上报酒店总经理，再由酒店总经理召集有关部门对此进行讨论并做出决定。在进行区域及责任划分时，各部门管理人员应从大局出发，要有良好的服务意识。按专业化的分工要求，酒店的清洁工作最好归口管理。职责的划分要明确，最好以书面的形式加以确定。

（二）制定物品采购清单

酒店开业前事务繁多，物品的采购是一项非常耗费精力的工作，仅靠采购部去完成此项任务难度很大，各经营部门应协助其共同完成。无论是采购部还是酒店各部门，在制定酒店各部门采购清单时，都应考虑到以下一些因素：

1. 本酒店的建筑特点

采购的物品种类和数量与建筑的特点有着密切的关系。例如，客房楼层通常需配置工作车，但对于某些别墅式建筑的客房楼层，工作车就无法发挥作用；再者，某些清洁设备的配置数量，与楼层的客房数量直接相关，对于每层楼有 18～20 间客房的酒店，客房部经理就需决定每层楼的主要清洁设备是一套还是两套。此外，客房部某些设备用品的配置，还与客房部的劳动组织及相关业务量有关。再如餐饮部的收餐车，得考虑是否能够直接推到洗碗间，按摩床能否进按摩间的门口等。

2. 行业标准

原国家旅游局发布的“星级饭店客房用品质量与配备要求”的行业标准，是客房部制定采购清单的主要依据。

3. 酒店的设计标准及目标市场定位

酒店管理人员应从酒店的实际出发，根据设计的星级标准，参照国家行业标准制作清单，同时还应根据酒店的目标市场定位情况，考虑目标市场客源对客房用品的需求、对就餐环境的偏爱，以及在消费时的一些行为习惯和爱好。

4. 行业发展趋势

酒店管理人员应密切关注本行业的发展趋势，在物品配备方面应有一定的超前意识，不能过于传统和保守。例如，酒店根据客人的需要在客房内适当减少不必要的客用物品就是一种有益的尝试；餐饮部减少金色、大红色的餐具与布置，增加一些淡雅的安排，等等。

5. 其他情况

在制定物资采购清单时，有关部门和人员还应考虑其他相关因素，如出租率、酒店的资金状况等。采购清单的设计必须规范，通常应包括下列栏目：部门、编号、物品名称、规格、单位、数量、参考供货单位、备注等。此外，部门在制定采购清单的同时，还需确定有关物品的配备标准。

（三）协助采购

酒店各部门经理虽然不直接承担采购任务，但这项工作对各部门的开业及开业后的运营工作影响较大，因此，酒店各部门经理应密切关注并适当参与采购工作。这不仅可以减轻采购部经理的负担，而且还能在很大程度上确保所购物品符合要求。酒店各部门经理要定期对照采购清单，检查各项物品的到位情况，而且检查的频率应随着开业的临近而逐渐增高。

（四）参与或负责制服的设计与制作

酒店各部门参与制服的设计与制作，是酒店行业的惯例。同时，特别指出因为客房部负责制服的洗涤、保管和补充，客房部管理人员在制服的款式和面料的选择方面，往往有其独到的鉴赏能力。

（五）编写酒店各部门工作手册

工作手册，是部门的工作指南，也是部门员工培训和考核的依据。一般来说，工作手册应包括岗位职责、操作程序、规章制度及运转表格等部分。

（六）参与员工的招聘与培训

酒店各部门的员工招聘与培训，需由人事部和酒店各部门经理共同负责。在员工招聘过程中，人力资源部根据酒店工作的一般要求，对应聘者进行初步筛选，而酒店各部门经理则负责把好录取关。培训是部门开业前的一项主要任务，酒店各部门经理需从本酒店的实际出发，制订切实可行的部门培训计划，选择和培训部门培训员，指导其编写具体的授课计划，督导培训计划的实施，并确保培训工作达到预期的效果。

（七）建立酒店各部门财产档案

开业前，即开始建立酒店各部门的财产档案，对日后酒店各部门的管理具有特别重要的意义。很多酒店部门经理就因为在此期间忽视该项工作，而失去了掌握第一手资料的机会。

（八）跟进酒店装饰工程进度并参与酒店各部门验收

酒店各部门的验收，一般由基建部、工程部、酒店其他各部门等共同参加。酒店各部门参与验收，能在很大程度上确保装潢的质量达到酒店所要求的标准。酒店各部门在参与验收前，应根据本酒店的情况设计一份酒店各部门验收检查表，并对参与的部门人员进行相应的培训。验收后，部门要留存一份检查表，以便日后的跟踪检查。

（九）负责全店的基建清洁工作

在全店的基建清洁工作中，酒店各部门除了负责各自负责区域的所有基建清洁工作外，还负责大堂等相关公共区域的清洁。开业前基建清洁工作的成功与否，直接影响着对酒店成品的保护。很多酒店就因为对此项工作的忽视，而留下永久的遗憾。酒店各部门应在开业前与酒店最高管理层及相关负责部门，共同确定各部门的基建清洁计划，然后由客房部的PA（Public Area）组（公共区域卫生管理组），对各部门员工进行清洁知识和技能的培训，为各部门配备所需的器具及清洁剂，并对清洁过程进行检查和指导。

(十)监督各部门的模拟运转

酒店各部门在各项准备工作基本到位后,即可进行部门模拟运转。这既是对准备工作的检验,又能为正式的运营打下坚实的基础。

(十一)进行开业前的试运行

开业前的试运行往往是酒店最忙、最易出现问题的阶段。对此阶段工作特点及问题的研究,有利于减少问题的出现,确保酒店从开业前的准备到正常营业的顺利过渡。

(十二)保持积极冷静的态度

在酒店进入试营业阶段,很多问题会显露出来。对此,有的部门管理人员会表现出急躁情绪,过多地指责下属。正确的方法是保持积极的态度,少抱怨下属,多对他们进行鼓励,帮助其找出解决问题的方法。在与其他部门的沟通中,不应把注意力集中在追究谁的责任上,而应研究问题如何解决。

(十三)经常检查物资的到位情况

部门管理人员应协助采购、检查物资到位的问题。实践中很多酒店往往会忽视这方面的工作,以至于在快开业的紧要关头发现很多物品尚未到位,从而影响部门开业前的工作。例如客房部常被遗忘的物品有工作钥匙链、抹布、报废床单、云石刀片等。

(十四)重视过程的控制

开业前清洁工作量大、时间紧,虽然管理人员强调了清洁中的注意事项,但服务员没能理解或"走捷径"的情况普遍存在,如用浓度很强的酸性清洁剂去除污迹、用刀片去除玻璃上的建筑垃圾时不注意方法等。这些问题一旦发生,就很难采取补救措施。所以,管理人员在布置任务后的及时检查和纠正往往能起到事半功倍的作用。

(十五)加强对成品的保护

对酒店地毯、墙纸、家具等成品的最严重破坏,往往发生在开业前这段时间,因为在这个阶段,店内施工队伍最多,大家都在赶工程进度,而这时客房部的任务也是最重,容易忽视保护,而与工程单位的协调难度往往很大。尽管如此,客房部管理人员在对成品保护的问题上,不可出现丝毫的懈怠,以免留下永久的遗憾。为加强对酒店成品的保护,可采取以下措施:

1. 极力建议酒店对空调、水管进行调试后再开始客房的装修,以免水管漏水破坏墙纸,以及调试空调时大量灰尘污染客房。

2. 加强与装修施工单位的沟通和协调。敦促施工单位的管理人员加强对施工人员的管理。客房部管理人员要加强对尚未接管楼层的检查,尤其要注意装修工人用强酸清除顽渍的现象,因为强酸虽可除渍,但对洁具的损坏很快就会显现出来,而且是无法弥补的。

3. 尽早接管楼层,加强对楼层的控制。早接管楼层虽然要耗费相当的精力,但对楼层的保护却至关重要。一旦接管过楼层钥匙,客房部就要对客房内的设施、设备的保护负起全部责任,客房部需对如何保护设施、设备做出具体、明确的规定。在楼层铺设地毯后,客房部需对进入楼层的人员进行更严格的控制,此时,要安排服务员在楼层值班,所有进出的人员都必须换上客房部为其准备的拖鞋。部门要在楼层出入口处放些废弃的地毯,遇雨雪天气时,还应放报废的床单,以确保地毯不受到污染。

4. 开始地毯的除迹工作。地毯一铺上就强调保养，不仅可使地毯保持清洁，而且还有助于从一开始，就培养员工保护酒店物品的意识，对日后的客房工作将会产生非常积极的影响。

（十六）加强对钥匙的管理

开业前及开业期间部门工作特别繁杂，客房管理人员容易忽视对钥匙的管理工作，通用钥匙的领用混乱及钥匙的丢失是经常发生的问题。这可能造成非常严重的后果。客房部首先要对所有的工作钥匙进行编号，配备钥匙链；其次，对钥匙的领用制定严格的制度。例如，领用和归还必须签字，使用者不得随意将钥匙借给他人，不得使钥匙离开自己的身体（将通用钥匙当取电钥匙使用）等。

（十七）确定物品摆放规格

确定物品摆放规格工作，应早在样板房确定后就开始进行，但很多客房管理人员却忽视了该项工作，以至于直到要布置客房时，才想到物品摆放规格及规格的培训问题，而此时恰恰是部门最忙的时候。其结果是难以进行有效的培训，造成客房布置不规范，服务员为此不断地返工。正确的方法是将此项工作列入开业前的工作计划，在样板房确定之后，就开始设计客房内的物品布置，确定各类型号客房的布置规格，并将其拍成照片，进而对员工进行培训。有经验的客房部经理还将楼层工作间及工作车的布置加以规范，往往能取得较好的效果。

（十八）把好客房质量验收关

由工程部和客房部共同负责客房质量的验收。作为使用部门，客房部的验收对保证客房质量至关重要。客房部在验收前应根据本酒店的实际情况设计客房验收表，将需验收的项目逐一列上，以确保验收时不漏项。客房部应请被验收单位在验收表上签字并留备份，以避免日后的扯皮现象。有经验的客房部经理在对客房验收后，会将所有的问题按房号和问题的类别分别列出，以方便安排施工单位的返工，及本部门对各房间状况的掌握。客房部还应根据情况的变化，每天对以上的记录进行修正，以保持最新的记录。

（十九）注意工作重点的转移，使部门工作逐步过渡到正常运转

开业期间部门工作繁杂，但部门经理应保持清醒的头脑，将各项工作逐步引导到正常的轨道。在这期间，部门经理应特别注意以下的问题：

1. 按规范要求员工的礼貌礼节、仪表仪容

由于楼层尚未接待客人、做基建清洁时灰尘大、制服尚未到位等原因，此时客房部管理人员可能还未对员工的礼貌礼节、仪表仪容做较严格的要求，但随着开业的临近，应开始重视这些方面的问题，尤其要提醒员工做到说话轻、动作轻、走路轻。培养员工的良好习惯，是做好客房工作的关键所在，而开业期间对员工习惯的培养，对今后工作影响极大。

2. 建立正规的沟通体系

部门应开始建立内部会议制度、交接班制度，开始使用表格；使部门间及部门内的沟通逐步走上正轨。

3. 注意后台的清洁、设备和家具的保养

各种清洁保养计划应逐步开始实施，而不应等问题变得严重时再去应付。

（二十）注意吸尘器的使用培训

做基建清洁卫生时会有大量的垃圾，很多员工或不了解吸尘器的使用注意事项，或为图省事，会用吸尘器去吸大的垃圾和尖利的物品，有些甚至吸潮湿的垃圾，从而不同程度地损坏吸尘器。此外，开业期间每天的吸尘量要比平时大得多，需要及时清理尘袋中的垃圾，否则会影响吸尘效果，甚至可能损坏电机。因此，客房管理人员应注意对员工进行使用吸尘器的培训，并进行现场督导。

（二十一）确保提供足够的、合格的客房

有的酒店开业匆匆忙忙，抢出的客房也大都存在一定的问题。常出现的问题是前厅部排出了所需的房号，而客房部经理在检查时却发现，所要的客房存在着这样或那样的问题，一时难以解决，而再要换房，时间又不允许，以至于影响到客房的质量和客人的满意度。有经验的客房部经理会主动与前厅部经理保持密切的联络，根据前厅的要求及酒店客房现状，主动准备好所需的客房。

（二十二）加强安全意识培训，严防各种事故发生

客房管理人员要特别注意火灾隐患，发现施工单位在楼层动用明火要及时汇报。此外，还需增强防盗意识，要避免服务人员过分热情，随便为他人开门的情况。

（二十三）加强对客房内设施、设备使用注意事项的培训

很多酒店开业之初常见的问题之一，是服务员不完全了解客房设施、设备的使用方法，不能给客人以正确的指导和帮助，从而给客人带来了一定的不便，如房内冲浪浴缸、多功能抽水马桶的使用等。

案例分析

寂寞的五星级酒店

巴勒斯坦西南部最大城市加沙坐落着当地的首座五星级酒店——马希塔尔酒店。该酒店是由当地的亿万富翁马希塔尔投资兴建的。尽管地处权力冲突的中心地带，又面对以色列的长期封锁政策，但酒店在克服了重重难关后终于营业，总投入 2900 万美元，兴建马希塔尔酒店耗时 13 年，酒店内共有 220 个房间。自 2011 年营业以来，该酒店入住率不足 10%，更多的时候 200 多个房间无一人入住。

·讨论题·

马希塔尔酒店的经营困境是什么原因造成的？

衣柜事件

云山大酒店正处于工程筹备期间，酒店的主体工程和部分装修已经完工。不久，一批应摆放在客房里的衣柜被运到酒店，工作人员把这些衣柜运往客房的时候，却发现客房的门太小了，衣柜无法搬进去，最后，不得已，工作人员只好将这些衣柜拆开，零散地将其搬进客房，再行安装。

·讨论题·

客房的门太小，衣柜无法搬进去，是什么原因造成的？

复习思考题

1. 酒店筹建管理的含义是什么？
2. 酒店开发分为哪五个步骤？
3. 酒店筹备管理的基本内容有哪些？
4. 酒店筹备管理的基本原则是什么？
5. 酒店开业筹备的任务与要求有哪些？
6. 酒店筹备期管理的主要工作包括哪些方面？

实训项目

实地调查当地一家酒店的规模、项目设置、经营情况等数据，分析该酒店筹建时规划设计的合理性。

实训目的：使学生通过对相关数据的调查，分析酒店筹建规划设计的合理性。

实训要求：

1. 将学生分成若干小组，每组 5～10 人。
2. 各组分别调查酒店的规模、项目设置、经营情况等数据。
3. 各组整理调查的数据，分析酒店筹建规划设计的合理性。
4. 教师根据各组分析汇报的情况，进行点评。

第九章

酒店计划管理

学习目标

1. 了解酒店计划管理的定义；
2. 了解酒店计划管理的意义；
3. 熟悉酒店计划指标体系；
4. 掌握酒店计划的编制程序；
5. 了解酒店目标管理的含义。

第一节　酒店计划管理概述

在酒店管理的所有职能之中，计划职能居于首位。从事酒店企业管理工作，第一步就是要有一个好的计划。一个酒店如果没有切实可行的计划，所谓管理就是一句空话；一个酒店如果没有切实可行的计划，管理者就无法使企业达到自己的目标；一个酒店如果没有切实可行的计划，就谈不上其他的管理职能，如组织、控制、决策等。

在酒店管理水平逐渐提高的今天，计划的重要性日益突出。酒店应该通过计划，预测出近期和远期的前景和未来。在我们的酒店管理史上，计划常常被忽视，欧美亦然。但到了第二次世界大战之后，欧美国家开始重视计划在管理中的功能，并进行了研究和发展。近年来，我们的管理也开始注意计划功能了。

一、酒店计划的定义

酒店为了满足旅游者日益增长的旅游需求，特别是对服务种类及服务质量的需求，为了适应旅游市场竞争日益尖锐的状况，就必须制定酒店的发展方向和经营决策，包括长远的战略目标和短期的具体目标（包括年、季、月的计划）。既要从发展角度考虑规划酒店设施的改造、服务内容的增加和服务质量提高，又要从现有设施的充分利用、客房利用率提高、业务项目增加、经济收入扩大等方面考虑，以便在现有基础上不断地向现代化方向（包括设施现代化和管理现代化）发展，提高酒店声誉，增强竞争能力，扩大经济效益。

计划就是预先制订的行动方案，计划的制订者需要考虑到要完成什么任务，如何去完成、什么时候完成以及由谁去完成等基本要素，尽量预计到在完成该任务过程中可能会遇到的各种状况，制定相应对策。

计划的任务就是指明酒店未来的发展方向，包括规定酒店在未来一段时间内所要实现的目标，以及实现这些目标的途径和方法。酒店计划就是面对未来，立足现实，对酒店的经营活动进行计议运筹和决策规划而形成的文件，是酒店的行动纲领和奋斗目标。

酒店计划的定义：酒店计划就是在对未来进行预测的基础上，对酒店的人力、物力、财力等资源进行合理的安排，确定酒店经营目标，并对实现目标的途径进行筹划安排，以保证酒店整体经营活动能够有条不紊地进行。

二、酒店计划管理的重要性

酒店计划管理对酒店的经营活动具有指导性、综合性、全面性、规范性的作用，它既是指对酒店计划本身的制订、执行、控制实行管理，也是指用酒店计划来指导管理酒店；它不仅是做一般的计划工作，而是一种管理职能，是一种从提供编制计划依据到计划目标最终实现这样一个全过程发挥作用的职能。因此，抓好计划管理在酒店管理中占有重要的地位，是管好酒店的必要条件。

计划管理对提高酒店的经济效益具有重要作用。酒店计划制订了有关经济效益的各项指标，并提出达到经济效益的各种措施，这样，酒店在实际业务进行之前，能够做到按计划、有步骤地去完成工作任务，把浪费和耗费缩小到最低限度，减少了盲目性，也减少了不必

要的开支，对酒店业务实行了最有效的控制，为提高酒店经济效益、增加收入提供了保证。

计划管理要规划酒店的发展方向和奋斗目标：酒店的直接任务是接待宾客，酒店计划围绕接待宾客的数量形成一系列指标。酒店计划还要解决各种物资的来源，要把物资、能源供应计划和国家的分配计划相衔接，保证各种供应。与此同时，还要在计划范围内与旅行社、OTA以及订房机构订立合同，以保证旅客流量的稳定性和准确性。

酒店部门众多，业务不同，但又密不可分。因此，要靠计划管理来协调，使酒店各项工作保持平衡。首先，各部门之间要有数量比例上的平衡、供应和消耗的平衡、接待能力和接待量的平衡、部门间在人员和收入及收益间的平衡、财务平衡等，以保证酒店业务活动顺利进行，又能取得较好的经济效益。其次，酒店内的平衡只能是相对的，不平衡则是绝对的。酒店的服务对象是人，人的需求是经常变化的。酒店客流量有波动，人均消费会有变化，各种平衡关系可能随时被打破。计划管理就要根据情况的变化，及时调整计划，在新的基础上使各种关系达到新的平衡。

(1)计划为酒店提供了工作的架构，使酒店的工作有了具体的轮廓，提出了奋斗的目标，使大家按照既定的目标工作。如果没有计划，不管酒店员工工作多么辛苦，也难以达到目标。如果企业事先没有明确的经营方向，结果就会一事无成。

(2)由于计划提供了明确的目标，有助于协调工作，减少重叠和烦琐。如果没有计划，责任就不明确，员工之间就会互相产生矛盾。

(3)计划能使酒店的营运适应环境的变化。客观环境是在不断地变化的，酒店的计划要考虑到这些变化。第二次世界大战后，西方的许多商业酒店客源减少，收益降低，其原因是由于越来越多的人开汽车，增加了汽车酒店的客源，刺激了汽车酒店的繁荣。这是当初所没有预料到的。成功的企业，都是抢在竞争对手之先适应新的环境。

(4)计划具有应变特点。当发生紧急情况或重大事件时应该怎么办？比如，要是发生了火灾，酒店应怎样处置？因此，酒店事先应做好对付火灾的应急计划，做好充分的准备，制定具体的操作程序，培训消防人员，向员工进行防火救火知识教育等，防患于未然，否则，事到临头，便会措手不及，手忙脚乱。

(5)计划为控制提供了理想的标准。控制就是用适当的标准去检验工作的好坏。如果没有这个标准，酒店难以衡量营运的水平高低。计划既为控制提供了基础，也确保了酒店取得成就。

(6)计划有助于组织各方面工作，以达到既定目标。酒店人员分布在各个部门工作，他们一般都注意自己部门的利益，不太考虑整体利益。如果有了一个完整的计划，并让大家都知道，充分了解全酒店的利益，就可以增强大家的全局观念，协调各部门的工作。

(7)计划便于更有效地使用人力资源和设备。如何恰当地使用和布置人员及设备，也是企业面临的一个问题。设备和人员既不能过度使用，也不能闲置不用，要掌握平衡，真正做到人尽其才，物尽其用。

(8)计划具有加强领导的作用。酒店的管理人员经常会遇到许多需要解决的意料之外的问题，如果没有计划，他们的处理方法也许会引起混乱，降低自己的威信。但如果有了计划，及时采取了应急措施，便会控制住局面，临阵不乱，有条不紊地处理，既加强了管理人员的领导，也提高了管理人员的威信。

三、酒店计划的分类

计划按照时间的长短，可分为长期计划、中期计划与短期计划。

（一）酒店的长期计划

长期计划的期限一般在1年以上，有5年、10年不等。酒店的长期计划是为整个企业制定的未来发展方向，为其他各类计划提供架构，并使之适于外部的环境，便于企业的继续生存和发展。因此，酒店的长期计划，应该由高层管理人员来制定，中低层管理人员加以配合和协作。长期计划的特点是预见未来，展望酒店从现在到将来的前景。有了长期计划，才能使短期计划得以实现；短期计划的逐步实现，才能完成长期计划。短期计划的制定是以长期计划为基础的。

在制订长期计划时，决策者必须要考虑外部的环境和可能的变化，以及完成计划所需的各种资源。在制订长期计划的过程中，酒店必须要预见将来可能会影响计划的重要因素，对各方面进行细致的分析研究，不能遗漏，否则，会影响计划的实施。

酒店总经理级的高层管理人员要花费大量时间和精力在制订长期计划上，要通过长期计划指明企业未来的方向。他们不同于中下层管理人员，他们主要是制定政策，为中下层管理人员提供决策的指导，为酒店制订长期计划以达到企业的营运目标。因此，总经理不宜过多地介入酒店的日常管理工作。如果高层管理人员抽不出时间从事计划工作，或希望花多点时间从事酒店的实际管理工作，他们必须聘请其他的人代替；但被聘的人应具备一定的专业知识、工作能力和计划经验，能够胜任这一重要工作。

长期计划亦叫战略计划，是研究酒店企业长远发展，指明酒店未来发展的方向的计划，是酒店其他各类计划制订的框架性指导计划，对酒店的长期生存与发展起着决定性作用。

酒店长期计划主要包括：

1. 酒店目标计划

酒店目标计划就是酒店的未来发展目标，即酒店在未来相应时间内需要达到什么样的状况、水平和标准，以及需要以一种什么样的状态进行发展。这是酒店总体发展的根本性计划，对酒店的未来发展起着指导作用。

2. 酒店建设及投资计划

主要是对酒店所拥有的资金和资产进行计划，如对酒店的固定资产建设进行总体规划，对需要进行更新改造的设备资金的筹集和规划，对酒店的一些投资项目的分析等，主要是针对酒店的建设及其投资进行计划。

3. 酒店人力资源计划

主要是针对酒店内部员工的培训和生活福利制订的计划，包括酒店的管理者和酒店的员工，比如酒店管理人员和员工的配备情况、主要人力资源的来源情况、人员素质的要求、工资增长情况和福利计划等。

4. 经营管理计划

经营管理计划是酒店在规划期内经营管理所要达到的水平的计划，比如酒店运营的模式、管理的程序、服务的方式、管理人员的配备、管理方法的更新以及市场的拓展和开发等。

（二）酒店的中期计划

酒店中期计划是酒店以其长期计划为依据，制订的时间为一年左右的计划，亦称为年度计划，是酒店最为重要的计划之一。不仅酒店整体要制订年度计划，酒店内各个部门也要根据自己的情况，计划部门业务目标、任务和经营方式等。

就酒店全年度的综合计划而言，是对酒店一年内整体发展情况进行计划，是仅次于酒店长期计划的一项具有指导意义的计划。

酒店内部各部门职能差距很大，需要根据自身情况进行年度计划的制订。比如酒店营销部门计划、前厅部门计划、餐饮部门计划、客房部门计划、财务部门计划、设备维修计划、人力资源计划、服务质量计划、装修改造计划、员工培训计划等。这些计划并不是完全独立的，是相互关联的，是为了完成酒店的总体计划而做的分部计划。

（三）酒店的短期业务计划

为了保障酒店计划的顺利完成，必须制订具有操作性的具体计划，即酒店短期业务计划，这是酒店最为常见的计划，属于酒店的执行性计划，是酒店年度计划的补充。

短期业务计划一般以月为单位，是对酒店整体及酒店各部门每月的日常业务和具体进度进行规定的计划。

酒店的短期业务计划，是以酒店的年度计划为根据制订的，但这仅仅是为酒店短期业务计划的一部分。酒店短期业务计划，还包括一些重大任务计划，如重要来宾的接待计划、发生重要事件时的应急计划等。

短期计划是根据长期计划所制订的，通常在一年以内。短期计划主要是指导酒店的日常营业，是具体的。酒店在年初制定出预算报告，标明具体的费用，到年底再将实际开支与预算进行比较，找出预算与实际开支的差距，便可知道计划的精确性。

短期计划主要是由中层管理人员即部门经理一级制订，因为他们都负责日常的管理工作，管得比较具体，比较实际。同时，基层管理人员即主管一级也参与短期计划的制订。短期计划相对来讲，注重实际的效果。

外国管理学家把长期计划称作“战略计划”，因为它是战略性的、总体的、全面的；把中期计划和短期计划称作“战术计划”，因为它是战术性的、局部的、具体的。战略计划与战术计划，两者固然都重要，但战略计划比战术计划更重要，它对整个酒店有指导意义，有深远的影响，关系到企业的存亡与盈亏。酒店的高层管理人员，应该对长期计划予以重视，采取认真负责的态度，进行“战略上的部署”，制订出切实可行的长期计划。中层管理人员应该在长期计划的范围内，制订行之有效的中期计划和短期计划，使中期计划和短期计划与长期计划保持一致，并把中期计划和短期计划付诸实施，使其卓有成效，为长期计划的完成打下坚实的基础。

（四）酒店的外部计划与内部计划

从纵向方面，即从时间的概念来划分计划，可分为长期计划与短期计划；从横向方面，即从空间或环境的概念来划分计划，可分为外部计划与内部计划。

外部计划侧重于预测环境的变化，并能使酒店适应这种变化。换言之，就是如何应对经济、法律、社会、政治、科学等诸方面的变化。比如，能源危机会在酒店业引起许多的变化，使得决策者有必要修订计划。由此可见，外部计划是战略性的，是长期计划。

内部计划侧重于酒店的实际营运和操作，并以既定的外部计划为前提。酒店应在内部计划里定好目标，使之适应于外部环境，更要紧的是所有员工必须同心协力地达到既定的目标，否则，内部计划是难以实现的。例如，酒店管理层为了提高服务质量，制定了具体的服务目标和标准，酒店的员工如果不执行的话，就难以达到目标。内部计划是战术性的，是短期计划。

酒店高层管理人员的职责是协调内部目标与外部目标，并予以完成。总经理都希望拓展与壮大酒店的业务。为了实行这一目标，总经理务必使人力资源和财物资源与计划保持一致。如果内部计划无法实现的话，外部计划即成泡影。

知识拓展

客房部经营管理计划

客房收入是酒店收入的主要来源，客房利润也是酒店利润的主要来源。在经营的过程中要使客房的出租率上升，则取决于房务管理。包括以下几个方面。

1. 规范各岗位的服务用语，提高对客服务质量

为了体现从事酒店人员的专业素养，从 1 月份开始，针对我部各岗位服务用语存在不规范、不统一的现象，客房部号召各管区搜集本管区各岗位的服务用语，进行留精去粗后整理，将其作为我们对客交流的语言指南，同时，也将其作为我们培训新员工的教材。

2. 为确保客房出售质量，严格执行《4 级查房制度》。

酒店的主营收入来自客房，从事客房工作，首先是如何使客房达到一件合格的商品出售，它包括房间卫生、设施设备、物品配备等，为了切实提高客房质量合格率，我部严格执行“4 级查房制度”，即员工自查、领班普查、主管抽查，经理严查，做到层层把关，力争将疏漏降到最低限度，并且要求增加“查房分析”“查房记录”，对客房各项指标的检查用数据来反映存在的问题更直观。

3. 执行首问责任制

实施首问责任制要求处在一线岗位员工如楼层、总机、服务中心等，掌握大量信息，如交通信息、旅游资讯、服务项目、服务设施、服务电话号码等。员工处理事情要有灵活应变能力、对客服务需求的解决能力。首问责任制是在正式执行前，已做好各项准备工作，要求各岗位广泛搜集资料，加强培训学习，扩大自己的知识面，以便更好地为客人提供服务。

4. 开展技术大练兵，切实提高客房人员的实操水平

为了做好客房的卫生和服务工作，客房部从今年起利用淡季，对楼层员工开展技术大练兵活动，培养技术能手，对员工打扫房间技能和查房技巧进行考核和评定。

5. 开展各种“兴趣班”，丰富员工的业余生活，从而提高员工的素质

近一年，随着酒店客源结构的不断扩展，经常会有一些境外团，如韩国团、东南亚一些国家的团队及人员入住客房，与客人在语言交流上的障碍成为我们做好外宾服务的最大难题。为了与时俱进，今年我们将利用有外语特长的员工，办起“互相学习班”，给我们的员工进行日常外语用语的培训；考虑到酒店主副楼层开通的网络，有些员工对电脑还很陌生，我们同时鼓励员工互帮互助，此举一方面体现了有特长的员工在酒店的价值，另一方

面，增长了员工的知识面，丰富了员工的业余生活。

6. 开源节流，降本增效，从点滴做起

客房部是酒店的主要创收部门，同时也是酒店成本费用比较高的一个部门。今年本着节约就是创利润的思想，客房部将继续号召全体员工本着从自我做起，从点滴做起，杜绝一切浪费现象，同时在员工技能考核中，节能也作为考核项目，加强员工的节能意识。

7. 坚持做好部门评优工作，努力为员工营造一个良好的工作氛围

部门以《优秀员工评选方案》为指导，坚持每月评出几名优秀员工，并在部门大会上表扬，以激发员工的工作热情，充分调动他们的主动性、自觉性，从而形成鼓励先进、鞭策后进的良性竞争局面。

8. 建立工程维修档案，跟踪客房维修状况

从今年开始，客房服务中心建立工程维修档案，对一些专项维修项目进行记录，便于及时跟踪、了解客房维修状况，从而更有力地保障了待出售客房的设施设备完好性，同时更能了解一间客房的设施设备在一段时间内的运转状况。

9. 规范留言服务，使客人感到我们专业的管理水平和服务档次

服务体现于细节，小小的一封留言信，写得恰当、写得温馨会给人留下难忘的美好感觉。为了规范我们的留言服务，今年服务中心将集中人员讨论如何将“留言服务”做得更好，最后形成统一的写作模式。

10. 改变以往的开夜床方法，使我们的服务更具个性化、人性化

在以往开夜床的基础上，我们将自做的天气预报卡片和一些温馨提示卡片放置在客人的床上，如在节庆期间给客人送上一些当日的节日祝福，为在店客人的起居生活和出行提供方便。总之，为客人提供超出客人期望值的服务一直是我们努力的目标。为此，号召员工做一个有心人，注意留心观察客人的生活习惯，掌握客人更为翔实的资料，包括哪里人、来的目的、民族等，才能提供针对性、有特色的服务。

11. 提倡环保，创绿色酒店。

为提倡环保，创绿色酒店，今年继续在客房摆放“环保卡”，即将“环保卡”放置在枕头上或床上，这样既节约了水能源，同时能够为酒店节约布草洗涤费。

第二节　酒店计划指标体系

酒店计划，要通过量化的指标来体现。酒店计划指标，就是酒店在计划期内经营活动要达到的目标和水平。酒店计划指标，既是酒店计划的具体内容，也是考核酒店计划管理及各项工作的主要标准和依据，它包括概念明确的指标名称、指标数量、规范化的计量单位。

计划指标按其性质，可分为两大类：一类是数量指标；另一类是质量指标。无论是质量指标还是数量指标，都反映了酒店某一方面的目标或水平，有其独特的作用。但是，各项指标都只反映了酒店某一方面情况，因而，又都存在着各自的局限性。为了全面反映酒店的经营情况，根据管理上的需要，就要规定一系列相互联系、相互制约的计划指标，构成

一个完整的指标体系。酒店计划指标体系中，有横向联系的指标，如酒店及部门间的指标联系；有纵向联系的指标，如从整个酒店各部门到各班组的指标。这一系列的指标形成一个完整的系统。

一个完整的指标体系，正确全面反映了酒店的经营管理情况。管理人员在管理酒店时，不仅对数字要有特别明确的概念，而且还要有计划指标体系的概念，并且能够从指标体系的系列数字中分析判断经营管理情况，得出正确合理的结论，做好酒店的经营管理工作。

一、数量指标

数量指标是指酒店计划期内，经营活动应该达到的总体目标。酒店的数量指标包括如下的一些项目：

（一）客房数—床位数

客房数—床位数是表示酒店接待能力的最基本的指标，是其他各项指标的基础。客房数—床位数指标对酒店来说，往往只取其一项，或客房数，或床位数。这是根据各酒店不同的运营方式而定的。客房数—床位数要确定各个等级的指标（单人房、标准房、套房等），核定能出租的客房—床位数总人天数，实际能保证实现的客房—床位出租数。在必要的时候，酒店可以核定机动床位数，以备在需要的时候，可以临时加床，提高开房率。

（二）接待人数

酒店经营的直接业绩是酒店的接待人数。接待人数有两个指标：一是接待的住宿人数，简称接待人数，是酒店接待的住宿过夜的人次数，即一个客人不管他在酒店住几天，都只是算一个人次数；二是接待客人的过夜总数，简称接待天数，是指客人在酒店住宿的天数之和。一个客人在酒店住宿一天，称为一个人过夜数。如果客人中午 12 点以后延迟退房，一般要加收半天房租；如果客人占用客房到当天 18 点以后，就要加收一天房租。因此，要加算一个人过夜数。在这两种情况下，如果客人不过夜而离店，该客房当晚又出租，那么一间客房在一天里实际上实现了一个以上的人过夜数，这种情形称为套用客房，在统计时，都应计算在内。

（三）酒店营业成本和费用

酒店营业成本，是酒店在经营过程中发生的各种支出总和。酒店通常把经营过程中所发生的各种开支分为两大部分：一部分是直接成本，称为营业成本；另一部分是间接成本，称为费用。酒店在确定营业收入的前提下，必须要确定营业成本和费用指标。

酒店确定营业成本和指标时，先要测算各部门的营业成本和费用，这一指标要比较精确。把部门的成本和费用汇总后，再加入酒店及各部门的企业管理费，就形成酒店总的营业成本和费用指标。有的酒店在确定该项指标时，把该指标列为营业成本、费用、管理费三项分指标，这样比较清楚合理。

（四）客房出租率

客房出租率是酒店实际出租客房占总客房数量的比例，显示的是酒店客房的使用情况，表明酒店客房的利用水平，反映酒店经营管理水平和经济效益的一个重要指标。

客房出租率=(计划期内实际出租客房数量÷计划期内可出租客房数量)×100%

酒店客房出租率并不是越高越好,一般而言,理想的年平均客房出租率应该控制在80%左右,最高不应超过90%,否则就属于破坏性经营。而且,若酒店长期保持较高的客房出租率,则酒店员工将会处于长期的高度紧张的工作状态当中,完全没有时间对其进行培训,无法对其专业素质和业务素质进行提升,长期下去必然导致服务质量的下降,不利于酒店的经营与管理;同时,对酒店设施设备的损坏也比较厉害,增加了酒店的维修费用。

(五)客房双开率

酒店经营者仅仅测算客房出租率并不能够完全、准确地反映客房出租状况及其所产生的效益和成本费用。这是因为在已经出租的客房当中,每间客房内所住的客人数量的不同,会带来不同的成本和效益。因此,就需要使用测算"客房双开率"这一数量指标,并将其与客房出租率这一指标相互配合使用。

客房双开率是指在已出租客房当中,双人使用的房间数所占的比例。

客房双开率=(入住客人数-已售客房数)÷已售客房数×100%

如酒店接待客人420人,当日出租客房300间,则其客房双开率为

(420-300)÷300×100%=4%

一般而言,酒店客房双开率较高,对酒店来说,可以提高客人在酒店的总消费额,可以提高酒店客房床位的使用率,也有利于管理者的有效管理。需要说明的是,在客房出租率一定的情况下,双开率越高,表明酒店的经营效益越好。但是,如果客房出租率不高,则应该提高酒店的单人开房率,以提高酒店的经济效益。

(六)全员劳动生产率

酒店全员劳动生产率是根据酒店产品价值量指标计算的平均每一个员工在单位时间内的产品生产量,这是考核酒店经营活动的重要指标,是酒店的经营管理水平、服务、技术水平、员工技术熟练程度以及劳动积极性的综合表现。

全员劳动生产率=(计划期内酒店总营业收入÷计划期内全员员工平均数)×100%

计算全员劳动生产率,是依据酒店的总营业收入,但是酒店各组成部门的性质和职能均不相同,因此还应注意对酒店营业收入的构成情况进行分析,如客房收入、餐饮收入、商场收入、娱乐收入等,并依据不同部门的营业收入状况,对不同部门的劳动生产率进行核算,并根据不同部门的实际情况,进一步提高劳动生产率,促进酒店全员劳动生产率的提高。

(七)营业额

营业额是酒店为宾客提供的服务和商品的货币表现,是营业收入的总额。酒店营业额是由各部门的营业额相加而成的,在提出酒店营业额指标时,还要同时把指标分解到各部门。

(八)人均消费额

这一指标是以接待人数除以营业额来表示。提高人均消费对酒店增加收益具有重要意义。酒店人均消费额除了确定计划期的数额外,还应有计划期比报告期增长率的指标。

（九）基建改造投资额

酒店基建改造投资额指酒店在计划期进行基建或固定资产更新改造需投资的金额。这一指标要确定投资资金数额、资金来源、使用分配、预计回收期限等。

二、质量指标

质量指标是酒店在计划期内经营效率和效益方面应该要达到的指标，通常用相对数来表示。酒店的质量指标体系一般包括以下的项目：

（一）设备完好率

酒店设备完好率是酒店企业中技术性能完好的设备台数占全部设备的百分率，是设备能正常运转的时间与制度工作时间的比值。一般来说，酒店在实际使用中，可以只计算比较重要的设备，设备完好率是社会管理的一项重要指标，它决定了设备的生产能力。

设备完好率＝（计划期内设备数量÷计划期内全部设备数量）×100％

酒店的设施设备，是酒店员工提供优质服务的基础，决定了酒店服务质量的高低，也直接影响宾客的满意程度。

（二）宾客满意率

酒店宾客满意程度主要可以由酒店的宾客满意率表示。宾客满意率就是在计划期内，对酒店所提供的服务满意的宾客占计划期内来店消费宾客的比例。但是在实际操作中会发现，要想知道全部来店消费宾客的满意程度与否，是一件十分困难的事情，所以，酒店一般会选取来店消费的一部分宾客进行调查，如住店客人。

宾客满意率＝（计划期内被调查的宾客满意人数÷计划期内被调查的全部来店消费宾客）×100％

对宾客满意程度的调查，最为常见的方式就是填写宾客意见表。

（三）宾客投诉率

宾客投诉率也是反映宾客满意程度的一个重要指标。宾客投诉率就是在计划期内，对酒店提出投诉的宾客占计划期内来店消费宾客的比例。对酒店提出投诉的宾客占计划期内来店消费宾客的比例。

宾客投诉率＝（计划期内提出投诉的宾客数量÷计划期内的全部来店消费宾客数量）×100％

一般来说，客人投诉率越低，表明来店消费客人满意度程度越高。但是，在某些情况下，有一部分客人，虽然对酒店设施设备或者服务质量很不满意，但他们采取置身事外的态度，不会对酒店提出投诉。所以，在这种情况下，宾客投诉率不一定真实地反映客人的满意程度。

（四）酒店服务质量

酒店服务质量是指酒店提供的服务规格、标准、要求以及满足客人需求的程度。服务质量是酒店的生命。酒店各个部门，都直接、间接地为宾客提供服务。酒店服务质量由各部门的工作质量来保证。酒店计划只提出服务质量应当达到的总目标、总水平，从总体上提出提高服务质量的战略措施。各部门根据酒店总的要求和措施，提出各自提高服务质量的目标和措施。

此外，还有很多计划指标，能够表明酒店的经营状况，比如酒店的总成本额、利润率等，还有能源消耗总量、员工学历层次比例等。

第三节　酒店计划的编制

一、制订酒店计划的程序

（一）收集情报资料

要注意收集酒店内部和外部的各种情报资料，了解当前的形势和进程，酒店业发展的趋势是什么？企业盈利的机会是什么？其他酒店打算怎么干？酒店不能在真空里经营管理，须受客观环境的影响。酒店的总经理和经理要熟悉旅游业的情况，突破困境，冲破难关，抓住时机，把酒店引向成功的轨道。

（二）制定目标

目标可以是数量的（即以数量或数字为目标），也可以是质量的（即以服务质量来定目标）。在给整个酒店制定目标时，也要给各个部门制定目标。

（三）提出前提

前提是在计划时做出的假设或猜想，其内容包括对酒店业重要因素所做的预测和酒店的内外环境，如客观的经济条件如何？酒店能向什么样的目标市场营销？当政治或社会形势发生变动时，会对酒店产生什么影响？如果一个计划要想在真实的世界中获得成功，它就应该如实地反映客观世界。提出了前提，做出了预测之后，再倒回去审查第二步的目标，如有不妥之处，及时进行修改或订正，以符合正确的预测。

（四）决定达到目标的最佳途径

当制定好目标，并肯定目标与预测一致之后，再决定达到目标的最佳途径。一般有几种途径都可以达到目标，对每种途径都要做细致的分析和研究。在计划过程中，常常只研究一种途径，而忽略了其他的更好的途径，这是我们应当引以为戒的。因此，计划不能草率或仓促行事，应考虑各种可能的途径，再做出决定。

（五）选择计划

经过一系列的准备工作，做出几个计划，再从中选择最好的一个。这里便牵扯到决策了，此时决策与计划合二为一，选择出的计划便是最好的决策。

（六）实施计划

实施计划需要大量的具体工作，大体包括合适的时间、政策的制定、实施过程的安排、实施的方法、制定的标准、为完成计划目标而做的规划等。

以上是计划的基本程序，其中非常重要的一点是提出前提，做出正确的预测。要做到正确，实在是不容易，不但要有可靠的信息来源，还要经过周密的思考和分析。如果酒店的组织结构越严密、越强大，计划就越容易制订，并越容易实施。

如果企业存在一种目标感或上进心，计划就能够实现了。因为目标感或上进心能激发员工的士气。酒店的各级人员都要实行责任制，各司其职，各负其责，权责分明，是非清楚，才有利于计划的完成。

二、酒店计划的执行

编制计划的目的是将计划付诸行动，以达到计划提出的目标。因此，计划管理的关键还在于计划的执行。

（一）组织保障

计划的执行首先要有一个强有力的高效的管理指挥系统，作为组织的保证。以酒店总经理为首的管理指挥系统，是执行计划的根本条件。根据组织原则，各个部门、各个层级的管理人员，都要根据自己的职责，切实负起责任，带领下级和员工落实并实施计划中的各项任务和指标，按计划要求严格执行，开展酒店的经营管理活动。

（二）制度保障

在计划执行工作过程中除了具有一个强有力的管理机构之外，还应当明确各部门及各员工自身的责任，即要与经济责任制结合起来。只有将各部门及个人的"责、权、利"与计划执行相结合，计划才能落到实处。除此之外，还必须建立完整的计划执行情况的检查制度，一般来说，酒店对计划执行情况的检查是按照时间顺序进行的，随时进行调整。通常，对酒店计划执行情况的检查，主要有三种方式，即一般检查、常规检查和突击检查。应当将实际完成情况与预计完成情况进行对比，找出不足，充分了解酒店的业务状况、财务状况和计划目标进度。

在计划执行过程中，还应注意执行中可能遇到的困难和障碍，比如是否还有资金和人员上的困难，是否存在思想上、关系上等的障碍。一旦出现，重点解决，不能因此拖累正常进度。

（三）检查考核

计划检查就是按时间顺序和进程，对计划的执行、计划指标完成情况进行分析、比较和评价，保证计划的执行。为保证检查的及时性与准确性，酒店应在建立全面信息反馈系统的基础上，建立信息处理中心和数据库，以此为依据进行检查。一般计划检查常用的形式包括：

1. 酒店店务会议检查

酒店在每次的店务会议上对每个部门、全酒店计划的执行情况进行常规检查。在月末的店务会议上，对该月计划执行情况至该月止这一阶段的计划执行情况做一次全面检查，并将检查结果通报有关部门和个人。

2. 经常性检查

这一检查往往和对经济责任制、岗位责任制的检查、对酒店业务运营的检查控制结合在一起。经常性检查主要通过各种报表、各种业务情况记录等文字表单或电子数据库的检查而展开。

3. 突击检查

这种检查，一般用于业务情况由于某种原因而发生较大波动而出现一些特殊情况时，或是重要接待任务计划。

三、酒店计划的控制

计划控制是在计划检查的基础上，发现计划的实际执行结果，以及计划本身的差异，分析其中的原因，采取有效的措施，保证计划顺利完成。这种酒店管理的方法，就叫计划控制。计划控制主要有以下几点工作：

（一）明确标准

在一定的时限内，必须有明确的指标标准。酒店各部门各岗位都要有相应的数量或质量标准。

（二）反馈和分析偏差

反馈和分析偏差的工作是分级、分层次进行的。根据计划检查的结果，及时与计划标准相比，以便发现偏差。在对偏差进行分析时，对于那些在允许范围内的偏差，只分析原因，不做纠正或采取措施。偏差值超过允许范围有两种情形：

1. 正偏差

正偏差要分析原因是偶然的还是必然的，如果是偶然的，则对计划影响不大；如果是必然的，则要经过详细的分析，考虑对计划做必要的修正。尤其是正偏差，就是计划完成情况很好的时候，往往会引起大家的忽视，得不到相应的重视，导致更为严重的情况发生。

2. 负偏差

负偏差就是指实际指标低于计划指标。对负偏差的分析，同对正偏差的分析一样。但如果负偏差产生的原因是必然的，还要考虑管理的其他方面，比如决策是否有失误，对计划执行是否得力，是否有人为的影响因素等。

（三）计划调整

计划调整是一个十分严肃的决策，要非常慎重，计划调整的内容是多方面的，或调整计划指标，或调整投入等。不管是哪一种调整，都需要经过店务会议的充分讨论和认证，由总经理做最后的决策。

酒店计划控制主要由总经理或部门经理配合实施，他们一方面要对计划指标和计划进度非常了解，另一方面，也要控制计划的有效执行。他们要深入到酒店运营的第一线，掌握酒店经营的具体情况，了解酒店每天、每周、每月营业收入和成本费用，如果发现任何指标异常，任何数据异常，要马上查清原因，采取果断措施，把计划控制在正常的轨道上。

第四节　酒店目标管理

一、酒店目标管理的含义

目标管理的方法如今在西方得到广泛的应用。目标管理不仅在工业部门使用,而且在金融业、商业、旅游业、公用事业、教育、政府部门等行业也使用,是较为流行的一种管理手段。

目标管理的方法起源于彼得·德鲁克(Peter F. Drucker,1909—2005 年)的名著《管理实践》。德鲁克在书中系统地提出了目标管理的理论,现将其理论的要点阐述如下:

(1)高层管理人员负责企业目标的制定,实施目标管理。如果要使目标管理成功,高层管理人员必须推行目标管理的方法。因为目标管理不但需要经理的努力,也需要员工的合作。必须要激发员工的士气,保持员工的工作热情。而且,如果目标管理得到高层管理的支持,员工便会自动执行。

(2)在制定目标的过程中,要让各层管理人员参加。这是目标管理的主要部分,所有的各层管理人员都应参加目标的制定,有时候还应邀请一般员工参加。高层管理人员负责制定酒店的总目标和总任务,中层和基层管理人员则负责制定他们各自部门的目标,使他们明白酒店希望他们部门做出什么贡献,从而能有助于完成酒店的目标。

(3)对酒店营运的结果经常进行评价和检查。通过反馈,对营运进行检查,是目标管理的重点。目标的制定,使员工了解他们应该干些什么固然是重要的,但对他们工作的评价,使他们了解自己取得的成绩和进步,则更为重要。这样有利于提高生产率。

(4)充分评估所取得的成绩。评估所取得的成绩,才能知道目标完成的情况。一家酒店、一个部门,甚至一个员工,都可以从所取得的成绩看出是否达到了既定的目标,进而使他们发扬成绩,乘胜前进,取得更大进步。目标管理的焦点在参与目标的制定和对营运成绩的评估,通过有效的计划完成目标管理。

从上面可以看出,目标管理是计划的一个有效助手,但要使之完善,尚需用整个管理程序有机地结合。首先,目标管理有助于计划,是因为它能使经理为酒店制定明确的目标。其次,明确的目标便于员工理解执行,当他们参与了目标的制定后,会更愿意执行,会有一股动力。明确的目标,使得为完成目标进行的组织与安排活动更为简单,因此,目标管理有助于酒店的实际营运。最后,对营运成绩进行评估,有利于管理控制。

二、酒店目标管理的特点

目标管理就是积极主动地追求目标成果来代替被动地接受任务,从而实现更有效的管理。因此,目标管理具有以下几方面的特点:

(一)目标管理以目标为中心,强调目标的实现

采用目标管理,要求酒店的一切经营活动都必须以计划目标为中心,通过对计划目标的确定、执行和效果评价,将酒店各部门工作有机地组织起来,注重目标的实现和最终的成效。至于如何实现目标,则由具体执行者根据具体情况而定。

（二）目标管理使个人目标与组织目标融为一体

酒店的经营活动，既有酒店总体目标、部门目标，也有个人目标。实行目标管理，就是要把酒店的总目标，各部门、单位乃至个人的目标有机结合起来，构成一个目标体系，使每位员工在努力实现个人目标的同时，保证总目标的实现；根据总目标的要求，调整和指导个人目标的实现。

（三）目标管理采取自我测定和评价，促进了民主化管理

实行目标管理，计划目标的执行结果不是简单地由上级来考核和评价，而是先由计划目标的执行者按计划要求进行自我测定和评价。分析和评价目标完成情况及效果，有利于酒店全体员工总结工作中的经验教训，激发全体员工积极参加酒店的经营管理，调动员工的积极性和主动性，提高酒店的经营管理水平，创造更好的业绩。

三、酒店目标管理的实施步骤

（一）目标的确定

首先，根据酒店的外部环境和内部条件，确定其在一定时期（一般为一年）内总的经营目标（包括贡献目标、利益目标、市场目标、发展目标），然后自上而下地将总目标层层分解展开，确定各级的计划目标，形成一个上下左右项目之间协调平衡、相互衔接的计划目标体系。这是目标管理最重要的阶段，具体可以细分为四个步骤：

1. 提出目标

这是一个暂时的、可以改变的目标预案，既可以由上级提出，再同下级讨论，也可以由下级提出，上级批准。无论哪种方式，必须共同商议决定。管理者必须根据企业的使命，估计客观环境带来的机会和挑战，对本企业的优劣有清醒的认识，对酒店应该能够完成的目标做到心中有数。

2. 重新审议组织结构和职责分工

目标管理要求每一个分目标都有确定的责任主体。因此，在确定目标之后，需要重新审查现有组织结构，根据新的目标分解要求进行调整，明确目标责任者和协调关系。

3. 确立下级的目标

首先下级明确组织的规划和目标，然后商定下级的分目标。在讨论中，上级要尊重下级，平等待人，耐心倾听下级意见，帮助下级发展一致性和支持性目标。分目标要具体量化，以免顾此失彼；既要有挑战性，又要有实现的可能性。每个员工和部门分目标要和其他的分目标协调一致，支持单位和组织目标的实现。

4. 达成协议

上级和下级就实现各项目标所需的条件以及实现目标后的奖惩事宜达成协议。分目标制定后，要授予下级相应的资源配置的权力，实现权责利的统一。由下级写成书面协议，编制目标记录卡片，整个组织汇总所有资料后，绘制出目标图。

（二）目标的实施

这是酒店目标管理的决定性阶段，要按照责权统一的原则，根据实现计划目标的需

要，授予目标执行者必要的权力，以充分发挥其积极性、主动性和创造精神，进行“自我控制”，促使目标完成。领导者在此过程中的主要任务是了解情况，组织协调，提供信息和服务，帮助发现和解决问题。支持下属搞好工作，实现计划目标。

目标管理重视结果，强调自主、自治和自觉，但这并不等于领导可以放手不管，相反，由于形成了目标体系，一环失误，就会牵动全局。因此，领导在目标实施过程中的管理是不可缺少的。

首先进行定期检查，利用双方经常接触的机会和信息反馈渠道自然地进行；其次要向下级通报进度，便于互相协调；再次要帮助下级解决工作中出现的困难问题，当出现意外不可测事件严重影响组织目标实现时，也可以通过一定的手续，修改原定的目标。

（三）目标的总结和评估

到达预定的期限后，下级首先进行自我评估，提交书面报告；然后上下级一起考核目标完成情况，决定奖惩；同时，讨论下一阶段目标，进入新的循环。

进行目标的总结和评估，其目的有二：其一是要掌握各级目标完成情况，为正确进行奖励或批评提供依据；其二是为了认真总结经验教训，发扬成绩，克服缺点，进一步提高目标管理水平。

进行成果评价的依据是目标的完成程度、目标的困难程度和为完成目标的努力程度。成果评价一般采取自我评价和领导考核相结合，以自我评价为基础的方法。成果评价以后，应根据评价结果，实现奖惩兑现。对未完成目标者，帮助其分析原因，制订计划和措施，明确今后的努力方向。

四、酒店目标管理的优劣分析

酒店目标管理在实施的过程中，既有其先进之处，也有其不足之处。因此，要客观地分析目标管理的优势和劣势，扬长避短，以收到更好的效果。

（一）目标管理的优点

1. 对组织内易于度量和分解的目标会带来良好的绩效。对于那些在技术上具有可分性的工作，责任到位，任务明确，目标管理通常会起到立竿见影的作用；对于技术不可分的团队工作，实施目标管理则有一定的困难。

2. 有助于改进酒店结构的职责分工。目标管理有明确的职责分工，能够避免授权不足或职责不清的问题，提高工作的效率，发挥大家的积极性。

3. 能够提高员工的自觉性，调动员工的主动性、积极性和创造性。由于强调自我控制，自我调节，将个人利益和组织利益密联系起来，因而提高了广大员工的士气。

4. 有利于员工间的意见交流和相互了解，改善了人际关系。

（二）目标管理的缺点

在实际操作中，目标管理也存在某些明显的缺点，主要表现在：

1. 目标难以制定

酒店内的许多目标难以定员化、具体化，许多团队工作在技术上不可分解，组织环境的可变因素越来越多，变化越来越快，组织的内部活动日益复杂，使组织活动的不确定性越来越大。这些都使得组织的许多活动难以制定数量化的目标。

2. 目标管理的哲学假设不一定都存在

目标管理是建立在Y理论的基础之上的，但是Y理论对于人类的动机做了过分乐观的假设，尤其在监督不力的时候。因此，在许多情况下，目标管理所要求的承诺、自觉、自治气氛难以形成。

3. 目标管理可能增加管理成本

目标管理要上下沟通、统一思想是很费时间的，每个单位、每个个人都关注自身目标的完成，很可能忽略了相互协作和组织目标的实现，容易滋长本位主义、临时观念，容易有急功近利的趋向。

4. 目标的公平性难以保证

有时奖惩不一定都能和目标成果相配合，也很难保证公正性，从而削弱了目标管理的效果。

鉴于上述分析，在实际中推行反对目标管理时，除了掌握具体的方法以外，还要特别注意把握工作的性质，分析其分解和量化的可能；要提高员工的职业道德水平，培养合作精神，建立健全各项规章制度，改进领导作风和工作方法，目标管理的推行建立在一定的思想基础和科学管理基础上，要逐步推行，长期坚持，不断完善，发挥目标管理的作用。

第五节　计划与环境和目标

计划与环境有着密切的联系，计划可以分为内部计划和外部计划，外部计划侧重于预测环境的变化，酒店企业要适应外部环境的变化。同时，计划与目标也有着密切的联系，制订计划时，先要设定目标，定好经营管理的标准。

一、环境预测

由于计划的主要部分是使酒店的营运适应客观的环境，对将来的内部环境和外部环境的预测就显得异常重要。但这也是一个最棘手的问题。

国外企业管理的历史证明，未来的环境难以预测，变化突然，特别是在20世纪70年代和80年代。未来环境的突变很容易破坏经过精心设计和研究的计划。例如，美国在20世纪70年代初期出现的食品短缺，在酒店餐饮业引起一片混乱，使他们难以适应变化的环境。现在国外已研究出了几种行之有效的预测方法和技巧，对我们预测未来的环境很有帮助，介绍如下：

（一）推断法

根据过去的情况，来推断未来。比如，在过去的几年里，酒店每年的开房率按5%的比率增长。经过分析和研究，这种增长的趋势还会持续下去。因此，在制订下一年的计划时，你就在前一年的开房率上再加上5%。

(二)市场分析法

收集、记录、分析所有与酒店业有关的资料和数据,对本行业和本酒店的情况做到胸中有数,特别是对市场行情要了如指掌。

(三)特尔斐法

用书面形式广泛征询专家意见,以预测某项专题或某个项目未来发展的方法,又称专家调查法。特尔斐法要求将计划专家们组成一个委员会,然后分别征询委员会每一位专家的意见,请他预测将来会发生什么情况。再将每人的回答全部提交委员会,但不加任何评论,也不说明是谁的回答。所有回答都公布后,必然会有一些相同的答案。接着再请委员会的成员们重新做一次预测,这一次的结果会更趋一致,代表了大多数人的意见,集思广益,得出比较正确的结论。

(四)竞赛法

在制订计划时,通过某些行动或反击,打败自己的对手,使酒店获最大利益,受最小损失。在竞赛时,企业的决策人或专家部署好某个战略,然后了解对方打算如何对付这个战略,再采取措施打消对方的企图。比如,某经理提高了酒店的房价,其他的酒店却按兵不动,保持原价,结果提价的酒店不得不又降下房价以保住客源。因此,酒店房租提价前,应该先分析“敌手”的对抗行动,再决定是否提价。

(五)方案法

计划者通过各种途径,取得丰富的情报资料和消息来源,根据自己的意见制定出一套方法,说明在什么形势下采取什么措施。方案再经专家和员工评估,并据此而做出必要的应急计划。

二、计划与环境

如果能对酒店将要营运的环境做出正确的预测,计划制订起来就容易多了。然而,未来环境的难以预测,使得计划的制订更加复杂化。从传统上来讲,酒店企业及其他企业的环境因素不外乎土地、劳动力、资本。但近年来,不但是上述因素起了很大的变化,而且还出现了一些新的因素,使得计划的制订日趋困难。

比如,劳动力的因素起了较大的变化,劳动市场的竞争日益激烈,招工遇到一定的困难,酒店缺乏合格的员工和有能力的管理人员;员工的福利待遇提高,工资和奖金提高,增大了酒店的成本开支,等等。

近年来,酒店投资形势也在不断地变化,外资酒店、合资酒店、国营酒店、民营酒店不断地涌现,酒店业的投资不断增长。酒店投资的激增加快了酒店业的发展,但到了一定的程度,如接近饱和状态,就会产生不同的影响,市场、客源、收入、价格等都会随之而变化。从事酒店的管理人员,一定要关注酒店投资形势,留心这些外部环境的变化,并分析这些变化产生的影响及后果,从而采取措施,未雨绸缪。

能源的短缺是酒店计划的一个重要因素。能源的短缺,导致酒店能源供应紧张,价格上涨,酒店开支增大,成本增高。电、油、煤气、水都是酒店营业必不可少的动力。此类环境变化的因素都对酒店的营业起着很大的影响,在制订计划时,一定要予以周密的考虑和预测。

三、计划与目标

任何计划里都有既定的目标，并阐明如何达到这些目标。例如，长期计划包括下列目标：酒店企业的生存、提高利润、偿还投资、员工的待遇提高、为客人提供最佳服务等。有的长期计划的目标更为具体：酒店的营业额每年增长20%，酒店的利润每年增长10%，每年提高开房率5%等。

制定目标在计划里是重要的一环，它能表明奋斗的方向，提供酒店营业的标准和水平，评价酒店的经营管理，减少错误，提高效率。假如我们今年要把酒店的营业额提高15%，定好这一目标后，就不必犹豫徘徊，大胆地干下去，再根据规定的目标来检验酒店的营业是否达到了目标，是高于15%，还是低于15%。

目标会成为营业的动力，但要制定得合理。如果目标定得过高，员工们觉得难以达到，便索性不去努力，结果也就没有计划，收不到成效；反之，如果目标定得太低，太容易达到，就难以激发员工的主动性和能动性。目标制定得当与否有三个互相联系的因素：正确而实际的预测、资源和环境的限制、员工的士气与动力。目标的实现亦受酒店企业过去经营情况的影响。

案例分析

天颐酒店季度经营计划

天颐国际酒店位于北京郊区，是集度假、娱乐、养生、商务服务于一体的五星级豪华度假酒店，坐拥千亩高尔夫球场翠景，怀抱加州阳光海岸风格的“水世界”景观，建筑风格独特，充分展示了极具文化底蕴的中华传统建筑理念；装修豪华典雅，尽显人杰地灵之气。

天颐国际酒店设有多种类型豪华客房和套间共300间，房价在600元到1000元之间；房间设计温馨典雅，内部设备设施齐全；设有各种类型会议室11个，其中最大的可容纳600人；设有大、中、小餐厅13个，可同时接待800人就餐。菜品丰富多彩，具有特色的北京菜式、地道的美式西餐厅和东南亚美食，让客人真正领略到在阳光海岸度假的感觉。

天颐国际酒店引入休闲商务概念，将旅游度假与商务会谈完美结合，通过严谨的功能组合和统一的经营管理，带给客户全新的休闲商务体验。这里是休闲放松、商务谈判、会客见友、招待高贵宾客的风水宝地，特色性及唯一性将使客户深深体会到第一商务会所的真正含义及无穷魅力。

天颐国际酒店的经营理念：品牌是灵魂，管理是命脉；服务理念：为宾客营造养生抒压的天堂；企业精神：不懈地努力，永远地追求；企业价值观：没有做不成的事，只有不争气的人。

2018年第一季度经营计划（经营目标）：

酒店的日均入住率达到90%；

客户满意度调查“10分满意”达95%；

营业额突破两千万；

酒店VIP客户人数突破一万。

·讨论题·

1. 天颐国际酒店的经营计划和经营目标制定合理吗？
2. 如何实现经营目标？

复习思考题

1. 简述酒店计划的定义和基本类型。
2. 什么叫客房出租率？如何计算？
3. 什么叫客房双开率？如何计算？
4. 酒店计划的编制有哪些步骤？
5. 简述酒店计划的执行和控制。
6. 什么是目标管理？如何在酒店实施？

实训项目

考察学校附近的一家酒店，了解酒店客房的价格，按照70%的客房出租率，写一份酒店客房销售的计划。

实训目的：使学生熟悉酒店计划管理的重要性，掌握酒店计划管理的具体运用。

实训要求：

1. 将学生分成若干小组，每组5～10人。
2. 各组调查酒店客房的价格，按照70%的客房出租率，写一份酒店客房销售的计划。
3. 各组以PPT的形式汇报酒店客房销售的计划。
4. 教师根据各组汇报的情况，进行点评。

第十章 酒店组织管理

学习目标

1. 了解酒店组织和组织管理的含义；
2. 了解酒店组织管理的重要性；
3. 了解酒店组织机构的设置；
4. 熟悉酒店组织结构的形式
5. 熟悉酒店组织管理的内容；
6. 了解酒店组织管理制度；
7. 熟悉酒店非正式组织管理。

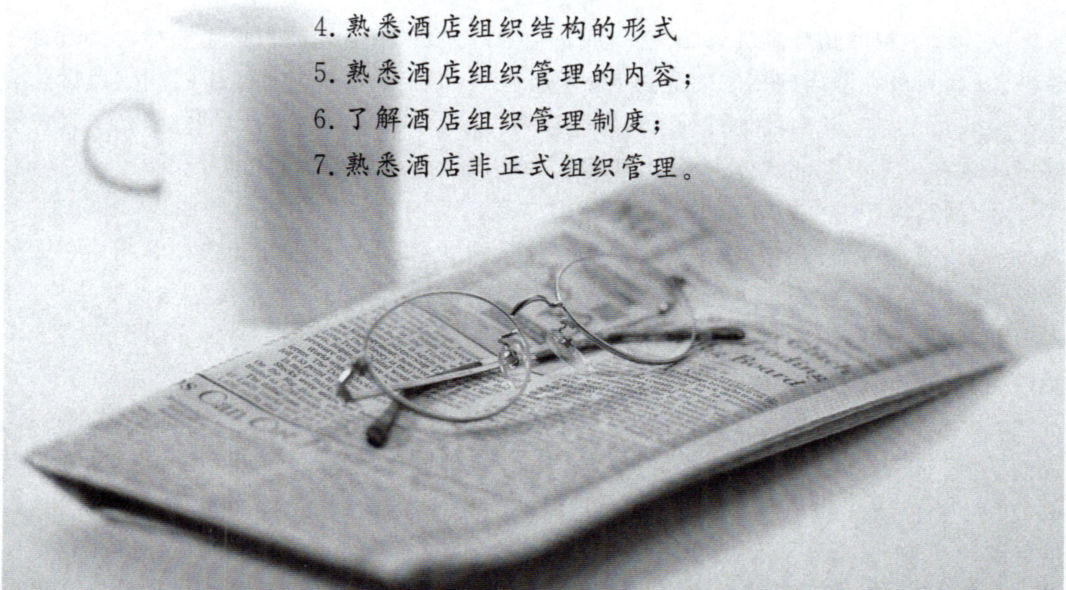

第一节 酒店组织管理概述

一、酒店组织管理的相关概念

(一)组织

何谓组织?从不同的角度出发,组织就有不同的含义。大部分学者倾向于将组织区分为有形的和无形的,即组织机构和组织活动。本章所探讨的组织是将其作为有形实体的组织机构。因此,本书对组织的定义是:组织是一个群体(两个以上的人)为了实现既定的目标,由分工与合作以及不同层次的权力和责任制度构成的集合系统。因此,形成组织必须具备以下条件:

(1)组织必须具有目标。因为任何组织都是为目标而存在的,无论组织的目标是具体明确的,还是隐含着的,这些目标是组织存在的前提和基础。

(2)组成组织必然产生分工与合作。分工与合作的关系是由组织目标限定的。

(3)组织要有不同层次的权力与责任制度,要赋予每个部门乃至每个人相应的权力和责任,以便实现组织目标。

(4)组织是一个集合系统。为了实现共同的目标,群体在组织这个系统中活动,组织成员要遵循组织活动的原则,组织要制定行为规范来约束组织成员更好地为组织目标服务。

(二)酒店组织和酒店组织管理

1.酒店组织

从实体组织的角度来理解,酒店组织是由管理人员、服务人员和其他技术人员组合在一起,这些人员在酒店规章制度的约束下相互关联和协作,共同实现组织的既定目标。酒店组织对员工相互关系的处理、积极性的发挥以及工作效率的提高有着重要的影响,它反映了一定的生产关系。具体来说,酒店组织的功能主要表现在如下几个方面:

(1)酒店组织提供对客服务。酒店的日常运营具有综合性的特征。酒店提供的并非是单一的、完全有形的服务产品,而且包括住宿、餐饮、娱乐对相关配套的有形产品和无形服务。酒店组织的各级员工正是经过分工与协作,借助酒店的设施设备来生产酒店产品,尽可能地保证在有限的设备设施条件下,通过酒店员工优良的服务,使顾客得到满意的消费经历,最终实现酒店产品的价值。

(2)酒店组织保证信息的流通与反馈。组织的层级结构实际上是一个信息的沟通与反馈系统。信息能否在纵横两个方向上通畅正常地流动,是酒店管理系统能否高效运转的关键。酒店组织中的各级人员,通过组织的信息传递和反馈功能,在筛选的基础上,对信息加以鉴别,去指导经营决策和工作实践。

(3)酒店组织的经营创新功能。组织将酒店的资源有效地整合在一起,是酒店实现资源优化配置和酒店经营目标的基础。酒店组织创新的途径大致有两种方式:一种是通过运用现代制造技术和新的信息技术;还有一种是重新设计组织结构,或者通过管理实践来提高效率。酒店已有业务的深化以及新业务的开发，与组织的改善和创新从来都是互相促进的。

2. 酒店组织管理

为了充分发挥酒店的以上功能，最终实现酒店目标，酒店就是要对其进行组织管理。所以酒店的组织管理就是指酒店通过运用各种管理方法和技术，对实现酒店目标的各种组织要素（人员、职位、职责、关系、信息）和人们在经济活动中的相互关系进行组合配置的管理活动。它通过确定酒店的奋斗目标，科学地组织各类人员的结构，确定职位、明确责任、安排关系的协调网络来发挥组织的整体效能，逐个实现酒店组织的目标。

二、酒店组织管理的重要性

在激烈的市场竞争环境中，现代化酒店企业只有通过科学分工、密切协作、有效控制才能适应经营条件和经营管理过程日益复杂的新形势。同时，有效的经济活动必须依靠良好的组织体系，通过高效率的活动来发挥各项管理职能。酒店是劳动密集型企业，只有将服务人员、管理人员、专业技术人员科学地组织起来，才能使酒店经营活动有序地进行。因此，组织管理是十分必要的。

其重要性主要表现在以下四个方面：

（一）组织管理是实现酒店价值最大化的保证

酒店作为一个经济组织，其最终目的就是获得最大的利润，实现酒店所有者的经营目标。强有力的酒店组织对酒店的各种资源能够进行科学合理的配置，并深入分析酒店自身组织特有的业务特点，形成组织特有的产品和服务，尽可能地使酒店组织在科学的管理下向顾客提供高质量的产品和服务，来创造更大的价值。酒店组织作为一个循环系统，包括酒店所有者、管理者和普通员工。科学的组织管理还能够在不断循环的经营活动中，通过提高服务质量不断吸引顾客，从而实现酒店员工的价值和提高酒店的效益。这才是酒店经营的目标所在。因此，组织管理是实现酒店价值最大化的重要保证。

（二）组织管理是增强酒店员工凝聚力的保证

一个企业的凝聚力是其能够健康发展的重要保证，是企业文化的重要内容。对酒店组织进行科学管理，围绕组织的总目标，随着组织层级不断细化目标，使得组织内部各类员工都能在具体的工作岗位上有各自明确的目标，在目标树的引导下，整个企业形成“我为企业，企业为我”的良性互动，从而培养员工对酒店的归属感，增强凝聚力。

（三）组织管理是激发酒店员工潜能的重要途径

通过在酒店组织的科学管理，围绕组织的目标，最大限度地调动员工积极性，激发员工的潜能。“员工第一，顾客至上”。酒店作为人力资本密集的服务型企业，其提供的服务产品都是靠酒店员工直接完成的。对于酒店来说，员工的重要性不言而喻。有效的组织管理、清晰的层级制度、明确的权责安排、畅通的组织关系、有效的激励机制以及和谐的组织氛围可以使员工在酒店工作中倾注热情而努力完成工作任务。反之，低效的组织就制约了员工积极性的发挥，影响了工作任务的顺利完成，达不到优质服务的效果。

(四)组织管理是提高酒店核心竞争力的重要手段

拥有核心竞争力是每一个企业所追求的。同样,现代酒店也需要通过核心竞争力来开创并保持自己在市场竞争中的地位。科学合理的组织管理,可以在配置酒店的各种资源时,起到优化的作用;又能以内在的组织弹性适应不断变化的外部经营环境,从而提高酒店的经济效益和应变能力,并以此来保证和提高酒店的核心竞争力。

三、酒店组织管理的内容

酒店组织管理是否有效,其结果将直接影响整个酒店的经营业绩。如果组织管理良好,组织内各部门、各级各类人员权责分明、目标明确、工作定量、同舟共济,则整个酒店的效益将会提高。反之,各部门和各类人员之间互不协调、各自为政、推卸责任,必将导致酒店效益下降,甚至经营失败。因此,酒店各级管理人员都必须把组织管理工作当作重要工作来抓。具体来说,酒店组织管理主要有如下内容:

(一)建立一套合理的组织结构

根据酒店组织既定目标和任务,建立一套合理的组织结构,设置相应的部门并配备人员,包括组织内横向部门的设置、纵向管理层次的划分等。

(二)划分职权

确定管理幅度和管理层次,明确各部门和各级各类人员的权力和责任范围,明确职权的划分,明确酒店组织内员工之间的相互关系。

(三)制定组织管理制度

制定相关规章制度和管理制度,形成良好的指挥系统,以保证组织的运转,发挥酒店组织的效能。

(四)处理协调内部关系

在实现组织目标的过程中,处理协调内部关系,把握组织的集权和分权程度,制定各部门各级人员的岗位责任。

(五)有效的组织变革

根据组织的发展情况决定具体的组织结构形式。当内外部环境发生变化时,及时有效地开展组织的变革,始终发挥组织的最大效能。

(六)创建企业文化

创造和谐的酒店工作氛围,酒店上下团结一心,培育团队合作精神,创建酒店的企业文化,打造酒店的品牌。

四、酒店组织管理的理论基石

组织理论的发展经历了三个阶段:古典的组织理论、近代的组织理论和现代的组织理论。

古典组织理论是在 20 世纪初到 20 世纪 30 年代形成的,主要代表人物有韦伯、泰勒等。以古典组织理论为指导思想的组织设计,主要强调组织的刚性结构。传统的组织是以"工作任务为中心",将组织作为一个封闭系统来进行设计,着重研究如何有效地利用现有组织的内部资源来提高生产效率和获得更大的利润。传统的组织理论强调分工和专业化,重视基层操作,忽视高层发展战略的管理;有明确的规章制度,明确规定职权,等级制度分明,重视人的物质和经济方面的需求,忽视人的社会心理需求。

近代组织理论是在20世纪30年代到60年代形成的,主要代表人物是行为科学家梅奥等。近代组织理论是以"社会人"假设为基础研究组织行为的科学,以人为中心来设计组织理论。它强调人际关系和信息沟通,注重发挥人在组织中的主导作用,强调人是组织的主宰,组织要尽量满足人的需求,根据人的兴趣和爱好分配工作,量才而用;根据人的心理需求特点,设置组织单位和组织层次,重视非正式组织在组织中的作用,注重尽量充分发挥人的主动性和创造性;强调在组织中建立上下级之间的和谐关系。

现代组织理论是20世纪60年代以来形成和发展起来的,主要代表人物有巴纳德、西蒙、劳伦斯等。现代组织理论是在传统组织理论和近代组织理论的基础上,为了适应科学技术的不断发展、劳动者素质的不断提高、企业内外部环境的巨大变化而发展起来的系统权变的组织理论。现代组织理论把组织看成一个开放的系统,认为一个组织是一个社会技术系统,要把技术系统同心理、社会因素结合起来;组织还是一个整合的系统,要解决各个子系统之间的协调和配合,还要考虑非正式组织的存在;主张应该设定根据情况而变化的组织结构。

第二节 酒店组织结构

组织结构是表明组织内各部分的排列顺序、空间位置、聚散状态以及各要素之间的相互关系的一种模式。组织结构描述的是组织的框架体系,目的是使每个成员了解他与整个企业在权力、职责、上下级关系等几方面的关系。由于组织的内外部环境处在不断地变化中,组织的结构也会随之不断地变化;正是由于组织目标、环境等因素的差异,适合不同组织结构也就有不同的模式,一种适合所有组织的理想组织结构的模式是不存在的。

一、酒店组织机构的设置依据

(一)酒店的所属关系

酒店的所属关系就是酒店资本的所属关系,即酒店与投资主体的关系。酒店的投资主体,拥有酒店资产的所有权,拥有对酒店的决策权,拥有对最高管理者的任免权,并且以所有者的身份,监督和约束经营者的经营管理行为。投资主体既是酒店的支持者和后盾,又是一种制约力量。特别是投资结构不同,反映投资主体意识和要求的酒店管理层结构也必然不同,他们决定和影响酒店组织机构设置及其管理工作。投资结构是酒店管理组织机构设置的主要依据之一。

(二)酒店规模大小

酒店规模是由客房数量、餐厅类型和座位多少、商场分割面积和经营种类、康娱服务项目的多少以及同一时段的接待能力等多种因素决定的。酒店规模直接决定酒店组织管理的层次多少、管理幅度、机构大小和部门设置、用人多少等各个方面,是酒店组织机构设置的又一重要依据。

(三)酒店档次高低

酒店星级越高,设备越豪华,经营管理和服务质量的要求就越高、越细致,用人也就相对越多,就必然加大酒店组织机构规模。所以规模相同的酒店,由于其星级高低、豪华程度不同,组织机构的形式、岗位设置和组织结构都会有较大差别。

(四)酒店服务项目多少

酒店服务项目的多少会直接影响其综合性程度的高低,建筑面积相同的酒店,服务项目越多的综合性越强,要设置的员工、领班和主管人员也就越多,这样造成组织规模扩大,员工数量增多和经营管理的难度加大。

(五)酒店人力资源因素

酒店组织机构的设置,要考虑酒店员工的素质条件。员工的素质影响到集权程度、分工形式、人员定编等方面。一般来说,酒店员工素质水平高,自我控制能力强,主动性和创造性强,可以采用分权式组织形式;如果员工素质差,独立工作能力弱,则要采用集权式组织形式。酒店组织机构设置不能"因人设岗",但要考虑一定的空间,留有一定的余地,让不同岗位的员工看到希望。

二、酒店组织机构的设置原则

(一)满足经营需要原则

酒店组织机构形式要满足酒店经营的需要,要符合组织机构目标的需要。酒店主要是经营住宿、餐饮、娱乐等综合服务的企业,其目标是满足客人的需求,增加酒店的经济效益,为酒店创造利润。

1. 组织形式要为经营服务

在组织机构的设置上,酒店的部门如何设置,哪些部门应设,哪些部门可以不设,要根据酒店业务而定。例如,酒店要接待住宿的客人,有登记、结账等业务,要为住宿和非住宿的客人提供用餐服务,所以需要设前厅部和客房部,需要设餐饮部和各式餐厅。如果酒店属于度假型酒店,就可以不设商务部。

2. 组织形式要为组织目标服务

酒店的组织形式要根据经营业务和组织目标的需要因事设职,而不能因人设职。从层次上看,规模较大的酒店在部门经理之下可以设主管,而规模较小的酒店在部门经理之下就不用设主管。从人员上来讲,总经理可按需要配置副总经理或总经理助理;部门经理及其以下职务要一职一人,原则上不设副职,如果必需的话,最好是设助理。

3. 组织形式要为效率服务

酒店的效率一方面取决于全体员工的士气,另一方面取决于组织的有效性。为实现酒店目标,酒店要根据科技的发展和时代的特征,对酒店组织的管理幅度和层次进行界定,同时要对设备、物资、人员等进行合理配置。对劳动进行合理的组织也是提高组织效率的重要途径。

(二)等级链和指挥统一原则

等级链是指组织系统中从上到下存在不同的管理层次,从最高层次的管理者,到最低层次的管理者之间，形成了一个链条结构——等级链。等级链是组织系统中，处理上下级关系的一种基本法则。它表明组织是有层次，有等级的。各层次的管理者拥有的权力，担负的责任和管理的范围不同。同时，等级链上的各环都是垂直并相互联系的。这根链条结构是一条权力线，是发布命令，指挥控制，反馈的途径。从等级链的原则出发，引出了组织管理中的一些基本原则。

1. 权力和责任原则

作为一条权力线，等级链在每一环的层次上都有相应的管理权力。权力是影响他人行为的一种能力，是保证管理的有效性和统一意志的必要条件。这表明只有组织中各部分、每个人都服从统一的意志，组织才能有序。因此，必须建立管理者的权威和权力。管理者的权力是组织赋予的，它与责任相对应，即有一定的权力就要有一定的责任。在酒店中，应坚持责任落实到个人，实行个人分工负责制。

2. 服从命令原则

等级链是传达命令的通道，命令代表决策者的意志。在酒店中，对上级管理者的命令，下级要不折不扣地服从和执行，上级命令的对错不能由下级来判断，而要由上级的上级来判断。如果下级借口命令是错误的而拒绝执行，酒店的等级链和指挥系统就会失灵，任何命令都有可能因各种借口遭到拒绝。根据权责一致的原则，管理者要对自己的命令负责，如果命令是错误的，责任和后果由发布命令的管理者承担。

3. 命令统一原则

酒店的命令要逐项下达，从最高管理者到最基层管理者，命令应保持一致。在传达命令的过程中不能只是简单地重复，而要由执行者根据实际情况进行细化和深化。指挥者只能向直接下级发布命令，而不应越级指挥。对酒店而言，每位员工只有一个直接上司，他只执行直接上司的命令。

（三）管理幅度和授权原则

1. 管理幅度原则

管理幅度是指一位管理者有效管理直接下属的人数。管理幅度是否合理主要通过管理效率体现出来，它的大小受很多因素的制约，如直接关系的上下级的能力、工作的复杂性与相似性、工作的程序化与标准化程度、组织内部的沟通与信息传达的方式和能力、外部环境的变化速度等。美国的戈兰库纳斯曾提出管理幅度与所需处理的人际关系的关系公式。根据已有的数据和对酒店的实际测算，在酒店中总经理可以直接指挥 3 人，副总经理可以直接指挥 4 人，部门经理的管理幅度是 6 人，主管的管理幅度是 6～8 人，领班的直接指挥人数可以达到 12 人。在实际应用中，不同酒店的管理幅度主要取决于各酒店的实际情况，以有助于提高酒店的管理效率为根本出发点。

2. 授权原则

当组织确定了各管理职位后，也应当同时确定该职位所拥有的权力，这就是授权。授权有两种形式：一是由组织明文规定，二是由上级在职权范围内口头授予。由于管理者既要对上级和组织目标负责，又要管理下属，所以授予他的权力应与其职位相称。授权的同时要注意对权力的制约。为此，酒店应建立权力制约机制，制定能对权力有效监督和制约的有关制度，防止权力成为谋私利的手段。

（四）团结一致原则

酒店组织管理的目的是将酒店的各种资源要素有机地组合起来，形成一个团结一致的整体，共同实现酒店的经营目标。然而，酒店组织将酒店分为不同的部门、岗位和作业人员，这就形成了组织内部不同的正式群体或团体。这些群体或团体倾向于强调自身的利益，在许多时候会产生群体利益之间、群体利益和组织利益之间的冲突和摩擦，即所谓的“内耗”。因此，酒店内部必须保持自身的凝聚力，坚持团结一致的原则。

要坚持团结一致的原则，就必须加强对话，相互之间经常交流观点和看法，强化团队意识，建设健康的酒店文化与和谐的组织环境。组织整体目标实现后，要对促进目标实现的行为给予报酬和奖励，从而鼓励部门和个人既做好本职工作，又保持与其他部门和岗位的协作精神。酒店应当制订合理的计划，以明确各部门、各岗位人员的工作职责和合作方法。另外，创立外联角色，工作整合者、跨功能团体等，专门用以解决酒店各部门和人员之间的合作障碍，这些都是坚持团结一致原则的好办法。从酒店业务特点来看，对酒店员工进行道德、素质、技能的全方面培训，则是解决不团结根源的根本途径。

（五）适应环境原则

由于组织形式与市场、投资者、管理形式的关系非常密切，因此它必须与外部环境相协调。如果酒店属于中外合资、外商独资或股份制企业，董事会是一级组织。酒店市场竞争越激烈，酒店的组织形式就越要适应外部条件的变化，而且反应要迅速。随着酒店逐步向国内、国际集团化经营方向发展，不同的集团化经营方式，要求有不同的组织形式。

一般来说，当酒店所处的经营环境良好，管理者的管理能力容易发挥时，酒店可以采用集中决策的组织机构；当酒店管理人员的管理能力不易发挥时，特别是跨国酒店集团的下属酒店处于世界各地时，可以采用分散决策的组织机构，即在集团公司保持适度的目标控制权的基础上，把决策的责权按直线授予下属酒店，而不是留在公司总部。

（六）层次原则

酒店组织内部的管理层次，是指从员工到总经理之间领导隶属关系的级别数量，即分几级管理。每个组织，必须有一个最高权威，同时，从最高权威到组织的每个人之间，要有一个明确的权力层次。组织中每位成员都必须清楚自己对谁负责，又有谁对自己负责。层次领导是必要的，组织分成若干层次和若干纵向系列，决策和指示按纵向系列由上层至下层传达，执行情况和反馈信息逐级向上汇报。这种关系越明确，组织的决策和信息传达越有效。有效的酒店管理应尽可能采取管理层次较少的扁平式组织结构，缩短指挥链的距离，一项指令下达到基层，要通过的管理层次越少，指挥则越有效，越能克服官僚主义的工作作风。

（七）专业分工与协作原则

凡是社会化大生产，都需要进行分工与协作，把企业的任务和目标层层分解，落实到每个部门和员工。因此，酒店划分为客房部、前厅部、餐饮部、市场营销部、人力资源部、保安部、工程部等多个专业部门，并在部门内部设置不同的岗位。一般来说，酒店企业的规模越大，专业化的要求越高，岗位的分工也就越细。专业分工细化的结果，造成专业之间的依赖性增强，协调的功能加重。

酒店的协调包括纵向协调与横向协调。纵向协调贯彻权责对等原则,促进上下级直接沟通对话,有利于搞好酒店的纵向协调。对于改善酒店的横向协调,可以采用如下措施:各项职能业务规范化,明确横向流程,通过工作体系进行协调,把职务相近的部门与岗位加以合并,通过减少工作摩擦进行协调;设立系统管理机构,进行横向管理与协调。

(八)精简有效原则

精简有效指的是酒店企业要精简机构、提高效率。精简与效率是手段与目的的关系。这里讲的精简有效,包括以下含义:一是酒店企业人员要有较高的素质,并配备合理的人才结构;二是人员与职责相称,把合适的人员安排到合适的岗位上;三是要因事设人,而不是因人设事;四是酒店企业组织结构合理,有利于形成群体合力。

三、酒店组织结构形式

在酒店业,由于酒店的规模、档次、等级、运营模式等不同,采用的组织结构形式也不相同。组织结构是随着生产力和社会的发展而不断发展的,由于组织的内外环境处在不断的变化中,组织的结构也会随之不断地变化。这是因为组织目标内外环境等因素有差异,酒店组织结构的形式也就不会一样。一种适合所有组织的理想组织结构形式是不存在的。酒店组织结构,按照酒店的经营特点以及组织设计的原则,主要有如下几种形式:

(一)直线制组织结构(图 10-1)

直线制组织结构,又称军队式组织结构、金字塔形组织结构,是最早、最简单的一种组织结构形式。它是企业内部上下按垂直系统建立的组织形式。酒店内各种机构和部门按照纵向系统直线排列,形成自上而下的指挥系统,每个下属只接受一个上级的直接领导。这种形式一般适用于产品单一、生产技术简单、客源范围小、不需按职能实行专业化管理的小型酒店企业。

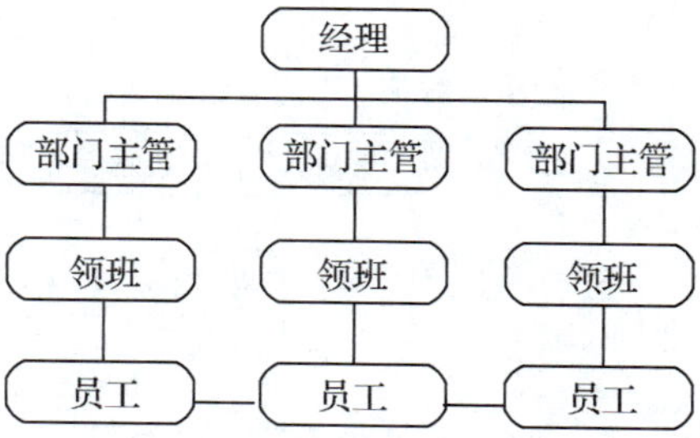

图 10-1　直线制组织结构

直线制组织结构形式的优点:第一,机构简单,决策迅速;第二,职责清楚,权限明确,责任心强;第三,权力集中,上下联系简捷;第四,有利于统一指挥,提高组织效率。

直线制组织结构形式的缺点:第一,由于集权过多,缺乏横向的协调和配合,一旦酒店经营规模扩大或产生复杂问题,就会出现不适应的状况;第二,要求酒店经营管理人员具有全面的经营管理知识和业务能力,并具有较强的综合协调能力和指挥能力。因此,这种形式比较适合于规模不大、员工人数不多的小型酒店。

(二)直线职能制组织机构(图 10-2)

直线职能制的组织机构是由垂直的生产、服务指挥系统和按专业分工的职能系统相结合所构成的体制。采用直线职能制组织形式,酒店经理对行政、业务工作实行统一领导、统一指挥。各业务部门负责人领导本部门工作,对总经理负

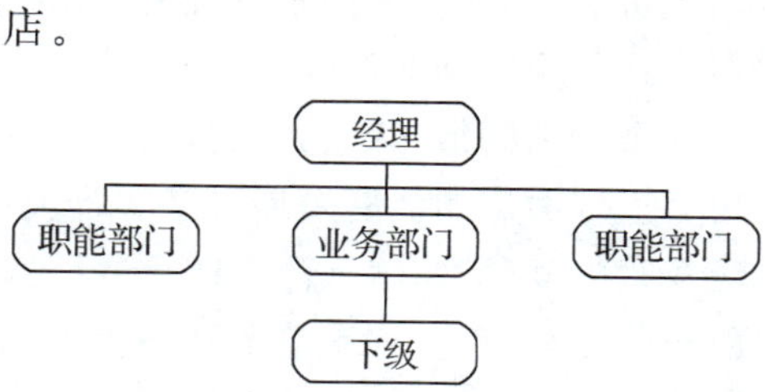

图 10-2　直线职能制组织结构

责。各职能部门作为总经理的参谋，对业务部门的工作起指导监督作用，但职能部门与业务部门之间不是领导与从属关系，职能部门不能直接指挥业务部门，而是通过总经理予以协调。

直线职能制组织结构的优点：第一，既有利于整个酒店的统一指挥，又能充分发挥职能部门专业化管理的作用，提高经营管理水平；第二，有利于加强直线行政领导的权威，提高酒店经营活动的有效性和高效性；第三，有利于突出酒店经营管理的主次，发挥专业管理人员的作用，提高酒店专业管理水平；第四，有利于培养有较强行政指挥能力的综合管理人员，特别是酒店总经理、部门经理层的管理人员。

直线职能制组织结构的缺点：一是行政领导容易包揽一切事务，职能管理部门的作用发挥不够，各职能部门之间横向沟通和协调性差；二是在业务指导上直线领导与职能部门会出现一定的矛盾冲突，特别是当酒店经营规模进一步扩大，市场竞争剧烈，经营情况复杂时，直线职能制也明显地不适应酒店经营发展的需要。

（三）事业部制组织结构（图 10-3）

事业部制组织结构又称为部门化组织形式，其特点是在酒店总经理统一领导下，把酒店各经营部门划分成若干相对独立的经营单位，授予相应的权力，独立从事经营活动，是一种实行集中决策、分散经营的分权组织机构。

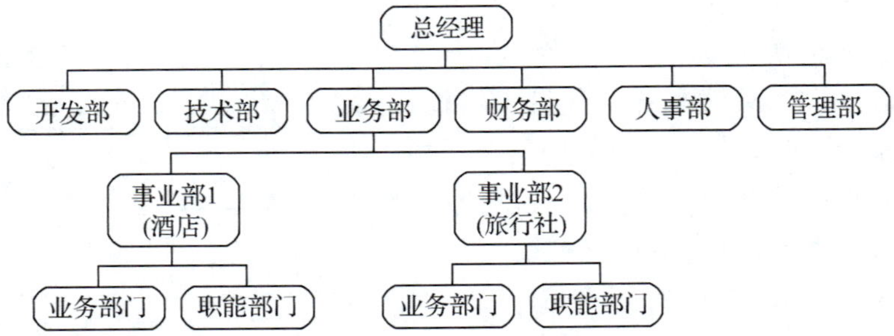

图 10-3　事业部制组织结构

酒店实行事业部制主要有以下几种情况：

(1)某一酒店管理公司同时管理(拥有)几个不同的品牌，各品牌分别采用事业部制。

(2)同一品牌酒店有很多家子公司，采用事业部制。

(3)有的酒店除了主体酒店之外还附属有旅行社、大型餐馆、洗衣公司等企业。

(4)有的酒店有独立的公寓楼、写字楼等。

目前，国外的大型企业普遍采用这种组织结构形式，我国的一些酒店或酒店集团也采取了这种组织结构形式。

事业部制组织结构的优点：第一，有利于酒店高层管理人员摆脱日常行政事务，集中精力抓好酒店的经营发展战略和重大经营决策；第二，有利于面向市场，分散经营，提高酒店经营管理效率，增强酒店的应变能力，提高服务质量和水平；第三，有利于考核各事业部的经营业绩，促进各事业部之间进行比较和竞争，调动各方面的积极性和主动性；第四，有利于培养独立的、全面的主持酒店经营管理工作的高级经营管理人才。

事业部制组织结构的缺点：一是表现在各事业部之间容易形成部门狭隘观念，而忽略酒店整体利益；二是部门之间横向协调差，不利于人才的流动；三是机构重叠而导致管理费用增加、利益协调困难等。

（四）矩阵式组织结构（图 10-4）

矩阵式组织结构有纵横两套管理系统，把酒店的管理部门分为传统的职能部门和为完成某项专门任务而由各职能部门派人参加联合组成的、指派组长负责领导的专门小组，任务完成之后，小组成员各自回到原来单位。这样，若干职能部门所形成的垂直领导系统和为完成专门任务而形成的若干任务小组的临时系统，就组成了矩阵式的组织系统结构，目前主要是一些酒店集团公司或输出管理的大型酒店采取这种组织结构方式。

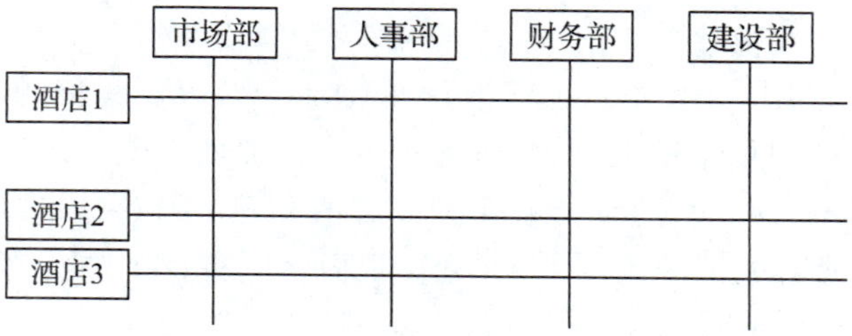

图 10-4　矩阵式组织结构

矩阵式组织结构的优点：第一，既能保证完成任务，又能充分发挥各职能部门的作用；第二，能集中各部门专业人员的智慧，互相学习，协调促进；第三，加快工作进度；第四，避免各部门的重复劳动，缩减成本开支；第五，管理方法和管理技术更专业化；第六，打破酒店内部的部门界限，便于内部不同部门之间的协调。

矩阵式组织结构的缺点：一是任务负责人的责任大于权力，因为参加任务的每个人都来自不同的部门，隶属关系仍在原部门，由于临时参加该任务，故没有打破等级制，这种双重领导的状况容易延误决策时机；二是矩阵结构需要酒店内部一种合作的文化来支持，难以有效地实施。

酒店的组织结构类型比较多，采取何种组织结构，要根据酒店经营的需要，从自身的实际出发，结合酒店实际情况，采取灵活相应的组织形式。

四、酒店组织机构的设置

按照酒店各部门的性质，可将酒店划分为营业部门、职能部门和其他机构。

（一）酒店营业部门

营业部门也称作一线部门或收入部门，是销售酒店产品并直接向宾客提供服务的部门。它们直接面对宾客，向宾客提供服务，为酒店创造效益。

1. 前厅部

前厅部也称前台部或总服务台，是酒店经营活动的中心。前厅部的工作始终贯穿于宾客与酒店接触、交流的全过程。前厅部的主要机构有：预订处、接待处、问讯处、行李处、电话总机、收银处等，主要为宾客提供客房预订、办理登记手续、安排房间住宿、分发行李、代客储存物品、办理邮电业务、外币兑换、结账等服务。前厅部人员是“酒店的代表”，直接体现了酒店的服务质量和管理水平。前厅部是酒店组织管理的关键部门和中心环节，担负着联系和协调酒店各部门的工作，对酒店的整体运营起着指导和带动的作用。前厅部工作的好坏，直接影响到酒店的经济收益和酒店的对外形象。

2. 客房部

客房是宾客住宿和休息的场所，客房部是酒店营业收入的主要部门，也是酒店设施的主体部分。客房部主要包括客房楼层服务、公共区域服务、布草服务、洗涤服务等。为宾客提供整洁、舒适、安全的住宿和环境，是客房部的主要任务。客房服务质量和管理水平的好坏，不仅关系到整个酒店的声誉和经营效果，更影响到酒店的经营收入和效益水平高低，因而必须妥善地做好客房部管理，不断提高酒店的经营管理水平。

3. 餐饮部

餐饮部是酒店的又一个主要营业部门，要能够满足宾客对食物、饮料和良好服务的要求。酒店餐饮服务的规模不论大小，一般均包括食品原料采购供应、厨房加工烹调、餐厅酒吧三部分业务活动，因而相应设置的业务部门主要有：原料采购供应部、厨房、餐厅、酒吧等。酒店为了竞争和发展的需要，应日益重视向客人提供更加完善和更加新颖的服务项目，满足宾客多方面的需求。

4. 康乐部

在许多酒店，特别是度假酒店，都有专门的部门，为宾客提供康乐服务，比如高尔夫球、保龄球、网球、乒乓球、健身、桑拿、水疗、游泳、歌舞、卡拉 OK 等。这些活动均由康乐部负责组织安排，并设专人负责指导和服务。通过向客人提供娱乐设施和服务，能够保证获得相应的经营收入。

5. 商品部

有些酒店设立商品部或商品销售点，满足宾客购物需求。大型酒店商品部装饰豪华，以经营当地特有的旅游商品为主，商品价格通常高于酒店外同类商品的价格。住店宾客在旅游活动之后，如果能够在商品部买到合适的、具有特色的礼品或纪念品，以馈赠亲友或留作纪念，必然会增加对酒店的好感，留下深刻的印象。因此，要尽量提高酒店商品部的经营特色，提供宾客满意的旅游商品，增加酒店的经营收入。

（二）酒店职能部门

酒店职能部门是为业务部门服务，执行某种管理职能的部门，不直接从事酒店营业工作。酒店的职能部门主要包括如下的部门：

1. 人力资源部

人力资源部的主要职责是为了满足酒店经营管理的需要，协助其他部门负责酒店管理人员和服务人员的招聘和选聘、培训及具体的管理工作。人力资源部是酒店中的一个非常重要的部门，一般直接受总经理的领导和指挥。人力资源部除设有总监和副总监（经理和副经理）外，还有专职人员负责员工招聘、员工培训、劳动工资等，有些酒店的人力资源部下设培训部，负责酒店员工的培训教育工作。

2. 市场营销部

市场营销部的主要职责和工作是为酒店拓展客源市场，销售酒店的产品，保持和扩大酒店在市场的占有份额。酒店市场营销部的规模是有差异的，大小不一，一般是从 3～20 人不等。市场营销部设总监和副总监(经理和副经理)，有些大型酒店的市场营销部还分设负责旅游销售、会议销售、宴会销售、公共关系的经理等。一般来说，酒店总经理会直接来抓市场营销部的工作，并对市场营销部的工作发出指令和具体要求。市场营销部的工作好坏，直接影响到酒店经营的业绩。

3. 工程部

工程部的主要职责是负责酒店建筑及设备的维修保养工作，使酒店的外部及内部装饰等保持完好；并保持对酒店的各项设备、设施进行维修保养，升级更新。工程部还需要按计划对酒店的能源进行有效的管理。工程部的组织机构包括工程部办公室、锅炉冷冻组、电工组、维修组、电梯组、土建维修组等。

4. 保安部

保安部也叫安全保卫部，是酒店非常重要的职能部门之一。保安部对酒店的各种设施设备和财产、宾客的人身安全和财产安全负有重要的责任。保安部设有经理和副经理，以及专职的安全保卫工作人员，对全酒店进行 24 小时的安全保卫和巡视。虽然保安部的人员主要负责酒店整体的安全保卫工作，但是酒店的所有员工都应当关心安全工作，并积极参与到安全保卫的具体实施工作。

5. 财务部

财务部门负责处理酒店经营活动中的财务管理和会计核算工作。财务部人员的数量取决于酒店的经营规模。一般来说，酒店财务工作直接由一位酒店的副总经理领导，或是由财务总监负责。财务部门内部设有经理、副经理、主管会计、会计员、出纳员若干名。

(三)其他机构

根据我国国情、法律、政治、经济体制的要求，酒店还要设置其他机构：一是党组织领导机构，负责酒店的政治思想工作，对酒店的经营管理起监督保障的作用；二是工会和共青团、妇女组织机构。工会是职工代表大会的常设机构，职工通过职工代表大会的形式行使民主管理的权利，维护其利益。共青团、妇女组织是酒店的群众组织，它们一方面要从该组织成员的特点出发，引导他们在酒店中发挥积极作用，另一方面要保护该组织成员的权益。

第三节　酒店组织管理

酒店组织管理实际上是对酒店所承担的任务在全体人员之间的分工合作所进行的管理，是对为实现酒店目标的各种组织要素和人们在酒店经济活动中的相互关系进行组合、配置的活动。它通过确定酒店的工作目标，科学地组织各类人员的结构，确定岗位，明确责任，安排各种关系的协调网络来发挥其整体效益，从而实现经营管理目标。

一、酒店组织管理的内容

酒店组织管理是先框架、后实体，规章制度为保障。确定酒店组织结构的框架后，就

要建设组织的实体,即确定酒店组织管理的具体内容。现代酒店组织管理通常围绕以下三个方面的内容进行:

一是根据酒店目标所需进行的工作和活动来确定并设定相应的部门和人员;二是划分职权,明确各级人员的权力和责任,规定员工的隶属关系;三是制定一系列的制度,形成良好的指挥系统,保证酒店更好地运营。

(一)业务的分工与协作

酒店组织管理对实体的建设先要按照分工的原则对业务做专业化划分,同时又要使专业化的组织活动和业务活动保持高度的协调一致性。酒店业务内容差别较大,又自成体系,各业务是在一定的区域空间进行,因此,酒店业务的分工通常把业务和区域合在一起进行。

1. 制作酒店组织图

酒店组织图是全面反映酒店业务内容、部门组成、业务区域划分、组织结构、权责关系,岗位分工、人员安排的综合图解。组织结构图的要素有:在明确业务分工的情况下,进行一个层次的部门设置;按直线制的形式,对部门下属业务单元和班组进行设置;对酒店组织做层次的划分以及对职位进行规定。

2. 业务分工及界面划分

业务分工就是把酒店所有的业务按不同性质进行分解,并把分解后的业务划归各部门各层次。酒店业务从大处着眼是责任清楚、范围明确,但从小处着手应相互联系、互为一体。为了分清职责,在业务分工后,还要将牵涉两个部门的业务作为界面进行划分。酒店业务不论大小都要落实到某一个部门,一些涉及几个部门的业务,要对各部门在同一业务中的职责进行明确的界定。如预订业务涉及销售部和前厅,预订业务在两个部门间的界面就需划分;业务分工和界面划分后,要以制度的形式予以规定。

3. 建立岗位责任制

业务最终要靠人去完成。什么人、去完成什么工作、达到什么标准,都是由岗位责任制来规定的。岗位责任制分为管理岗位责任制(管理职务说明书)和作业岗位责任制。各项业务最终都要落实到各岗位,责任到人,每个岗位都要确定工作内容、工作任务、作业范围和岗位人数。岗位责任制的确定一般是由各部门提出具体方案,报酒店决定。

4. 业务的组织联系

酒店业务的综合性决定了业务之间的联系性。首先,把各岗位业务通过纵横的联系联结成一个个业务过程,在把一个个业务过程通过纵横的联系联结成整个酒店的业务系统。酒店在制定服务规程时,要使各业务和规程能相互衔接。这是组织联系中较易出现纰漏的地方。除此之外,还要多业务信息系统进行设计,如信息流的设计、传输方式设计、内容和标准的设计等,像酒店各种表单及表单传递设计就属于此类。

(二)管理人员的配备和使用

1. 用人理念

酒店用人理念应是“德才兼备,以德为先、以能为重”,做到用人以贤,用人以能,用人以绩。要把那些品质优秀、有国际化视野、懂管理知识,有管理能力,工作务实、实绩突出的优秀员工选拔到各级管理岗位,发挥他们的作用。

2. 确定用人标准

(1)基本素质,包括基本品质、道德意识、学历阅历、个性气质、思想观念等。

(2)管理能力,包括管理理论、管理思想、管理知识、管理方法、心理成熟程度和应变能力。

(3)业务知识和业务能力,包括本专业知识的深度和广度、酒店各方面的业务知识、与酒店相关的各种业务知识。

3. 管理人员配备程序

酒店管理人员配备应有一套规范的程序,力戒按个人意志任命管理人员。具体程序为:

(1)制订层次和结构符合组织目标任务和组织机构设置要求的用人计划。

(2)确定是从外部招聘还是从内部调配人员。

(3)对应聘人员根据岗位标准要求进行考查,确定备选人员。

(4)确定人选,必要时进行岗前培训,确保能适用于组织需要。

(5)将所定人选配置到合适的岗位上。

(6)对员工的业绩进行考评,并据此决定员工的续聘、调动、升迁、降职或辞退。

4. 使用和授权

配备酒店管理人员是为了使用,要使用就要对他们授权。使用和授权是组织管理的重要内容。

(1)授权。权力是有效管理的必要条件。授权就是指上级给予下级一定的权力和责任,使下属在一定的监督之下,拥有相当的自主权。授出的权力包括三个方面:人权、财权和事权。授权者对被授权者有指挥权和监督权,被授权者对授权者负有汇报情况及完成任务之责。授权要明确授权的目的,做到职、权、责、利相当,保持命令的统一性,正确选择授权者,加强监督控制。

(2)爱护培养,能上能下。酒店经营好坏,关键在于"人",尤其是管理人员。

一是对管理人员要爱护培养,酒店要制订人才培养计划,有计划、有步骤地培养和造就管理人员。要尊重、关心、爱护、培养管理人员,事事处处体现酒店对管理人员的重用,增强员工对酒店的归属感。

二是对管理人员实施能上能下的考核制度,做到"能者上、平者让、庸者下",提高员工工作的积极性,让更多的有才之士发挥其所长。

三是优待留人。酒店建设关键在于"人心"稳定,只有付出与回报成正比,使其产生安全感和依赖感,管理人员才能安心地开展工作。

(3)严格考核。严格考核是加强执行力制度保障体系建设的关键环节。没有考核,就没有约束,必须要建立必要的、严格的考核约束机制。同时,加强考核也是为了维护规章制度和工作流程的严肃性。只有辅以严谨、科学、公平的考核内容、标准和方法,执行力建设的制度保障体系才可能成为一个闭环系统,才不至于出现有章不循、有规不守、有则不遵的行为发生,才能确保企业各项工作的有效执行。

(三)任务的分配

组织管理中任务的分配,简单说就是把组织目标的具体任务分解落实到各部门。

1. 确定组织目标

酒店是以决策后制订计划的形式来确定酒店目标的。计划指标是酒店目标的核心，要确定各部门各阶段的目标和业务活动，由此组成酒店的计划目标体系。

2. 分解指标和分配任务

酒店的计划指标和目标是由酒店各部门在进行实际业务过程中完成的。酒店组织管理要在综合平衡的基础上，把酒店计划指标进行分解，并把具体指标落实到各部门；根据分解的计划指标、酒店的业务决策、业务设计，把与指标配套的各部门业务任务分配到各部门；各部门再根据指标和业务任务制订本部门的计划；在对计划任务进行分配后，还要对临时任务做分配。

3. 目标考核

有了任务的分配，必定要对目标和任务进行考核。考核是按各部门和阶段不同的考核项目进行的，阶段的确定可以是月、季、半年、全年等。

（四）编制定员

编制定员是根据酒店的经营思想和经营模式，规定酒店各个部门和岗位应配备各类人员的数量标准。一般来说，编制定员应既要符合精简、高效、节约的原则，又要保障酒店的正常运转和员工的身心健康。编制定员从管理职能上来说属于组织管理职能范围，从业务上来说是属于人力资源部门。

1. 编制定员的核定

酒店各工种、各岗位业务性质和作业方法均不一样，编制定员的方法也有不同。不管哪个岗位，编制定员的核定都要经过工作和作业的分析、量的分析、人员分析、定岗定编，最终确定编制定员。

2. 用工类型

用工类型是指酒店所有员工因与酒店的关系性质不同而形成几种不同类型。涉及酒店的服务模式与管理层次、工作量的大小和工作定额三个方面的因素。酒店用工类型的不同决定了员工与酒店的所属关系、契约关系、经济关系、劳动关系的不同。

酒店用工类型主要有正式工、合同工、临时工等。

酒店采用哪一种用工类型，要注意以下几点：

(1)用工类型要根据酒店的业务特点和业务量来确定其结构。

(2)无论何种用工，对员工都要依法给予应有的待遇，维护员工的合法权益。

(3)酒店实际用工不是一成不变的，是根据编制和定员上下浮动的。

（五）劳动组织

劳动组织是通过一定的形式和方法使人和设施合理结合，组成岗位劳动和业务流程，并使流程相互联系和协作，以和谐地完成宾客接待的过程。各酒店、各业务甚至某个接待任务的劳动组织的具体形式会有所不同，但劳动组织的内涵是一样的。其主要包括：使人与设施合理配合形成人-机组合式的岗位劳动；把单个的岗位劳动组合成集体劳动；纵向组织业务形成业务流程，完成特定的劳动过程；横向组合各业务联系，形成有节奏的运行整体。

1. 业务流程和协作

酒店的业务流程是把前后有联系的相关岗位按一定的程序连贯起来完成的过程。酒店业务流程是对业务做时空上的组织。

（1）按宾客活动的时间先后，排列有前后时序关系的相关作业岗位的作业程序，使之成为一个连贯的整体，形成时间上的业务流程。时间上的业务流程构成了劳动组织的纵联系。

（2）宾客的活动有空间上的运动，酒店岗位协作也要有空间上的横向联系。业务流程设计要把有空间作业联系的岗位和业务联系起来，把同一空间的业务作业联系起来形成流程。

（3）业务流程不可能是单纯的时间流程或空间流程，它是时空的结合，要强调时序性和协作性。

（4）服务流程的设计应把服务规程、信息流一起设计。

2. 排班

排班就是排定班次，是根据各岗位及各班组的业务规律，规定它们的工作时间以及作业内容。排班有两种形式：

（1）按作业时间排班。这是排班的主要形式。它以日为单位，确定日工作时间，按时间段进行排班。排班要把时间因素和人员因素综合起来考虑。

（2）按业务内容排班。按业务内容排班，通常是以业务区域为单位进行，先对业务内容进行分工和归类，再核定各类业务量，根据业务量配备相适应的班组。如前厅是一个业务区域，根据业务内容不同，前厅就有总台班、行李班、总机班、商务中心班等班组和班次。排班先要做作业研究，以确定各班次的工作量、工时定额、日工作量，为核定班次人数提供依据；各部门再按业务特点排定业务班次；业务班次排妥后再排时间班次，排时间班次要明确各时间段及工作班组，明确各时间班次的工作任务、工作内容、工作量、工作重点。

酒店业务内容较多，各业务内容又不相同，酒店各部门的排班也就多种多样。排班只能从实际出发，因事因时而定。排班主要是基层管理者的职责，最后的核定和认可由部门经理负责。

二、酒店组织管理制度

为了保证酒店组织的正常运转，酒店应有科学、严格的规章制度。一般来说，酒店管理制度有以下几种：

（一）总经理负责制

总经理负责制是酒店组织管理中实行的领导制度，是酒店内部实行的最高管理组织形式。总经理是酒店经营管理和行政工作的组织者和领导者，拥有企业的经营自主权、业务工作的指挥权、内部人事的任免权及对员工的奖惩权。在实行总经理负责制的酒店，一般实行职工代表大会制。职工代表大会是实行民主管理的基本形式，是职工行使民主管理权力的机构。总经理负责制是适应酒店现代化管理，适应酒店市场经营，适应按酒店规律管理酒店和以法治店的管理制度。

（二）酒店经济责任制

酒店经济责任制是酒店组织管理中的又一项重要的基本制度，是酒店各部门以酒店经济效益为目标，对自身的经营业务活动负责，实行责、权、利相结合，把酒店的经济责任以合同的形式固定下来的一种经营管理制度。酒店经济责任制通常有 3 种不同的形式，分别是以工资制为主的成本负责制、以分成制为主的目标利润制和以租赁制为主的承包责任制。

（三）酒店岗位责任制

酒店岗位责任制是以岗位为单位，具体规定每个岗位及该岗位人员的职责、工作内容、工作范围、作业标准、工作权限、工作量等的责任制度。岗位责任制将所有的指标和任务最终落实到每一位员工身上，使每个员工都明白自己的工作职责。

建立岗位责任制，首先要在酒店组织机构和工作分析的基础上设置岗位，就是确定酒店各部门有多少岗位及其名称，规定各岗位的职责和任务，核定各岗位的工作量，如客房服务员每人负责几间客房，餐厅服务员每人负责几个餐位等。其次是规定各岗位的服务质量标准或工作质量标准，确定交接班制。再次，要规定各岗位设备的维修保养以及物资的保管使用，在岗位设置时要注意以下三点：

（1）岗位设置要与酒店决策、酒店组织管理协调一致。

（2）岗位工作量一定要饱和，合理使用人才。

（3）各岗位要互相衔接，工作要互相呼应。

（四）酒店组织专业管理制度

酒店组织的专业管理制度，是指为了保证酒店经营活动的正常进行，保证经营服务过程中各环节的协调，实现酒店各项专业管理职能而制定的各种管理工作的规范，是酒店组织管理制度的重要内容。其具体包括酒店经营计划、技术、财务、质量、设备、动力、安全、劳动、环保、营销、人事及部门、班组等方面的管理制度，也是各职能组织部门有效履行其职能责任的重要依据。

（五）部门制度

部门制度是指酒店各部门根据部门业务的特点以及部门运行的规律，为了规范部门行为而制定的制度。部门制度的制定，一方面要依据酒店的基本制度，另一方面要紧扣部门的业务特点。总体来说，酒店的部门制度有：部门业务运行责任制、部门设施设备管理制度、部门服务质量管理制度、部门纪律制度、部门物品管理制度、部门劳动考核制度、部门财务制度等。一般而言，部门制度的多少和具体的程度要由酒店根据决策而定。

（六）员工手册

员工手册是酒店的基本制度，是规定全酒店员工共同拥有的权利和义务及共同遵守的行为规范的条文文件。员工手册既是酒店人事制度的汇编，又是酒店员工培训的教材，反映的是酒店形象和文化，是所有员工的行为准则，保护员工的合法权益，为员工提供基本的操作程序和安全指导，保证员工正常工作。员工可以在员工手册中得到其所必须领会与掌握的方法与要求，是员工的一本工具书。

员工手册对任何酒店来说都是必备文件，人手一册。员工手册与每个员工休戚相关，是酒店带有普遍意义、运用最广泛的制度条文。其主要内容有：序言、组织结构、聘用条件、规章制度、奖惩条例、《员工手册》的解释与修订等方面。

（七）酒店标准操作程序

酒店标准操作程序即酒店 SOP，就是酒店服务细节量化细化和优化标准操作程序。标准操作程序的英文缩写是 SOP，英文全称是：Standard Operation Procedure。SOP 是一种标准的作业程序。所谓标准的作业程序，就是将某一事件的标准操作步骤和要求以统一的格式描述出来，用来指导和规范日常的工作。在这里有最优化的概念，即不是随便写出来的操作程序都可以称作 SOP，而一定是经过不断实践总结出来的，在当前条件下可以实现的最优化的操作程序设计。说得更通俗一些，所谓的标准，就是尽可能地将相关操作步骤进行细化、量化和优化，细化、量化和优化的度就是在正常条件下大家都能理解又不会产生歧义。

SOP 不是单个的，是一个体系，虽然我们可以单独地定义每一个 SOP，但真正从企业管理来看，SOP 不可能只是单个的，必然是一个整体和体系，也是企业不可或缺的，而且这个标准作业程序一定是要做到细化和量化。酒店标准操作程序是指每一项工作所要遵循的标准化的工作步骤、要求和所要达到的质量目标，即具体的服务程序和质量标准。这些标准与酒店的星级档次必须符合，只能高而不能低。制定这些标准也必须详细、具体，要考虑服务过程的系统化。

三、酒店组织模式及其不同管理层的功能

（一）酒店组织模式

酒店根据规模大小、员工人数多少来采用不同的酒店管理模式。一般来说，酒店管理模式有三种：第一种是三级管理模式，即总经理一级、部门经理一级、服务员一级，这种模式多为小型酒店所采用；第二种是四级管理模式，即总经理一级、部门经理一级、领班一级、服务员一级，这种模式多为中型酒店所采用；第三种是五级管理模式，即总经理一级、部门经理一级、主管一级、领班一级、服务员一级，这种模式多为大、中型酒店所采用。

（二）酒店不同管理层的功能

在酒店组织结构中，一般包括三个管理层和一个基层，即最高管理层、中间管理层、基础管理层和服务操作层，如图 10-5 所示。

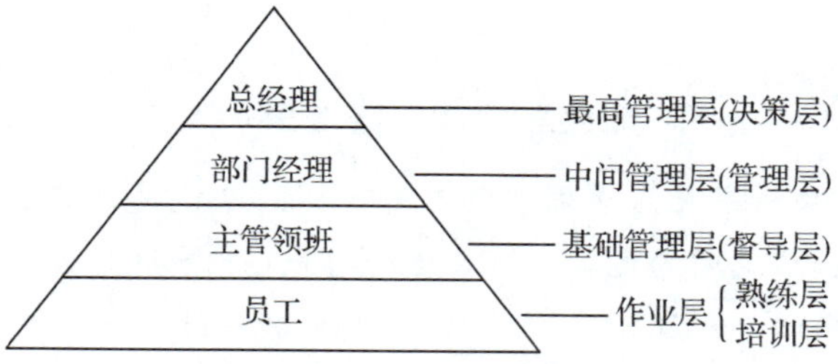

图 10-5　酒店组织的结构层次

1. 最高管理层

最高管理层又称为决策管理层，成员由酒店企业的总经理及其助手组成，是酒店的最高领导和决策人。决策管理层是站在企业整体立场上，对企业进行全面、综合管理，负责对酒店企业经营管理活动进行全局性策划和组织指挥的管理层。其主要职能是：确定酒店企业的经营目标和经营方针，决定酒店经营发展规划和组织结构，协调企业与政府、税收、银行以及其他企业之间的关系，确定企业管理制度，协调企业内部各子系统之间关系等。酒店总经理应该具有计划、组织、领导和决策等方面的知识和能力。

2. 中间管理层

中间管理层又称为专业管理层或职能管理层，它是处于最高管理层和基础管理层之间的管理层，是帮助决策管理层参谋决策的职能管理层，承担各自专业职能管理职责，主要由部门总监或部门经理组成。对于决策管理层而言，他们是领导的参谋和助手；对基础业务系统而言，他们则对基础管理层起着指导、控制、监督、协调作用。现代酒店企业的专业职能经营管理机构主要有餐饮、客房、工程、销售、财务、人事等部门。职能管理层的设立，使许多从事经营管理的人员在各自的岗位上发挥专业职能作用，既有利于酒店管理专业精细化，也有利于酒店经营管理整体功能的发挥。职能管理层管理人员不仅要熟悉、掌握本部门的服务标准、操作程序，还要具有实际工作经验和一定的服务技能，具有组织、计划和人事安排、人事管理等方面的能力。

3. 基础管理层

基础管理层包括领班或主管，他们位于酒店经营管理的基层，是直接面对一线员工进行现场管理的层次，主要由领班或主管组成。他们的主要职能是：执行酒店经营目标、方针和各项重大决策；组织酒店经营活动并进行经营过程的现场管理；对服务人员进行直接指挥、激励和协调、控制；落实企业各项基础管理工作等。基础管理是酒店经营管理工作的基本工作，酒店的综合管理和专业管理工作的开展以及整体功能的发挥，都有利于基础管理工作的巩固和完善。领班要随时随地协助本班服务员进行工作或代班工作或代班服务，因此领班必须具有更高的服务技能和服务技巧，同时还应该具备人事管理能力、沟通协调能力、处理投诉的技巧和做好员工培训、考核、激励等工作。

服务员是酒店最基层的工作人员，应根据岗位责任制的要求，明确自己的职责范围、工作和服务程序、服务质量标准，做好自己的本职工作。酒店服务员的素质、个人形象、礼仪、礼貌、语言交际能力、应变能力、服务技能和服务技巧等，是保证酒店提高服务质量，提高经济效益水平的重要条件。

知识拓展

“倒金字塔”组织结构

“倒金字塔”管理法最早诞生于瑞典的 SAS 公司，也就是北欧航空公司。当时，这家航空公司负债累累，濒临倒闭的边缘。正在这个时候，一个名叫杨·卡尔松的瑞典人受命于为难之中，成为公司的总经理。三个月以后，卡尔松想出了一个计划，他宣布：为了使公司扭转目前的亏损局面，公司必须要实行一种新的管理方法，名字叫“Pyramid Upside

Down”，简称为“倒金字塔”管理法，也有人称之为“倒三角”。

一般的公司管理方法模型是个正金字塔，最上面这个人是总经理，或者叫决策者，中间这一层叫中层管理者，最下面这一层叫一线人员，或者称为政策的执行者。上面是决定政策的人，下面是执行政策的人，概念很清楚，现在很多单位采用的都是这种管理方法。那么卡尔松为什么当时决定把这个颠倒过来呢？因为他发现，要把公司做好关键在于员工，他个人认为是这样。从管理学上来说，一个公司能不能搞好，管理者是最重要的。卡尔松在这个“倒金字塔”管理法的最下面，他给自己命名为政策的监督者，他认为公司的总目标一旦制定下来之后，总经理的任务是监督、执行政策，达到这个目标。那么中层管理人员不变，最上面这一层是一线工作人员，卡尔松称他们为现场决策者。

“倒金字塔”管理法的总的含义是“给予一些人以承担责任的自由，可以释放出隐藏在他们体内的能量。”那么这种管理方法出现了什么效果呢？SAS公司采用这种方法三个月之后，公司的风气就开始转变，他开始使员工感觉到“我是现场决策者，我可以对我分内负责的事情做出决定，有些决定可以不必报告上司”。把权力、责任同时下放到员工身上，而卡尔松作为政策的监督者，他负责对整体进行观察、监督、推进。

案例

有个美国商人叫佩提，这一天他接到通知要乘飞机从斯德哥尔摩到巴黎参加地区会议。我们知道，阿兰德机场是斯德哥尔摩也就是瑞典的国际机场，阿兰德机场距离斯德哥尔摩市70公里，当佩提先生到达机场后，一摸口袋，脸变了颜色，发现没带飞机票。在没有发明电子机票之前，我们知道世界上各个国家的航空公司规定都是一样的，没有机票是不能够办理登机手续的。正在这个时候SAS公司的一位小姐款款走来说“Can I help you?”，佩提显得很不耐烦地说你帮不了，可是那位小姐还是笑眯眯地说：“您说出来或许我能帮助你。”佩提说：“我没带飞机票。”没想到那位小姐说：“您没带飞机票呀，这事很好办，您先告诉我机票在哪。”他说在某某酒店411号房间，那位小姐给了他一张纸条，让他拿着先去办登机手续，剩下的事情由她来处理。佩提先生到了登机的地方很顺利就办好了登机手续，拿到了登机卡，过了安检，到了候机厅。当飞机还有十分钟就要起飞的时候，刚才那位小姐把他的机票交给了他，佩提先生一看果然是自己遗落在酒店的机票。那么，那位小姐是怎么把机票拿到的呢？她拨通了酒店的电话后是这样说的：“请问是某某酒店吧，请你们到411号房间看看是否有一张写着佩提先生名字的飞机票？如果有的话，请你们用最快的速度用专车送往阿兰德机场，一切费用由SAS公司支付。”是什么力量使她这样做呢？就是“倒金字塔”管理法，因为SAS公司把权力充分地赋予了一线工作人员。

后来佩提先生问能否见一下这位小姐，想了解了解她的感想，结果工作人员说已经见过了，刚才介绍情况的那个市场部总经理就是，这说明SAS公司的总经理卡尔松先生敢提拔有才之士。后来佩提先生到处给SAS公司做活广告，在当时已经变成一段佳话。

从以上案例我们可以看到，组织职能实施过程中的创新，就是将工作和权限进行创新，形成概念上的倒三角——“倒金字塔”，从而打破了等级的观念，使员工有主人翁的感觉，发挥了员工的积极性，提高了公司的效益。

第四节　酒店正式组织与非正式组织

一、酒店正式组织

酒店正式组织是具有一定的目标和任务，并有相应的规章制度决定成员之间的权责关系，从而完成正式组织既定目标的人群关系结构。正式组织对个人具有一定的强制和约束作用。正式的组织即一群人为了实现某个目标而结合在一起。同时，正式的组织还展示了为实现某个目标所需要完成的任务，以及人们在组织中的地位和级别。

比如，一家新酒店建好后，总经理就得负责组建酒店的管理团队。他首先要有副手或助理，然后将酒店按工作性质划分为若干个部门，如可分为前台部、客房部、餐饮部、人力资源部、市场营销部、财务部、工程维修部等，每个部门要设经理，各部经理下设主管，主管下设班长，班长下为一般员工。这样，从工作类别分，可以分为不同的部门；从管理层次分，可以分为总经理、部门经理、主管、领班、员工五个层次。

由此可见，酒店正式的组织结构严密，每个人都知道自己在组织中的位置和职务，也明白自己的责任。管理层次由上至下分明，上一级对下一级发号施令，下一级对上一级负责，上下形成一条直线式的责任制。每个人都有具体的工作，有明确的任务和目标，效率自然就高。这种组织形式便于经理管理员工，每个人、每个部门，都有了明确的目标、责任和工作量，只需把目标与成绩相比较，就能检验工作的好坏。每个人、每个部门都有具体的工作后，就易于协调他们。

二、酒店非正式组织

酒店非正式组织是在正式组织运转过程中，某些成员为寻求正式组织不能满足的共同心理需要而自然形成的一种群体或非正式团体。一般来说，在酒店企业内部，在最基层的劳动组织里，非正式组织较容易形成。其形成原因归结起来有：共同的利益要求、类似的人生态度和价值观相似的社会角色、相近的工作生活空间等，使得人们不由自主地相互帮助与支持，并自觉采取共同的行动，从而使他们更易于形成密切的人际关系。

非正式组织的存在是一种客观现象，只要正式组织不能完全满足人们的心理需求，人们就会在正式组织以外寻求满足需要的条件和可能，就会产生非正式组织。因此，可以说，任何正式组织中都存在非正式组织，在酒店组织中同样也存在非正式组织。

非正式的组织没有计划，亦没有明确的目标，多形成于员工较多的基层单位或部门里，因为那儿的管理相对地松一些。非正式组织的领导人是不用任命的，也不用选举，也没有明显的上下级关系，是在人群中间自然出现的。

一个经过上级组织正式任命的主管，除了他的职务之外，他还有对员工奖惩的权力和发号施令的权力。尽管如此，有些管理人员仍然管不好自己的部下，因为他们结成了帮派，甚至会起破坏作用。企业里一旦形成了非正式的组织，管理人员便很难发挥作用，员工不听管理人员的，也不给予合作。即使在非正式的组织里，有的员工想同管理人员合作，但慑于非正式组织的压力，亦不敢有此作为。非正式组织之间，也存在竞争。比如，餐厅的服务人员会联合起来与厨房人员发生对抗，而这矛盾的双方又同时与管理人员发生对抗，影响到工作的正常开展。

（一）酒店非正式组织的特点

1. 凝聚力高，协调性好

在非正式组织里，共同的情感是维系成员的纽带。由于成员间拥有相似的社会地位、处于同一等级、相近的心理特征和共同的需求，并且是自愿形成的，因而成员之间交往密切，互相信任，对某些问题的看法基本一致；思想沟通容易，在行为上能彼此帮助，易于协调，从而使他们具有较高的凝聚力和较强的集体感、归属感，能把全队成员紧密团结与协调组合在一起。

2. 控制力强，影响力大

由于非正式组织并不是通过纪律、规范，而是通过相互之间默认的一种交往的常规来约束彼此。因此，这种无形的约束迫使成员自觉服从，再加上在集体活动中，自然涌现出了领导，具有较高的权威和较强的号召力，对酒店正式组织中的其他成员也有很大的影响力。正是由于非正式组织强调心理的满足，以及成员之间的从众行为，从而使其控制力强，影响力大。

3. 依赖性大，稳定性差

非正式组织对于稳定的环境有着很强的依赖性。因此，非正式组织通常反对各种变化或者变革。对各种动向保持高度的敏感性，一旦非正式组织的生存环境发生了变化，或者成员间的层级关系发生了变化，其感情纽带将不复存在。非正式组织也将随之解散，因此，非正式组织的稳定性差，抗风险能力弱。

4. 共同的背景、兴趣、爱好或观点

非正式组织的形成，或由于人们一起工作，互相联系多；或由于干同一种工作，负有同样的职责，相互感到亲密；或由于有共同的兴趣和爱好，都喜欢文艺以及体育等；或由于有共同的家庭背景；或由于某种特别的原因；或者是认为工资低或住房条件差等，感到不满意。但最后这一种情况，一旦不满的问题获得解决，非正式的组织亦自行解散。

5. 成员之间有地位的差别

在非正式组织里，成员之间有地位的差别，尽管这种地位没有正式组织内那么明显。

（二）酒店非正式组织的管理与控制

酒店的管理人员应充分利用非正式组织的积极影响，努力克服和消除其不利影响，从而使之为酒店的正常管理服务。

1. 在态度上要端正对非正式组织的认识

成功的经理应注意企业内的这种非正式组织，并尽量利用非正式的组织为实现企业的目标而工作，因势利导，变消极因素为积极因素。一般来说，非正式的组织通常出现于工作场所。管理者应改变过去传统的对非正式组织的那种逃避、忽视、排斥、压制和取缔的态度，应充分认识到非正式组织在酒店存在的客观性，承认其双重作用并尽量发挥其积极性影响。

2. 在行为上要转变对非正式组织的做法

管理者要通过合理利用非正式组织的优点，为实现酒店的经营目标服务。如利用非正式组织信息沟通快捷的特点，收集和了解员工的需求、期望和思想状况；通过目标引导法，把非正式组织的目标、方向统一到正式组织整体目标上来；通过兴趣转移法，针对员工的心理特征，举办多种有益的非正式群体活动，把酒店员工的兴趣、爱好逐渐转移到酒店经营目标范围之内，从而使非正式组织与酒店正式组织的目标协调一致起来。

3. 发挥非正式组织中"领导"或"核心"人物的作用

非正式组织中的"领导"或"核心"集中体现了非正式组织成员共同价值观和共同志趣，他们往往凭借自身的技术专长和个人魅力在非正式组织中享有很高的威望和影响力。有时他们的实际影响力甚至远远超过那些正式组织任命的管理者。

因而，管理者应对非正式组织中的"领导"或"核心"人物的影响给予高度重视，对于非正式组织的领导人，要慎重对待。积极争取与他们在各个层面上进行有效沟通，主动邀请他们参与组织的重要决策，倾听他们的意见和建议，发挥他们的正面作用，鼓励他们在酒店的工作中起到好的带头作用。

4. 营造团结向上、和谐统一的组织文化，重视并满足员工的多种需求

非正式组织一旦形成，正式组织一般不能利用行政或其他强硬措施干涉其行为，但必须有效控制其消极影响。从长远来看，要想使非正式组织与正式组织真正协调一致，酒店组织就要建立、宣传正确的组织文化来影响、引导和改变非正式组织的行为规范和价值取向，在"大集体小自由"的关系结构中，使之与正式组织的目标协调一致，和谐共处。

同时，通过营造团结向上、和谐统一的酒店文化氛围，满足酒店所有员工特别是那些非正式组织成员在安全感、集体感、归属感、社交与友谊等情感上的需要。管理者还应尽可能使所有员工在酒店这个大家庭中都能得到个性化发展，和而不同，从而使每个酒店成员都做出积极贡献。

酒店管理者应根据不同的非正式组织的类型（积极型、无害型、破坏型）和特点，采取不同的管理和控制方法，因势利导，并最大限度地发挥其积极作用，从而使非正式组织为酒店组织的正常运作服务。然而，如果非正式组织引导不当，便会走向反面。例如，酒店客房服务员打扫房间时，从理论上来说，两个服务员一起打扫房间，互相帮助，能提高效率，但在实际上，如果两个服务员一同打扫房间，便增加了一起聊天、偷闲的机会，反而浪费工作时间，降低工作效率。

在酒店企业里，非正式的组织是不可避免地存在的。用一分为二的观点来看，非正式的组织也有其长处。在机构重叠、人浮于事的企业里，非正式组织能发挥积极的作用，自觉地为企业的目标开展工作。

案例分析

保安部经理的处罚单与嘉奖报告

一天晚上，喜来登酒店保安员王先生在酒店大堂值夜班。深夜 11 点 30 分左右，一位客人从电梯出来，步履艰难地走到了大堂。王先生看到后，急忙上前去搀扶他。王先生询问客人有什么不舒服的地方，这位客人住在酒店612房间，现在突然感到全身无力，腹部疼痛，非常难受，实在是坚持不住了，正准备去医院看病。王先生立刻用对讲机请酒店总机通知120急救中心。不一会儿，120急救车到了，随车医生要求酒店派人陪同病人一起去医院，王先生没有推辞，和他们一起上了车。

在医院，王先生帮助客人接受检查。根据医生诊断，这位客人得的是急性肠胃炎，医生立刻采取了治疗措施。王先生跑前跑后，帮着照顾客人，直到客人的病情好转。医生告诉王先生可以回去了。王先生才急忙赶回酒店上班，为此，王先生离岗1小时30分钟。

第二天上午，保安部经理询问了此事的全部经过。下午，保安部经理向酒店人力资源部同时递交了两份材料：一份是保安部按制度对王先生擅自离岗做出的处罚单；一份是保安部按酒店的服务宗旨，对王先生忘我助人的精神给予嘉奖的报告。

·讨论题·

1. 保安员王先生的做法是否适当？如果你是王先生，你会怎样做？
2. 如何评价保安部经理的做法？

张琳的困惑

张琳是万豪酒店餐厅的服务员。某日，该酒店承接了一个非常重要的大型国际会议。张琳的领班刘某在晚餐之前就安排好了本班员工的接待工作，原来从事用餐服务的张琳被领班安排在餐厅入口处，和另一位服务员王苹做领座员。餐饮总监也在现场指导。可就在用餐高峰期间，餐饮总监发现某包厢准备还不到位，于是临时叫张琳去该包厢做卫生。张琳见是餐饮总监的命令，不敢怠慢，只好去了包厢。等到张琳做完包厢卫生，回到餐厅入口处时，客流量已经很大了，王苹一人无法应付，导致有些客人不满，领班对张琳擅自离开岗位的行为进行了严厉的批评，还要追究责任。张琳感到很冤枉，明明自己是被餐饮总监临时调用的，并不是擅自离岗，对于领班的批评，觉得很委屈。

·讨论题·

在这次事件中，餐饮总监和领班谁对谁错？张琳是否应该执行餐饮总监的临时调用？为什么？

复习思考题

1. 什么是酒店组织？什么是酒店组织管理？
2. 酒店组织管理的重要性是什么？
3. 酒店组织机构设置的依据是什么？
4. 酒店组织结构有哪几种形式？
5. 什么是酒店非正式组织？如何发挥酒店非正式组织的积极作用？

实训项目

一、调查当地的一家酒店，画出该酒店的组织结构图。

实训目的：使学生熟悉酒店组织结构的重要性，掌握酒店组织管理的具体内容。

实训要求：

1. 将学生分成若干小组，每组 5～10 人。
2. 各组调查酒店各个部门组织结构的情况。
3. 各组整理汇总调查结果，并以 PPT 的形式汇报调查结果。
4. 教师根据各组汇报调查结果的情况，进行点评。

二、假如要你去筹建一家五星级度假酒店，请根据所学知识，对该五星级度假酒店进行组织机构设计。

实训目的：使学生熟悉酒店组织机构设计，掌握酒店组织机构设计的具体内容和方法。

实训要求：

1. 将学生分成若干小组，每组 5～10 人。
2. 各组根据酒店组织机构设置的依据和原则，讨论该五星级度假酒店的组织机构设计。
3. 各组整理汇总讨论结果，形成该五星级酒店的组织机构设计并上台汇报。
4. 教师根据各组组织机构设计的情况，进行点评。

第十一章

酒店决策管理

学习目标

1. 掌握酒店决策的定义；
2. 了解酒店决策的类型；
3. 掌握酒店决策的步骤；
4. 熟悉酒店决策的原则；
5. 掌握酒店决策的方法；
6. 熟悉酒店决策管理科学化。

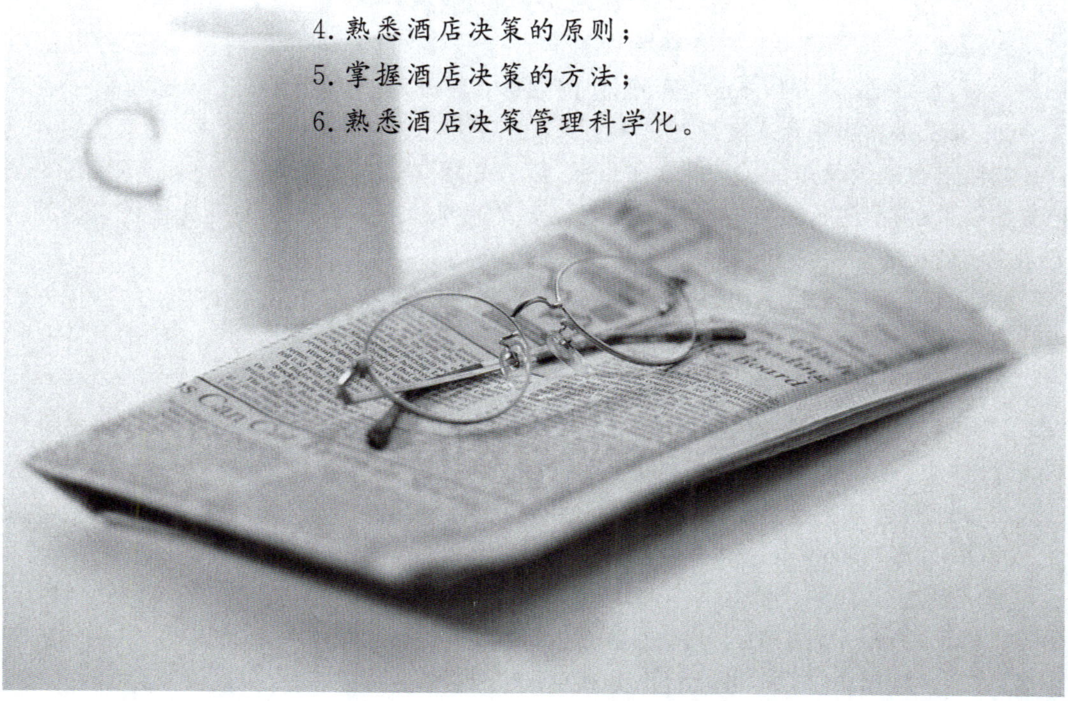

第一节 酒店决策管理概述

事实上，人们每天都在自然而然地做出决策，但却并没有意识到决策的阶段和过程。同样，酒店管理者也无时无刻不在做出决策，包括经营上的重大决策和管理上的日常决策。酒店管理者的成功与否，在很大程度上取决于他们的决策能力。决策在管理学中占有不可忽视的地位，管理的定义之一便是决策。正确的决策，可以把酒店企业引向成功之路；错误的决策，会把酒店企业引向失败之渊。酒店管理者可以授权别人完成其他的管理功能，如计划、组织、控制等，甚至让某些专家去干，但他不能授权别人去替他决策，他必须自己做出决策。

如果决策者了解情况，胸中有数，决策起来就容易多了；反之，决策就相当困难，难以决定。然而，如果问题都比较清楚，各种因素都一目了然，一看就能做出决策，那就不需要管理者了。正因为很多因素不清楚，未来的情况难以预见，使得决策十分困难，才需要管理者来解决。当你决策时，你难以判定这个决策是否正确。例如：酒店决定提高房价，这一决策的后果如何呢？管理者必须要等待客人的反映和平衡表的报告，才能得出结论。

一、酒店决策的概念

什么叫决策？西方的管理学家认为，决策与解决问题是有相同之处的，两者可以互用。这里讲的“问题”，即指实际情况与预期情况之间的差别。比如：旅行团的客人向酒店要求 8 个双间客房，2 个单间客房。但由于在“广交会”期间，客房紧张，酒店只能提供 9 个双间。这就出现了“问题”——客人的要求（预期）与酒店所能提供的客房之间出现了差别。要解决这个问题，就要缩小或消灭这个差别。解决的方法可以有几种：一是挖掘潜力，再调整出一间客房来；二是在旅行团成员中间进行合理调整，让两个要单间的客人住进双人间，9 间房刚好够用；三是在就近的酒店里另订 2 个单间。最后，在这三种方法中选择最好、最合适的一种，并付诸实施，使问题得到解决，差别得到消灭。从以上例子可以看出，决策就是做出决定或选择的过程。

酒店进行决策就是为了实现管理目标，整个决策是一个循环往复的过程，而不是一个单次的结果；需要进行决策的都是一些比较重要的问题。决策最为重要的就是它是不同方案之间的比较和抉择。

酒店决策就是酒店为了实现某一特定目标，通过分析和比较，在两个以上的备选方案中选择一个方案的分析判断过程。

酒店一切工作成效的大小，首先取决于决策的正确与否。决策正确，可以使酒店兴旺发达，提高酒店的效率和效益；但一旦决策失误，一切工作都会徒劳无功。决策是贯穿于酒店管理的全过程的，酒店管理中的任何环节、管理部门和管理人员在经营活动中都会进行决策。这些决策相互协调，相互联系，为酒店整体目标的完成做出贡献，因此就会形成一个多层次、多性质、多方位的科学决策体系。

不仅如此，酒店的经营活动中，每时每刻都在进行着决策，不论是有关酒店企业的长期经营决策，还是平常的服务项目的增减，都有需要进行决策的问题。因此，酒店的决策不仅是在空间，也在时间上贯穿于管理的全部过程。

二、酒店决策的类型

根据酒店企业活动的复杂性，管理者的决策也要多种多样。由于所要解决的问题的性质、内容不尽相同，而且有着不同的决策方式、方法和所需要进行分析的因素。为了正确地进行决策，有必要对酒店的决策进行分类。

（一）按决策的作用进行划分

1. 战略决策

酒店的战略决策，也被称为是酒店的经营决策。这是一种与酒店企业生存息息相关的、确定未来长远发展方向的、带有全局性的决策，由高层管理人员做出。比如酒店的发展方向、运营模式、等级、类型的确定，相关客源市场的开拓，酒店人力资源的开发等决策就是属于酒店的战略决策。一旦决策失误，将会给酒店带来极其严重的后果，很可能就是一场毁灭性的灾难。

2. 管理决策

酒店的管理决策，也就是酒店的战术决策，它是为了保证酒店企业总体战略目标实现而解决酒店局部问题的重要决策，一般是由酒店的中层管理人员做出的。为了实现酒店战略决策的目标，如何有效地运用和配置资源就成为酒店管理人员需要重点考虑的问题。如财务决策、定价决策、开拓客源渠道决策等均属此类。这些决策带有一定的灵活性，如果决策失误，及时发现并采取补救措施或改变策略，可以减少损失。

3. 业务决策

酒店的业务决策就是酒店的基层管理人员为了解决日常工作中的问题所做出的决策。酒店的业务决策，就是酒店按既定的决策目标，合理地使用酒店企业现有的人力、物力、财力等，进行日常经营活动的决策，如人力的调度、任务的分派等。这种决策由于是针对短期目标考虑，依据当时条件所做出的决定，因此具有较大的灵活性。一旦决策失误，会立即发现，及时采取补救措施，基本上不会带来大的损失。

（二）按决策的性质进行划分

1. 程序化决策

酒店程序化决策就是有关常规的、经常的、反复出现的问题而进行的决策，如合约的签订、火灾预警系统、电梯预警系统等。进行程序化决策的前提是影响决策的因素往往是很有规律性的，可以依据其建立起一套规范化的决策程序。管理者在做出这类决策时，一般有章可循，有法可依，可根据处理此类问题的例行方法做出决策。

2. 非程序化决策

酒店非程序化决策主要是针对偶然发生的事件所做出的决策，如针对客人的一些特殊要求，以及服务中的一些特殊情况所进行的决策，比如客人临时需要生日蛋糕等。这类事情没有常规可循，会受很多变化因素的影响，不能建立一个固定的角色模式，难以预料，要依靠决策者的知识、经验、掌握的情报和对未来发展的判断能力做出决策。酒店非程序化决策是一种非常复杂的决策，有很多首次出现而又较为重要的问题需要做出决策。管理人员的主要精力应该放在这类非程序化决策上。

（三）按决策问题的条件进行划分

1. 确定型决策

酒店的确定型决策是在只有一种自然状态情况下的决策。酒店进行决策的条件是确定的，没有不确定的因素，因此，酒店必须根据自己的目标，从中选择最优的方案，这就是确定性决策。比如，酒店有一笔资金，打算用来投资，可以购买利率15%的五年期国库券，也可以购买利率12%的三年期公司债券，这两种利率都是确定的，购买不存在任何风险，但两者的利率不同，还本付息的时间也不同，酒店可根据情况选择一种。

2. 风险型决策

酒店进行风险型决策是存在一定的前提条件的。简单地说就是在可供选择的方案中，存在两种或两种以上的自然状态，每种自然状态所发生概率的大小可以估计。具体而言，需要具备以下几个条件：

(1)有一个决策者企图达到的决策目标。

(2)具有两个以上可供决策者选择的行动方案。

(3)有两个以上不以决策者意志为转移的自然状态。

(4)不同方案在不同自然状态下的损益值可以计算出来。

(5)决策者可以对自然状态发生的概率进行估计。

风险型决策最重要的就是估计到各种方案存在的风险程度，以及在承担风险时所付出的代价和所得的收益，从而做出决策。

例如，酒店有两个可供选择的投资方案，即再新建一座三星级酒店或新建一座娱乐中心，都是用于接待海内外旅游者。前一方案在世界经济繁荣时期成功的概率是0.2，年收益2000万元；正常时期的概率是0.5，年收益1000万元；衰退时期的概率为0.3，年收益0元。后一方案在各个时期的年收益分别为3000万元、1000万元和－500万元，建娱乐中心的风险报酬比建三星级酒店的风险报酬高，因此，应选择修建娱乐中心。

3. 不确定型决策

酒店的不确定型决策是酒店决策者在已经掌握投资活动可能出现的各种自然状态，但无法确定各种自然状态可能发生的概率的情况下做出的决策。进行这种决策的前提是在可供选择的方案中存在两种或两种以上的自然状态，但这些自然状态所发生的概率无法估计。决策者进行这种决策，由于有关因素难以计算，因此完全取决于决策者的经验、判断和估计，决策结果带有一定程度的主观随意性。

（四）其他决策类型

除了上述一些决策类型的划分方式之外，还有很多其他的决策。如酒店的高层和基层决策，酒店的随机决策、酒店的单目标和多目标决策等。

1. 酒店的高层和基层决策

高层决策带有全局性和整体性，属于战略决策，涉及面广，影响大，持续时间长。基层决策多属战术决策，是战略决策工作的持续和指令化，一般针对某一具体问题，影响面小，持续时间较短。

2. 酒店的单目标和多目标决策

对于一些目标很明确的事件，酒店进行的就是单目标决策，酒店的多目标决策属于复杂决策，是有两个或两个以上相互关联的目标需要实现而进行的决策。

3. 酒店的随机决策

酒店的随机决策是针对某个突发事件做出的决策，在酒店中运用较多。运用这一决策时，要抓住事件的主要矛盾。

决策可以分为长期决策与短期决策，相似于长期计划与短期计划。那么，决策与计划是否一样呢？不一样。计划侧重于对环境的分析与研究，并制定相应的目标；决策侧重于从数种方案或方法中做出选择。如：酒店根据资料和分析得出，几年后外国旅游团入住人数将会减少，基于此种预见，酒店做出了相应的决定，开发新的客源市场来填补这一空白，这就是计划。如果现在外国旅游团入住人数减少，开房率降低，酒店立刻采取措施，主动接待会议，填补这一空白，提高开房率，这就是决策。

政策性的决策是长期决策，它包括酒店营运总的原则。例如：酒店的政策说明它要吸引哪一类游客，提供什么水平的服务，员工享受什么样的福利待遇等。短期决策主要是在酒店日常营运中的应用，解决日常事务中的各种问题。

决策还可以分为数量决策和非数量决策。数量决策是通过各种数据，进行比较和运算，择其优者而定。随着计算机和电脑的广泛应用，数据决策发挥越来越大的作用。非数量决策是通过直观、判断、经验、意见、事实、建议和预感来决策。这两种决策可以交替使用，只要得当，都能收到好的效果。

第二节　酒店决策的程序

一、酒店决策的步骤

决策不仅包括选定合理方案，而且包括决策程序是否合理。一个合理的决策程序一般包括下面几个步骤：

（一）做好准备工作

在进行决策之前，必须做好一系列的准备工作，这是做出正确决策的基本前提。任何正确的、符合实际情况的决策，都是在充分了解各方面情况的基础上进行的，需要决策者准确、完整、及时地掌握各种信息。

（二）确定决策目标

决策目标是指在一定外部环境和内部环境条件下，在市场调查和研究的基础上所预测达到的结果。决策目标是根据所要解决的问题来确定的，因此，必须把握住所要解决问题的要害。只有明确了决策目标，才能避免决策的失误。如东亚酒店目前所确定的就是要提升酒店的入住率，进而提高酒店的利润水平。

（三）分析问题

要解决问题，首先要找准问题，只要找到问题的关键所在，才能对症下药。所以说，分析问题是正确决策的重要前提条件。如东亚酒店要提高其客房入住率，就必须对影响客人入住情况的因素进行分析，通过分析发现，东亚酒店与本地区同等条件同等类型的酒店相比，其客房租金处于中等水平，设施设备也不算陈旧，客人的满意度也比较高，管理工作也基本到位，但是这两年为了降低成本，酒店基本上没有什么宣传活动，所以旅游者对东亚酒店知道得非常少，因此前来住宿的人也就很少。这样一来，就找到了酒店的症结所在，并以此为突破点解决问题。

先弄清是什么问题，问题有简单的，有复杂的，有容易弄清的，有不容易弄清的。如：酒店餐厅利润偏低，经理认为是员工过多之故，其实是由于菜谱定的价格太低，以期控制成本，反而限制了客人较高标准的消费。经理不明白个中缘由，打算裁减员工，这就出现了问题。如果经理略懂一点市场知识，就会很容易地解决这个问题。分析问题时，可以这样提问：谁与此有关系——个人、团体或整个酒店？谁引起的——几个人、一帮人或某个部门？什么类型的问题——缺乏技术、目的不明、互相闹矛盾？会产生什么结果？等等。

(四)拟订备选方案

在对问题进行分析之后，就需要拟订被选方案。拟订备选方案，第一步是分析和研究目标实现的外部因素和内部条件、积极因素和消极因素，以及决策事物未来的运动趋势和发展状况；第二步是在此基础上，将外部环境各种不利因素和有利因素、内部业务活动的有利条件和不利条件等，同决策事物未来趋势和发展状况的各种估计进行排列组合，拟订出实现目标的方案；第三步是将这些方案同目标要求进行粗略的对比分析，权衡利弊，从中选择出若干个利多弊少的可行方案，供进一步评估和抉择。

一旦查明问题的原因，弄清问题的所在，就要寻找解决问题的方法。从理论上来说，应先列出所有的解决方法，再从中选出最好的一个。但我们在实际决策时，常常不是这样。由于情况不明，缺少知识，或时间不够，我们决策时通常是采用第一个方法，不再考虑其他的方法，认为有一个解决的方法就足够了。因此，为了避免不做选择的决策，我们可以利用集体的智慧——智囊团之类的机构，集思广益，找出多种解决方法来。

(五)评价和选择备选方案

备选方案拟订以后，随之便是对备选方案进行评价，评价标准是看哪一个方案最有利于达到决策目标。选择方案就是对各种备选方案进行总体权衡后，由决策者挑选一个最好的方案。如对东亚酒店来说，直接宣传和散发宣传品所花费的成本并不多，但是需要大量的人力，见效也比较慢，而进行广告宣传，虽然花费的成本比较高，但是见效很快，也不会浪费酒店的人力，可以集中人力更好地为宾客进行服务。所以，就东亚酒店而言，会选择广告宣传这一决策。

哪个方法最好？首先要分析这些方法的可行性，将它们互相比较，看哪一个方法更好。当然，不是每个问题都要做非常细致的分析和研究，招收一个普通员工所做的分析就比选择一个经理所做的分析少得多，主要看具体的需要。然后，根据分析和比较，选择最好的方法。不过，各种方法都有其优点和缺点，要全面地看，辩证地看，扬长避短，择其优者而用之，乃不失为明智的决策。

(六)执行决策

决策再好，没有认真地执行也等于一张白纸，毫无用处。所以，决策一旦选定，就要争取酒店企业内部人员的认可和接受。在决策公布进行之前，最好能够对其进行一个可行性的讨论，以便更好地推行。

二、酒店决策的原则

（一）经济性原则

酒店经营的最根本目的在于获得良好的经济效益，决策亦是如此。酒店决策的经济性原则就是要求酒店在进行决策之时，能够合理地运用酒店所拥有的人、财、物等资源，取得最好的经济效益。这一原则要求酒店在几个方案的对比中，要运用科学的方法，选定一个最佳方案。所谓最佳方案就是在诸多方案之中，能够以最低的成本换取最多收益的方案。酒店决策的经济性原则是酒店所需要遵循的首要原则。

（二）合理性原则

酒店决策的合理性原则，就是酒店做出的这一决策是最能够令人满意的一项决策。但是，究竟什么是最令人满意的决策呢？现代决策学派西蒙的观点得到了大家的认同。他认为，在对决策的合理性进行理解时，不能单纯地从数量方面进行衡量，也不能仅仅看行为方面，而是应该将定量和定性的决策方法结合起来，要把数学方法与行为科学的社会因素的研究有机结合起来。

（三）整体优化原则

酒店所出售的是一个整体产品，而不是一项项的单体产品，任何一家酒店都是相互联系的系统。因此，酒店决策必须是整体优化的，这个整体优化决策不是各个组成部分的最优的简单相加之和，而是综合的辩证最优。酒店的决策除了总体性决策之外，大多数都是为了解决某一局部问题的局部性决策，如财务决策、投资决策等，这些决策往往会因为要解决局部问题而忽视了整体优化。例如，引进人才决策，往往追求人才的最优，而忽视成本目标。

（四）一致性原则

按照酒店决策的整体优化原则，在决策过程中，各部门和各项工作的决策应是协调一致的，不能相互排斥和脱节，要具有一致性。酒店决策的一致性原则就是在做出某一决策的时候，要考虑到对其他方面的影响，要保证能够相互衔接，相互保障。如进行市场开拓的时候，就不仅要考虑到如何进行广告宣传促销，还要考虑到酒店的成本、利润等因素。

（五）灵活性原则

所谓酒店决策要具有灵活性，就是说酒店在进行决策的时候，要能够对可能出现的情况进行较好的预计，并能够根据实际情况进行调整。酒店处于一个不断变化发展的复杂的环境当中，不可控因素很多，始料未及的情况时有发生。因此，在决策的时候必须尽可能地做出各种应变的准备，考虑多种应变方案，当面临一些突如其来的变化的时候，能够沉着冷静，相应决策，适应变化。

（六）可行性原则

酒店决策的可行性原则，就是指酒店的决策要具有一定的可操作性，在决策的实现过程中，能够得到客源市场、资金、人力、物力等各方面的保证，并且能够取得一定的经济效益。所以，酒店进行任何决策都要进行可行性研究，从所做决策必须具备的物质资源条件，到决策执行后所产生的结果和影响都要进行全面的论证，并认真考虑决策目标能否实现。

三、酒店决策的方法

要做出合理的决策，就必须要有科学的决策方法，在决策的实践当中，由于决策的对象和决策的内容的不同，相应产生了不同的决策方法，简单来说，就是定量的决策方法和定性的决策方法。

(一)定量决策方法

定量决策方法就是通过运用数学模型和电子计算机技术等解决决策问题的方法。这种方法的关键在于建立数学模型，用数学关系表达出各变量之间以及变量与目标之间的关系，是一种较为科学的决策方法。

(二)定性决策方法

定性决策方法主要是决策者运用社会科学原理，根据自身个人的经验和判断能力，从对决策对象的本质属性的研究入手，掌握事物的内在联系及其运动规律。通过定性研究，为制订方案找到依据，是一种经验决策的方法。

具体而言，定性决策方法主要有三种：

1. 集体决策法

这个方法就是通过召开管理成员会议，发挥集体领导的作用，集体讨论研究所做出的决策。采用这种方法，可以减少决策失误。一般来说，除了酒店管理人员，还可聘请有关专业人士或酒店部分普通员工参与其中。

2. 专家计策法

这个方法就是通过召开有关专家和有经验的内行人员参加的会议，进行集体讨论，发动大家提供方案和论证其可行性，最终提请酒店总经理审批的一种方法。这种方法是比较实用的一种方法，效果也比较好。

3. 会议畅谈法

这个方法就是在确定某一议题的基础上召集人员开会，围绕这一议题各抒己见，鼓励大家广开思路，多提建议。会议的组织者认真听取各方面的意见，从中吸取有益的有价值的内容，最终整理出新的方案、新的建议。会议的召开不限于专家学者，可以在酒店的基层员工间展开，也可以在酒店各管理层展开，目的在于尽可能广泛地征求意见。

第三节　酒店决策管理科学化

一、酒店决策管理的内容

从管理角度而言，决策是管理工作的核心。美国著名学者、诺贝尔经济学奖的获得者西蒙提出：管理就是决策。这一论断表明了决策在管理中的地位。

事实上，管理和决策是两个不同的概念。西蒙说“管理”就是“决策”，其目的是强调决策是管理工作的核心内容，并且决策工作贯穿整个管理过程。管理实际上就是由一连串的决策组成。在任何一项管理工作中,均伴随着决策的身影。

（一）决策是为了在解决问题的基础上实现管理目标

现代酒店企业在发展过程中总会碰到形形色色的问题,随着经营环境的变化,这些问题会更多、更复杂。现代酒店几乎无一例外都面临拓展市场问题、稳定员工问题、建立品牌问题、有序竞争问题、产品开发问题、营销创新问题等。现代酒店管理者在实施各项管理工作时,首先应有强烈的问题意识,认真、及时发现本酒店当前面临的各种问题。在此基础上,再寻求解决问题的各种有效途径。而寻找问题、解决问题的过程就是决策。可以说,问题总伴随着酒店业务的运行而不断产生,而决策也伴随着问题的产生而动态地发挥其效用。

（二）决策是一个过程而不是瞬间行为

决策的本质是一个择优的过程。现代酒店企业为了实现既定的管理目标,运用科学的理论和方法。在系统分析环境要素和企业内部管理要素的基础上,提出各种实现目标的可行方案并从中进行选择。有人形象地说,决策就是人在一个岔道口上选择一条通往目的地的捷径。因此,在决策过程中,包含从发现问题、提出问题到解决问题等大量工作。决策是一个管理的过程,不是个人的主观想法,不是企业的短期行为。

（三）决策一般指向比较重大的问题

广义地讲,决策就是做出抉择。由于现代酒店企业的发展总面临诸多选择,因此,每一个问题的发现和解决过程都是决策。而从管理角度看,决策是酒店管理者的基本工作内容。若事无巨细均由管理者进行拍板选择,必然导致管理者身陷繁杂琐事而无法专心于管理工作。因此,从现代酒店管理角度看,决策指管理决策,即对重大问题的决策,也即酒店管理者在管理活动中做出的决策。这种决策往往对酒店的经营活动产生比较深远的影响。

（四）决策必须建立在比较的基础上

决策是在几个可供选择的方案中做一个方案选择。选择必须建立在比较的基础上才有意义,若解决问题的方法只有一种选择,则不需要决策。只有比较,才有可能从中找出比较理想的解决方案。

但要注意的是,方案的比较是方案实施预期结果的比较,是综合效益的比较。因此,酒店管理者在做出决策时,必须充分估计到各种方案的局限性,以及在实施过程中的风险性,特别要结合酒店的实际情况,着重分析各种限制性因素对方案的影响,对各种预期结果做出如实估计,既不盲目乐观,也不过分忧虑,更不能带上个人偏见。

二、实现酒店决策管理科学化的途径

如何实现酒店决策管理科学化呢？需要做到以下几点:

（一）建立合理的决策组织体制

酒店管理的决策主要用于解决工作中的问题,由于管理决策的复杂性,它的全过程往往不是由一两个人包办能完成的,而是要有所分工,特别是酒店重大的决策分工会更细。因此,必须建立合理的决策组织体制才能保证酒店决策科学化。这种决策组织体制,目前越来越趋向于形成一个以决策系统为核心,信息系统居外围,智囊系统居两者之间的决策组织体制,三个系统相对独立,各负其责。智囊系统与决策系统的分工是“谋”与“断”的分工,前者负责拟订与设计各种可行性方案,后者则从中做最后选择。

(二)遵循科学的决策程序

现代酒店经营要进行科学的决策,就要按照科学的决策程序一步一步地去做。决策是一个过程,在决策的过程中有很多工作要做,这些工作又有先后顺序,不能随意颠倒,这就是决策程序。一般来说,现代酒店经营的决策应遵循以下程序来进行:

第一步,要掌握大量信息,在此基础上以对问题的分析诊断为依据来确定决策目标。如果问题不明,目标未定,或目标不明确,就急于寻找解决办法,那就颠倒了决策的合理程序,这是违反决策的科学原理的。

第二步,从拟订的多个方案中择优选用。在这里,拟订方案—论证评价—选择方案,这样的步骤顺序也是不能颠倒的。要有两个以上方案供选择采用。

第三步,审查决策的法定手续。酒店管理的各种决策所必经的法定程序是要严格遵守的,某种决策应由谁参与,由谁审查,由谁批准,都必须按制度来办。

第四步,付诸实施。决策应付诸实施,任何决策的全过程都不能少了执行这一步骤,而且在执行中要建立检查监督制度,把执行结果的信息反馈给决策者,以便采取措施纠正执行中出现的偏差,或是在必要时修正决策本身。

(三)采用科学的决策方法

科学的决策方法,就是在若干个可供选择的目标,以及达到这些目标主要使用的不同手段、不同途径中,如何选择最佳者的方法。一般由三个部分组成:第一部分是科学预测,目标选择;第二部分是可行性研究,它是在达到目标的多种相对途径和手段中,如何选取最佳者的分析与研究方法;第三部分是评价反馈部分。酒店经营预测就是对未来的经营环境,尤其是对酒店的未来市场情况做出估计,这种估计是管理者制订酒店计划和决策的重要依据。经营决策是对酒店经营管理中各项活动做出决定和选择。及时而正确地决策,是酒店重要的管理活动,对酒店经营有直接的指导性和针对性。

(四)推行酒店管理职业化

酒店管理职业化,是指具有管理技巧、管理思路和管理经验的酒店管理者,以酒店管理为终生职业或首选职业的过程。也就是说,酒店应由职业经理人来经营。如果找不到合适的职业经理那就要聘请专业顾问。资料显示,虽然美国经济比较发达,酒店企业管理水平、制度化水平都很高,但仍有85%的酒店企业家聘请了专业顾问。因为酒店是一个非常专门化的企业,需要运用管理原理,结合酒店特点进行系统化的经营管理。

三、酒店决策管理的误区

决策对于现代酒店管理非常重要。然而,不少酒店管理者却不重视决策,即使有决策活动也没有以科学的态度对待决策,因而在酒店决策管理中出现许多误区。常见的管理误区有:

(一)认为决策就是“决定政策”

有不少人把决策理解为“决定政策”。按照这种理解,决策似乎只是高层领导的事,而与酒店没有关系。这种狭隘的理解,否定了决策在酒店管理中的作用,实际上,决策是人类的基本活动之一。人类在生产、工作和生活的各个方面都在不断地遇到问题，都必须决策。酒店管理也不例外。在酒店经营活动中，我们总是要在头脑中对做什么、如何做等问题进行思考、设计、选择，通过一系列思维活动，形成一个方案，然后才开始行动，这就是决策，那种认为决策与酒店管理无关的看法显然不正确。

（二）没有把决策作为一个过程来看待，认为决策就是拍板

有的人把决策理解为行动方案的最后确定，即所谓“拍板”。这种理解是不够全面的。决策是一个过程。人们对行动方案的确定不是一下子做出的，而是通过一系列活动，包括提出问题、收集信息、确定目标、拟订方案、方案评价等。且方案实施过程中遇到的问题还会返回到前面的过程加以修正，而“拍板”只是决策过程中的一个环节。

（三）忽视决策活动中社会因素和心理因素的作用

有的人片面地盲目地迷信数学方法，以为可以用数学模型来描述和解决而不考虑决策在组织行为方面的问题。决策中只考虑物的因素，不注意调动员工的积极性，为了减少费用尽量压低员工工资，甚至不惜以降低服务质量为代价。实际上，现代酒店经营管理者，必须把人视为高于其他资源的最有价值的资产，因为人是资源，对人力资源的投入越大，回报就越高。

（四）缺乏可选择方案

决策就是在很多方案中选择代价最小、效益最高、可操作性最强的方案的活动。有的酒店在决策时只有一个方案可选，实际上这不是决策而是统一观念的会议。

（五）缺乏合理的决策组织

酒店是一个单位，其决策主要用于解决酒店管理工作中的决策问题。现代酒店决策的全过程往往不是由一个人包办完成，而是有所分工的。一个酒店企业往往要做很多决策，还得要进行决策权的分工，如哪个决策由哪个层次、哪个部门的哪些人做等。而现实中许多酒店的决策没有一个决策组织，无论大事小事都是总经理一人说了算。

（六）决策目标不确定

有的人认为在做决策时目标已经知道了，确定决策目标这一步骤好像无事可做。其实不然，他们很可能对目标只有一个很笼统、很模糊的认识，不具体、不明确；也可能他们想到的目标并不全面，漏掉了应该加以考虑的某些目标；还有可能自觉或不自觉地添加上某些不应有的目标等。

四、影响组织决策的因素

酒店管理者在现代酒店的运作过程中面临着很多次的决策，在做出决策的时候，要受到很多因素的影响。

（一）环境

环境对组织决策的影响是不言而喻的，而且这种影响是双重的。

1. 环境的特点影响着组织的活动选择

比如，就酒店而言，需对经营方向和内容经常进行调整；处在竞争激烈市场上的酒店行业，则需密切注视竞争对手的动向，不断推出新产品，努力改善营销宣传，建立完善的销售

网络。还有可能出现这样的情况:外部环境突然发生了难以预料和控制的重大变化,对组织造成了重大威胁。这时,组织如不迅速做出反应,进行重要改变,则可能引起生存危机。

2. 环境的习惯反应模式也影响着组织的活动选择

即使在相同的环境背景下,不同的酒店组织也可能做出不同的反应。而这种调整酒店组织与环境之间关系的模式一旦形成,就会趋向固定,限制人们对行动方案的选择。

(二)决策者对风险的态度

风险在这里是指失败的可能性。由于决策是酒店管理者确定未来活动的方向、内容和目标的行动,预测的未来状况与未来的实际状况不可能完全相符,因此在决策指导下进行的活动,既有成功的可能,也有失败的危险。当然,任何决策都必须冒一定程度的风险。现代酒店管理者对待风险的不同态度会影响决策方案的选择。愿意承担风险的组织,通常会在被迫对环境做出反应以前就采取进攻性的行动;而不愿承担风险的组织,通常只能受环境影响做出被动的反应。

(三)组织文化

组织文化制约着组织及其成员的行为以及行为方式。在决策层次上,组织文化通过影响人们对改变的态度而发生作用。任何决策的实施,都会给组织带来某种程度的变化。组织成员对这种可能产生的变化会怀有抵御或欢迎两种截然不同的态度。因此,决策方案的选择就要考虑到改变现有组织文化而必须付出的时间和费用的代价。

案例分析

万豪国际酒店集团收购喜达屋国际酒店集团的决策

2016 年 9 月 23 日,万豪国际酒店集团正式宣布完成对喜达屋国际酒店集团的并购,成为全球最大的酒店集团。万豪国际酒店集团以 136 亿美元的报价收购喜达屋国际酒店集团,历时 10 个月,经过 40 多个国家监管机构的层层审批,2016 年 9 月 20 日,万豪国际酒店集团终于等来了由中国商务部发出的并购交易的最后一道监管许可。

两家公司都是来自美国的酒店业佼佼者。万豪国际酒店集团是一家跨国公司,在美国纳斯达克上市,业务分布在美国境内外超过 80 个国家和地区,旗下拥有丽思卡尔顿、万豪、万丽等著名酒店品牌。喜达屋国际酒店集团是全球最高端的酒店企业,拥有 1180 多家酒店以及度假村,旗下拥有瑞吉、喜来登、威斯汀等酒店品牌。万豪国际酒店集团约3/4客房都在美国。而喜达屋国际酒店集团约一半客房在北美以外的市场,占其年营业收入的近 2/3。

路透社评论说,这笔交易是自黑石集团在 2007 年以 260 亿美元收购希尔顿全球控股有限公司之后规模最大的交易之一,可能引起行业内合并,其他酒店也将寻求扩大规模之路。收购喜达屋国际酒店集团(以下简称"喜达屋")之后,万豪国际酒店集团(以下简称"万豪")在欧洲、拉美和亚洲的市场占有率将得到提升,成为世界最大的酒店集团。

万豪董事长兼首席执行官苏安励(Arne Sorenson)说,做出这样一个重大的决策,花费了相当长的时间和相当多的精力。我们经过慎重的考虑思索、详细的市场调查、科学的分析研究、反复的讨论磋商,终于做出了一个震惊全球的战略决策。这一决策,能为我们的公司和股东创造巨大的价值,能为万豪提供未来发展的战略优势;同时也提升了我们在全球的酒店分布和在全球旅游增长趋势中的表现……总之这次交易使万豪未来在很多方面能大有作为。

从万豪自身来说，并购使其地理覆盖面快速增加，在美国本土之外酒店数量通过喜达屋产品线迅速提升；品牌更加多元化，喜达屋的运营和不同品牌酒店的多元化定位对于万豪的商务性形成补充；用户类型多元化，将获得更多年轻消费者；最后，固定资产规模提升，喜达屋有大量自有物业，在整体估值偏低的情况下是一笔预期回报率较高的投资。

完成并购后的万豪国际酒店集团，将在全球超过 110 个国家和地区运营或特许经营 5700 多家物业和 110 万间客房，成为全球第一个客房数破百万的酒店集团！旗下 30 个优秀品牌将全面覆盖中档酒店至奢华酒店之间的各个领域。随着并购的完成，万豪在亚洲和中东及非洲地区的市场规模将扩大一倍以上。

就众多万豪与喜达屋各自的忠实常客最关心的会员计划合并方式，万豪表示：在完成整合双方三大会籍系统的大平台建设完成之前，会员可以通过一个统一的平台将自己在 SPG 俱乐部、万豪礼赏计划和丽思卡尔顿礼赏计划三大会籍计划下的账户合并和连接，允许跨计划转移积分，保证双方常客的利益。

万豪估计两家酒店集团合并计划可以每年节省 2.5 亿美元开支，还可以利用自身在规模上的优势同在线旅游预订企业（比如 Expedia 公司）展开谈判以获得更多合作优惠，此外万豪还将说服更多游客通过其自有网站直接预定房间，扩大对市场的占有率。

·讨论题·

万豪国际酒店集团为什么要收购喜达屋国际酒店集团？

复习思考题

1. 酒店决策的定义是什么？
2. 酒店决策有哪些类型？
3. 酒店决策有哪几个步骤？
4. 酒店决策的原则是什么？
5. 酒店决策有哪些方法？
6. 如何实现酒店决策管理科学化？

实训项目

调查一家当地的酒店，分析其管理者的决策管理能力。

实训目的：使学生熟悉酒店决策管理的重要性，掌握酒店决策管理的具体内容。

实训要求：

1. 将学生分成若干小组，每组 5～10 人。
2. 各组调查酒店各个部门决策管理的内容及具体要求，并做好相应的记录。
3. 各组整理汇总调查结果，并以 PPT 的形式汇报调查结果。
4. 教师根据各组汇报调查结果的情况，进行点评。

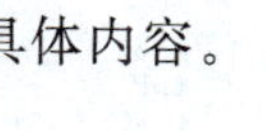

第十二章

酒店控制管理

学习目标

1. 了解酒店控制管理的概念；
2. 了解酒店控制管理的特点；
3. 了解酒店控制管理的重要性；
4. 掌握酒店控制管理的步骤和形式；
5. 掌握酒店控制管理的内容；
6. 熟悉控制制度与控制策略。

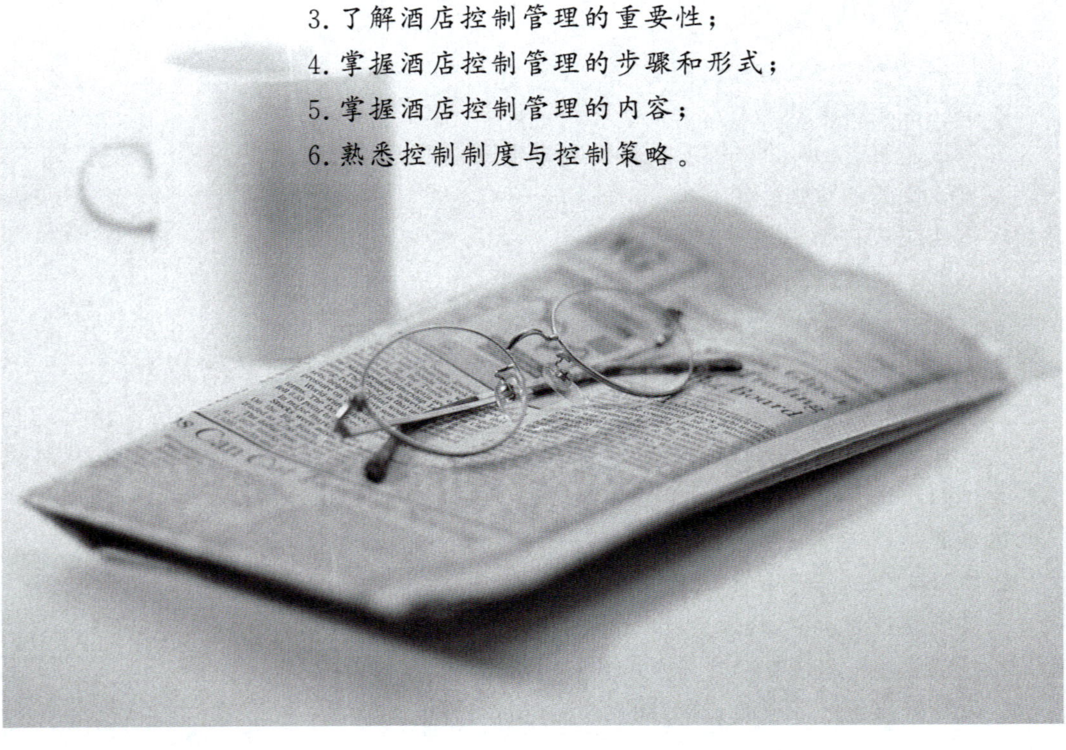

第一节　酒店控制管理概述

一、酒店控制管理的概念

在酒店管理的职能之中，除了计划、组织、决策之外，便是控制了。这四种职能是相辅相成，互相影响的，是管理过程中不可缺少的因素。倘若管理人员忽视了其中任何一个环节，工作便会受到影响。酒店管理缺乏控制，势必影响营运的效果。假如前三方面的管理职能都有满意的表现，经营的重点便在于管理人员能否有效地控制内在及外在的各种因素，使酒店向着预定的经营目标迈进。

有不少人对于控制有误解，认为控制即财务控制，把一切控制的责任都推到会计师、财务经理身上。其实，所有执行工作任务的管理人员都要分担企业控制的工作，尤以基层管理人员为甚，控制基层员工及工作是他们职务的重心。

从现代管理学的角度来看，控制分为两部分：

(1)对事务工作的控制，要不断地检查及修正，希望事事照原定计划进行，任务得以完成。

(2)对下属员工的控制，必须借工作表现来考核及督导，希望他们尽忠职守，执行任务。

有效的控制功能，不但要兼顾上述两方面，还附带两个条件：其一是控制成本，不论是人力、物力及时间上，都应以符合经济为原则；其二是控制的工作，应有时间进度表，执行控制要与时间表吻合才能最大限度地发挥功效。

在我国旅游业飞速发展的时候，要继续经营和保持竞争能力，酒店必将受到很多外在及内在的压力。这些便构成了我们酒店管理人员必须处理的种种问题，唯有加强控制管理，才能有效地依照计划达到经营目标。

这些外在及内在的工作因素中，对酒店影响较大的有外部环境的变化、企业组织的转变及人为的错误。面对这些因素，需要做出适当的处理。因此，控制便成为不可缺少的一环。

要维持一个有效的酒店企业体制，它的组织必须富有弹性，使它能因事制宜，随时调整，并检查它在实施时是否发生预期的效能。在同行业竞争等因素影响之下，酒店不得不扩展其业务范围以求应变。为了配合专业化的发展，须将更多的工作委托下级，权力下放是必然的现象；然而，授出权力的上级在责任上并没有相应减少，他们只有愈来愈依赖控制功能。

不断地反复检查、核实、制度化，并进行比较，是控制的重点。酒店首先要制定好经营的目标，然后做出如何达到目标的行动计划，再预算好必要的资金和人力来完成计划，最后将结果与目标进行比较，评估经营的好坏。

控制亦需要了解情况，经理必须要胸中有数。一般来说，错误的决策都出自错误的消息来源或缺乏消息。因此，掌握第一手材料，保持可靠的消息来源，善于辨别分析各种信息，对控制是大有裨益的。

酒店的各种经营活动，是由计划或决策决定的。酒店计划是企业在计划期内的行动纲领和奋斗目标，它规定了酒店经营活动的内容，为酒店经营活动提供了依据。但是，由于酒店所处的是一个错综复杂、不断变化的环境，在酒店实施计划的过程中，必将受到许多外在及内在的压力，各种环境因素都有可能发生变化，都有可能使原来建立的目标和计划难以实现。面对这些因素，酒店管理人员就需要通过信息反馈，来了解经营活动的结果与目标之间的差别，并及时采取纠正措施，以确保酒店计划目标的实现。

酒店控制管理的定义：控制管理是指酒店为了确保计划目标的实现，通过内、外信息反馈，监督和检查酒店经营活动进度和结果，如果发现偏差和问题，马上分析原因，采取有效措施，及时进行纠正。

二、酒店控制管理的特点

（一）酒店控制管理是使酒店经营活动有计划地进行的保障

酒店市场激烈的竞争性促使酒店的经营活动必须有计划、有组织地进行，然而变化的环境往往又使经营活动的实际情况偏离计划的目标和要求。控制管理作为酒店经营过程中的最后一项功能，是以监督酒店的经营活动是否确定达到规划好的目标来完成这一循环。如果目标达成，酒店管理过程就可以畅通无阻地继续下去，否则就要采取纠正措施，将其纳入正轨。因此，为了保证酒店经营活动能按预定计划进行，就要加强对酒店经营活动的控制和管理。根据经营计划要求，对实际工作中出现的偏差情况，进行分析和研究，采取有效措施进行调整，使整个酒店的经营与管理活动，能够按照预定计划进行，实现既定的目标。

（二）酒店控制管理是一种有意识的、能动的管理活动

酒店控制管理与机械控制、生物本能控制不一样，是一种自觉的、主动积极的控制行为。具体地讲，就是酒店在经营管理过程中，根据经营环境的变化，主动检查酒店为达到预期目标而进行的各项活动的进展状况。通过评估经营绩效，并把它与规定目标和标准进行比较，找出差距、分析原因、纠正偏差，使酒店的经营管理更好地与经营目标、环境变化协调一致，更有效地运用酒店资源实现预定的目标。

（三）酒店控制管理是提高经营决策水平的基础

经营决策是酒店经营管理的中心环节，而控制管理则是经营决策的基础。当酒店经营管理人员在决定哪些事该做、哪些事不该做时，控制管理在其中起着重要的作用。例如，若酒店要对某一项目投资，必然要对该项目进行预算分析、投资评估，并根据过去有关信息进行评价。因此，控制管理帮助经营管理人员明确决策中哪些内容是符合实际的、正确的，哪些不符合实际，从而有利于减少经营决策的风险，提高酒店经营的科学性和水平，使经营决策方案有较强的可行性。

三、酒店控制管理的重要性

（一）控制与决策、计划的关系

在酒店经营管理活动中，决策与计划是控制的前提，是控制职能发挥作用的条件。没有经营决策和计划，酒店的控制就没有目标，缺乏评价经营活动的标准。经营决策失误或

酒店经营计划不周密，经营控制就不能有效地发挥作用。但是，没有控制的经营决策和计划也是难于实现的。如果酒店的控制管理不当，酒店控制系统提供的信息不准确，不但无法做出正确的决策和科学的计划，而且直接影响酒店经营决策的水平，也会影响工作的效率。因此，控制与决策、计划有密切的关系，而决策与计划职能的有效发挥离不开酒店的控制管理。

（二）控制与组织、激励的关系

酒店控制与组织、激励职能的关系是相互作用、互为保证的关系。组织职能为控制职能的有效发挥提供了组织机构保证，激励职能为控制提供了有力的工具。可以说，在酒店经营管理中，没有组织和激励，就无法发挥控制的作用。但是，组织和激励也离不开控制。酒店组织职能通过控制，检查组织机构是否合理，评价组织管理活动是否有效运行，以达到经营目标。酒店激励职能，则应用控制职能来把握激励的程度和效果，提高激励的效率和水平。因此，没有控制的酒店组织和激励职能，也是不能充分发挥作用的。

（三）控制与酒店领导的关系

酒店经营活动和管理工作要有效地进行，必须有高水平的酒店领导工作，而高水平的酒店领导工作，是离不开酒店控制职能的。在酒店的经营活动中，控制是有效领导的工具和手段。一方面，酒店领导者运用控制职能，根据酒店经营目标和计划要求，领导和协调各方面关系，保证酒店经营活动的顺利进行；另一方面，控制职能又促使酒店领导工作有的放矢，从而提高领导工作的科学性和艺术性。

第二节　酒店控制管理的步骤和形式

一、控制管理的步骤

为了要实现经营目标和完成工作计划，控制管理具有测量、检查及修正酒店工作进行状况的功用。所以，这些控制管理活动，基本上由以下五个步骤所构成。

第一步：确定工作的目标，制定标准。

第二步：测量实际的工作状况，明了进度。

第三步：评估实际工作的效果，掌握情况。

第四步：将工作进度和效果与既定的标准相比，做差异分析。

第五步：针对差异的情况，分析差异产生的原因，找出问题的根源，采取有效的纠正措施，加强控制管理，达到经营的目标。

（一）制定控制标准

标准是指从许多可变的紊乱工作中，订立有秩序及可以共同遵守的衡量尺度。标准是管理的必要条件，因为事先决定的工作指南具有公平、实用、合理等特点，在评价工作表现时，它是量度和比较的基础。工作成绩标准可分为时间标准、成本标准、数量标准、质量标准四类。

科学管理的时间及动作研究是订立时间及数量标准的最佳方法。一般工作大都可以订出清楚明确的数量化标准。如在酒店的客房部，一个班有 10 名员工，每名员工一天做 14 间客房的卫生，全班员工一天打扫 140 间客房，每间房大约花费 30 分钟（这不是实际的数字，仅为假设）。订立这些工作标准，下属员工必须合作，共同拟订，否则会出现不同的工作标准，容易我行我素，失去了应有的衡量价值。

有些工作不适合用数量和时间标准衡量，例如财务部门的目标及制作部门的工作费用，是用成本标准来评价工作成绩的。预算案是最普遍用来控制成本的标准的方法，使工作可在经济原则控制下得以完成。例如：每个工作单位的直接生产费用（主要包括原料费、工资等）和间接费用（包括水费、电费、机器维修费等），及每个部门的应酬费用预算。

最后的一种控制标准是质量标准，它是用来衡量完成的工作是否合乎品质的要求及规定。比如说客房卫生的质量，要看地毯、家具、镜面、墙壁、浴缸、马桶、脸盆等是否合乎卫生标准。服务员打扫完房间后，管理人员要进去检查评价，看是否达到了质量标准。餐厅的服务质量标准，既要看服务员对客人的态度是否热情礼貌，也要看上的菜是否色香味俱全。

理想及有效的标准必须具备很多条件，所以当订立工作标准时，应尽可能包括下列几点：

（1）总括性——每个部门订下标准，分清职责，免得发生互相推卸责任的漏洞。

（2）一致性——每个部门订的工作标准都经过管理人员的协调，有相辅相成的作用，要与酒店的经营目标和工作计划的要求一致，这样才能够使各部门共同完成经营的目标。

（3）公正性——各部门的工作标准，应经过客观及合理的制定过程，要大公无私，公正合理。

（4）可行性——订立的工作标准，如果成功的可能在 50%～80%，下属员工会觉得合理。如果工作标准定得太高，会招致下属不满及反对，定得太低则会抹杀了员工的积极性。

（5）适用性——订立的标准一定要适合实情，以保证其效用。

（6）可理解性——标准应精练，易于下属员工明了和掌握工作的要求。

（7）经济性——工作标准要使成本控制符合经济原则，只有降低了酒店的运营成本，才能提高经济效益。

（8）合法性——各部门的工作标准，必须符合国家和当地的劳动法规，必须经过酒店管理层讨论通过后公布。

（9）稳定性——工作标准应能适用于一段较长的时间，所以要有弹性，才不会在短期内失去公正性、可行性及适用性。

（10）可衡量性——酒店制定的工作标准，要尽量具体明确，便于员工在实际工作中执行，清楚工作的要求，避免模棱两可的情况发生。

（11）科学性——工作标准的制定，要根据酒店的实际情况，科学合理，确保其效用，能够达到企业的目标和要求。

（12）渐进引导性——是以标准与结果比较、改善管理的途径，所以工作标准应提供渐进的引导和工作进度的指标。

（二）工作进度测量

管理人员大部分都没有直接参与基层的具体工作，所以若要知道工作的进展情况，必须经常做系统的检查，或收集下属的工作报告。在综合所有工作情况后，再进行会计、统计的分析，并将这些资料用图表表示，使管理人员更明确地了解最新工作进行的成绩。如果测量活动留待工作完成后才进行，可能会发现完成的工作有错漏及缺点，便会因而招致时间、人力和金钱的严重损失。所以，系统的工作进度报告可以提高工作效率。管理人员在进行测量活动时，他们在时间及精神上的负担会受以下三个因素影响：

(1)下属员工的素质和工作技能。

(2)管理人员的管理能力。

(3)工作的性质及环境。

当下属有良好的工作态度和技能，或工作的性质和环境都十分规律化，则不需严格监督，此时利用报表就能提供充足而可靠的工作进度资料。管理人员若能编制一套精简的工作报告表，就可轻而易举地建立及维持一个有效的工作反馈系统。报表是印有固定资料与备填资料的空白表格。

管理人员的管理能力与控制活动的负担成反比。当管理人员工作经验丰富，领导有方时，他们花费在这项活动上的时间便较少，效率则较高。

在测量工作进度时，管理人员应注意下列几点：

(1)工作报告的内容和详细程度应与标准相吻合。要求资料过多或过于详细都只会费时误事，过简则未能收集及提供有关资料，会使控制活动因对工作的实际情况缺乏了解，而无从展开。

(2)报告的内容必须是业绩的汇集，而非美丽空洞的例行公文。

(3)要尽早发现问题以便及时处理，管理人员只需把注意力集中在一些重要事项上。

(4)工作测量切忌在方便时才进行，例如周末或确定的时间，工作结果会因心理状态与平常有别而改变，收集的资料便缺乏代表性，会导致分析不正确。管理人员应在平常的工作中进行测量。

(5)工作报告务必要及时送到有关决策人员的手上，以便尽早发现问题，加以处理分析。

(6)管理人员要接受结果与标准或多或少必有出入的事实，应在需要的情况下，及时做出纠正，同时鼓励下属主动改正错误。

(三)效果评估

确立了工作标准之后，测定酒店实际工作情况，即可与控制标准进行比较，评估其实际工作效果。评估通常有三种结果：其一，偏差在允许值范围内或无偏差为理想状况；其二为正偏差，一般正偏差是理想的，如营业额指标的正偏差越大越好，但有些指标的正偏差不能超过允许值范围，如营业额利润率，如果超过正偏差允许值范围则可能侵犯消费者的利益；其三是负偏差，通常对酒店不利，是酒店控制管理过程中纠偏的重点。

评估时还应根据考核对象的不同采用不同的标准，如对中高层管理者主要以酒店目标为衡量标准，而对操作层主要以工作量、工作时间以及质量等作为衡量的标准。

(四)差异分析

酒店的计划和控制，是一个整体的两个方面。没有计划，无从控制；没有控制，计划便流于空洞及无意义。具体来说，并不是每一个事项都应予以监督的。在正常情况下，工作预算与实际进度应相差不远，管理人员通常只将下属的工作报告收集后，与既定的标准做一概括性比较，若没有什么特别事故，便不再理会。唯有在发现有差异情况出现及影响严重时，管理人员才对有关资料做深入研究和分析，找出问题的所在和原因。这种管理方法称为例外管理原则。

在进行差异分析时，要注意以下几点：

(1)管理人员进行差异分析时，必须冷静，态度客观，以免影响分析的准确性。

(2)遇有特殊情况与标准差距甚大，就必须提出原因及追究责任，直至有完满的答案为止。

(3)管理人员应采用例外管理原则去执行差异分析，否则徒劳无功，浪费时间。

(4)在差异分析中，不能忽略研究及考虑外部环境对工作的影响。例如，原料供应发生困难、能源紧张、水电涨价等，都会增加酒店的运营成本。

(五)修正活动

差异的出现，一般情况下是因为在执行计划时出了错误，亦可能是工作计划或组织中有问题，在实际执行时才显露出来。管理人员经过分析后必须针对问题的根源，及时纠正错误。

在设计及推行修正活动时，要注意几点：

(1)应有及时补救的效用。若在发现差异，找出原因后，还在考虑设计修正活动再推行，可能为时已晚，活动的实际价值便失去了，所以修正活动一定要讲求效率，及时尽快地解决问题。

(2)活动的成功与效率，有赖于得到有关高层管理人员的赞同、协助及授权，还要得到有关员工的接受和支持，执行时阻力才会减至最低限度。

(3)基于上述两点要求，有效的修正活动必须具有良好的协调、联络和授权的内部工作环境。

(4)应有赏罚制度作为辅助执行工具。

(5)在修正活动推行后，管理人员必须不断做事后报告，测量它改正错误的效能，否则只会事倍功半。

二、控制管理的形式

(一)预先控制

预先控制，又称为前馈控制，是指在酒店进行经营活动之前而进行的控制，其中心问题是防止在酒店经营活动中使用各种不符合标准的要素资源。例如，各种原材料必须经过检验合乎质量标准后才能投入酒店营运，并且在适当的时间、地点提供；人力资源必须符合酒店规定的要求，各个岗位、职位的员工必须在智力、能力和体力上适应作业的规定要求，能够有效地完成工作；资金必须能及时提供，并保证在恰当的时间和数量上予以供给，从而使酒店经营活动能够顺利、有效地进行。因此，预先控制实际上是在酒店经营活动开始之前的控制。预先控制的内容，实际上包括酒店经营政策的制定和规定标准，包括对人力资源、物质资源、资金和信息的输入控制等。预先控制对酒店经营活动的正常运行具有趋前的、预防的作用。

（二）现场控制

现场控制，又称即时控制或实时控制，是指在酒店经营活动过程中所进行的控制，是酒店管理中的一种有效的管理方式。现场控制的实质，是监督和指导酒店的经营活动有效地进行，以保证酒店经营目标和计划的实现。例如，对经营服务活动进行监督和调度，对服务质量进行检查和控制，对库存物资进行盘点和控制等，都属于现场控制。

现场控制的方法，一般是通过酒店管理人员及相关人员对酒店管理和服务进行现场巡视和指导，使员工按照预定的标准和程序，采用合适的方法提供各种酒店产品和服务，保证酒店经营活动达到预期目标。根据经营活动的需要，对人财物等资源进行合理的重新组合和调配；及时处理客人的投诉，以及消除不良影响，确保酒店的服务质量达到运营的标准；如果发现偏差，要立即采取措施进行纠正。因此，现场控制也具有很大的预防性，可以及时发现酒店经营过程中出现的问题，使整个酒店经营活动处于预定的控制状态下，正常而有序地进行。

酒店现场控制的内容主要有：库存物资控制、服务过程控制、服务质量控制、资金运用控制等。

（三）反馈控制

反馈控制，也称事后控制，是指在酒店经营活动运行之后所进行的控制。具体来说，就是在酒店经营活动结束之后，把实际工作的结果与预定的目标相比较，找出偏差，分析产生差异的原因，提出整改措施，以便在今后的工作中改进提高的管理方法。反馈控制着眼于酒店经营的最终成果，通过分析经营成果的情况并与预期目标相比较；通过分析经营活动的运行状况及规律，发现经营活动中存在的问题和原因，并进一步预测未来发展变化的趋势和特点，从而反馈到酒店经营决策部门和指挥部门，并采取措施加以解决，保证下一轮经营活动有效率地进行。

反馈控制在酒店经营控制中具有承上启下的重要作用。其实质是运用科学的方法和手段对酒店实际经营活动结果与计划目标进行比较，以发现偏离和差异，并采取有效措施加以控制。虽然反馈控制发生在经营活动之后，对本次经营活动没有调节作用，但其对下次经营活动具有很大的预防性和借鉴作用。特别是酒店的经营活动是一个连续不断的过程，因而反馈控制在酒店经营控制中具有重要的作用，对促进酒店经营活动持续不断地健康发展具有十分重要的意义。

第三节　酒店控制管理的内容

酒店控制管理的对象是整个酒店的经营活动，为了达到对各项经营活动的控制，必须抓住控制管理的主要内容，牵一发而动全身，带动整个酒店经营活动的有效进行。酒店控制管理的主要内容及重点是酒店营销控制、酒店服务质量控制、酒店成本控制、酒店财务控制、酒店内部管理控制、时间控制等。

一、酒店营销控制

酒店营销控制，是指通过对酒店客源市场及营销策略实施的调查、分析、检查酒店营销计划完成情况，以发现营销管理中存在的差距和问题，采取措施加以改进和完善，促进酒店营销管理水平的提高和酒店经营的发展。酒店营销控制的内容，主要包括以下三个方面。

（一）酒店销售规模控制

酒店的销售规模受酒店接待能力和条件所决定，既不能太大也不能太小。销售规模太大，超出酒店的接待能力和条件，不仅资金占用太多，而且势必会造成不良影响，甚至影响酒店的信誉；销售规模太小，又影响酒店的经济效益。因此，必须对酒店销售规模进行有效的控制。

（二）市场信息反馈控制

酒店市场营销活动及市场营销策略的使用，要求酒店密切关注市场信息的变化。并根据市场反馈的各种信息，对酒店经营活动进行调整，对市场营销策略进行改进，从而促进酒店经营活动更有效地开展。

（三）市场营销计划的控制

酒店的市场营销活动能否按计划地进行，离不开控制职能的作用。通过控制职能，对酒店营销计划执行情况进行检查、测定、分析和评价，针对计划执行中存在的问题，采取措施不断完善和改进，有利于提高酒店营销管理水平和效果。

二、酒店服务质量控制

酒店服务质量是指酒店服务工作满足规定要求的特征和特性的总和。现代酒店的经营活动，是借助酒店的有形设施向宾客提供无形的综合性服务，因而服务质量不仅是酒店的生命线，也是酒店经营竞争取胜的重要方面。如果只重视酒店的有形设施建设，而忽略对酒店无形服务质量的控制，那么即使用一流的设施和设备，也无法向宾客提供一流的酒店产品和服务。酒店质量控制是对确定和达到质量要求所必需的全部职能活动的控制，其根本目的在于保证企业生产的产品或所提供的服务达到一定的质量水平，以满足顾客需要，维持或提高酒店的市场占有率，从而保证酒店的生存和发展。

酒店的服务质量主要集中表现在两个方面：一是表现为服务人员的个人形象、礼节礼貌、服务态度、服务技能、服务水平和服务技巧，这是酒店服务的外在表现，宾客评价服务质量时往往十分注意服务人员的整个服务水平的高低；二是酒店各项工作、各个部门的服务程序、服务规格、服务标准及整个酒店的服务网络体系，这是酒店服务质量的内在形式，是服务人员提供优质服务的保证。

因此，酒店的服务质量控制：一是要建立整个酒店上下一致、左右协调的服务网络体系，有效地向宾客提供综合性的服务；二是要制定完善的服务质量和规程，制定科学的服务程序和方法，切实指导服务人员提供优质的服务；三是要充分重视对服务人员的培训，提高服务人员的素质、能力及服务技巧，从根本上提高服务质量；四是要采用科学的管理方法，定期对服务质量进行检查、分析，发现问题、找出原因，采取有效措施加以改进和完善，从而促进酒店服务质量水平的不断提高，使酒店在激烈的市场竞争中立于不败之地。

三、酒店成本控制

酒店成本是指酒店为取得经济收益而发生的一切支出。酒店要想在经营活动中取得较好的经济效益，就必须努力控制成本，实现低投入、高产出。因此，酒店成本控制就是在酒店成本发生过程中，根据既定的成本目标，运用科学的成本管理方法，对酒店经营活动中各种成本和费用的支出进行检查、分析和调整，从而促使酒店以较低的成本支出获得较好的经济效益。

酒店是一个投资高、回收期长的企业，其较高的固定成本是一次性总投入而逐年收回，因此，成本控制的重点主要是对酒店日常经营中各种变动成本的控制。

从酒店的经营实际看，成本控制的范围和内容主要包括对酒店餐饮的成本控制、人力资源成本控制、市场营销费用控制三个方面。餐饮成本控制，是指酒店在提供各种餐饮产品过程中，如何以较低的成本支出，提供宾客满意的餐饮产品，并实现较高的利润。人力资源成本主要指酒店全部员工的工资及各种津贴费用，目前酒店业人力资源的成本占酒店经营总成本的30%～40%。因此，有效地提高酒店员工的工作效率，控制人力资源费用，是酒店控制的关键性因素。市场营销费用，是酒店向宾客提供酒店产品和服务中必然发生的各种支出，如宣传广告费用、人员推销费用、公共关系费用等，通过对这些费用的控制，提高酒店产品的营销效果，也是酒店控制的重要内容。

酒店成本控制是一种内部控制制度，根据酒店的情况不同而有差别。但总的来说，酒店成本控制一般分为事前控制和日常控制两种类型。事前控制一般是通过制定标准成本，即核定酒店在一定营业水平上的合理成本支出，并按此标准来检查酒店实际成本的支出，从而达到控制酒店成本的目的。

日常控制，是通过对酒店成本差异的计算和分析，找出酒店成本差异的原因，并有针对性地采取措施，降低成本支出，提高酒店的经济效益。

知识拓展

加强酒店餐饮成本控制的措施

酒店发展过程中，需要建立一套完整的餐饮成本管理体系，餐饮管理具有一定的整体性，所以，在实际的管理过程中，管理人员应该从全局出发，结合单位的实际情况积极地制定有效的成本管理机制，才能达到良好的管理效果，提升酒店的经济效益，促进酒店的持续发展。酒店餐饮成本控制主要应该从以下几点进行控制。

1. 优化采购流程，严格采购程序管理

首先，采购部门负责食品采购工作，餐饮部门采购之前应该向采购部门提交申请，申请单应经厨师长、餐饮总监签字认可方才有效，这样操作一是可以确定实际的采购量，二是杜绝采购不需要或者可替代的材料。然后采购部门根据确定的供货商分类对采购单进行分配，向供货商订货。验收人员根据订货单进行核对验收，并在货物的收货票上签字，再将收货票交于采购部门，采购部门核对收货票与发票后交于财务部，发票上要有供货商、采购人、验收人三方签字，财务部收到发票后先挂账处理，随后统一安排向供应商付款。这样集中采购管理既可以得到统一的监督，又可以获得优惠的价格，同时，方便原料的购买，还可以节省采购的时间及采购的费用。其次，采购人员在实际的采购过程中，应本着同价论质，同质论价，同价同质论费用的原则，合理选择食品原料，这是保证采购质量的根本。最后，对采购过程中出现的违规行为和暗箱操作，酒店的质检部门要严肃处理，杜绝采购环节的不良行为。

2. 提高餐饮资源的利用率，减少浪费

在酒店实际工作中，餐饮的成本控制贯穿于形成的全过程，控制点较多，而每一个控制点都应当有相应的控制措施，否则，这些控制点便成了漏洞点。使用控制是餐饮食品成本控制的第二个环节，对于酒店的经济效益具有直接影响，为了能够实现食材的有效控制，可以实行标准成本控制法，就是依据餐厅制定的标准成本，对成本形成的全过程进行监督，并通过餐厅每日或定期的成本与经营情况报表，结合管理人员现场巡查等信息，及时揭示餐饮成本的差异，然后对于其中存在的差异性进行分析，找出差异产生的原因和责任。针对差异，餐饮总监和厨师长要组织厨师挖掘潜力，积极提出降低或改进成本的新措施，或修订原来的标准成本，或对成本差异的各档口和个人进行相应的考核和奖罚等一系列措施，使他们重视成本控制，并加强生产和经营的日常管理，使实际成本尽量接近标准成本，这才能有效地提升酒店整体的成本管理水平。

另外，酒水的控制也十分重要，在实际工作中，管理人员应该积极地采取标准成本管理机制，重视对酒水工作人员的培训，统一量酒器的规格，构建完善的酒水管理制度，在实际中管理人员还应该对每天的工作进行分析总结，积极分析其中存在的问题，不断地进行改进调整，能够有效地降低成本。

四、酒店内部管理控制

酒店内部管理控制，主要是对酒店的财产、安全等采取的控制措施和方法。

酒店的许多物品是通用性物品，如客房的电视机、电话、床上用品及其他各种物品等，比较容易出现内窃和外盗。为了防止各种内窃和外盗事件的出现，一是要制定完善的内部管理制度，严格遵守各种物品领发及使用程序，杜绝内部失窃。二是要运用行为科学理论，加强对酒店员工的教育和管理，建立严明的赏罚制度，采取有效的激励措施，使员工养成通过努力工作获取更多报酬和奖励的合理行为。对于员工中出现的不良偷窃行为，要及时严肃处理，杜绝后患。三是要建立合理的防范机制，避免和减少宾客及外来的偷盗损失。有的宾客拿走酒店的小件物品可能是为了纪念，因而可专设酒店物品纪念品专柜，杜绝这方面行为的发生。对有意偷盗酒店物品的，则应严格处理。

酒店安全是当今酒店经营中的一个重要问题，尤其是在旅游服务业事故时有发生的情况下，对酒店安全的管理显得更加重要。从酒店经营的角度看，酒店安全管理不仅包括酒店财产、员工等方面的管理，而且也包括对宾客的财物、人身安全的保障。无论是酒店员工还是宾客，出现任何事故都会给酒店造成直接或间接的损失，造成不良的影响，败坏酒店的声誉，甚至危及酒店的经营，因而必须重视酒店的安全管理。一是要提高酒店全体员工的安全观念和意识，严格按照酒店各项工作的操作规程和程序办事，切实做好安全工作。二是要制定酒店安全检查制度，定期和不定期进行安全检查，消除各种事故发生的隐患，杜绝或减少各种事故的发生。三是要加强对各种事故的防范，一旦事故发生也能立即得到有效的控制和处理。四是要加强对各种事故发生原因的分析、总结和报告制度，根据事故发生的原因，采取有效措施解决，并以此为教训，在以后的工作中切实防范和改进。

五、酒店财务控制

酒店财务控制，就是对酒店财务活动的控制，即对资金的取得、投放、使用和分配的控制，是对酒店整个经营活动的价值形态进行控制，其主要做法是利用酒店会计工作的基础，通过对酒店经营活动的预算和比率分析，来检查酒店经营活动的状况及发展趋势，以促进酒店经营活动的正常进行。酒店财务控制着重于资金的妥善支配，以确保酒店达到经营的目标。

预算是运用财务会计的方式，对酒店未来一定时期内的经营活动进行量化的计划，也就是对未来经营活动的财务会计核算。由于预算不仅为酒店各项经营活动提出目标，以统一协调各方面的行动，而且为酒店经营活动进行提供了检查的标准，便于发现经营中存在的问题，因而预算成为财务控制的主要手段之一。其内容主要包括营业预算、直接材料采购预算、直接人工预算、管理费用预算、销售费用预算、财务费用预算、现金预算、资产预算等。

比率分析，是利用酒店各种财务会计报表，如资产负债表、利润表、现金流量表、财务状况变动表等，通过对有关数据进行各种比率计算和分析，并将计算结果与标准、预算及以往的记录进行对比分析，从而发现酒店经营中存在的各种问题，提出有针对性的解决办法，从而促进酒店的经营活动的开展。酒店经营活动中的财务比率分析，经常采用的有食品成本率、存货周转率、流动比率、速动比率、现金流量比率、资产构成比率、负债比率、股东权益比率、盈利率等。

六、时间控制

时间控制对酒店企业管理有重大的意义，它将各种工作由开始到终结做有秩序的安排，使之在既有的设备及人力资源条件下，有计划地进行，如期完成工作指标。

常用的时间控制工具有：

（一）甘特图表

甘特图表为美国管理学家甘特所创，是用以掌握工作的进度与时间期限的一种日程管理图表。此图表是同时将各种工作时间预算与进展实况清楚显示出来，使管理人员明了工作的进展情况，如发觉有未能如期完成的工作，即可分析原因，设法补救。

1. 甘特图表的使用原则

（1）清楚指明在某一时间所需完成的工作活动项目或工作量以及所需时间。

（2）着重把握工作时间，留意生产能力的变化与工作命令的传达。

（3）管理人员根据生产要素（即人力调动及机器的负荷）与工作量，尽可能依从预算的进度，务求如期完成工作，不致引起连锁性的影响。

2. 甘特图表的优点

（1）供给全面性的动态资料，便于管理人员掌握控制的关键。

(2)记录过去已完成的工作，以供参考。

(3)易于比较原定计划的标准与实际工作的记录，以便检查工作进度是否延误，并指出错误的地方。

(4)显示仍未完成的工作及完工期限，以供拟订适当的修正行动方案，达到原定目标。

表 12-1 为餐厅筹备项目作业甘特图表。

表 12-1　　餐厅筹备项目作业甘特图表

活动	8月15日	8月21日	9月5日	9月15日	10月4日	10月7日
租房	—	•				
物业	—	•				
工商		—	•			
税务			—	•		
卫生			—	•		
城管			—	•		
室内装修			—	•	•	
室外装修				—	•	
桌椅				—	•	
电器				—	—	•
餐具				—	—	•
厨具				—	—	•
服装						•
厨师				—	•	
服务员			—	•		
制定菜谱						•

(二)网图分析

网图分析的发展基于甘特图表在控制应用上仍未能尽善尽美。管理人员发现若要有效地去控制工作，就要严守工作时间标准，同时在工作进行中逐步实施紧密的控制。

所谓网图，是在图表中用指示方向的箭头代表工作活动，又以终点代表工作事项所构成的工作计划与控制方法。网图分析是为了完成某一计划目标，借网图或数学模型，说明管理上可能产生的各种问题的方法。

这一时间控制的方法适用于酒店的客房部。比如，管理人员从事客房按层管理时，为了提高劳动效率，控制工作时间标准，利用网图分析，将不同的按层客房做房的情况通过网图表示，说明多个按层客房服务员工作的时间控制情况。一般来说，一个客房服务员，一天做房的标准数应在 12～15 间，而每间房做完的工作标准时间应是 20～30 分钟。通过图表就可以加强对按层员工工作时间的控制。

第四节　控制制度与控制策略

一、有效的控制制度

为了实施有效的控制，确保酒店企业达到经营的目标，应建立有效的控制制度。控制制度要具备下列几个条件：

（一）控制制度要具有“对症下药”的效能，必须能够反映受控制的工作特点。由于每个部门工作性质不同，每个酒店的经营亦各有异，控制制度便要考虑环境因素。管理人员须知如何应用各种控制的技巧。

（二）控制制度的预防性功能水平越高越好。管理人员应在计划时注意到可能出现问题的地方，把重要事件的资料，特别列入优先的反馈事项内，以便按时做差异分析，迅速将实况传给有关管理人员，尽早做出相应的纠正行动。

（三）组织机构须有责任与权限的概念，控制制度才能配合进行。

（四）控制制度必须具有灵活运用的特性。工作标准可有适量的弹性，因为控制的对象日新月异，不能准确预测企业的活动，所以必须掌握若干适用的控制方案，才能处理得当。

（五）控制制度要合乎经济原则，必须衡量所需的费用与产生的效果是否成正比，如果控制过严，往往会耗费过多的资源，得不偿失。若控制的工作标准具有伸缩性，可避免不必要的详细核查。

（六）有效的控制制度必须公平而客观，获得员工的接受；否则，不同的意见会引起纠纷（尤其在审核工作表现时）。所以在控制制度的定期检查会中，应邀请有关员工参与讨论，重估原来控制措施的适用性，尽可能减少在执行时发生的矛盾或纠纷。

（七）控制制度的基本精神和执行措施必须简明扼要，复杂而难以理解的控制方法只会降低效率。

（八）控制制度应包括将审核员工的成绩结果反馈给下属，促使员工产生自制的能力。

（九）控制制度不仅要发现及了解差异表现的原因，更重要的是进一步采取明确、有效的修正措施。

二、控制策略

（一）成果责任制控制策略

根据成果责任制控制策略，各位员工或员工群体对某一活动的最终成果负责。这就要求规定并衡量活动的重要方面，将衡量的结果与预先确定的目标与标准进行比较，根据成果达到标准的程度给予奖惩。成果责任制控制系统的一个例子就是奖金计划，该计划根据酒店总经理和各部门经理达到或超额完成预先确定的经营目标的能力而对他们给予奖励。比如，成果责任制控制包括前台员工 5 分钟办理好客人的入住手续，送餐部门达到 15 分钟内即可送早餐的服务标准的能力，客房服务员在 8 小时内可打扫 14 间客房；或者，酒水经理成功地使酒水成本不超过酒水收入的 18%的业绩。

每当可以衡量经营成果时，考虑使用成果责任制系统是可取的。假如管理层不熟悉具体行为控制，具体行为控制收效甚微，那么使用成果责任制控制系统就尤为重要。例如，让我们考虑一下酒店夜总会的娱乐节目。这与选择哪些最佳节目有关，客人是否对节目感兴趣。这时可以使用非常直接的成果责任制控制策略，如观看节目的顾客人数以及夜总会收入提供了精确、及时和客观的衡量经营成果的方式，出席人数及收入目标可以确定，而且根据这些绩效衡量标准就可以实施控制(是继续还是中止夜总会节目)。不需要了解唱歌、跳舞或娱乐业，不需要知道节目是好还是坏，我们只要知道节目受欢迎程度就行。

同样，对酒店厨师的工作业绩评估同样可以通过成果控制来进行。尽管对厨师的具体行为进行严格控制既不可能也不可取，但是制定以产出或成果为导向的，与进餐总数、销售额、食品成本和顾客好评等有关的控制策略仍是可能的。这些衡量标准，通过反馈控制系统，可以用来监督工作。当然，完全根据对饭菜口味的评估来评定和控制厨师的工作绩效是不明智的，因为这种对饭菜口味的评估缺乏客观性。

一般来说，通过规定销售经理一年必须预订到的客房间夜数，就可以制定销售成果的目标。假如这就是全部要求，那么就完全可以基于成果来进行控制。人们或许会认为，管理层对销售经理是如何打发时间的不用那么担心，只要他使酒店住满客人就行。然而，控制的目的是要对行为产生影响。就其本身而论，成果责任制控制系统必须能够尽快发现偏离令人满意的成果的问题，并考虑管理层的纠偏行为。酒店销售经理招揽大型会议的业务，到年底时可能接受了 500 万美元的客房预订额。虽然预订金额较大，但是这可能表示有 1～2 个团体实际登记入住酒店。销售经理虽然能够招揽到像这样大型的会议，但是，在任何一个星期或者一个月，他或许没有接受到任何新的业务。从控制的角度来看，这可能表示一个进退两难的困境。在该例子中，仅通过衡量产出，管理层难以知道销售经理是否能达到长期的销售目标；仅凭成果，管理层又难以准确地知道何时进行干预。这时就必须凭借诸如人员控制或具体行为控制之类的其他控制措施。

当管理层错误地确定了目标或者未能全面地明确规定所有重要的目标，成果责任制控制系统就会出现问题。一旦发生这种情况，员工被误导的行为就对酒店有害。假定一家酒店制定了将餐饮销售额提高 30％的目标，管理层拟订了一系列的现金奖励措施，开设了许许多多食品销售规划研讨班，以培训服务员来实现提高销售额的目标。根据这种单一成果的标准来衡量绩效是没有困难的，而且还能根据销售绩效对服务员给予奖励。这是一种具有准确反馈控制的成果责任制系统。然而，假如管理层忽略了宾客服务的方面，这种控制系统也可能成为一种不理想的系统。同样，假如没有控制服务质量，酒店员工可能会只顾争夺销售额奖励而忽视服务质量。短期内销售额可能会增长，但牺牲的却是回头客和长期利润。虽然衡量销售额比衡量顾客满意度更为容易，但是这个例子表明，成果责任制系统肯定能够控制绩效的各个重要方面。

(二)具体行为控制策略

为了把员工偷窃的行为减少到最低限度而把各种烈性酒和葡萄酒妥善锁藏着，是明显的行为限制措施，就如同禁止员工在上班期间在酒店饮用含酒精饮料的禁令。具体行为控制限定了酒店认为可接受的行为。因此，管理层可以确定员工的行为方式是否是禁止的，并相应地给予奖励或惩罚。行为责任制控制系统采用正面强化，这种行为责任制控制系统的一个例子是向一个月内既无缺勤又无迟到的员工提供“可靠性奖赏”的策略。这样的控制系统明确地规定了具体的令人满意的行为(每天准时上班),(从打卡钟记录)可以很容易地确定员工的行为方式是否是被禁止的,并对坚持这些标准的员工给予月度现金奖励。

完工前进行检查是具体行为控制的一种形式。这种形式要求在活动启动之前或完成之前进行检查。最常见的例子就是对下属的直接监督,直接监督的目的是在具体行为问题刚一发生时就能及时发现并立即纠正,以便使员工行为符合管理层的期望。这是走动式管理的职能之一。尽管监督控制和走动式管理两者一般包括成果责任制和人员控制的因素,但是两者却是具体行为控制的有效形式。

工作自主范围,例如一个职员能在不经上级管理层批准的情况下兑现客人支票的最大限额,通过规定某些行为范围而对员工的行为加以限制。预算及其他事前检查要求下属事先解释他们打算要做的事情,从而防止可能有害的行为。上级要求的控制越多,授权就越少,事前检查的程度也就越大。

每当管理层知道在某一具体工作中令人满意的确切的行为和举止时,具体行为控制就可能有用。管理层对取得令人满意的工作成绩的因素懂得越多,就越能简要地规定员工应遵循某些程序。这尤其适用于重复性的工作。烤制面包时遵循的精确步骤,以及在前厅的入住登记程序和结账离店程序充分说明了规定具体行为的详细的工作说明书、工作规范及程序工作是很有效的。当对成果及一些重要的方面——例如面包的口味,或者为客人办理入住登记手续的速度——能较轻易地进行衡量时,进行有效控制的可能性就特别大。在难以衡量成果时,就要求管理层实施直接监督,以便保证具体行为得以实施。因此,具体行为控制经常要求直接将监督和报告制度结合起来,以便实施所规定的行为。

具体行为控制并不是没有其缺点。严格的具体行为控制经常会导致业务延误。对餐饮存货的钥匙控制是一种令人满意的行为控制方式。然而,如果严格的钥匙控制延误了储藏室的餐饮配给,则会浪费时间,导致服务问题的发生。限制性过严的行为控制也会使酒店出现专横武断的作风,抑制组织为适应新的或不断变化的环境而需要的自发性。

(三)人员控制策略

人员控制在一个重要方面与具体行为控制不同。具体行为控制试图规定明确的行为。而人员控制采取的策略旨在提高放心托付员工“独自”完成最有利于组织的工作的可能性。这种控制始于有效的职员甄选与培训,为工作选聘合适人员并保证该人员受到合适的培训。这可以提高放心托付员工做正确的事情的可能性。良好的沟通对人员控制是至关重要的,其中最重要的原因在于良好的沟通有助于员工理解组织对自己的期望。正如世界著名酒店经理人科迪斯·塞缪尔斯所说,知道“什么是好的”必须领先于这样一种控制策略,即相信员工个人会做最有利于酒店的事情。在这方面,假如酒店的人员控制策略要想有效的话,重要的是培养员工对组织目标的一致认可和追求。

从控制的角度来看,员工绩效检查具有进一步的意义。员工绩效检查成为一种控制技巧而不是检查过去绩效的方法。通过奖励并称赞令人满意的行为,管理层可利用绩效检查使未来的行为具体化。当然,绩效检查也可以禁止并减少不合格行为。绩效检查也是考虑培训、重新分配工作、提薪和晋升决定的良好时机。

重要的是要注意到提薪和晋升的激励作用以及提薪和晋升作为一种控制形式是如何起作用的。如果完全根据经营成果的标准和令人满意的行为承诺提薪和给予晋升，就向酒店所有有抱负的员工发出了一个重要的信息，即绩效和行为受到密切关注，成为人事决定的依据。希望得到晋升或加薪的员工很快就知道什么行为将会或不会受到奖励。这样，员工行为就受到了控制。不明确的或不合理的提薪和晋升标准只会使员工感到困惑，使他们难以理解管理层期待的行为方式。

有时候，很难准确地衡量某一活动的成果，而且管理层对什么是令人满意的具体员工行为也没有绝对把握，酒店管理层也无法准确地衡量宾客服务的绩效。因而，不管酒店管理层多么努力地实行成果控制及具体行为控制，他们还必须注意一系列的人员控制策略，以确保其员工具有出色的能力、坚定的态度以及强烈的动机来独自做正确的事情。从一定意义上来说，这是对管理层的领导才能和控制能力的最终检验。假如酒店管理层能使其员工主动希望去做正确的事情，那么，管理层就已经培育了积极进取的组织文化，这种组织文化将会大大地提高实现各项目标的可能性。

控制是保证酒店各项目标得以实现的最终的重要管理职能。在这方面，重要的是要记住控制侧重行动、面向未来。反馈控制过程在重复出现的情形中是非常有用的。一旦活动产生了结果，就会将这些结果与目标及标准进行比较。假如结果与目标差距相去甚远，无法接受，管理层必须加以干预，恢复对活动的控制。当某一特定业务反复出现且当其结果可以客观地衡量时，反馈控制就成为一种有效的策略。

控制策略可以根据控制的特定目的进行分类。就反馈控制系统而言，某一活动的结果就是被控制的目的。另一种控制策略是对酒店员工的具体行为进行控制。最后，管理人员控制试图通过控制员工的培训、态度及动机来控制员工的行为。

具体的情况决定了什么样的控制策略最为有效，因为每一种控制策略均有其优缺点。当对导致令人满意的结果的某些行为非常熟悉时，采用具体行为控制就很有效。当令人满意的结果非常明确，且当这些结果能被准确地衡量时，就可以使用成果控制。

在有些情况下，结果很难准确地衡量，而且不了解最令人满意的具体行为究竟是什么。这给管理层提出了最棘手的控制难题。此时，就必须制定人员控制策略，以便相信员工能独自完成最有利于酒店的工作。管理有方的酒店综合运用这三种不同的控制策略，以确保达到各项目的，实现各项目标。

案例分析

白天鹅宾馆的设备保养

广州白天鹅宾馆是世界一流酒店组织成员，是国内外知名的酒店品牌，是中国第一家中外合作的五星级宾馆，也是中国第一家由中国人自行设计、施工、管理的大型现代化酒店。广州白天鹅宾馆于 1983 年开业，楼高 28 层，拥有 842 间精心设计的客房以及中西餐厅、咖啡厅、音乐厅、卡拉 OK 等设施设备。

开业 20 多年后，广州白天鹅宾馆的部分客房里还在使用开业时的家具，这些家具不但能正常使用，而且保养完好，没有破损，也没有划痕。广州白天鹅宾馆对酒店设施设备的保养，可谓匠心独到。

一般来说，酒店6～8年就要装修改造一次，设施设备都要重新更换，家具也要重新更换。酒店的装修改造，需要投入巨额的资金，是一笔不菲的开支。但是，广州白天鹅宾馆做出了好的榜样，重视对酒店设施设备维护保养，加强对酒店设施设备的成本控制管理，提高酒店的经济效益。

·讨论题·

白天鹅宾馆是如何加强设施设备的成本控制管理的？

复习思考题

1.什么是酒店控制管理？
2.酒店控制管理的特点有哪些？
3.酒店控制管理的步骤有哪些？
4.酒店控制管理的形式有哪些？
5.酒店控制管理包括哪些内容？
6.酒店控制策略有哪些？

实训项目

运用人员控制策略，谈谈如何调动员工的积极性，激发员工的工作热情，出色完成酒店的工作任务。

实训目的：使学生熟悉酒店控制管理的重要性，掌握酒店控制管理的控制策略。

实训要求：

1.将学生分成若干小组，每组5～10人。

2.各组讨论如何运用人员控制策略，调动员工的积极性，激发员工的工作热情，出色完成酒店的工作任务。

3.各组派代表上台演讲。

4.教师根据各组演讲的情况，进行点评。

参考文献

[1] 梁维. 酒店管理概论. 上海:华东师范大学出版社，2018

[2] 贺昌文. 现代饭店管理概论. 北京:北京交通大学出版社，2016

[3] 郑向敏. 酒店管理概论. 重庆:重庆大学出版社，2014

[4] 梁宗辉. 酒店管理概论. 北京:北京师范大学出版社，2016

[5] 金丽娟. 饭店管理实务. 北京:北京大学出版社，2013

[6] 刘飞龙. 酒店管理. 桂林:广西师范大学出版社，2016

[7] 孟庆杰. 饭店管理理论与实务. 北京:清华大学出版社，2013

[8] 郑向敏. 现代饭店管理学. 天津:南开大学出版社，2013

[9] 李辉. 饭店概论. 长春:东北师范大学出版社，2014

[10] 曲静. 饭店经营与管理. 北京:经济科学出版社，2011

[11] 吉宝根. 酒店管理实务. 北京:清华大学出版社，2011

[12] 仇学琴，罗明义. 饭店管理原理. 天津:南开大学出版社，2013

[13] 李伟清，陈思. 酒店经营管理原理与实务. 北京:中国旅游出版社，2012

[14] 王诺斯. 酒店营销理论与案例. 北京:中国铁道出版社，2013

[15] 张丽萍. 酒店市场营销. 桂林:广西师范大学出版社，2014

[16] 赵辉，等. 酒店人力资源管理实务. 长春:东北师范大学出版社，2016

[17] 徐桥猛. 饭店经营与管理. 南京:南京师范大学出版社，2013

[18] Cathy Enz, Jeffrey Harrison. From the Bottom Up: Operations Management in the Hospitality Industry. Boston: Houghton Mifflin Company, 2016

[19] Clayton W Barrows, Novie Johan. Hospitality Management Education. New York: Krause Publications, 2015

[20] Chuck Y. Gee. International Hotel Management. Los Angeles, Hawaii University, 2015

[21] James Keiser. Principles and Practice of Management in the Hospitality Industry. Kansas City: Stuart Hall Co. Inc. 2016

[22] David K. Hayes, Jack D. Ninemeier. Hotel Operations Management. New York: Pearson, 2017

[23] Michael C. Sturman. The Cornell School of Hotel Administration on Hospitality: Cutting Edge Thinking and Practice. New Jersey: John Wiley & Sons, Inc., 2016